KB262734

불교철학의 한국적 전개

불광출판부

불교철학의 한국적 전개

불광출판부

序　文

　　慧眼 徐景洙教授가 逝去한 지 벌써 4週年이 된다. 벌써 나왔어야 할 그의 論文 遺稿들을 모은 論文集이 이제야 겨우 햇빛을 보게 되니 한편 기쁘고 한편 부끄럽다.

　　여러가지 事情이 겹쳐서 처음의 計劃이 바뀌고 다시 새로 시작하다시피 하느라 宗務者들의 고생이 많았다.

　　徐教授 가신 후 세월이 가면 갈 수록 그가 우리들 곁에 없는 것이 얼마나 不幸한 일인가를 切感한다. 꼭 그가 차지 해야 할 자리가 있었고, 그가 맡아서 해야 할 일이 있었는데, 정작 그 사람이 없는 것이다.

　　그가 남긴 論文들도 그렇다. 그 자신에 의해서 계속적인 探究가 거듭되었더라면 얼마나 좋았을까? 그의 날카로운 問題意識에는 아무도 追從할 수 없는 智慧의 번득임이 있었고, 그의 論述態度에는 天才的인 聰明性이 빛났었다.

　　冷徹함과 溫和함이 同時에 흐르는 두줄기 물처럼 그의 全人格을 적시고 있던 그 生前의 숨결, 그 體臭가 이 글들을 통해 우리 가슴에로 와 닿을 것이다.

　　이 책을 내기 위해 수고한 鄭柄朝教授와 그를 도와 實務를 맡았던 여러 學生 諸君에게 심심한 謝意를 表한다.

1990年 초가을

李箕永

목　차

Ⅱ. 한국불교연구

I
佛敎의 論理와
倫理

原始佛教思想

I.

　無常 / 苦 / 無我

II.

　五蘊 / 六入處

III.

　緣起說 / 十二支 緣起

I

無常(anicca)

여기 아름다운 백합꽃 한송이가 피어 있다고 하자. 지금은 그 아름다운 모습이 많은 사람의 시선을 끌고 있을 것이다. 그러나 아름다운 꽃이 시들면 사라진다. 꽃으로서 아름다운 모습을 잃는다면 몹시 뼈아픈 일이겠으나 그렇다고 제아무리 애쓰더라도 꽃이 시들어감을 막을 길은 없다. 꽃은 피면 지기 마련이다. 아름다움을 그대로 이어보려는 욕망 만으로 꽃의 생명이 쇠잔해 감을 저지할 수는 없다. 무상이다(anitya, anicca). 욕망이 충족되지 않을 때 뒤따라 오는 것은 고통이다(duḥkha, dukkha). 常住(śāśvāada)를 바라던 기대가 어긋났을 때 '괴로움'이 느껴진다. 이러한 무상과 괴로움은 백합꽃 한 송이만 아니라 천만 가지 꽃들에게도 다같이 그대로 되풀이 된다. 그리고 인생에게도. 이것이 바로 소박한 구체적 현실의 실상(lakṣaṇa)이다. 원시 경전은 이 실상을 아래와 같이 말하였다.

色無常, 無常即苦. 苦即非我(無我)⋯⋯⋯⋯⋯⋯⋯⋯⋯⋯

Rūpam aniccam. yad aniccaṃ taṃ dukkhaṃ yaṃ dukkhaṃ tad anattā⋯⋯⋯
⋯⋯⋯⋯⋯S.N.　XXII[1]

無常(aniccam. anitya)은 常(nicca, nitya)의 反義語로서 固定不變이 아니고 '變易(vipariṇāma)한다' 즉 '시간적으로 변화한다'는 뜻이다. 시간이 흘러감에 따라서 변역(변화) 유전한다는 말이다. 일체가 무상이라고(sabbe aniccam)한다면 모든 것은 '時間的으로 變易하는 存在'라는 말이다. 시간적으로 변역하지 않는 존재는 아무 것도 있을 수 없다는 말도 된다. 시간의 持續性(Duration of time)이나 시간의 延長性(Extantion of time)은 모두 무상 앞에서는 부정된다.[2]

다만 '시간적으로는 순간(刹那. kṣaṇa)'이 있을 뿐이다. 오늘의 아름다운 백합꽃 모습이 꼭 그대로 내일도 아름다울 수는 없다. 無常의 第一 意義가 모든 것은 시간과 더불어 흘러간다는 뜻이겠으나 우리가 일상 쓰는 것을 말하지만 말로는 '내일이 없다'는 뜻도 된다. 우리 자신이 내일이 있는 것같이 생각하는 것은 무상함을 깨닫지 못한 탓이다(無明, avijja). 내일을 생각한다는 일은 오늘의 연장으로 내일을 생각하는 것이니 벌써 '無常'을 '常'으로 생각하기 때문이다. 내일의 시간은 오늘 그대로의 연장선상에는 있지 않는다.[3]

그런데 무상을 설법하실 때 佛陀는 왜(何以故) 무상한가의 이유는 명백히 밝히지 않았다. 모든 것은 인연(paccayā)으로 생겼기 때문에(衆因緣

---

1) 『잡아함경』 권1, 권2
2) Stcherbatsky: The central conception of Buddhism and the meaning of the word 'Dharma'
3) 오늘이 다만 어제의 연장이라면 오늘의 절망은 구할 길이 없다. 시간은 단절이다.

生) 무상하다고 무상의 이유를 밝힐 수도 있으나 초기 『阿含經典』 가운데에는 이같이 분명히 말씀한 곳은 거의 없다(이 사실은 매우 중요하다). 그러면 불타는 왜(?) 무상의 이유 —논리적 근거 —를 밝히려고 하지 않았을까?

　　불타는 論理學의 스승이 되기를 원하지 않았다. 더구나 詭辯家는 아니었다. '衆因緣所生故로 無常이다'라고 하면 논리로써는 충분할런지 모른다. 무상 일반은 이것으로 설명될 것이다. 그러나 무상 안에 살고 있으면서 무상을 그대로 느끼고 겪어야 할 인생의 문제 —'나'의 문제 —는 냉철한 논리만으로는 아무래도 미흡한 데가 있다. 종교는 논리(logos)보다는 情意(pathos)에 더 가까운 것 같다. 무상은 객관적으로 관조되는 위치에 놓여져 있는 것이 아니고 바로 '나'와 함께 있다. 아니 바로 '내'가 무상이다. 이러한 무상은 이유없이 그대로 받아 들이고 솔직한 태도를 가지고 부딪칠 때 오히려 그 실제의 相이 如實히 파악될 것이다. 원시불교의 무상은 논리적 추구에 의하여 도달된 결론이 아니고 이와 같은 무상과의 솔직한 대결에서 파악된 직관적 결론이라고 본다. "緣起이니까 無常이지."하고 논리만을 앞세우지 말고 무상을 무상 그대로 받아들이는 태도가 무상이 던져주는 '無常함'을 더 강렬하게 실감하게 된다. 이러한 강렬한 실감에서 강력한 실천의 힘은 솟아 나올 것이다. 그래서 불타는 아무 이유도 밝히지 않고 다만 "無常하다."고 설법했다고 생각한다.

　　그런데 내가 이 논문에서 무상의 성격을 究明하고 무상의 의의를 해석하려고 한다면 무상은 솔직히 실감하여야 한다는 '불교'의 입장에서는 한갓 무용한 戲論(prapañca)에 지나지 않을런지 모르겠다. 그러나 '불교학의 입장은 무상의 성격을 추구하고 그 의의를 해석하려는 學的 態度'를 필수요건으로 한다. 그러한 학적 태도는 불교학의 권리로서 용인되어야 한다고 본다. 여기에서 종교로서의 불교와 학문으로서의 불교학의 한계문제가 대두한다. 불교의 窮極的 祕義는 언어의 매개로는 아무래도 도달할 수 없는 경지에 있고 언어로써 祕義가 표현되면 祕義로서의 의의는 상실한다는 것이 여러 祖師들의 주장이었다. 언어의 길(媒介作用)이 완전히 끊어진 곳에 '무엇(kiṃ)'이 있다는 것이다. 그래서 言語는 처음부터 침묵을 지키는 편이 오히려 道(satya)에 가깝다고까지 極言한 禪師도 있었다. 龍樹 (Nagārjuna) 같은 大碩學이 中觀無畏疏에서 "Na kvacit kaścid dharmo hud-dhena śitaḥ ; 어디서나 누구에게도 佛陀는 法을 말한 일이 없다(無人亦無 處, 佛亦無所說)."[4]라고 한 것도 언어의 戲論보다는 침묵의 세계에 佛陀의 法이 있음을 암시하였다고 본다.

　　그러나 無常의 의의를 해석하려면 언어를 매개로 한 槪念化의 방법을 빌어오지 않을 수 없다. 다시 말하면 무상의 의의를 해석하려는 불교학은 '말'을 하지 않을 수 없다. 언어의 表現力量으로 가능한 극한선에 이르기까지 무상의 성질을 언어로서 표현해 보려는 것이 불교학의 태도이다. 정말 말로서는 도저히 표현이 불가능한 경지 ─언어의 길이 완전히 두절된 경지 ─가 나타날런지는 모르겠다. 그러면 言語의 길이 막힐 때까지라도 언어[文字]를 세워서 말해야 한다. 언어의 길이 막히는지 막히지 않는지는 그 길을 가봐야 안다. 길을 가보지도 않고서는 그 길이 막혔는지 막히지 않았는지 알 수 없다. 더구나 길을 떠나지도 않고서 그 길을 막혔다고 할 수는 없다. 길이 어디서 어떻게 막혔는가는 그 길을 더듬어 감으로써 알아 내려는 것이 학문이다.[5] 불교학은 언어[文字]의 길이 어디서 끊어졌는가를 언어의 길을 더듬어 감으로써 ─'말'을 함으로써 ─추구해 보려는 것이다. 정말 말의 極限 限界를 알아 보려고 말하는 것이다. 말의 극한 한계란 말이 전연 소용이 없는 경계이다. 그러면 불교학은 결국 말이 소용이 없다는 것을 알아내기 위하여 말을 하는 것이 된다.

　　그런데 불교학이 과연 언어가 끊어지는 秘義의 경지를 究明할 수 있을까? 아마도 불교학은 겨우 달의 방향을 가리키는 손가락(標月之指) 구실 밖에 못할런지 모르겠다. 불교학의 숙명이 ─모든 전적의 숙명이 ─언어의 매개 작용으로 이루어지는 한 標月之指 노릇을 함으로써 최상의 의의를 느껴야 할런지 모르겠다. 그렇다고 하더라도 달의 위치에 더 접근함으

---

4) 중관무외소.「涅槃品」24偈
5) 希臘語 : methodes＝方法＝method, meth＋odos, go along＋way；길을 따라 감

로써 달의 방향을 더 정확히 가르칠 수 있다면 불교학은 역시 달의 경계를 향하여 언어의 길을 더듬어 갈 수밖에는 없다. 언어의 길이 다하여 말이 소용 없음을 깨닫고 말을 하지 않는 날이 올 때까지는. 그리고 그 날이 올 때까지 불교학은 마치 언어[文字]의 無用論[不立文字]을 부르짖으면서도 여전히 언어[文字]를 사용했던 역대의 祖師들처럼 결국 정말 말을 하지 않기 위하여 말을 해야 하겠다. 그 날이 오면 龍樹가 "Na Kvacid. Kaścid dharmo buddhena deśitah"라고 說破한 진면목이 나타날 것이다.

나는 여기에서 하나의 불교학을 공부하는 학도로서 無常, 苦, 無我로 시작한 불타의 근본 사상을 언어의 표현이 미치는 한계에까지 나의 표현 능력을 다하여서 究明해 보려고 한다.

Rūpaṃ aniccaṃ(色無常)의 의의를 다시 해석해 보기로 하자. 무상을 논할 때 한 가지 유의해야할 점은 色無常의 無常과 『長阿含經』 卷十七에서 '我世間有常. 我世間無常……我世間有邊. 我世間無邊'할 때의 무상의 의미와는 다르다는 것이다. 梵語로 色無常의 無常은 anitya(anicca)이지만 我世間無常의 無常은 aśāśvata로 나타난다. '我世間有常. 無常'의 常은 그 다음의 문구 '我世間有邊. 無邊'의 뜻을 미루어서 생각할 때 후자가 공간적인 유한과 무한을 의미한데 대하여 전자는 시간적인 유한과 무한을 의미하고 있음을 용이하게 알 수 있다. 그리고 시간적인 무한은 영원을 의미한다. 이러한 견해(dṛṣṭi)를 당시에는 소위 常見(śāśvata-dṛṣṭi)[6]이라고 불렀다. 이 常見에 대립하는 견해로서 시간적인 유한을 주장하던 —따라서 현세적인 향락만을 추구하던 —斷見[7](uccheda-dṛṣṭi)이 있었다. 佛陀는 常見論者나 斷見論者나 兩者 모두를 극단에 집착한 邊執(anta-grāha-dṛṣṭi)의 邪見이라고 배척하였다. 常見과 斷見의 兩邊을 부정하고 지양한 입장에서 불타는 無常(anitya)을 설했다.

---

6) 常見(śāśvata-dṛṣṭi) 宇井氏「印度哲學研究」第二 p. 328
7) 斷見(uccheda-dṛṣṭi) Ibid p. 328

무상(anicca)은 '시간이 감에 따라서 變易한다'는 의미라고 앞에서 말했다. 시간이 감에 따라서 변역한다는 의미는 구체적으로는 어제 아름답던 백합꽃이 오늘도 꼭 이와 같이 아름답고 또 내일도 꼭 그대로 아름다워질 수는 없다는 말이다. 어제와 오늘과 내일의 백합꽃이 언제나 '동일한 꽃'이 될 수 없다는 말은 '영원한 동일'—即 常見—을 부정하는 입장을 가리킨다. 그렇다고 시간이 감에 따라서 변역한다는 의미가 오늘의 아름다운 백합꽃은 오늘만 아름답지 내일은 단멸한다는 말은 물론 아니다. 오늘만이 있고 내일은 없다는 말은 斷見을 가리킨다. 불타가 설한 무상은 어제와 오늘이 전연 同一하다는 뜻도 아니고, 반면에 어제와 오늘은 '전연 다른 것'이라는 뜻도 아니다. 다만 시간이 흘러감에 따라서 변역해 가는 상태를 가리킨다. 오늘과 내일이 전연 동일한 것이라면 변역의 상태는 있을 수 없고 또 반면에 전연 단절된 것이라고 하더라도—즉 오늘만이 있다고 하더라도 '변역'의 상태는 역시 있을 수 없다. 변역의 상태는 오늘과 내일의 관계가 전연 동일하지도 않고 또 전연 別異하지도 않은 流動에 있음을 말한다. 일체가 이러한 변역의 상태에 놓여져 있다고 말하려는 것이 불교적인 無常의 견해이다.

무상의 의의는 대개 위에서 말한 바와 같다. 그런데 '一切無常(Sabbe aniccam)'이라고 할 때 一切無常의 명제 자체의 眞義도 無常일 것인가? 만약 그 명제 자체마저도 무상이라면—즉 시간이 감에 따라서 변역하는 것이라면—그것은 모든 시대에 타당할 수 있는 불타의 법(dharma)은 될 수 없다. 모든 것이 시간과 더불어 변천해 가더라도 불타의 법만은 超時間的으로 타당할 수 있는 眞理가 되어야 한다. 여기서 시간적으로 변역하는 '一切(Sabbe)'와 "일체는 시간적으로 변역한다."고 설법한 불타의 법과의 관계가 문제된다. '일체가 시간이 감에 따라서 변역한다'고 할 때 변역의 상태에 있는 것은 '일체'이지 법(dharma) 자신은 아니다. '一切無常'이라고 할 때 무상인 것은 일체이지만 '일체 무상'이란 법 자신은 아니라는 말이다. 오히려 '일체는 무상한 법'이니까 모든 것은 시간이 감에 따라서 변역한다고 하겠다. 법의 원어 Dharma가 어근 '√dhṛ : bear, hold, keep……

: 지니다, 지탱하다, 바탕이 된다……'에서 파생했다는 어원적 의의는 법 (dharma)의 진의를 명료하게 설명해준다고 본다.

즉 Dharma는 자신은 자신대로 지니면서 Dharma 아닌 것은 Dharma 아닌 것이 되게 하는 바탕이 된다는 뜻이다. 예를 들자면 '無常法(anitya dharma)'은 무상법 자신은 변역의 상태에 있지 않은 채로 지니면서 일체는 변역의 상태에 있게 하는 법(dharma)이라는 말이다. 다시 말하면 '무상법' 자신은 무상이 아니면서 다른 것은 무상하게끔 하는 바탕이라는 말이다. 이렇게 되면 우리가 무상을 이해할 수 있는 바탕도 무상법이라고 말할 수 있다. 이것은 중국 학자가 dharma를 '住持自性, 軌生物解' 또는 '能持自性, 軌生勝解'라고 번역한 의미와 아주 상통한다. 그리고 자기 스스로는 自性을 지니고 있으면서 일체물을 이해하는 '軌'가 된다고 한 한역의 의미는 어근 $\sqrt{dhṛ}$에서 파생하였다는 dharma의 어원적 의미와도 매우 가깝다. dharma[8]에는 법 이외에도 法則(law) 軌範(Norm), 慣習(habit) 등의 어의가 있는 것도 어원의 의미로 미루어 볼 때 이해가 간다.

우리가 일상 용어에서 법이라는 말은 자주 쓰는데, 그러한 경우의 법의 의미도(엄밀한 의미에서는 차이가 있지만) 법의 본의와 그다지 동떨어진 차이는 없다고 본다. 우리는 항시 "가을이면 꽃은 지는 '법'이야."라고 하든지, "물은 아래로 흐르는 법이야."라고 아주 자연스럽게 '법'의 발음을 한다. 이러한 경우에 그 법의 의미를 음미해 보면 가을이면 꽃은 지는 법이니까 지고 물은 아래로 흐르는 법이니까 아래로 흐른다고 함으로써 지는 꽃, 흐르는 물의 현상을 손쉽게 정리해서 이해하려고 한 것을 알 수 있다. 꽃은 지는 법이 있고 물은 흐르는 법이 있으니까 그 법을 바탕으로 한 일체의 현상은 그 법대로 되게 마련이라고 생각한 듯하다. 이와 같은 법의 개념은 불교의 dharma의 개념에서 轉出된 것이 아닌가도 추측해 본다.

일체가 무상이라고 할 때 무상인 것과 일체 무상이라는 법의 관계에

---

8) Dharma ; law, duty. right. justice, morality.Virtue by Sir Monier

서 일체 무상을 이해시키는 궤범[規範, Norm]이 바로 dharma(法)임을 알
았고 그 Dharma 자신은 무상이 아님도 알았다. 그런데 그러한 궤범(Norm
)으로서의 법은 일체 무상을 이해하는 주관 편에 있는 것이 아니고 주관
에 대한 관계와는 독립되어서 무상한 일체의 '軌(Norm)'로 되어 있다. 萬
象을 유전케 하는 법(dharma)이면서 또 만상이 유전함을 이해시키는 규범
이 되는 법은 만고에 변하지 않는 불타의 법으로서 시간을 초월하여 타당
성을 띄게 될 것이다. 우리가 불타를 안다면 불타의 법을 보았기 때문이
다. 우리가 보는 것은 불타라기보다는 불타의 법이다. 종교학의 입장에서
보는 불타는 법(dharma) 안에 있는 불타이다. 법으로 환원된 불타이다. 불
타가 곧 법이고 법이 곧 불타이다. 그래서 불타는 "Yo kho dhammam pcs-
sati. So mam possati, yo mam passati so dhammam passati(法을 보는 者는 나
를 보고, 나를 보는 자는 法을 본다)."고 하였다.9)

苦(duḥkha dukkha)

無常 即 苦(yad aniccaṃ taṃ dukkhaṃ)
『阿含經』에서는 '苦'의 두 가지 방면을 분석해서 설명하였다. 첫째는
無常이 곧 苦라고 하였고, 둘째는 凡夫의 渴愛(tanḥa)가 충족되지 않을 때
느껴지는 苦라고 하였다. 그러면 無常인 고로 苦인지, 또는 渴愛가 있는
고로 苦인지 하는 문제가 생기겠으나, 이것은 두가지 방면이 다 옳다고
본다. 다만 하나는 객관적인 '일체의 無常'에 중점을 두었고 다른 하나는
주관적인 갈애에 중점을 두었다는 차이가 있을 뿐이다. 일체는 무상법에
한하여 변역의 상태에 놓여져 있는데 범부에게는 충족될 수 없는 常의 갈
애가 있어서 '苦'를 겪게 된다. 즉 '無常'을 무상대로 받아 들이지 못하는
데 苦의 원인이 있고 無常을 무상대로 받아 들이지 못하게 하는 것이 범

---

9) Dharma의 개념은 원시불교, 소승 불교를 거쳐서 용수에 이르면 달라진다. 공관에서는
   본논문의 法의 개념은 비판받으리라. 그러나 본논문의 범위는 원시 불교 사상에 한정되
   어 있다.

부의 갈애이다. 그래서 경전에서는 無常과 苦와 凡夫의 갈애는 항상 같이 따라 다니고 있다. 그러면 '無常'을 솔직히 받아 들임으로써 갈애를 끊어버린 성자에게도 苦는 있을 것인가? 없다. 無常을 무상대로 수용할 줄 아는 聖者에게는 常住를 갈애하는 욕망이 일어나지 않을 것이니 고는 있을 리 없다. 고는 갈애의 충동때문에 무상을 그대로 받아 들이지 못하는 범부의 세계에만 있다. 범부의 세계라는 의미가 바로 고의 세계라는 의미를 가리킨다. 불교 용어인 世間(loka)의 어원적 의미를 미루어서 생각하면 범부의 세계와 苦의 세계가 같은 장소라는 것을 우리는 더욱 똑똑히 알 수 있다. 세간(世界)에 해당하는 범어 loka는 어근 √luj에서 왔다. √luj는 break, destrory. 깨지다 끊어지다 등의 괴멸의 뜻을 가지고 있다. 그래서 "壞滅(lujjati)하니까 세간이라고 부른다."고 불타는 비구들에게 설법한 일도 있다.10) 壞滅하니까 세간이라고 부른다는 것은 세간과 괴멸은 같은 의미라는 말이다. 그런데 괴멸은 無常을 가리키고 무상은 범부에게는 苦를 의미한다. 즉 세간과 苦는 동의어에 속한다. 그래서 불교에서는 범부 세계를 苦海라고 또는 火宅이라고 비유한다. 불교의 이상은 苦海, 火宅에서 苦를 겪고 있는 범부에게 苦의 근본을 깨닫게 함으로써 苦를 끊고 涅槃證悟에 도달하게 하는데 있다.

　범부의 세계에도 涅槃證悟의 경지로 들어 가려면 반드시 한 번은 범부 세계에 대한 부정 ——적극적 부정 행동으로서의 반항(resistance)이 있어야 한다. 이 반항 행동은 반항을 받는 범부 세계편에서 볼 때는 反逆(Revolt)으로 나타난다(이 반역이라는 말은 불교용어인 厭離 世間과 상통한다). 그런데 이 반역의 계기가 범부만이 겪고 있는 고에서 파악되지 않을까 한다. 그래서 경전은 무상만으로도 충분히 고의 의미를 나타내건만 一切無常이라고만 하지 않고 一切 苦까지를 말함으로써 苦의 의미를 강조했다고 본다. 無常 卽 苦(yad aniccam tam dukkham)라고 하면 無常은 곧 苦와 같다는 뜻이 되겠지만 범부 세간을 반역하는 동기는 '無常'보다는 '苦'

---

10) 相應部 35 · 82

에서 오는 것이 아닐까? 인생의 생노병사를 목격하고 삶의 무상을 체험한 젊은 불타가 지고의 지위를 버리고 출가를 결행한 직접적 동기는 아무래도 생노병사가 주는 무상관보다는 生老病死 即 無常이 주는 심용한 苦觀에 있지 않았는가 한다. 出家라는 말은 반역이란 말의 불교적 표현이다. 불타는 '苦'를 切感하고 고의 문제와 대결하면서부터 출가할 것을 결심했다고 생각한다. 고는 객관적으로 관조되어지는 위치에 놓여 있는 것은 아니다. 내가 고 안에서 살고 있고 바로 내가 '苦'이다. 이러한 苦는 苦와의 진지한 긴장 대결 상태에서만 파악된다고 본다. 진실한 苦와의 대결에서 점차 苦의 정체가 객관적인 것이 아니라 실은 주관적인 마음(citta)의 작용임을 알기 시작한다. 즉 범부의 눈이 점차 苦의 원인을 객관적인 것으로부터 주관적인 마음 안에 찾기 시작한다. 轉換(conversion)이다. 그리고 이 전환의 계기가 고와의 긴장 대결 상태에서 파악된다. 이리하여 범부의 세계에 대한 반역과 대내적인 전환은 양자가 다 고를 계기로써 일어남을 알았다. 출가의 결심이 대외적으로는 세간에 대한 반역으로 나타나고 대내적으로는 사유의 전환으로 나타난다. 출가는 涅槃으로 향하여 떠나는 출발이다. 그 출발이 '苦'를 계기로 하고 시작한다는 말이다. 四聖諦(catvāri rya sat- yas)의 第一諦로 苦諦를 설법하였고 推理的 순서에 의한 十二支緣起도 第一支는 老死苦로 시작한 것도 이러한 까닭이 아닌가 한다.

　　대내적인 전환은 종교적 신앙의 발로이다. 이러한 전환의 뒷받침 없이 범부의 세계에 반역만 한다는 일은 자칫하면 염세사상에 빠진다. 苦를 객관적으로 관조하는 한 고는 반역할 수 없는 확고부동한 대립물로서 나를 괴롭힐 것이다. 그러나 종교적 전환으로 발로된 신앙적 반성은 고의 진상이 無明(avijja)에 가리워진 마음(心, citta)의 渴愛가 대외적으로 투영된 신기루에 지나지 않는다는 것을 점점 알게 할 것이다. 앞에서 고에 대한 진지한　긴장 대결 상태에서 종교적 '전환'의 기운은 싹트기 시작한다고 하였다. 종교적 전환은 신앙적 반성을 통하여서 진실한 고의 인식을 얻게 하는 것을 우리는 위에서 보았다.

　　진실한 고의 인식은 고에 대한 진지한 대결에서 오는 것을 알았다.

고에 대한 진실한 대결이 한편으로는 세간에 대한 반역으로 나타나고(세간은 고이니까) 다른 편으로는 종교적 전환으로 나타난다. 출가는 이러한 고에 대한 진실한 긴장 대결의 표현이라고 본다. 그리고 염세 사상은 고와 대결함으로써 파악되는 진실한 고의 인식 앞에서는 무산된다.

　　여기서 진실이란 철저하고 투명하다는 말이다. 고와의 철저한 대결은 철저한 종교적 전환의 동기가 되고, 철저한 종교적 전환은 투명한 고의 인식을 초래한다. 투명한 고의 인식 앞에는 염세사상은　있을 수 없다. 염세사상은 항상 고에 대한 불투명한 인식에서 오기 때문이다.

　　이러한 고의 의미가 상식적 세계에서 말하는 樂(sukha)의 반대개념인 '苦'와는 구별되어야 함은 더 말할 필요가 없다. '無常 卽 苦'의 苦의 반대는(고가 세간을 의미하니까) 涅槃이다. 고가 범부의 현실상을 말하는 것이니까 고의 반대는 불교의 이상인 열반이어야 한다. 그런데 보통 고의 반대 개념을 낙으로 보는데서 열반을 낙의 경지로 생각하게 되었다. 그러나 이것은 엄격히 구별되어져야 한다. 출가의 동기가 된 苦의 의의는 출가가 涅槃證悟를 지고의 이상으로 하는 데에 있다. 다만 낙을 찾기 위한 목적에서 출가한 것은 아니다. 비록 苦의 원인이 범부의 무명에 있다고 하더라도 다만, 범부이기 때문에 苦를 겪어야 함은 비극이다. 그리고 원인이 자기의 무명에 있는 것조차 모르면서도 비극의 고통을 겪고 있는 것이 범부의 현실이다. 이러한 비극적 현실을 초극하는 것이 불타의 이상이었다. 비극적 현실을 초극하려면 비극의 근저가 되고 있는 苦의 진상을 파악해야 한다. 苦의 진상을 파악하려면 고의 문제와 정면으로 대결할 수밖에는 없다. 그런데 고와 어떻게 대결하는가? 그리고 '어떻게 苦와 대결하는가'라는 문제는 불교 전체의 문제이기도 하다.

無我(anātman, anattā)

苦 卽 無我, 無我者亦無我所(yaṃ dukkhaṃ tad anattā, yod anattāṃ netaṃ mama, neso h́om asmi, neso h́am asmi)

無我 사상은 원시 불교의 중심 사상일 뿐 아니라 불교 사상 전체의 근저가 되는 중요사상이다. 이 사상은 '常住의 我(ātman)는 있다(sat)'고 주장해 내려온 전설적 인도 철학 사상과는 정면으로 대립되는 비정통계의 사상이다. 여기서 잠깐 불타 이전과 불타 당시의 인도사상계를 일별하기로 하자.

正統婆羅門系 사상에 있어서 중심이 되는 것은 我(ātman)의 개념이다. ātman은 어원 ā+tman 'this I' '이 '나' '此我'인데 轉變하여 생명의 근원이 되는 '呼吸'으로 되었다. 호흡이 생명의 근거가 되고 또 인격존재의 근거가 된다고 느낀데서부터 한 걸음 더 나가서는 현상의 본질 생명의 근원으로서 ātman의 존재를 요청(postulate)하게 되었다. 그리고 이러한 생명의 근원으로서 ātman은 상주하는 영원한 존재가 되어야 한다고 생각하였다. 그래서 그들은 ātman을 "산같이 상주하고 돌기둥(石柱)같이 부동이라."[11]고 하였다. 이러한 ātman의 개념은 필연적으로 우주의 근원적 존재이며 조물주인 Brahman(梵)의 개념에 접근해지다가 나중에 발전한 단계에 이르러서는 Brahman이 곧 ātman이라고 하는 梵我一如사상(Brahma-ātma-aiky-am)까지 나오게 되었다. 그러나 완성된 범아 일여 사상에 이르기까지는 ātman은 Brahman에 가까운 普遍我의 성격을 띠면서, 한편으로는 호흡하는 생명체로써 개체아의 성격도 俱有한다. 육체를 지니고 있기 때문에 무상한(有限) 개체아가 상주(永遠)의 보편아 즉 정신적 梵我와 동등한 지위까지 상승하려는 욕망이 종교적 실천면에 나타난 것이 선정(dhyāna)과 고행(sapas)이다. 선정과 고행으로 인도인은 육체의 구속때문에 노예가 되어버린 개체아가 노예의 지위에서 해방되어 정신적 범아의 절대적 희열(해탈 mokṣa)에 까지 도달할 수 있다고 믿었다. 그들에게 있어서 '범아일여'는 곧 종교적 해탈을 의미하였다. 범아 일여를 관하는 철학적 지혜가 곧 그들의 이상인 종교적 해탈을 보는 지혜이기도 했다. 그러니까 인도인은 유한한 個我가 영원한 梵我와 일여가 되는 것을 최고의 목표로 하였다.

---

11) 『長含梵動經』

이 목표를 실현하는 종교적 실천행으로써 불타 출생 당시 인도사상계에는 선정을 주장하는 바라문 계급과 고행을 주장하는 사문 계급이 있었다. 태초에 유일한 정신적 원리인 Brahman이 있고 우주는 Brahman의 變化轉流에 의하여 창조되었다고 생각했던 바라문계급12)은 가능한 한 정신적인 梵을 물질적 육체의 악으로부터 이탈시킴으로써 범아의 청정에 도달할 수 있다고 주장했다. 따라서 육체의 조건에는 상관치 않고 오직 정신의 奔放活動을 자제(Self-controll)하는 방법만이 범아에 이르는 길이라는 것이다. 이러한 정신의 자제가 선정이다. 이와는 반대로 다수의 독립된 요소가 어떠한 형식으로 결합되어서 세계가 구성되었다고 생각했던 사문계급13)은 지수화풍의 제 요소의 결합체인 육체를 억제하고, 그 힘을 滅殺함으로써 육체에 얽매인 정신을 해방시킬 수 있다고 보았다. 그래서 물질적 육체를 괴롭히는 고행을 실행하여야 한다는 것이다. 즉, 선정파와 고행파는 양자가 모두 정신과 육체의 이원론을 전제하면서 일원론인 범아일여의 해탈에 도달하기 위하여 전자는 정신의 자제로 실행할 것을, 그리고 후자는 육체의 고행을 실행할 것을 주장하였다.

이밖에 오욕(財, 色, 食, 命, 睡)을 충족시키는 것이 인생의 의미라고 주장한 쾌락주의파(Hedonist)가 있었다. 이들은 감각적 직관적 생명의 현상만이 존재하는 전부라는 것이다. 정신, 심지어는 영혼마저도 생명현상의 제 요소가 기계적으로 결합한 것이라고 한다. 모든 것을 감각적 물질적 요소의 결합체로만 생각한다면 유물론의 경향이 보인다.14) 이와 같이 유한한 감각적인 존재만을 시인한다면 유한한 개체아가 상주하는 범아와의 일여를 종교적 해탈로 믿어온 정통 바라문파와는 대립하지 않을 수 없다. 우리는 영혼을 부인한 유물론자를 斷見派15)에 속한다고 할 수 있고, 반면에 영혼의 상주를 믿은 바라문을 常見派에 속한다고 구별할 수도 있다. 상견과 단견을 지양하여 새로운 입장을 세우려는 것이 불타의 사상임은

---

12) 轉變說 Pariṇāmavāda 宇井氏「印度哲學研究」第二 p. 410 以下
13) 積聚說 ālambavāda Ibid p.410 以下
14) Cārvāka materialist : the body is but the result of atomic combination. No self, no soul no virtue or vice……. Dasgupta, a history of Indian philosophy p. 79

24

위에서 말한 일이 있다.

　불타는 '일상 생활이 어찌되어 있는가?'를 추구하고 또 설명하려고 하였다. 일상 생활을 주관적 입장에서 관조하려는 것이 아니고 '있는 그대로'를 —소박한 현실 그대로를— 솔직히 받아들이려는 것이다. 주관(atman, 我)을 세우는 것보다는 오히려 주관을 세우지 않음으로써 우리의 일상적 경험은 더욱 여실히 파악될 것이다. 무아 사상은 이런데서부터 싹트기 시작하였다고 본다. 옛날부터 인도인은 행위의 관계에 있어서 자아 몰입적 경향이 농후하였다. 개인적인 행동 주체의 동작보다는 개체를 초월한 보편적인 막연한 것을 더 중요하게 보았다. 인도의 언어 형식에서 이러한 특색을 발견할 수 있다. 범어 문장 형태에서는 개인의 행동을 진술할 때에도 능동태(active voice)보다는 수동태(Passive voice)가 더욱 자주 사용된다. 심지어는 자동사에서도 수동태가 사용될 때가 있다. 따라서 행동의 주체인 주어를 명시하지 않고 수동태와 비인칭형식으로 진술되는 예가 많다. 예를 들면 Karmaṇo hy api boddhavyaṃ[16](행위는 알려져야 한다) kair mayā saha yoddharyaṃ(누구와 더불어 싸울 것인가?) 이러한 특색은 '如是我聞 (Evam me sutaṃ pāli Evam mayā śurtam : Saṃskṛt)'으로 시작하는 불교 경전에서도 나타난다. '여시아문'에 해당하는 원어부터가 수동태의 문장형식으로 표현되었다. 즉 Evam mayā śurtam에서 '듣는 주체'인 我가 주격이 아니고 구격(instrumental case) mayā로 표현되었고 따라서 $\sqrt{śru}$: 'to hear'는 주거수동분사(past passive participle)로 나타나 있다. 그래서 Max Müller는 'Thus I have been heard'라고 영역했다(in the sacred Books of the East). 그리고 Evam mayā śurtam에서 mayā의 생략이 비교적 용이하다는 것도 알 수 있다. mayā가 생략되면 비인칭문장이 된다. 일반적으로 인도인은 행위를 개인적 주체의 행동으로 보지 않고 여러 가지 인연관계가 얽혀서 성립되는 현상으로 생각한 것을 알 수 있다. '내가 듣는' 것이 아니고 '나에 의하여 들려진다'고 표현한 그들은 어디까지나 주체의 행동을 전면에

---

15) 註 6, 7. 參照
16) 中村元 :「東洋人의 思惟方法 第一部 p.173~174」

나타내려고 하지 않았다. 이러한 사유경향은 "나는 생각한다 고로 나는 있다"(Cogito ergo sum. : Je pense, donc be suis).[17]라고 나(我)를 명백히 전면에 내세운 서양의 사유 방식과 비교할 때 의미 깊은 대조를 이룬다고 생각한다.

　　구체적이고 소박한 현실 세계의 존재만이 문제였던 불타에게 있어서는 'ātman(我)이나 세계가 상주하느냐 상주하지 않느냐?' 하는 형이상학적 문제는 올바른 지혜를 얻는 방법(marga)으로서는 그다지 중요하지 않다고 생각했던 것 같다. 그래서 불타는 이러한 질문에 대하여 명확한 답변을 보류했다(無記).[18]

　　이런 까닭에 상주하는 실체의 유무를 캐보려는 형이상학적 사색은 일찍부터 불교 철학에서는 자리를 차지하지 못하였다. 그러니까 바라문계급이 주장하는 초월적 형이상학적 ātman은 원시불교에서 논증의 대상에서 제외된다. 이와 반대로 我를 일상경험의 인식주관이라고 생각한다면 이러한 아는 아가 아니고 '색무상 무상즉 고…'라는 경전구절에서 色으로 대표되는 오온(pānca skandha)에 지나지 않는다. 경험계에서 '我'가 五蘊에 지나지 않는 것은 마치 여러 가지 부속품이 한데 모여서(蘊) 이루어지는 비파[樂器名]와 같다는 것이다.[19]

　　그런데 '五蘊 即 無常 無常即苦　苦即無我'라고 한 인용구절을 근거로 하고 '無常과 無我, 苦와 無我 그리고 五蘊과 無我'의 관계를 살펴 보기로 하자.

　　무상(anicca)은 논리적으로는 연기설에 근거를 두고 있다고 앞에서 말한 일이 있다. 즉 '緣起이니까 無常이라'고 말할 수 있다고 하였다. 논리의 단계를 한 걸음 더 깊이 들어가면 '연기 고로 무상'은 '연기 고로 무아'라고도 할 수 있을 것이다. 연기 고로 무아라면 여러 가지 인연이 서로 얽혀서 상관 관계에 있으니까 아는 없다는 뜻이다. 이것은 또한 여러 가지 부속품(因緣)이 한데 모여서(相關關係) 비파라는 악기를 이루어 놓으면

---

17) Descartes : Discovrs de la methode
18) 善惡無記의 無記와 같다.
19) 相應部 35·205

‘소리(我)’가 있으나, 비파의 부속품을 도로 분리시키면 소리(我)는 어디에서도 찾을 수 없는 것과 같다는 것이다. 그러니까(衆因緣生)인 일체에는 비파같이 ‘我’라는 ‘實體’는 어디서도 찾을 수 없고 다만 여러 가지 인연으로 생긴 ‘相關關係性’만이 있다는 것이다. 그러나 불타는 ‘연기 고로 무상’이라고 論理的인 說法은 하지 않았던 것처럼 ‘연기 고로 무아’라고도 하지 않았다. 일상 현실을 있는 그대로 실감하고 직관하려는 종교적[情意的] 입장에서 무아도 역시 무상같이 설하였다. ‘무상’과 ‘무아’는 양자가 모두 논리적 근저로서 ‘연기’를 가지고 있으므로 ‘무상 즉 무아(무상이 곧 무아다)’라는 관계가 성립된다는 것은 쉽게 알 수 있다. 그러나 무상과 무아의 관계를 더 깊이 파고 들어가면 무상은 대외적(객관적)인 면을 표시하고 이와 반대로 무아는 대내적인 면을 표시하지 않을까 생각해 본다. 객관적인 ‘무상’은 주관적인 ‘무아’로 반영되고 주관면의 무아는 객관면으로는 무상으로 투영된 것이라고 본다. 다른 말로 하면 객관계에 상주의 아가 없다면 ―즉 무아라면 ―무상을 의미하는 것이고 주관에 ‘영원불멸이 없다’면 ―즉 무상이라면 ―무아를 의미하는 것이라는 말이다. 그러나 여기서 주관과 객관을 구별하는 것은 설명하기 위한 임시방편에 지나지 않는다는 점은 유의해야 한다. 주관과 객관으로 나누게 되면 아무래도 그 사이에는 대립의식이 생기게 된다. 대립의식은 ‘철저한 무아의 입장’[20] 앞에서는 있을 수 없다. ‘철저한 무아의 입장’에서 모든 대립관계를 극복하려는 것이 불교의 근본사상이다. 그러나 철저하지 못한 무아 사상은 허무 사상이 자리잡을 틈[間隙]을 준다.

　　허무 사상에는 아무래도 서구적인 특색이 엿보인다. 이것은 서양 사상의 근저가 되고 있는 ‘有의 立場’이 현대에 와서 급격한 역사적 변천때문에 붕괴되기 시작할 때부터 유행된 신사조였다. 서구적인 ‘有의 立場’이란 구체적으로 말하면 세계사의 주재자인 영원한 신이 있다는 입장이다. 그리고 이러한 전능신의 지위를 거부하거나 더 나아가서는 신의 권위에

---

20) ‘철저한 무아의 입장은’ ‘절대적 무아의 입장’ 즉 ‘공(śunyatā)’을 의미한다.

대하여 반항할 때 허무 사상도 함께 싹이 트기 시작하였다. 그러나 '나 (我)'라는 '주체'가 없다는 불교 사상은 어떠한 대립관계도 거부한다. 그러니까 허무 사상은 불교에는 원래 있을 수가 없다. 그런데 아직은 '아'의 입장을 완전히 탈락 못한 채로 아의 잔영을 붙잡고 있기 때문에 '허무'도 함께 있게 되었다. '철저한 무아의 입장'은 완전히 투명한 자세이다. 완전히 투명한 자세에는 무아가 그대로 무상으로 비치고(無我 即 無常) 또 무상이 또 그대로 무아로 비친다.(無常 即 無我) 투명한 자세에서는 대립의 汚塵을 전연 볼 수 없기 때문이다.[21]

'苦'는 원시불교에서는 무상을 그대로 받아 들이지 못하고 상주를 욕구하는 갈애가 충족되지 않을 때 느껴진다고 앞에서 말한 일이 있다. 그런데 갈애는 누구를(무엇을) 위하여 상주를 욕구하는가? 즉 무엇이 갈애를 충동시켜서 상주를 욕구하게 하는가? 나(我)이다. '나'를 위하여 갈애는 욕구하였고 '나'의 충동이 갈애로 하여금 욕구하게 하였다. 갈애의 주인은 '나(我)'이다. '凡夫의 갈애'라고 할 때 갈애의 주인은 범부인 듯하나 이 범부는 아직 '자기의 아'에 집착되어 있는 '아'이다. 이런 '아'가 아의 만족을 위하여 갈애로 하여금 상주를 욕구하게 하였다. 그러나 욕구는 배반당했다. '苦'이다. '아'는 만족을 얻지 못하였다. 역시 '苦'이다. 자기가 주인[我]이니까 恣意的으로 무엇이든지 願望하건만 번번히 기대는 어그러진다[無我]. 괴롭다[苦] 그래도 '아'가 있는 한 또 다른 것을 욕망한다. 역시 실망이다. 마음대로[我] 하고 싶으나 마음대로 되는 것은 아무것도 없다. 즉 무아이다. 고즉 무아에서는 자의적 욕망이 充足되지 않은 것을 설명하려고 하였다고 본다.

고래로 아는 '常, 一, 主, 宰'의 뜻이라고 하여왔다. 이 가운데서 주재의 뜻을 해석해 보면 '主'는 소유를 나타내고 '宰'는 지배능력이 있는 것을 가리킨다. 이제 주와 재를 부정하여 보면 '나의 것같이 마음대로 지배할 수 없다'는 뜻인데 여기에는 반드시 고가 따른다. 즉 주재의 부정은 바

---

21) Nihilism의 救濟가 불교의 공의 입장에서 가능하지 않을까? 田邊元 「宗教哲學」 p.80 以下

로 고에 해당한다. 자의적인 욕망이 부정되니까 필연적으로 고가 오는 것과 마찬가지다. 그리고 常, 一을 부정해 보면 상의 부정은 그대로 무상이고 일의 부정은 '동일' 즉 '영원한 동일'의 부정이니까 상주의 부정이 된다. 즉 상일은 무상에 해당한다. 여기서 우리는 '아'의 정의 '상, 일, 주, 재'의 부정은 이미 말한 일이 있는 무상과 고에 해당하고 있음을 알았다. 아를 설명하는 상일주재의 부정이 무상과 고를 의미한다는 것은 '무상과 무아' '고와 무아'의 관계에서 미루어 생각하면 결국 부정의 의미는 무아라는 것을 알게 될 것이다. 이와 같이 아의 전통적인 해석인 '상일주재'의 부정이 내용으로는 무상과 고의 의미를 포함하고 있다는 의의는 '무아' 사상이 '무상'과 '고'의 근저가 되고 있다는 것을 표시한다. 무상과 고 사상은 무아 사상을 근저로 하고 통합 통일되었다. 무상과 고를 자기의 기반 위에서 一次統一한 무아 사상은 오온과 육입처 사상의 근본주류로서 저변을 흘러가서는 드디어 緣起說과 밀접한 관계에 놓이게 된다.

　　오온과 연기설에서 무아 사상은 다시 논하기로 하고 여기서는 『아함경』에서 무아를 어느 만큼 세밀히 분석하였는가를 살피고 무아 사상은 일단 끝마치겠다. 경전에서는 무아를 일층 더 세분하여 다음과 같이 말했다. 'Yad anattā taṃ netam mama(무아는 내것이 아니고) neso hám asmi[22](이것은 내가 아니고) 또 neso me atta[23] (이것은 나의 아가 아니다) 처음에 무아는 나의 것(mama)이 아니라'는 뜻은 무아인 것은 내가 소유하고 있는 것에는 속해있지 않다는 말이다. 다음 무아(eso)는 내(aham)가 아니라고 함은 나와 무아를 대등한 입장에 놓았다. 마지막으로 무아(eso)는 나의 아가 아니라고 한 의미는 인도 철학의 ātman과 비슷한 것으로 해석하면 전후가 맞을 것 같다. 즉 영혼 불멸의 attā(我)는 무아는 아니라는 것이다. ātman 사상이 불교의 무아 사상으로써 부인되었다함은 벌써 말했다.

---

22) Pāli. neso hám asmi, neso : ne+eso→yad anattā, hám ; aham : I. Ich. 主格
23) Pāli neso me attā, neso : na+eso, me : amha의 屬格

Ⅱ

五蘊(Pañca skandha)

　　무아 사상에서 일상적 경험아(計我)는 오온에 지나지 않는다고 하였다. 그리고, '아'가 오온에 지나지 않는 것은 여러 가지 부분이 서로 얽히고 짜임으로써 비파를 만드는 것과 같다고도 하였다. 비파의 소리가 모든 부분이 한데 모여져서 적당한 위치 관계에 있음으로 비파가 구성될 때에만 울리는 것처럼 '아'도 여러 가지 인연에 의하여 얽혀지는 관계에 놓였을 때에 '있다'는 것이다. 더 엄밀히 따지면 '아'는 관련되는 모든 인연이 어떠한 상태에서 보여주는 전체 관계의 총화라고 할 수도 있다. 그러니까 '아'라는 고정된 '실체'는 없고 다만 '어떠한 상관 관계의 총화'만이 있다. 이러한 연기 관계의 '총화'를 불교에서는 '온'[聚, Skandha]이라고 부른다. 즉 불교 용어인 온으로 표현하면 '아'는 관련되는 모든 인연의 '온'에 지나지 않는다고 할 수 있다. 온의 원어 Skandha가 'multitude, quantity aggregate, region……24)를 잘 들어냈다고 본다. 그러니까 '온'은 관련되는 모든 연기 관계의 전체 범위[範疇]를 가리킨다. 색온이라고 하면 색에 관련된 모든 연기 관계의 전체범위 — 즉 색에 관련되는 범주 — 라는 말이다. 우리가 일상 생활에서 '색'이라고 부르는 구체적인 개체색에 比해서 '색온'이라고 할 때는 그러한 개체색마저도 통괄하는 보편색의 의미를 다분히 가지고 있다. 그리고 '온'의 어의 자체는 벌써 '연기'를 예상하고 있다. '색온'이라고 하면 그 온은 연기에 근거를 둔 모든 개체색과 그 개체색에 관련된 전체 범위 — 범주 — 를 가리킨다. 그런데 무상에 무상법이 있듯이 색온에도 색온법이 있다. '색무상'이라고 할 때 무상인 것은 색온법은 아니고 색온법을 근거로 하고 있는 색이 무상하다는 말이다. 여기에

---

24) skandha : delusion, section, join by Monier　의 어의를 가지고 있다는 것은 온의 본의

색온의 법과 무상의 법과의 관계가 연기의 법에 근거로 두고서 새로운 법의 관계로서 나타난다.

색온이 연기를 예상하고 있다는 말은 '무아'에의 접근을 암시한다. 단도직입적으로 '색온은 무아'라고 말하고 싶으나 논리의 계제가 학문에는 있어야 한다. 연기를 기초로 하는 모든 상관 관계의 범주가 '색온'이라면 이것은 '연기 고로 무아'라는 '무아'와의 관계는 어떠한 것인가? 나는 여기서 연기의 긍정과 부정의 양면이 있다는 것을 말해야 겠다. 연기의 긍정면은 '색온'으로 나타나고 그의 부정면은 무아 사상이라고 설명하려고 한다. '아'가 오온(色蘊)에 지나지 않는다는 말은 '연기'인 고로 아가 부정된 그 자리에 연기의 긍정으로서의 오온이 대신했다는 논리로서 해석이 가능하다. 그리고 '연기'인 고로 아가 부정되었다는 것은 '무아'를 의미하는데 아가 부정된 자리를 대신 차지한 '오온'과 '아'가 부정된 자리를 의미하는 '무아'의 관계가 '오온 즉 무아'의 지점에까지 거의 도달하였음을 알게 될 것이다.

연기의 긍정적 면으로 나타난 '색온'과 '아' 관계를 더 캐들어 가면 '연기'의 법이 있는 한 아는 부정되고 색온만이 我 대신에 있게 될 것이다. 연기의 긍정적 면이란 우리의 경험 세계를 말한다. 우리의 일상 생활은 '온'과 '온'의 상호관계에서 성립되는 현상임을 이제 우리는 알 수 있다. '오온'은 우리의 생활 현상을 '다섯 가지의 온'의 체계에 속하는 법의 상호관계에서 밝힌 것이다. 우리는 소박하나마 오온설에서 체계적인 법의 자취를 더듬어 볼 수 있다.

이제 오온을 하나씩 하나씩 참고하기로 하자.

'색'(Rūpa) : Form, Bild, Gestalt. 형태와 색채를 한 가지로 묶어버린 의미로서 시각대상계인 色境 뿐만 아니라 성, 향, 미, 촉과 더불어 유정 고체의 생존을 구성하는 감각적, 물질적 요소 전부와 감각적 인상을 일으키는 운동 변화의 전체를 가리킨다.[25] 그리고 색온은 낱낱이 변화하는 개

---

25) Rhys Davids는 Buddhist Psychological Ethics에서 Material or corporal aggregate인 body라기 보다는 과정의 유형(a type of process)로 보려고 하였다.

체의 색을 의미하는 동시에 감각적 운동 변화를 일으키게 하는 '색의 법'
으로서의 보편색의 의미도 포함한다. 색의 법으로서의 색온은 생리학적
대상으로서의 신체보다는 오히려 감각적 인상을 일으키는 동적 활동성을
더 강조하는 듯하다. 무아의 입장에서는 무상한 개체색보다는 개체색의
변화와 운동을 일으키는 보편색이 더욱 색온의 진의에 가깝다고 본다. 일
체 사대(catro mahābhūta)의 대(大, mahā)의 뜻은 대반야바라밀(prajñāpara-
mita)의 mahā 같은 보편적 의미를 가지고 있다고 보고자 한다.

'受'(Vedanā)[26]

후세 abhidharmakosśa에서는 頌納性, 受容性의 의미로 사용된다. 색을
받아들이는[受容] 것을 말한다. 꽃이 수용되려면은 자연히 감동의 계기가
있게 된다. 그래서 Vedanā는 감동, 감정의 뜻으로 번역되는 수도 있다. 그
러나 한역 감수가 가장 적당하다. 꽃[色]은 반드시 감수의 과정을 거쳐야
꽃으로서 實在할 수 있다. 즉 꽃은 수에 있어서 꽃으로 있게 된다. '受'로
써 감수되지 않는 꽃은 추상적 꽃에 지나지 않는다. 동일한 꽃은 감각면
에서 보면 색이 되고 감수면에서 보면 수가 된다. 그러나 무아의 입장에
서는 감수하는 주체를 생각할 수 없다. 아름다운 꽃이 객관적으로 존재하
고 또 그 아름다움을 감수하는 주관이 따로 있으면서 서로 대립 관계에
있다고 하는 것은 추상적인 생각이다. 구체적 현실은 아름다운 꽃이 존재
하는 법과 그 꽃을 아름답게 감수하는 체험은 '하나(ekatvā)'이다.

'想'(Saññā, samjñā)[27]

지각, 표상, abhidharma 논서에서는 취상성이라고 정의했다. 하나의
상(Image)을 파악하는 것이 상이다. 여기서도 객관적인 물상과 대립하는
심상을 말하지 않는다. 부단히 변화하는 감각 작용에도 불구하고 꽃이 의
식내용인 像이 될 수 있게 하는 것이 想이다. 취상성에 의하여 의식 내용
이 되기 전에는 어떠한 꽃의 자세도 우리와 관계를 가지고 존재할 수 없

---

26) Vedanā : feeling, sensation, by Monier.

27) saññā : understanding, notion, perception by Monier

28) Saṃkhāra : activities, confection, aggregation by Monier.

32

다.

‘行’(Saṃkhāra)[28]

formation 능동성, 집합체 형성 원어 Saṃkhāra는 sam(together)＋$\sqrt{kr}$ (to do, to make)의 합성어인데 sam을 강조하면 집합체의 뜻이 되고 $\sqrt{kr}$ 를 강조하면 능동성, 활동의 뜻이 된다. 양자를 합성한 의미로는 형성 (formation)이 가장 적합하다. 한역으로는 行이 爲와 합성하여 행위 , 爲와 作이 합성하여 僞作이라는 말로도 나타난다. 『雜阿含經』 2·14에서 “유위 를 조작하는 고로 행이라 한다.”고[29] 하였다. ‘유위’는 ‘조작(abhisaṃkha- rontiti)되어진 것 (Saṃkhāta)’을 의미한다. 이제 경문을 바꿔쓰면 ‘造作되 어진 것을 조작하는 고로 행(Saṃkhāra)이라’고 할 수 있다. ‘유위’는 이미 조작된 것(Saṃkhāta : Saṃkhāra의 과거수동분사)을 의미하고 아직까지 조작 되지 않는 유위를 이제부터 조작한다는 의미는 없다. ‘조작한다’는 ‘행’ 즉 ‘작용-(act)’을 말한다. 그리고 “유위를 조작한다는 것은 색이 색이 되도록 유위를 조작하고 수는 수가 되도록 그리고 상, 행, 식은 상행식이 되도록 유위를 조작한다.”[30]고 하였다. 여기서 행은 오온 중의 행까지도 행이 되 도록 조작하는 고차원의 행이다. 오온은 우리의 생존을 있게 하는 법이라 고 하였다. 그러면 행은 우리의 생존을 있게 하는 법을 성립시키도록 ‘작 용’하는 것이다. 따라서 일체의 생존은 ‘조작되는 작용 —爲作相—’에서 파악된다. ‘諸行無常’ 偈에서 행의 의미도 이렇게 해석되어야 한다고 본다.

‘識(viññāna)’ 別知相, 是識受陰 蘊(Vijānātiti kho tasma viññāṇanti vuc- cati)[31] ‘구별하여서 안다(了別)’故로 식이라고 하였다. Abhidharma 논서에 서 ‘요별’의 의미로 해석한다. 안과 색을 인연해서 안식이 생긴다고 할때 안식은 안근에 의하여 색을 요별하는 것을 의미한다. 색 이하의 四境을 요별하는 것이 식이다. 일체 존재하는 것이 각기의 모양을 가지고 있는 것근 그것이 ‘요별된 별지상’에 있어서 존재하기 때문이다.

---

30) Ibid. 何所爲作. 於色爲作. 於受想行識爲作.
31) Ibid.

六入處(Salāyatāna)

일체무상, 云何一切無常, 謂眼無色, 色眼識, 眼觸, 若眼因緣生受……
彼亦無常, 耳鼻舌身意, 亦復如是……Sabbaṃ aniccaṃ kiñca sabbaṃ aniccaṃ
cakkhum aniccaṃ rūpā anicca. cakkhuviññānaṃ aniccaṃ cakkhussmphasso anicco
yaṃ pidaṃ cakkhussamphassapaccayā upajjaḥ vedayitaṃ……sotaṃ anicaṃ ghā
naṃ aniccaṃ jivhā anicca……kayo anicco mano anicco[32]

오온을 무상, 고, 무아라고 한 것과 같이 『잡아함경』 권8 등에서는
안이비설신의도 무상이라고 하였다. 육입처의 처 ayātana[33]는 '장소' 또는
'근거가 되는 장소'를 가리키는데 한문으로는 處, 界 등으로 번역되고 있
다. 현대에 와서는 'sphere(領域)'[34]의 의미로 사용되고 있다. 그러니까 眼
入處라고 하면 '보는(見 sehen) 영역'을 의미한다. 생리적인 肉眼만을 가리
키는 것이 아니고 육안이 보는 것(見)과 또 보여지는 것을 다 포괄하는
시각 작용의 전체 영역을 가르킨다. 그리고 경전에서는 안의 영역에다 안
뿐만 아니라 색, 안식, 안촉과 색, 안식, 안촉을 근거로 하고 일어나는 受
까지도 포괄하였다. 이제 '緣眼色眼識生'을 해석해 보기로 하자.

눈(眼)은 시각작용이다. 눈이 시각 작용이라면 색은 그 내용이 될 것
이다. 그러나 구체적으로는 한 백합꽃이 한 백합꽃으로 보여진다는 것은
그 꽃이 벌써 다음 꽃과는 구별되어서 특수한 꽃으로 한정되어 있지 않으
면 —즉 요별되지 않으면 —한 백합꽃으로는 지각되지 않는다. 요별된다
는 것이 안식에 의거해서 생긴다. 요별된다는 것은 안과 색을 근거로 하
고 (연으로 하고) 일어난다. 그래서 안식은 안과 색을 인연으로 한다고 하
였다. 그런데 안과 색과 안식의 三事의 합일적 관계로서 '촉'이 있다는 것
이다. 안, 색, 안식에서 직접 수용을 의미하는 '수'로 가지 않고 三事의 합
일관계인 '촉'을 거쳐야만 '수'의 작용이 비로소 생긴다는 말이다. 이러한

---

32) 『雜阿含』 卷八.
33) ayātāna. resting, place. seat, ground by Monier.
34) Rhys David 는 Buddhist Psychological Ehics에서 sphere 2 ideation이라고 하였다.

관계는 '안'뿐만 아니라 '이비설신의'에 있어서도 마찬가지로 적용된다. 육입처에서 안, 색, 색식, 촉의 관계를 이상과 같이 논하면 오온에서는 다만 '색'으로만 처리되던 것이 여기에 와서는 상호 밀접한 관계에 있는 사단계의 개념으로 분석되고 또 종합되었다는 것을 알 수 있다. 오온의 주석에서 '촉'이란 말이 나오게 된 것은 아마도 육입처의 체계에서 수는 항상 촉을 수의 근거로써 예상하고 있기 때문일 것이다. 오온의 체계(色, 受, 想, 行, 我)에 속하고 있는 '수'가 항상 그의 조건 또는 근거로써 촉을 예상하고 있는데 그 촉은 육입처에 하속하는 위치에 있다는 사실은 ─그리고 더욱 발전한 단계에서는 오온의 체계에서 수뿐만 아니라 想行識까지도 촉을 조건근거로써 예상하고 있다는 사실은 ─오온설에서는 아직 문제도 되지 않았던 '통일적 체계'를 육입처 설은 문제로서 잡고 있지 않았는가 라고 생각할 수 있다. 촉과 수의 관계 즉 안색─안식─육입─촉─수의 계열은 더욱더 발전하여서 수─애─취─유─생─노사의 관계 계열까지 나오게 되었다.

육입처의 意(manas)는 ─abhidharma 시대에 와서는 心(citta)이나 識(viññāna)과 같은 의미로 취급되기도 하는데[35] ─意作用의 내용으로써 의와 관계되는 識은 오온설에서는 다만 '요별'의 의미로만 해석되는데 비하여 육입처설에 이르러서는 '의'와 '식'을 인연으로 하고 생기는 '의식'이란 어의가 언제나 '통일'(의식일반)을 암시하듯이 육입처 가운데서 前五入의 작용과 작용 영역(處)에서 일어나는 모든 관계를 포괄 통일하는 제 六識으로써 상당히 광범위한 내용을 포함하고 있다. 이것은 제 육식이 前五識보다는 높은 입장에서 전오식을 통괄하고 또 전오식의 작용 근거가 되고 있음을 말한다. 이 '식'은 또한 무명─행─식의 십이지연기에서는 무명과 행의 조건 근거로써 가장 중요한 위치를 차지하고 있다.

위에서 논한 촉과 수의 관계와 식의 개념에서 우리는 육입처설은 '존재하는 법'을 나타나는 오온의 체계를 자기 안에 포섭하면서 한편으로

---

35) 雜阿含 卷十二 ─而於心意識. 或은 若心若意若識.
　　SN. XII cittam iti pi mano iti pi viññānaṃ.

는 십이지연기로 발전해 나가는 다리[橋]의 역할을 하고 있음을 알 수 있
다. 그래서 불타는 라후라에게 다음과 같이 설법하였다.

"사람들에게 먼저 오온을 연설하고 다음에 육입처를 설하고 맨 나중
에 니다나법(Nidāna, 緣起)을 설하라."고[36]

Ⅲ

緣起說(Pratitya-samut pāda)
(Paṭicca-samuppāda)

Imasmiṃ sati idam hoti

Imasmiṃ asati idam na hoti[37] 원어 pratitya-samutpāda는 pratya(緣)의 완
료형 파생어인 pratitya와 sam(together)＋utpāda(ut : 上. pada : 有)에 합성어
로서 인연에 의하여 일어난다의 뜻이다. 인연을 구별할 때에는 因(hetu)은
직접적 관계를 보고 緣(paccayo, pratyaya)은 간접적 관계로 볼 때도 있다.
이밖에도 인연의 의미로 쓰여지는 범어로는 hetu(因), nidāna(尼陀那),
samudaya(集), paccaya(緣) 등이 있다.

불타의 설법은 항상 '인생 생존이 어떻게 발생해 왔는가?'라는 문제
보다는 '범부 중생의 진상 즉 인생의 현실상이 어찌되어 있는가?'라는 문
제를 더 중요시하였다는 말은 앞에서 한 일이 있다. 연기설은 그러한 인
생의 진상을 조건과 귀결의 논리 관계로서 더듬어 보려는 것이다. "이것
이 있으면 저것이 있고 이것이 없으면 저것이 없다."는 경구의 의미와 같
이 철저한 상의상관성 혹은 상호의존성을 밝히려는 것이 연기설이다. 즉
일체 만물의 현상은 모두 相依相資의 관계에 있다는 것이 연기설의 주장
이다. 그런데 연기설을 대개 시간적 선후의 연기 관계로서 이해하려고 하

---

36) 『雜阿含』 卷八.
37) S.N. XII

였기 때문에 인도철학의 윤회설이나 인과응보를 말하는 업보설과 혼동하여 왔다. 우리가 연기설이 원시 불교의 근본적 입장에 속해 있다는 사실을 이해한다면 윤회의 주체로서 ātman을 주장하는 바라문 철학의 입장과 무아 사상을 근거로 한 연기설의 입장이 전연 다르다는 것을 얼른 알 수 있을 것이다. "누가 받는가? 나는 그가 받는다고 하지 않았다. 그러니까 당신은 이렇게 물어야 한다. '무엇을 인연으로 하고 受가 있는가?'라고"[38] 이 유명한 경전 구절이 말하는 바와 같이 주격을 배제한 입장에서 사유를 시작하는 것이 원시 불교—아마 전체 불교—의 사유 방식이었다. 주격을 배제한 다음에 法(dharma)을 생각하고 그 法과 法을 근저로 일어나는 현상을 논리적 체계를 가지고서 설명하여 보려는 것이 연기설이다. 현상의 근저가 법(dharma)이라면 Dharma와 Dharma의 관계가 구명됨으로써 현상의 제 관계도 자연히 밝혀질 것이다. 따라서 주격을 거세한 법의 영역에서 조건의 근거와 귀결의 상태를 설명하는 것이 연기설이다.

　모든 것은 相依相待. 상의상자의 관계에 있다고 하는 연기설의 입장은 필연적으로 '독립 불변'이나 '상주'를 부정한다. 모든 것은 의존 관계에 있기 때문에 독립 불변한 것은 없다는 의미는 곧 '무아'를 말하고 '무상'을 말한다. 일체가 모두 상의상대의 관계에 있다는 말은 곧 무아와 무상을 의미한다. 무상과 무아의 논리적 근거가 연기라는 말은 앞에서 한 일이 있다. 즉 원시 불교의 근본사상인 무상, 고, 무아의 근거가 바로 연기에 있다는 말이다. '衆緣起生'이니까 일체는 무상이고 고이며 무아이다. 거꾸로 말하면 緣起의 理法이 구체적 현실면에 나타난 것이 무상, 고, 무아이다. 한포기의 백합꽃, 흐르는 구름, 부는 바람 어느 하나도 연기의 이법이 아님은 없다. 그러니까 또한 무상이고 苦이며 無我이다.

　연기의 相依相關性을 연쇄 관계식으로 무한히 연장할 수 있다. 이렇게 되면 우주의 모든 것은 서로 관계되지 않음이 없게 될 것이다. 『화엄경』의 帝網之譬喩는 연기의 관계를 잘 표현한 말이라고 생각한다. 아름다운 백합꽃 한 송이를 아름답게 피우기 위하여 전체 우주가 다 관계되었다

---

38)『雜阿含』卷十二 爲誰受. 我不言有受者. 汝應問言. 何因緣故生受.

고 할 수 있다. 그래서 어느 시인은 "한송이의 국화꽃을 피우기 위해 천 둥은 먹구름속에서 또 그렇게 울었나보다"[39]라고 읊음으로써 먹구름과 국화꽃을 시인의 직관으로 관련시켰다. 그리고 "오동 한 잎이 땅에 떨어지니 天下에 가을이 왔다."의 유명한 한시는 오동 한 잎이 떨어지는 것과 천하에 가을이 왔다는 것을 직관적으로 관련시킴으로써 그 밑에 흐르는 '무상함'을 나타내고 있다. 제망지비유로 나타난 연기의 연쇄 관계는 불교 윤리 사상의 문제와도 아주 밀접한 관계가 있다고 본다.[40] 여기 은혜의 예를 들어보기로 하자. 지금 이 자리에 있는 나는 무한수의 즉 '연기'의 관계에 의존하여 살고 있다. 즉 나는 무한히 많은 은혜의 힘[緣起]에 의하여 오늘도 여기 살고 있다. 나만이 아니라 모든 인간은 불가지의 무수한 힘(緣起)에 의하여 살고 있다. 우리가 항상 무엇에나 감사의 마음을 가져야 한다는 윤리관도 이러한 연기의 관계를 생각할 때 報恩의 관계로 설명될 수 있다. 무한히 큰 구름에서 '한 마디(帝網之目)'의 위치를 차지한 '내'가 나의 마디 이외의 무한수의 마디와 의존관계에 있다는 것은 적극적인 윤리면에서 볼 때는 나의 마디가 '마디'로써 완전한 구실을 못하면 전체 그물이 그물로써 완전한 구실을 못하는 것처럼 무량 중생과 연쇄 관계에 있어서 살고 있는 내가 내 책임을 다 못하면 그 영향은 전체 중생에게 미친다고 말할 수 있다. '나'에 對한 '자각'의 문제도 여기서 일어난다고 본다. 따라서 무량 중생 가운데서 어느 한 중생(한 마디)이 지금 기아에서 고통을 받고 있다면 그 책임은 나에게도 있다는 윤리 관계도 '연기'의 연쇄 관계를 가지고 증명할 수 있다.

　　불타의 大悲(mahā-karuṇā)도 '大'가 나타내는 의미가 '크다' '많다'는 뜻만 아니고 한역이 마하(mahā)가 나타내는 의미와 같이 '무량' '무변'의 뜻을 나타낼 때에 대비의 의의도 크다고 본다. '무량'과 '무변'은 연기의 무한 연쇄 관계의 의미를 표시한다. 즉 무한한 연쇄 관계에 있는 무량 중생이니까 자비(karuṇā)가 누구에게나 연쇄적으로 미친다는 의미가 '大

---

39) 徐廷柱 詩集
40) 舟橋一哉 :『原始思想』無我論中에서

(mahā)'에 있다. mahā를 앞에서 '보편'의 뜻을 가지고 있다고 말한 일이 있다. 대비가 누구에게나 미친다고 할 때에는 普遍의 뜻과 상통해 진다. 무한대로 연장된 연기의 연쇄 관계가 있는 까닭에 불타의 대비는 오늘도 '나'에게 감격을 준다. 이러한 '悲'이니까 '大悲'라고 하였다. 이것은 수동적인 면을 말한 것이고 적극적인 면에서는, '나' 같은 범부가 불타의 대비 뿐만 아니라 불타의 大智(prajñā)까지도 깨달을 수 있는 가능성의 근거[根器]도 역시 무한으로 연장되는 연쇄관계의 이법 —에 있다고 말할 수 있다. 유정, 무정, 일체가 불타의 대지를 깨달을 수 있는 근기를 가지고 있다. 또 상호의존관계에 있는 까닭에 서로가 '남[他]'을 깨치게[覺] 하는 계기를 가지고 있다. 그래서 어느 선사는 기어가는 버러지[昆虫] 한 마리를 물끄러미 바라보다가 문득 도의 이치를 깨달을 수 있었다. 선사나 버러지가 연기의 관계에 있었기 때문에 버러지는 선사가 오득하는 계기가 될 수 있었다.

그런데 기어가는 버러지 한 마리를 바라보다가 선사가 도의 이치를 悟得했을 때 선사는 구체적으로 무엇을 오득했을까? 선사와 버러지는 선사가 오득할 수 있는 계기가 되었다는 말은 위에서 했다. 그러면 선사는 버러지와 자기의 관계를 어떻게 보았다[觀]는 말인가? 선사가 기어가는 버러지를 보았을 때 그가 본 것은 —관한 것은 —기어가는 버러지가 아니고 '버러지'를 있게 하고 또 선사의 목전에서 '기어가게 하는' 우주의 법(연기법)이었다. 다른 말로 하면 선사는 기어가는 버러지 한 마리가 '기어가게 하기 위하여' 전체우주가 다 관련되었다는 —즉 우주가 무한 연쇄 관계에 있다는 —연기 관계를 보았다. 즉 선사는 기어가는 버러지에서 연기의 이치를 보았다. 극단으로 표현하면 선사가 본 것은 기어가는 버러지가 아니고 기어가는 '연기'였다. 그리고 기어가는 '연기'가 바로 기어가는 선사 자신임을 깨달았다. 선사라는 아(ātman)는 이미 없어지고 (무아) 버러지가 되어버린 선사만이 있다. 선사와 버러지의 대립은 '緣起에 還元'함으로써 없어졌다. 거기에는 선사도 버러지도 없고 있는 것은 '연기'이다. 선사가 본 것은 이 '연기'였고 오득한 것은 '연기'의 이법이었다.

우리는 위에서 색, 수, 상, 행, 식 혹은 안, 이, 비, 설, 신, 의의 일체
가 무상, 고, 무아임을 알았고 또 무상, 고, 무아임을 알았고 또 무상, 고,
무아의 근거가 연기라는 것도 알았다. 그런데 '오온 혹은 육입처가 무상,
고, 무아라'고 하는 경에서는 반드시 다음과 같은 경문이 계속한다. "이와
같이 여실히 관하는 것을 진실한 인식(Sammappaññā)이라고 한다. 성제자
는 이같이 관함으로써 色, 受, 想, 行, 識(眼, 耳, 鼻, 舌, 身, 意)에 있어서
해탈한 것이다."[41] 색, 수, 상, 행, 식이나 안, 이, 비, 설, 신, 의가 무상, 고,
무아라는 것을 여실히(yothābhūtaṃ) 관한다 함은 '일체가 무상, 고, 무아
라'는 것과 또 '일체를 존재하게 하는 법이 색, 수, 상, 행, 식이나 안, 이,
비, 설, 신, 의로 나타난다'는 이중의 법을 독단적 추상을 설정치 않고 '있
는 그대로' '현실에 즉해서' 본다(觀)는 말이다. 이것을 다른 말로 하면 형
이상학의 편견을 버리고 무아의 입장에 서서 구체적인 현실을 그대로 받
아들임으로써 구체적 현실의 성립 근거인 법 ―연기― 을 관한다는 것이
다. 그런데 경전은 "이와 같이 여실히 관하는 것을 진실한 인식이라."고
하였다. 무아의 입장에서 구체적 현실의 성립 근거인 연기법을 현실에 즉
해서 관하는 것이 진실한 인식[智慧]이라는 말이다. 따라서 현실의 성립
근거인 '연기법'은 진실한 인식(지혜)의 근거는 아니고 진실한 인식에 의
하여 '발견[知見]'되는 法이다. 즉 진리성의 근거가 연기법은 아니다. 연기
를 觀함으로 진리를 관[如實智]하게 될 뿐이다. 그러면 연기법의 근거는
무엇인가? 연기법의 근거는 없다. 아무것도 연기의 성립 근거가 될 수는
없기 때문이다. 그것은 '原本的'으로 '주어진' 법이라고 할 수밖에는 없다.
그러니까 추구될 수는 없고 다만 발견되고 보여질 뿐이다[觀]. 그래서 불
교 용어에서 '본다[觀]' 함은 '진리를 본다'는 '지혜'(prajñā)와 동의어가
되고 있다. '진리를 보는' 지혜는 불교에서 해탈을 의미한다. 즉 '연기'를
보는 것이 철학으로는 '지혜'이고 종교로는 '해탈'이다. 무시 이래 원본적
으로 주어진 연기법은 일체 만물의 성립 근거로써 시간을 초월하여 있을
것이다. 그래서 불타는 "여래는 나오거나 나오지 않거나 연기는 있다."고

---

41) 『雜阿含』 卷一. 卷八. 如是觀者. 名眞觀者. 聖弟子. 如是觀者. 於色解脱

40

설하였다.

十二支緣起(dviśata-aṅga pratitya-samutpāda)

무한히 연장되는 연기의 연쇄 관계상을 열두 개의 범주로 구분하여 설명하려는 것이 십이지 연기설이다. 그것은 各支가 相依相關 關係에 있는 것은 조건 근거를 추구해가면서 열두 개로 순서있게 나열한 것이다. 십이지라고 한 것은 구체적 현실의 전체 관계를 개념상 분석한 것이지 십이지의 각 부분이 실재해 있다는 뜻은 아니다. 개념상의 구분을 실재하는 것같이 오해하므로 윤회설과 혼동하게 되었다. 연기는 어디까지나 논리적상의 상관의 관계를 설명하려는 것이지 시간적인 인과관계를 설명하려는 것은 아니다. 우리는 위에서 여래는 나오거나 나오지 않거나 연기는 있다는 것을 알았다. 이러한 연기를 근거로 하고 의존 관계에 있는 현실상은 열두 개의 부분으로 구분하고 각 부분간을 조건과 귀결의 논리 관계로 추구하여서 현실상을 알아내고 나아가서는 그 근저에 있는 연기법까지 보려(觀)는 것이 십이지 연기의 의의와 목적이다. 이제 십이지 연기를 하나씩 하나씩 고찰하기로 하자.

‘老死(jarāmaraḥa)’ 십이지 연기의 추구는 노사로부터 출발한다. 여기서 노사는 중생이 노쇠하여 사망한다는 의미만은 아니다. 노사가 노쇠와 사망의 생리적 현상만을 의미한다면 노사의 滅觀은 의학적 불사의 방법을 말하게 될 것이다. 노사를 말하는 경전[42]에서는 노사 다음에 ‘憂悲苦惱大患’이란 문구를 부가한다. 이것은 노사는 노쇠와 사망을 표시하는 것이 아니고 늙어서 죽는다는 고(duḥkha) 즉 무상고를 표시한다는 것을 알 수 있다. 무상고는 원시 불교의 근본 사상으로써 처음에 논한 일이 있다. 최초의 원시 사상인 ‘무상고’가 십이지 연기의 第一支인 ‘노사의 의미’로 다시 나타났다는 것은 우연의 일치는 아닐 것이다.

---

42) 雜十二. 『長阿含大緣經』

‘생’(jāti) ‘老死有緣耶　老死有緣　老死何有緣　緣生有老死’[43] 전형적인 십이지 연기의 문답문이다. "노사에 연이 있다. 즉 생을 연으로 하고 노사가 있다." 노사는 생을 연(paccayo)으로 하고 있다는 말이다. 여기서도 노사가 무상고를 의미한다면 무상의 조건으로서의 생도 다만 생노사의 생리 현상을 생과 노사로 구분하였다고만 볼 수 없다. 생(삶 jāti, life)은 출생(jan. birth)으로서 비로소 ‘시작’한다. 그런데 삶은 무상을 의미하는 까닭에 ‘무상한 것’의 ‘시작’이 생의 의의이다. 무상은 시간적으로 변역함을 말한다. 時間的으로 變易한다 함은 어느 시점에서 ‘시작’이 있음을 예상한다. 시작이 없는 시간의 변역이라면 無始이다. 무시는 영원과 통한다. 영원은 무상과는 다르다. 인간이 노쇠하여 사망한다는 현상은 ‘생’이 없으면 있을 수 없다. 생은 노사의 시작이다. 노사는 생을 근거로 예상하고 비로소 시작한다. 다시 말하면 노사는 생을 연으로 하고 있다는 말이다.

‘有(bhava)’緣有有生(bhava paccoyā jātiti) bhava(有)는 ‘ $\sqrt{bh\bar{u}}$ to be, sein, 있다. 존재한다’에서 파생한 추상 명사이다. being, sein, existence, 생존, 존재 등으로 번역한다. 있다[有]고 할 때 원시 불교 사상에서는 언제나 시간적으로 무상한 것으로 있는 것을 의미한다. 이렇게 되면 부단히 Werden이 아닌 유는 없을 것이다. 시간적으로 부단히 변역하면서 있는 것, 즉 시간적으로 있는 것 —생존 —을 가리킨다. 생존은 有情 전체가 시간적으로 변역하면서 있는 것[有] —즉 생활 —을 말한다. 위에서 생(jāti)은 무상의 시작이라고 하였다. 그러나 시작이라는 말은 여기서 인과 계열의 최초를 의미하는 것은 아니다. 탄생이 개인 생존의 시작이고 출발이 여행의 시작인 것처럼 어떤 과정이 처음 일어남[生]을 의미한다. 이러한 생(시작)은 시간적으로 있음[有]을 예상하지 않고서는 성립될 수 없다. 즉 시간적으로 있는 것의 하나의 계기(moment)가 시작이다. 시간적인 존재인 인간의 생존의 계기의 하나가 탄생(시작)이 되는 것처럼.

유를 欲有, 色有, 無色有의 삼유로 나누어서 주석하는 것이 통례이

---

43) 『大因經』

다.[44] 欲有(kāma bhava)는 정욕적인 개개의 현실을 말한 것이고 色有(rū pabhava)는 감각적 현실 무색유(arūpa bhava)는 비감각적 현실을 말한 것이다. 이 세 가지는 생활하고 있는 인간 생존의 세 가지 범위를 가리키는 것이지 바라문의 삼계설같이 실재하는 공간적 구분을 의미하는 것은 아니라고 본다. 삼계공간설은 다만 종교적 요청으로서 생겨났다. 종교적으로 요청된 대상은 강렬한 신앙때문에 실재화하는 수가 많다. 소승 불교의 삼세 실유설도 이러한 데서 나오지 않았는가한다. 유의 개념이 공간적 삼계로 고정화되니까 소승 불교는 십이지 연기도 성욕, 수태의 과정을 말하는 태생연기로 해석하게 되었다고 본다.

'取(upādāna)' 緣取有有 upādāna paccayā bhavo iti upādāra는 取着, 固執의 뜻이다. Anhangen Eyrassen(geiger) 등으로 번역된다. 취에는 欲取, 見取, 戒禁見, 有我見의 四種取가 있다고 한다.[45] 欲取(kāma-upādāna)는 欲有에 대응하면서 정욕적 현실을 있게 하는 유(bhava)의 근거가 되는 것을 말한다. 즉 정욕에 대한 집착이 아니라 정욕의 기초가 되는 집착을 의미한다. 見取(ditth-upādāna)는 불교에서 볼 때 그릇된 의견 학설을 있게 하는 취착을 말하고 戒禁取에서 볼 때 그릇된 계행을 있게 하는 취착 有我論取는 我가 있다고 하는 주장을 있게 하는 취착을 각각 말한다. "취를 인연으로 하고 유가 있다."고 한 것은 모든 '있는 것'은 취착되어서 '있다'는 말이다. 내가 어떠한 것에 취착되는 것이 아니고 나 자신이 취착되어져 있다는 뜻이다. 여기 망념이 있다고 하자. 그것이 취착되지 않고서는 거울에 비친 물건처럼 곧 자취마저도 없어질 것이다. 取着이 있기 때문에 모든 것은 있게 된다. 그리고 취착이 없으면 시간적으로 변역하는 존재는 파악될 수 없다.

'愛(taṇhā)' 緣愛有取(taṇhā paccayā upādāna) 애는 渴愛를 의미한다. 충족을 바라는 긴장된 능동성이다. 애는 색성향미촉법의 육애와 欲愛, 有

---

44) 『長阿含 大緣經』
45) 『中阿含』大因經

愛, 無有愛 또는 色愛, 無色愛, 滅愛 등 그 종류는 일정치 않다.[46] 色내지 법의 六愛는 육근(眼, 耳, 鼻, 舌, 身, 意)이 六境에 향하여 작용하는 활동 과정을 말한 듯 하고 欲, 有, 無有의 三愛 가운데서 欲愛는 欲取에 의하여 집착된 오욕이나 정욕의 충족을 바라는 갈애, 유애는 常見을 욕망하는 갈애, 무유애는 유애의 반대로 斷見의 실현을 가진 현세주의자의 갈애를 말하며 색, 무색, 멸의 삼애는 색, 무색은 욕유에 대응하고 멸은 무유와 대응한다고 생각한다. 취착은 변화상태의 전후를 고집 취착한다고 말하였다. 그러면 취착은 동적인 활동상태 ─ 즉 갈애 ─를 예상한다. 모든 것이 시간적으로 있기[有] 위하여는 취착 고집을 필요로 하고 취착은 그 근저에 유동상태를 예상한다.

　　그런데 십이지 연기에서 애는 대개 무명(avijja)과 표리의 관계에서 다루어지는 수가 많다. 범부 미망상의 지적 방면이 무명이고 정의적 방면이 애라고 한다. 즉 올바른 인식을 가지지 못한 상태가 무명이고 이 무명이 대외적으로 활동하려는 능동성이 애가 된다. 그러니까 무명은 내면적이고 수동적이라면 애는 외면적이고 능동적이라고 할 수 있다. 애가 취착의 근저가 될 수 있다. 그래서 불교에서는 '무명에 덮여 있고 애에 결부된 유정…'이라고 무명과 애를 함께 사용한 때가 많다.

　　'受'(Vedanā) 연애유애(vedanā paccayā tanhā) 수는 수용, 수납의 뜻으로 오온에서 解譯한 바와 같은 의미로 여기서도 사용된다. 모든 것은 수에 의하여 감수됨으로써 비로소 있게 된다. 감수되지 않고서는 능동적인 갈애는 공허하고 공허한 곳에는 취착될 것은 아무것도 없다.

　　'觸(phassa)' 緣觸有愛(phassa paccayā vedanā) 촉은 육입처에서 '眼, 色, 眼識 等 三事合一의 관계라고 하였다. 여기서도 같은 의미로 사용된다. 주석에서는 안이비설신의의 肉觸을 말하고[47] 또는 眼, 色, 眼識 내지 意, 法, 意識이 없으면 觸도 없다고 하였다.

---

46)『長部 大緣經』
47) Śatapatha−Brāhmaṃa 1. 2. 3. S.B.E. XLIV.

‘六入’(saḷāyatana) 육입처의 의미와 같음.

‘名色’(nāmarūpa)

불교 이전의 인도 철학에서 명색의 名은 말(vāc)이라고 하였다. 이 말은 ‘소리’(음성)보다는 그 말이 나타내는 ‘眞味’를 더 중요하게 보았다. 꽃이라고 할 때 꽃의 이름으로 불리우는 특정한 대상의 의미가 곧 명(nā ma)이다. 그런데 꽃의 이름으로 불리우는 내용은 꽃 자체가 아니고 꽃의 진미를 충족시키는 색(rūpa)이다. 名은 特定한 對象을 부르는 意味이고 色 은 그 의미를 충족시키는 내용이다. 그러니까 명과 색은 서로 불가분리의 관계에 있다. 따라서 명색이 나타내는 것은(특정한 의미와 그 진미를 충족시 키는 내용은 동시에 말한다) 한정된 특수한 대상이다.

불교에 와서 명색은 한정된 특수한 대상 뿐만 아니라 대상을 한정하 는 근거가 되는 것까지도 포함한다. 특수하게 대상을 한정하는 것을 정신 면으로 보고 한정된 특수한 대상을 물질면으로 보았다. 그러니까 불교에 서는 명색이 정신적 면과 물질적 면 양면을 함께 나타낸다. 십이지연기 식 ―명색 ―육입의 계열에서는 육입의 근거로서 식에 의하여 요별된 구 체적인 특수한 대상을 가리킨다.

‘識’(Viññāṇa)

대상의 특수 한정은 식의 요별을 근거로써 예상하고 있다. 십이지연 기 계열에서 식과 명색의 관계는 육입 ―촉과 관련해서 생각할 때 명색 은 식의 對境으로 볼 수 있다. 이것을 『잡아함』 12·12에서는 ‘身內有此 身, 身外有名色’이라고 말하였다. 이렇게 생각하면 識 ―名色 ―六入의 순 서는 識, 境, 根의 차례로 대치될 수 있다. 그래서 식, 경, 근의 三事合一 의 관계를 의미하는 촉을 식 ―명색 ―육입의 순서 다음에 배치하였다. 그런데 촉의 근거로서 육입(육입←촉)이 되어 있는 것을 삼사화합의 직접 적인 장소(處, āyatana)가 육입처의 까닭이라고 해석한다.

識과 名色의 관계는 특별히 ‘束芦’가 서로 의존해 서 있는 것 같다’ [48]는 비유로써 양자의 관계를 강조할 만큼 십이지연기에서는 매우 중요한

―――――――――――――――

48) 漢譯은 三芦로 되어 있다. 譬如三芦. 立於空地. 展轉相依. 而得堅立……

의존관계에 있다. 위에서 논한 바 같이 식→명색의 관계는 특수하게 한정된 '名色'은 '식'에 의한 요별을 언제나 예상한다. 아름다운 백합꽃은 요별되어져서 있기 때문에 비로소 특수한 꽃의 명색을 가지게 된다. 前五識의 통일로써 식이 있으니까 꽃은 꽃의 명색을 가진다는 말이다. 거꾸로 명색→식의 관계에서 요별되는 것은 요별되어지는 특수성이 있기 때문에 요별될 수 있다. 모든 꽃이 각기 특수성을 가지고 있지 않고 전부 일률적으로 동일한 모양이라면 요별할 방법은 없다. 요별은 특수성을 근거로 하고 요별하는 것이다. 이리하여 식은 명색이 있어야 하고 명색은 식이 있어야 하는 東芦같이 밀접한 상의상자관계가 성립된다. 그래서 십이지연기에서는 식 —명색의 관계는 특별히 '緣識有名色'이라고도 명시하고 또 '緣名色有識'이라고도 명시하므로[49] 순환관계를 설명했다. 명색의 근거가 식인 동시에 식의 근거가 다시 명색이라는 순환 논리는 더 이상 조건 근거를 필요로 하지 않는 것을 암시한다. 老死에서 시작하여 識[名色]에서 끝나는 연기를 십지연기 혹은 식연기라고도 한다.

　'행'(saṃkhāra) '무명'(avijjā)

　愛를 설명할 때 애와 표리의 관계에 놓여 있는 것이 무명이라고 말한 일이 있다. 범부 망식의 지적 면이 무명이고 정적 면이 애라고 하였다. '행'은 오온의 행과 같이 '위작' '활동 작용'을 의미하는데 무명 —행 —식의 관계에 있어서는 '식'의 활동 작용 —지적, 정의적 —을 말한다. 무명을 內相으로 하고 애를 外相으로 한 '식'의 활동이 행이라는 말이다. 무명(愛) —행 —식의 관계에서 '식'은 오온의 식과 육입처의 식에서 발전하여 광범위한 의미를 내포하면서 십이지연기의 중심적인 위치를 차지하게 되었다. '무명'은 識을 '性'으로 한 '相'이고 '行'은 식을 '性'으로 한 '用'이라고 한다. 즉 '식'은 性, 相, 用에서 가장 근원적인 '성'의 위치까지 발전하였다. 그런데 식을 성으로, 무명과 애를 상으로, 행을 용으로 한 관계란 구체적으로는 유정 범부의 생활을 가리킨다. 이것은 애 —취 —유의

---

49) S.N.XII.『雜阿含』卷第十二

계열에서 '생존하고 있음'을 나타내는 '유'에 가까워진다. '생존하고 있음'을 爲作하는 것이 행이다. 생존의 위작은 바로 '생활'을 의미한다. 행이 생활을 의미한다면 업(karma)의 의미와 아주 접근되어 간다. 행을 신, 구, 의의 삼행으로 구분하는 것이나 업을 신, 구, 의의 삼업으로 구분하는 것이 그 순서가 서로 정확히 대응되고 있다.

무명은 癡라고 하고 無知, 不知라고도 한다. 무명은 '어떤 것을 알지 못한다'(무지)는 뜻이다. 그러면 구체적으로는 무엇을 모른다는 말인가? 무지의 구체적 대상은 무상, 고, 무아의 근본사상이다. 즉 무상, 고, 무아의 이치를 깨닫지 못한 것을 무명이라고 한다. 그러면 또 무명은 무엇을 근거로 하고 있는가? 경전은 여기에 대하여 아무 말도 하지 않았다. 십이지 연기는 노사로 시작하여 무명으로 끝난다.

> "내가 未覺의 静慮에서 禪定을 하였을 때 무엇을 연고로써 老死가 있을까?라는 생각이 떠올랐다. 여기서 순관이 일어났다. 그리고 무엇을 멸하면 노사가 멸해질까?라고 생각하였다. 여기서 멸관이 일어났다(雜阿含 卷 十二)."

십이지 연기의 의의는 以上으로 대개 끝났다. 그런데 연기설에는 멸관이 있다. 순관에서 조건과 귀결의 관계를 명백히 추구되었다면 그것은 멸하는 조건도 명백해졌을 것이다. 멸관은 노사를 멸하려면 生이 멸해져야 하고 내지 행을 멸하려면 무명이 멸해져야 한다. 무명이 멸해진다 함은 명이 열린다는 말이고 명이 열린다 함은 반야의 입장 즉 지혜의 입장이 세워진다는 말이다. 또 무명연기(十二支緣起)에서 무명이 멸해지면 무명을 근거로 하고 상호 의존 관계에 있는 '십이지'도 逆順序대로 멸해질 것이다. 따라서 무명이 멸해지면 일체가 멸해지는 것이다. 일체가 멸해진다는 말은 아무것도 없는 '허무'를 의미하는 것은 아니다. 이것은 『반야심경』에서 '색 즉 시공'이 허공을 의미하지 않음과 같다. 일체가 멸해진다는 것은 일체가 부정되는 것과 동시에 다시 그 부정에서 의미를 갖게 되는 것이 연기의 멸관이다. 무명이 멸해진다함은 무명이 자각(buddha)됨으로써 명의 입장이 세워진다는 말이다. 그래서 멸(nirodha)을 지양(aufheben)의 뜻으로 해석하는 학자도 있다.

　　멸관은 사성제(catvāri-ārya-satya)에 속해 있다. 사성제와 연기설의 관계가 여기서 생긴다. 苦, 集, 滅, 道 가운데서 사실적 세계를 설명하는 고, 락은 순관에 해당되고 이상적 세계로 향하는 길을 인도하는 멸, 도는 멸관에 해당된다고 본다. 그런데 사실적 세계가 어찌 되었는가?를 설명하는 順觀이 아무래도 논리적 이해만을 중요시하는데 반하여 이상적 세계를 실현하려는 멸관은 실천적 행위를 요구한다. 원래 종교적 인식은 논리적 이해로만 그치지 않고 실천적 身證을 요구한다. '무상법에 근거하고 있는 일체는 다 무상하다'는 것을 이해했을 때 宗敎的 行證의 입장은 이러한 무상함으로부터 해탈을 실현해 보려는 실천적 행위를 요구한다. 이러한 해탈의 실현이 곧 '멸'이라는 '부정'을 의미하는 관행으로 나타난다. nirodha 는 ni＋√rudh(√rudh : stop. shut up. destroy)가 변화한 말이다. 불교의 종교적 최고 요구는 해탈이다. 이러한 해탈이 멸이 의미하는 실천적 부정에서 완성된다는 데에 멸관연기의 의의가 있다. 그러나 멸관에 의하여 멸해진 자리 —즉 해탈의 경지가 어떠한 광경인가는 분별식의 한계에서 벗어나지 못하는 범부의 언어로서는 표현이 불가능하다.

　悟得한 불타(buddha) 도 걸식하고 설법하고 병을 앓다가 돌아갔다고 한다. 그러나 이와 같은 불타는 범부의 입장에서 본 불타이지 열반을 오득한 불타의 입장에서의 불타는 아니다. 불타의 입장에서는 걸식이나 病死가 있을리 없다. 불타는 스스로 걸식하고 병사를 신증함으로써 무상, 고, 노사를 범부의 눈에 더욱 여실히 증명하려고 했을런지 모른다. 범부의 입장에서 보이는 병사는 무명이 멸해진 열반의 경지에서도 그대로 병사 —고까지도 —로 보이지는 않을 것이다. 불타에 의하여 설해진 것은 열반의 경계가 아니고 열반에 도달하는 '길'이라고 본다. 그래서 불타는 오득한 후에 걸식하였고 병사하였다. 열반을 향하여 추구하며 걸어가는 길(magga)을 보여주었다. 그 '길' 은 희랍어의 Methodos[50]가 의미하는 것 같

---

50) Geiger는 nirodha를 aufheben으로 번역했다.

이 더듬으면서 걸어가는 걸음이다. 그리고 여기서 '추구하는 걸음'이란 다만 논리적인 사유의 걸음이 아니라 사성제에서 '멸도'의 순서가 암시하듯이[51] '실천'의 걸음이다. 이것은 여래(tathāgata : 如去라고도함)의 뜻이 '길을 가는 것'을 가리키는 것처럼 추구하며 걸어가는 과정을 말한다. 열반은 다만 그 과정의 방향 지표에 지나지 않는다. 열반(nirvāna)의 어의가 '멸(否定)'이라는 의의는 방향 지표가 암암리에 '부정(滅)'을 표시하고 있음을 말해준다. 여기서 열반으로 가는 방향지표가 멸관의 '멸(nirodha)'의 과정과 부합됨을 알 수 있다. 그러니까 종교적 실천의 방향은 '滅'의 과정이다. 범부의 종교적 지표는 정진하는 긴장된 生活이 있을 뿐이다. 불타도 이 '멸'에서 自知自覺成等正覺을 얻었다고 하였다.[52]

---

51) 註 5 參照

52) 『雜阿含』 卷第十二 nirodho nirodhoti kho me bhekkhave……我於此法. 自知自覺. 成等正覺, Synopsis, A Study on The Early Buddhism Thought, Kyoung Soo Suh

(I)

a) anitya (aniccā), impermanent.

All things are impermanent, everything is transient, and so there is nothing permanent in this world. This is the dharma, the dhama of anitya.

b) duḥkha (dukkha) suffering

Yet the unenlightened ordinary men desive to be permanent. The moment when the desire for permanent is not satisfied, gives the ordinary men the suffering (duḥkha).

c) anātman (anattā) non-Ego

The early Buddhist philosophy did not accept any fixed entity (fixed ego) as determining all reality, and the individual independent existence. The empirical ego is merely aggregation of various elements.

(II)

a) pañca-skandha five groups, five aggregates.

(i) rūpa : form, senseous quality.

(ii) vedanā : reception, feeling.

(iii) saṃjñā : perception, thought.

(iv) saṃskāra : action, mental activity, formation

(v) vijñāna : cognition

A flower (rūpa) be perceived (saṃjñā) through reception (vedanā) and cogrized (vijñāna) by formation (saṃskāra)

b) saḍāyatāna. six places or abode of perception

(i) eye—objective field of sight—color—vision

(ii) ear—objective field of hearing—sound—hearing

50

(iii) nose — objective field of smell — scent — smelling

(iv) tongue — objective field of taste — flavour — tasting

(v) body — objective field of touch — physical feeling — touch

(vi) mind — objective field of mind — mental presentation disceriment.

(Ⅲ)

a) pratitya-samutpāda. dependent origination, nelativity

The phenomena are happening and passing away and the main point of interest with Buddha was to find out "What being what else is?" and "What not being what else is not?" The phenomena are happening in a series and we see that there being certain phenomena there become some others ; by happening of some events others also are produced. This is called pratitya-samutpāda

b) dviśata-aṅga-pratitya-samutrāda twelve limbs dependent — relativity

(i) jurāmarāna : old and death

(ii) jāti : birth

(iii) bhava : existence

(iv) upādāna : grasping

(v) taṇhā : desire

(vi) vedanā : reception

(vii) phassa : touch

(viii) saḍāyatāna : six fields of senses

(xii) nāmarūpa : name and form

(ix) vijñāna : consciousness

(xi) saṃskāra : formation, action

(xii) avijjā : ignorance

小乘佛敎의 家族倫理

I. 초기 경전에 나타난 윤리의 기본 개념

1. 실천 윤리의 기본적 입장

"부처님은 철학적 사색을 배척하였다."고 주장하는 학자가 있다. 어떤 학자는 "인류의 정신적 지도자 가운데 부처님같이 전연 모든 철학적 思索을 멀리한 분은 없었다."고 하였다.[1]

또 "부처님은 형이상학적 문제를 근본적으로 배척하였다."고 까지 극론한 주장을 펴는 학자도 있었다.[2] 우리도 초기 경전을 훑어볼 때 부처

---

1) H. Beckh : Buddhismus
2) M. Walleser : Die philoinplibehe Grundlage deśalteru Buddhismus

님은 '偉大한 종교적 천재이고 인격자이지 단지 철학적 사색적 일생을 보낸 인물이 아님'은 쉽게 상상할 수 있다.

부처님이 철학적 사색을 배척하였다는 경전적 근거로는 '나와 세간은 상주한가 무상한가 또 나와 세간은 유한한가 무한한가. 신체와 영혼은 하나인가 별개인가 여래는 死後 생존하는가 생존하지 않는가' 등의 문제에 대하여 부처님은 '대답하지 않았다'는 것이 열거되고 있다. 이 같은 문제는 당시 인도 사회에서 종교가나 철학가, 사색가들이 한 자리에 모여 앉기만 하면 으레 이 같은 형이상학적 문제가 반드시 제기되고 논의되었다.

어떤 사상가는 이같은 형이상학적 문제에 한 세상을 보내고 있었다.

그러면 부처님은 왜 이 문제에 대답을 하지 않았는가? 부처님은 이 같은 문제가 "解脫의 길에 도움을 주지 못한다"고 보았기 때문이라는 것이 학자들의 견해이다. 이 견해를 논증하기 위하여 열거되는 경전이 『箭喩經』이다. 전유경에는 독 묻은 화살에 맞은 어떤 사람이 그 화살을 뽑고 치료할 조처는 서두르지 않고 활을 쏜 사람과 활의 종류와 화살의 형상만을 따지고 묻는 동안 독이 번져서 죽고 만다는 내용의 비유가 있다. 따라서 '세간이 상주한가 무상한가' 등의 형이상학적 문제만 따지고 앉아 있는 사람을 독 묻은 화살에 맞고도 활과 화살의 종류와 형상만 따지고 있는 사람에 비유한다. 그러니까 독 묻은 화살의 종류만 따지는 것이 죽음에서 벗어나는데 도움이 되지않는 것같이 '세간이 상주한가 무상한가' 등의 형이상학적 문제에만 몰두하는 것이 해탈의 길에는 도움을 주지 못한다는 것이다. 즉 '해탈의 길'을 위한다는 실천적 목적에 지배되는 교설에 있어서 이 목적에 부합되지 않는 '일체의 것' 비록 철학적 학설로서는 의의깊은 것일지라도 배제하여야 한다는 전제가 나타나 있다.

그러므로 초기 경전에 나타난 불교 사상은 아주 현실적 인간의 구체적 행위에 대하여 논하고 있다. 그리고 이같은 특색은 소승, 대승을 통하여 불교 사상의 방향을 결정지어 주고 있다. 따라서 부처님의 교설은 '바로 눈앞에 보이는 현실에 있어서, 그리고 바로 지금 일어나고 있는 현장에 있어서' 이루어지고 있다.

그러므로 초현실·사변적·관념론(이것을 戱論이라고 함) 보다는 현실에 즉한 현장에서 인간은 어떻게 행위하여야 하는가. 아주 구체적 실천 항목까지 제정하여 종교적으로 규범하는 것이 초기경전의 특색이다.

이것은 주술적 요소가 농후하였던 부라흐만교와는 판이한 점이다. 부라흐만 교의 天啓經典인 우파니샤드도 주술적 요소로부터 이탈하여 '진실한 자아'를 발견하는 길을 강조하고 있을 뿐 구체적 논리 행위에 관하여는 거의 등한하였다.

부처님은 일상 도덕적 행위에 있어서 '악행을 피하고 생활을 청정하게 할 것'[3]을 몇 번이고 되풀이 하였다. 따라서 '인간이 마땅히 하여야 할 일'을 하여야 한다고 역설하고 악행은 가장 날카롭게 비판하였다. 심지어 '악업을 지었거나 또는 지으려고 하면 고통으로부터 해탈의 길은 열리지 않는다'[4]고 까지 극언하였다. 그리고 악행의 정도에 대하여도 상당히 극단적 표현을 썼다. 주지도 않는 남의 꽃 향내를 맡아도 벌써 남의 것을 훔친 악행을 저질렀다고 비판하는 것이었다.

또 이같은 악업은 '나 스스로 만' 짓지 말라는 것이 아니고 남에게도 악업을 짓지 않도록 하라고 說喩하였다.[5] 그러므로 '나'만 선행을 닦아 해탈의 길로 가는 소승적 입장보다는 남에게도 그 해탈의 길을 가리켜 보여주고 그 길을 가도록 인도하는 대승적 입장이 일찍부터 싹트고 있었다고 볼 수 있다.

그리고 선행을 청정하다고 믿는 불교는 이 선행을 행할 '欲求'를 권장하고 있다.[6] 흔히 불교는 욕구에 대하여는 부정적인 경향을 나타낸다고 간주되어 왔다.

그러나 욕구의 허상을 경계하고 있기 때문에 부정적 표현으로 나타

---

3) S. N. 407
4) Udanav 4G
5) Therg 496
6) Dlp 118

났을 뿐이지 욕구 그 자체까지 부정하지는 않았음을 알 수 있다. 그리고 선행과 악행은 방패의 양면으로 보았다. 그러니까 욕구의 여하에 따라서 선행이 실현될 수 있고 악행이 실현될 수도 있다. 그러므로 신구의의 3업으로 될 수 있는 한, 악행을 버리고 선행을 하도록 욕구하고 노력할 것을 강조하고 있다.

다음으로는 선행과 악행에 뒤따르는 심리적 보상에 대하여 초기경전은 말하고 있다. "악행은 하지 않는 것이 좋다. 악행을 하면 후회가 온다. 따라서 선행을 하도록 하여라. 선행에는 후회가 따르지 않는다"[7] 그러므로 선행을 하고 선행을 짓는 일을 기뻐하여야 한다. 부처님은 악을 버리고 선만을 구현한 인물이다.[8] 그래서 '부처님의 길'을 뒤따라 걷는 사람들도 일체 악은 버리고 선을 하도록 욕구하고 노력하여야 한다.

이것을 한 마디 정형구로 나타내어 유명한 한시 한 수가 형성되었다.

諸惡莫作 衆善奉行 自淨其意 是諸佛教[9]

2. 도덕의 성립 근거

초기 경전에서 유교는 구체적 일상 생활에서 일어나고 있는 여러 가지 경험을 비판 반성하고 더 나아가서는 일상적 행위를 규제하는 규범의 근거까지 찾으려고 하였다.

그리고 일상 생활에서 일어나는 경험을 '我'의 입장에 투영되어 굴절된 양상으로 파악하는 주관적 측면을 지양하고 현실을 있는 그대로 소박하게 받아들였다. 그리고 '현실을 있는 그대로 있게 하는 어떤 것' 즉 달마(dharma)를 정립하고 이 달마에서 또한 소박한 현실 생활을 규제하는 행위의 규범을 도출하려고 하였다.

---

7) Ihy 314
8) Udāna VII. 3
9) 이것을 七佛 通誡偈이라 한다.

그리고 이 '달마'를 옛날이나 지금이나 불변한 '영원의 이법'으로 보았다. 또 이같은 이법은 부처님이 이 세상에 오거나 말거나 본래적 원초적으로 존재하는 것이라 하였다. 부처님도 이 이법의 고도를 발견하고 그 길을 걸어간 위대한 종교적 인격자에 불과하다. 모든 올바른 행위는, 달마의 이법에 부합되는 행위이고 달마의 이법에 부합되지 않는 행위는 옳지 못한 행위가 된다. 그리고 달마의 이법에 부합되는 실천 행위의 항목으로 초기 경전은 여덟 가지 길을 제시하였다. 팔정도 또는 팔성도라고 하는 이 항목은 原語'aryo aṭṭhaṅgiko maggo'가 뜻하는 대로라면 '하나의 성도를 여덟의 가지[枝]로 분류하여 생활에 나타냄을 말한다. 팔정도는 올바른 견해[正見], 올바른 의욕[正思惟], 올바른 말[正語], 올바른 행위[正業], 올바른 생활[正命], 올바른 노력[正精進], 올바른 억념[正念], 올바른 삼매[正定]의 여덟 가지[枝]를 가리킨다. 그리고 이 팔정도의 실천을 '中道'라고 한다.

그런데 왜 사람은 달마의 이법에 부합되는 선한 행위를 實踐하여야 하고 惡行을 피하여야 하는가. 초기 경전에 나타난 원시 불교는 역시 아주 소박한 대답을 한다. 즉 선행을 하고 미덕을 쌓으면 장래 좋은 결과의 보상을 받는다는 것이다.

선행을 버린 사람이 받는 보상을 원시 불교는 다섯 가지 들고 있다.

(1) 재산에 큰 손해를 입는다. (2) 좋지 못한 평판이 나돈다. (3) 모든 집회에 가기를 두려워 한다. (4) 죽을 때 마음의 혼란을 일으킨다. (5) 죽은 뒤에 지옥으로 떨어진다.

그리고 선행을 노력한 사람의 보상은 이 다섯 가지에 반대되는 훌륭한 결과를 얻는다.[10] 다섯 가지 보상은 일반적 명제로 인과응보의 이치를 말하고 '선인선과 악인악과' 說을 가리킨다.

---

10) vinaya에서

Ⅱ. 家의 윤리(1)

1. 家의 성립 근거

출가 사문과 재가 신도

원시불교 당시 인도 사회는 씨족으로 구성되었다. 씨족(Kula)이란 말은 '카스트'란 말과 거의 동의어로 쓰일 때가 있다.

동일 카스트 안에서만 결혼이 이루어지는 인도의 혼인법은 '쿨라 씨족법(Kuladharma)'에 의하여 한층 결혼 상대자의 범위를 좁히고 있다.

일체의 윤리 행위가 어디까지나 보편적인 달마[法]에 근거를 둔다는 인도인의 사유 방식은 여기에도 나타난다. 즉 카스트 제도 역시 보편적 달마에 근거를 두고 형성된 것이고 씨족 역시 씨족의 달마(Kuladharma)라는 법을 가지고 있는 즉 보편적 달마에 의하여 카스트 제도나 씨족 제도가 유지된다는 것이다.

초기 경전에서도 이 씨족 제도를 우선은 소극적으로 승인하고 있다. 따라서 씨족 제도의 바탕에서 형성된 가족 집단도 승인하고 있다. 경전에는 '이 세상에서 처자와 친족과 붕우와 근친의 무리'[11]라는 귀절이 나오고 때로는 사람들에게 善行을 권장한 다음 "너희들은 친족들과 함께 무병 안락하여라."[12]고 축복하는 수도 있다. 그러니까 초기 경전에서는 씨족의 장이나 가장을 중심으로 이룩된 씨족 집단이나 가족 집단의 공동 생활을 승인하고 있음을 알 수 있다.

그런데 고대 인도 농가 사회에서는 가문의 혈통을 단절시키지 않고 연속시켜야 한다는 것이 중요한 의무로 되어 있다.

초기 불교 경전도 세속에 사는 재가 신도로서는 이 가계 연속의 의무를 충실히 지켜갈 것을 권하고 있다. "……다섯 가지 도리를 보고 아들

---

11) AN. I
12) AN. I

을 원한다.

아들은 양육을 받았기 때문에 나중에 우리를 양육할 것이고 나중에 우리의 일을 맡아 할 것이며 가족의 혈통을 영속시킬 것이고 재산도 상속하며 조상에게 제사도 올려줄 것이다."13)

그런데 출가한다는 일은 결혼 생활을 이탈하게 되고 따라서 자손의 영속을 끊는 것이 된다. 그렇다면 가계의 연속을 중히여기는 씨족제 가족 윤리의 입장에서는 당연히 비난받아야 한다.

그러나 초기 경전에서 원시 불교는 당시 가계의 연속을 중히 여기는 씨족제 가족 윤리의 사회적 통념을 거역하지 않는 方法으로 출가 생활의 종교적 의의를 정당화하였다.

양립할 수 없는 대립의 관계를 양립할 수 있도록 초기 경전은 새로운 사상을 전가하였다. "지혜있는 자가 출가하게 되면 칠대의 부모를 청정케 한다."14) 또는 "출가한 수도승의 부모와 종족은 사후 천계에서 안락을 얻을 것이다."15) 즉 출가 행자의 공덕은 다만 그 부모 형제에만 미치는 것이 아니고 종족 전체에 큰 이익을 가져다 준다는 새로운 사상이다. 한 사람의 출가는 그 가족과 종족 전체에게 한없는 이익을 주는 큰 공덕이 된다는 것이다.

이같은 출가 수행승의 공덕 사상은 중국 불교나 한국 불교에 이르러 "아들 하나가 출가하면 구족이 하늘에 태어난다."는 정형적 설명구를 파생할 만큼 발전하였다. 아마 강력한 씨족 제도에 의하여 친족 관계가 긴밀한 연대성을 지니고 있는 사회 풍토에 신흥 종교인 원시 불교가 토착하기 위하여는 이같이 가계의 영속을 의무로 지키는 가족 제도와 가계의 영속을 부정하는 출가 생활의 무한한 종교적 공덕을 매개로 공존할 수 있다.

그러나 원시 불교가 신흥 사상을 고취하는 체계이고 또 자비와 평등

---

13) AN. Ⅲ
14) Theragatha. 533
15) Theragatha 242

을 근본적 입장으로 삼고 있기 때문에 전통적 가족 윤리를 그대로 답습할 수는 없다. 새로운 사상 체계는 아무래도 전통적 가족 윤리에 대하여도 새로운 견해에 따른 새로운 해석이 나오지 않을 수 없었다.

2. 가족 생활과 종교 의례

인도 전통적 종교인 브라만교는 한 인간의 일생을 통하여 중요한 시기에 반드시 종교적 의례를 거행하였다.

즉 출생, 명명, 성년, 결혼, 사망 등은 반드시 특정된 종교 의식을 거치므로 이루어졌다.

그러나 원시 불교의 가족 윤리는 이같은 전통적 종교의례를 가족의 내부에까지 끌어 들이는 것을 좋아하지 않았다. 도리어 출생, 성년, 사망시 거행하는 까다로운 종교 의식을 배척한 경향이 농후하다. 전통적 브라만 의식을 미신 배척의 입장에서 경시한 듯하다.

이밖에도 고대 종교 의식에 따르는 마법, 주술, 점술 등도 혹독하게 비난하였다. 여기에서도 불교가 당시 전통적 브라만 종교 사상을 부정하고 지양한 일면을 엿볼 수 있다.

그런데 전통적 종교 의식을 배척한 원시 불교는 그 대신되는 의식을 가족의 내부에 새로 마련하지도 않았다.

즉 브라만교의 출생, 성년, 사망 의식에 대치되는 불교적 의식을 새로 제정하려고 하지 않았다는 말이다. 적어도 원시 불교에는 결혼, 성년, 사망 등에 대한 특별 의식 절차가 없었다.

특히 사망시 장의도 원시 불교 시대에는 특정된 것이 없었다. 오히려 아난다가 부처님의 입멸직전 "입멸후, 세존의 시체는 어떻게 장례지내야 합니까" 물었을 때 부처님은 "아난다야, 너희들 출가 사문들은 여래의 장례에 관계하지 말라. 너희들은 진리를 위하여 게으르지 말고 정진하도록 하라."고 타일렀다. 즉 출가사문들은 사람의 시체를 처리하는 장례 같은 행사에는 관여하지 말라는 것이다.

원시 불교는 출생, 성년, 결혼, 사망의 의식은 '세속적' 행사로 보았다. 따라서 세속을 떠난 출가 사문들은 관여할 일이 아니라고 생각하였다. 이같은 원시 불교의 윤리 사상은 아쇼카왕의 시대에도 현저하게 나타났다.

아쇼카왕도 가정 의례에 대하여 언급한 일이 없다. 불교가 처음부터 세속적 가족 내부에까지 침투하여 적극적으로 재가 신도들을 교화 지도하지 않았다는 점에 어쩌면 불교가 후세 인도에서 거세되는 원인이 숨어 있을런지 모르겠다.

오늘날 불교 사원이 결혼, 장의에 관여하게 된 것은 아마 불교가 중국을 거쳐 이 땅에 유입되는 동안 부착된 비본질 요소의 한 가지다.

Ⅲ. 家의 윤리(2)

1. 性의 윤리

욕망 가운데 가장 근원적이고 자연적인 것을 '愛執'이라고 원시 불교는 단정하였다. 그리고 이 애집을 끌 수 없는 불길에 비유하였고 막을 수 없는 폭포에 비유하기도 하였다.[16] 그리고 모든 번뇌가 이 애집으로부터 일어나기 때문에 애집을 끊으면 모든 번뇌는 없어진다고 하였다.

또 애집까지 포함하여 자아의 만족을 위한 욕망은 한이 없다고 하였다. "비록 화폐의 비를 내리게 하더라도 인간의 욕망은 만족할 줄 모른다."

따라서 "만족이 가져다주는 쾌락은 짧고 고통스럽다는 것을 깨닫는 자는 현자이다."[17]
라고 초기 경전은 과격한 비유까지 들며 애집을 포함한 모든 욕망이 두려

---

16) Dhp 251
17) Dhp 186

운 것임을 교훈하고 있다.

그러므로 원시 불교의 윤리는 다분히 금욕적 경향이 농후하였다. 세계 종교로 알려진 기독교사에서도 초기에는 대내적 신앙의 충실과 견고를 위하여 금욕적 경향이 농후하였다. 그러나 불교의 금욕은 기독교에 비하여 엄격의 정도가 심하였다.

"환락을 찾아 살고 감관을 억제하지 않고 公事의 절도를 모를 뿐 아니라 게을러서 정진하지 않는 자는 마귀의 유혹에 지고 만다. 마치 약한 나무가 바람에 쓰러지는 것과 같다."[18]

특히 성적 욕망에 대하여는 가장 날카롭게 수행자들을 훈계하였다. 원시 불교는 출가 수행자들에게 철저한 '독신 금욕의 청정행'을 명하였다. 한 번 출가를 결심한 수행자들은 어떤 일이 있어도 여자와의 관계를 단절하라는 것이다.

또 기혼자로서 일단 출가한 자는 다시 부녀자와의 관계를 상상해서는 수행에 혼란을 일으킨다고 엄하게 경고하였다.

기혼자로서 출가한 젊은 사문이 자손을 원하는 부모의 간청에 못이겨 옛 아내와 동침한 일이 있다. 이 사문에 대하여 부처님은 "젊은 여인의 육체에 남근을 삽입하려거든 차라리 독사의 입에 집어 넣어라."고까지 혹독한 꾸짖음을 내린 일이 있다. 당시 출가 수행자들 사이에는 젊은 부녀자의 육체적 유혹에 못이겨 독신 금욕의 청정행을 깨뜨린 무리도 더러 있었던 것 같다.

그래서 초기 경전에서는 한번 독신 금욕 생활을 결심한 수행자가 음사에 빠지면 아주 타락하여 버린다는 것을 여러 가지 비유를 들어 말하고 있다.

"독신 금욕 생활을 하던 수행자가 육체가 향락에 빠지게 되면 길에서 빗나간 바퀴같이 된다. 세상 사람은 그를 아주 천한 범부로밖에 보지 않는다."

독신으로 청정한 생활을 할 때 지혜 있고 거룩한 성자로 추앙되던

---

18) Dhp 7

사람도 성욕의 노예가 되면 어리석은 자처럼 번뇌에 허덕인다.[19] 또 이러한 이야기가 있다.

마아간디야란 사람이 자기 딸을 성장시켜 부처님의 아내로 바치려고 한 적이 있었다. 이에 대하여 부처님은 마아간디야에게

"나는 전에 깨달음의 경지에 이르려고 할 때 욕망과 혐오와 탐욕의 세 젊은 미녀들을 보고도 성욕을 느끼지 않았다. 똥, 오줌으로 가득차 있는 이 젊은 여인의 육체란 도대체 무엇인가. 나는 발조차 대기 싫다."
고 꾸짖었다고 한다.

그리하여 성의 문제에 대하여 원시 불교의 교단 계율은 아주 엄하였다. 출가 수행자가 부녀자와 교제하면 '파라지카'의 대죄를 범하게 되므로 교단에서 쫓겨난다. '홀로 있을 때는 한 여자와는 대화도 하지 말라'[20]고 할 만큼 엄중하였다.

어느 날 아난다는 부처님께 물어본 적이 있다.

"우리들은 부인들에게 어떻게 대하여야 합니까?"

"아난다야, 쳐다보지 말라."

"그러나 이미 봐버렸다면 어떻게 합니까?"

"말을 하지 말라."

"그러나 말을 걸어봤을 때는 어떻게 합니까?"

"근신하도록 하라."

부처님은 성에 대하여는 지나치리 만큼 엄격하였다. 아마 부처님 자신 젊었을 때 결혼한 경험이 있었기 때문에 성에 대하여 제자들에게 더욱 과격하게 훈계하였는지도 모르겠다.

부처님은 성을 아주 '더러운 것'으로 본 것 같다. 그래서 독신 금욕의 청정행에는 가장 위험한 금물로 보았던 것 같다. 교단의 청정과 성결을 보존하기 위하여 초기 경전은 여러 가지로 성욕의 죄악을 지적하고 독신 수행의 미덕을 찬미하고 있다.

---

19) SN 218
20) AN. Ⅲ

　"아내와 자식에 대한 애착은 밀림의 나뭇가지처럼 서로 얽히어 있는 법이다. 그러므로 수행자는 외뿔소처럼 언제나 홀로 가라."[21] "처자와 부모 재산과 곡식에 대한 욕망을 버리고 외뿔소처럼 홀로 가라."[22]

　외뿔소같이 홀로 가는 생활은 독신 수행자의 이상적 생활이다.

　그러나 세속에 사는 재가 신도들에 대하여 초기 경전은 수행 교단과는 전연 다른 성의 윤리를 보여주고 있다.

2. 결혼 생활

　남성과 여성의 결합에 대하여 초기 경전은 날카로운 비판을 내리고 있다.

　"부녀자가 바라는 것은 남성이고 마음을 두는 곳은 장식품이나 화장품이고 의지하는 데는 자식이고 집착하기는 남편의 독점에 있고 궁극 목적은 지배권이다"[23]

　동서 고금을 통하여 여성의 심리를 가장 적절하게 드러낸 언구이다.

　남녀 사이에는 결혼에 의하여 결합되기 이전 사랑이 싹트기 마련이다.

　사랑의 전형적 원초적인 형태는 연애하고 있는 남녀의 애정일 것이다. 열열히 사랑하는 남녀 사이에는 거의 맹목적 복종이 성립된다.

　아마 가장 순수한 사랑의 형태일 것이다. 원시 불교도 이같은 사랑의 순수성을 말하여 주고 있다.

　"사랑하는 사람들끼리는 그 신분이 아주 낮은 찬다라 계급이라도 평등하다. 사랑에는 차별이 없다"[24]

　또 어떤 계급에 속하여 있건 사랑이 순수하면 그것은 거룩하다. 순수한 사랑에 의하여 맺어진 결혼은 세속적인 면에서 승인되어져야 한다.

---

21) SN 28
22) AN 14
23) AN 14.
24) Jataka VI

따라서 결혼 생활 이외의 남녀 관계는 부인될 수밖에 없다. "자기 아내에게 만족하지 않고 창부와 놀아나고 남의 아내와 간음하는 일, 이것은 파멸에 이르는 문이다."[25]　　특히 거리의 여인, 창부들과 놀아나는 한량의 생활은 엄하게 다스리고 있다.

"창부와 사귀고 술을 즐기며 도박에 열중하는 일 이것도 파멸에 이르는 문이다."[26]

뒤에 부자, 형제간의 한정된 인륜 조직에 관한 논술에서 상세히 언급하겠지만 인도의 가부장 제도의 종적 관계를 그다지 중요시 하지 않은 것이 원시 불교였다. 따라서 결혼한 부부의 관계를 역시 평등한 위치에서 윤리적 규제를 주려고 하였다. 출가 수도 생활을 이상적 생활로 표방하고 있지만 재가 신도의 세속적 부부 생활을 그 나름대로 긍정하고 있다. 그러면서도 출가를 재가보다 우위에 놓는 것은 유한보다는 무한을 특수보다는 보편을 지향하려는 인도인의 사유 경향에 연유되었다고 생각한다. 그래서 막스 베버는 "인도에서는 주술적 카리스마(magische charisma)가 가족에 대한 의무감보다 우월하다. 이 점이 중국과 다르다"[27] 그러나 재가 신도로서 머물러 있는 동안 가족 윤리에 대하여도 초기 경전은 여러가지 규제 항목을 나열하고 있다. 우선 부부 관계는 가장 화목할 것을 주장하고 있다.

"이 세상에서 가장 으뜸가는 친구는 누군가. 아내가 가장 으뜸가는 친구이다."[28]

아내를 가장 으뜸가는 친구로 삼았으면 화목할 것은 더 말할 필요도 없다. '아내를 친구'로 보는 견해는 벌써 베다 성전에도 나오는 말이다. 고대 동양 국가에서 아내를 친구로 보라고 한 것은 인도밖에 없지 않은가 한다.

---

25) SN 108
26) SN 106
27) Max Weber Hinduismus Und Buddhismus
28) SN I

그러면서도 부부가 서로 다른 의무를 이행하여야 함을 항목까지 열거하여 초기 경전은 말하고 있다. 먼저 남편은 다음 같은 다섯 가지 방식으로 아내에게 봉사하여야 한다는 것이 '싱가알라에 대한 훈계'[29]에 나타나 있다.

① 아내를 존경함에 의하여

② 아내를 경멸하지 않음에 의하여

③ 外道에 빠지지 않음에 의하여

④ 아내에게 권위를 줌에 의하여

⑤ 장식품을 줌에 의하여 등의 다섯가지이다.

남편이 아내에게 봉사하는 첫째 조건으로 '존경'을 말한 것이 특징적이다. 붓다고사의 해석에 따르면 존경이란 "신들을 존숭하고 모든 방위를 존숭함과 같이 함을 말한다."고 하였다. 아내에게 조차 신들을 존숭하는 것처럼 존경하라는 말은 당시로선 상당히 대담하다. 한역 학자들은 이 낱말을 '존경'[30]으로 옮겨 놓을 때에 고충이 컸다고 생각한다.

두번째 경멸하지 말라는 것은 '아내를 노예 노비처럼 막 부리지 말라'는 뜻이라고 한다. 아내를 남편과 수평의 지위에 놓고 있는 것을 알 수 있다. 외도는 아내 이외의 여인과 교제하는 것을 금함을 말한다. 그때나 이때나 남자들은 아내 이외의 여자와 교제하는 일이 많다.

세번째 권위를 주려는 것은 남편은 대개 사회적으로 가정 밖에서 활동하므로 가정 안의 일에까지 머리를 쓰게 되면 그만큼 사회적 활동에는 손실이 온다. 따라서 가정 안의 일은 아내에게 그 권위를 맡겨 버리라는 것이다. 그리고 남편은 사회적 활동에만 전력을 기울이라는 말이다.

다음으로 아내가 남편에게 지켜야 할 의무 다섯 가지가 있다.

① 일을 잘 처리하고

② 권속을 잘 대우하고

③ 길에서 벗어나지 않고

---

29) 한역은 『六方禮經』
30) 존경의 Pali어는 Sammānana

④ 모은 재산을 보호하고

⑤ 하여야 할 일을 교묘하게 잘하고 부지런할 것 등이다.

첫째, 일을 잘 처리한다는 뜻은 가정을 잘 정돈하고 또 가정 안에 일어나는 일을 솜씨있게 잘 처리하여 남편에게 부담을 주지 않는 것을 말한다.

두번째 권속을 잘 대우하라는 것은 남편의 친족과 자기의 친족에 대하여 응분의 예우를 하라는 뜻이다.

세번째 길에서 벗어나지 말라는 것은 남편 이외의 다른 남자는 일체 생각하여서도 안된다는 정신적 심리적 의미를 포함하고 있다. 모은 재산을 보호하라는 말은 아마 낭비를 막기 위한 교훈일 것이다.

남편의 수입을 생각지 않고 낭비하는 아내는 결국 가정을 파탄으로 몰고 간다. 그래서 아내는 부지런하며 규모있고 분수에 알맞게 일을 처리하여야 할 것이다.

초기 경전은 아내가 남편에게 대한 의무와 남편이 아내에게 대한 의무를 꼭 다섯 가지씩 들고 있다. 그리고 아내를 존경할 것을 남편에게 첫째의 의무 항목으로 들고 있다. 그러나 한역 학자들은 중국적 사유 방식에 적응하도록 역경 과정에서 다소의 수정을 가하였다.

『六方禮經』이나 『善生經』에서는 중국인의 구미에 맞도록 아내의 지위를 남편보다 낮추는데 교묘한 솜씨를 보였다.

항목 수로는 남편 보다는 아내의 쪽이 많다. 일부 다처가 용인되던 중국 사회에서 남편의 외도를 금하는 조항을 그대로 옮겨 놓을 수는 없었다. 그래서 『선생경』 같은 한역에서는 '아내를 존경하라'는 것을 '처자를 憶念하라'고 옮겨 놓고 외도를 금하는 대목도 그저 막연하게 '처의 친척을 넘하라'고 옮겨 놓았다.

그런데 성의 윤리와 부부의 윤리에 대한 원시 종교의 윤리 사상이 당시 일반 민중에게 어느 만큼 영향을 주었을까 하는 것은 알 길이 없다.

그러나 오랜 세월 동안 불교의 감화를 가장 깊게 받고 있는 남방 제국에서 아내의 지위가 상당히 높이 견지되어 있고 부부간의 부정때문에 일어나는 이혼율이 아주 희귀하다는 사실은 주목할 만하다.[31] 이같은 사실은 실론에서 재판관직에 있었던 경험이 있는 리스 데이비스도 지적하고 있다. 이같은 사실은 기계 문명이 고도로 발달한 비불교국 미국과 비교할 때 암시되는 바 크다고 생각한다.

3. 부인의 지위

당시 혁신 종교국을 형성하고 있던 원시 불교는 카스트 계급 제도에 대하여 부정적이었을 뿐만 아니라 그밖에 전통적 인습을 타파하고 나왔다. 그래서 인격 평등의 원칙에 따라 부인의 지위도 남자와 동등하다고 주장하였다.

재래 인도 사회에서는 부인의 지위를 경시하는 경향이 강하였으나 부처님은 이에 반대하였다. 그리고 도리어 덕행이 높은 부인은 존경하여야 한다고까지 말씀하였다. 남자와 여자의 구별이 없다고 하였다.

코살라국의 파세나디왕이 딸을 얻고 몹시 언짢게 생각하였다. 그래서 부처님은 파세나디왕을 향하여 이렇게 말씀하였다.

'왕이여, 부인 가운데는 남자보다 훌륭한 이가 있다. 지혜가 있고 계행을 지키고 친족과 남편을 충실히 섬긴 부인이 낳은 아들은 영웅이 되고 지상의 주인이 될 것이다.

원시 불교의 남녀 평등 관념은 교단의 구성에까지 영향을 미쳤다. 불교 교단은 출가 수행자의 남성과 여성, 재가 신도의 남성과 여성의 네 가지 종류로 이루어졌다.

교단 구성에 있어 여성의 지위를 남성과 동등하게 다룬 것은 부처님의 교설에 의한 바라고 본다.

그러나 원시 불교의 혁명 사상도 완강한 인도 사회의 인습과 부딪쳤을 때 스스로의 주장을 다소 시정하지 않을 수 없었다. 부처님의 뜻이 그대로 인도의 전통에 침투하지 못하고 도리어 인도의 재래적 남녀 불평등

---

31) Fielding soal of a people

관념이 불교 교단에 같이 침투하여 들어왔다. 부처님이 말년에 여성의 출가를 몇 차례 거부한 까닭도 아마 당시에 벌써 교단의 사정을 같이 통찰하였기 때문이라 생각한다.

더구나 여성의 출가를 허용한 다음 부처님은 여성의 출가를 허용하였기 때문에 정법은 천 년을 못가고 오백 년에 끝난다고 비관적인 발언까지 하였다고 한다. 또 출가한 여승에게만 특별히 과중하고도 엄한 여덟 가지 계율을 주었다고 하니 남녀 평등의 원칙은 흔들리기 시작하였다.

여덟 가지 계율 안에는 나이가 많은 여승은 아무리 젊더라도 비구승에게는 경의를 표할 것을 말하고 있다.

부처님의 입멸 후 부처님을 가장 측근에서 시봉하던 아난다의 행위를 나무라는 장로들이 많았다. 그런데 아난다의 비행을 지적할 때 그들은 아난다가 부처님의 양모를 출가케하여 최초의 비구니로 만든 행위를 가장 날카롭게 비난하였다. 사실 아난다의 간청과 주선에 의하여 부처님은 양모의 출가를 허용하게 되었다. 여기에 대하여 아난다는 그 여인은 부처님을 양육한 은인이기 때문에 어찌할 수 없었다는 인간적 정의를 앞세워 변명하는 것이 보인다. 보수와 혁신의 사이에서 진통을 겪는 불교 교단과 아난다의 면모를 볼 수 있는 것이다.

IV. 家의 윤리(3)

1. 부와 자식

원시 불교의 평등 사상은 전통적 브라흐만교의 가부장제에 의한 부계 일방적 절대 복종의 관념을 배제하였다. 브라흐만교가 사용하던 산스크리트경에 의하면 아버지(pit)의 **兩數形** pitarau가 부모 양친을 표현하고 있었다. 그러나 원시 불교 경전에서는 양친을 가리킬 때에 아버지의 양수형을 사용하지 않고 '어머니 아버지'라고 하였다. 원시 불교도가 사용하였던 속어인 파알리경처럼 양수형이 없었던 까닭도 있을 것이다. 그렇다하여도 아버지보다는 어머니를 먼저 든 표현법은 주목된다.

이같은 표현법은 원시 불교 경전에서 거의 일반화되고 그 후 산스크리트 경전에 이르러는 '어머니와 아버지란' 표현법이 정형화되었다. 그러나 이같은 모성 우위의 표현법이 가부장 제도를 확고하게 견지하고 있는 중국인들에게 그대로 수용될 수는 없었다. 그래서 '어머니와 아버지'의 순서를 한역 경전은 모두 '아버지와 어머니'의 순서로 옮겨 놓았다.

원시 불교가 성립된 인도 사회에서 한 가정의 가장이 브라흐만교와 마찬가지로 아버지였으나 의무나 복종을 교설할 때는 아버지 하나만 아니라 '어머니와 아버지'를 함께 열거하는 수가 많았다.

또 초기 경전에는 의무니 복종이니 하는 강요의 느낌을 주는 말보다는 '어머니와 아버지'에 대한 존경과 부양을 강조하는 교설이 자주 눈에 띈다. 따라서 어머니와 아버지에 대한 존경과 부양의 의무를 저버린 자식들에 대한 훈계도 함께 보인다.

"재산이 풍부하면서도 어머니와 아버지는 늙어 쇠약한데 부양하지 않으려고 하는 자를 천민이라고 부른다."[32] 또 "어머니와 아버지가 노쇠하였는데 부양하지 않으면서 혼자 부유하게 살고 있는 자 이는 파멸에 이르는 문이다."[33] 그렇다면 '왜 부모를 존경하고 부양하여야 하는가?' 하는 물음에 대하여 부모의 은혜가 크다는 것을 이유로 든다.

그러니까 일종의 보은 사상과도 통한다. 부모의 은혜에 보답하는 길을 초기 경전에는 이렇게 강조했다.

"수행승들이여, 나는 두 사람에게 충분히 보은할 수 없었다. 그 두 사람은 다름아닌 어머니와 아버지이다. 백 세를 살면서 한 어깨에 어머니를 다른 한 어깨에 아버지를 지고 있다고 하자.

---

32) SN 124
33) SN 98

어머니와 아버지를 안마, 목욕 등으로 간호하고 있다고 하자. 그렇다 하더라도 아직 어머니와 아버지의 은혜를 충분히 보답하였다고 할 수 없다. 또 어머니와 아버지에게 大地의 지배권을 드리고 왕위에 오르게 하더라도 아직 어머니와 아버지의 은혜를 다 갚았다고 할 수 없다.

수도승이여, 신앙이 없는 부모에게 신앙을 얻게 하고, 신앙에 안주케 하고 인색한 부모를 설득하여 보시의 공덕을 쌓게 하고 훌륭한 참 지혜의 길을 가게 하는 것, 이것이 참으로 부모의 은혜에 보답하는 길이다."34) 부모에 대한 보은을 강조하여 나가다가 진정한 보은은 부모를 신앙의 길로 인도하는 것이라고 결론 내린 대목은 불교의 종교적 면모를 잘 나타내 주고 있다.

'상가알라 청년에게 주는 훈계'에서 양친에 대하여 지켜야 할 덕목이 산문적 항목으로 표명되고 있다.

"나는 양친의 양육을 받았으므로 그를 부양하여야 한다. 그들을 위하여 내가 할 일을 다 하여야겠다. 가계를 존속시켜야 하겠다. 재산 상속도 하여야겠다. 그리고 死靈도 때때로 제사지내야 하겠다."35) 여기서 가계의 존속은 당연한 자식의 의무로 이해가 가지만 "재산 상속도 하여야겠다."는 구절은 의아심을 자아낸다. 여기에 대하여 붓다고샤는 이렇게 주석하고 있다. "양친은 자기의 교훈에 순종하지 않는 악한 자식에 대하여는 단호한 조치를 취하여 이같은 자식은 상속할 자격이 없다고 결정한다. 그러나 교계에 순종하는 자식을 가산의 주인으로 인정한다. 따라서 상속을 받을 만한 자격을 갖춘 자식이 되어야 한다. 취의에서 재산 상속을 하여야 겠다는 말이 나왔다."

그러나 유교의 효의 논리가 지배하던 중국 대륙에 와서 한역 경전은 자식이 양친에 대한 의무 덕목을 더 상세하고 구체적으로 나열하고 있다. 중국적 토착화 과정에서 야기된 현상이기도 하다. 가부장제적 수직 관계가 엄격히 확립되었던 中國의 가족 제도에 평등을 주장하는 수평적 사상

---

34) AN Ⅰ
35) DN Ⅲ

이 들어올 때 토착 과정에서 일어나는 양상은 다양할 수밖에 없다.

초기 경전은 자식이 부모에 대한 의무 항목만 말하는 것이 아니고 부모가 자식에 대한 의무에 관해서도 다섯 가지를 지적하고 있다.

① 악으로부터 멀리하게 하고

② 선을 행하게 하고

③ 기능을 습득하게 하고

④ 적당한 아내감을 골라주고

⑤ 적절한 시기에 상속하게 한다.[36]

①항과 ②항은 자식들에게 대한 당연한 부모의 심정이기도 하다.

③항은 원시 불교의 재가 신도들이 각각 자식들에게 재산을 물려주기 전에 재산을 관리 존속시킬 수 있는 기능을 습득케 한다는 말이다. 고금을 통하여 훌륭하게 습득한 기술은 일생의 항산이다.

그런데 초기 경전에서 특히 어머니는 권위의 화신으로 보지 않고 아주 친분이 두터운 친구로 보는 점은 흥미 있다.

"어머니는 집에서의 다정한 친구이고 자기가 지은 공덕은 내세의 친구가 될 것이다. 부모는 또 자식들에게 사회인으로서 하여야 할 의무를 가르쳐 주어야 한다."

즉 '보시하는 일, 부드러운 말을 하는 일, 남을 위한 봉사 정신의 발휘 또 협동 정신' 등을 교시하여야 한다는 말이다. 일반적으로 부권적 가족 제도에 있어서는 부권이 강하므로 자식들을 소유물 다루듯 다루는 경향이 있으나 원시 불교는 이와 반대로 자식들에게 사회인으로서의 자각을 갖도록 평소 그들을 가르쳐야 한다는 부모의 의무를 말하고 있다.

그러나 이같은 사상은 효를 근간으로 성립된 중국의 유교 사상과는 양립할 수 없기 때문에 번역 과정에서 『六方禮經』과 『善生經』은 이 귀절의 원문을 번역하지 않았다.

---

36) DN Ⅲ

2. 주인과 머슴

인도의 재래식 사고에 의하면 '머슴은 주인의 그림자'에 지나지 않았다. 그러나 원시 불교는 사용자와 피사용자의 관계를 상호적 의무의 관계로 보았다. 사용자 즉 주인은 다음 같은 다섯 가지 방법으로 피사용인 즉 머슴에게 '봉사하여야 한다'고 초기 경전은 말하고 있다.

① 능력에 따라 일자리를 마련하여 줄 것

② 식량과 급료를 줄 것

③ 병에 걸리면 고쳐 줄 것

④ 아주 맛있는 음식은 나누어 먹을 것

⑤ 적당한 때 휴식을 취하게 할 것[38]

① 항은 오늘날 문제되고 있는 미성년자의 고용과 소년 소녀의 과중 노역에도 해당된다. 기타 항목은 그대로 오늘날의 사회 문제와 직결되는 사항들이다.

원시 불교는 어디까지나 사용자의 횡포를 종교적 차원에서 막으려고 하였다. 그래서 피고용인을 노예처럼 학대하는 행위를 막기 위하여 치병의 의무와 유급 휴가의 방법까지 착안하였다. 특히 노무자에게 다섯 가지 방법으로 '봉사한다'는 맡은 그대로 불교 정신을 단적으로 잘 나타낸 것이라 하겠다.

피사용자는 사용자를 다음의 다섯 가지 방법으로 '사랑하여야 한다'고 초기경전은 열거하고 있다.

① 주인보다 일찍 일어날 것

② 주인보다 나중에 잘 것

③ 주는 것만 받을 것

④ 맡은 바 일을 잘할 것

⑤ 주인의 명예와 칭찬을 할 것[39] 아마 동서 고금을 통하여 '머슴은

---

38) DN Ⅲ
39) DN Ⅲ

주인에게 봉사하고 주인은 머슴을 사랑하라'는 도덕적 훈화는 널리 알려져 있으나 '주인이 머슴에게 봉사하고 머슴이 주인을 사랑한다'는 반대 훈화는 원시 불교가 처음이 아닌가 한다. 여기서 우리는 불교의 종교적 숭고한 정신을 읽을 수 있는 동시에 전통적 보수 관념을 혁신하려는 기풍을 엿볼 수 있다.

⑤항목에서 '주인의 명예와 칭찬을 하라'는 말은 면전 복배하는 이중 성격을 버리라는 것이다. 즉 면전에서는 아첨하다가도 뒤에서는 비난하는 비인격적 행위를 하지 말라는 말이다. 이것을 한역 『육방예경』은 "주인의 선은 칭찬하고 그 악은 말하지 말라."고 못박아 옮겨 놓았다.

이같은 주인과 머슴의 관계는 원시 불교 당시 인도 사회의 상황을 두고 규제한 불교 윤리이지만 근본 정신은 오늘의 공업 사회에서도 새로이 해석되어 적용될 수 있다고 본다.

불교는 세계를 변혁하기 위하여 기계적인 공식이나 폭력을 쓰려고 하지 않는다. 어디까지나 인간의 적극적인 선악에 의한 종교적 차원에서 변혁을 의도하였다. 사회 정책도 역시 이같은 방법에 의하여 이루어지기를 불교도는 바라고 있다.

지금까지 말한 남편과 아내, 부모와 자식, 주인과 머슴과의 관계를 싱가알라 청년에게 주는 교훈에서는 다음과 같이 도식화하며 교설하고 있다.

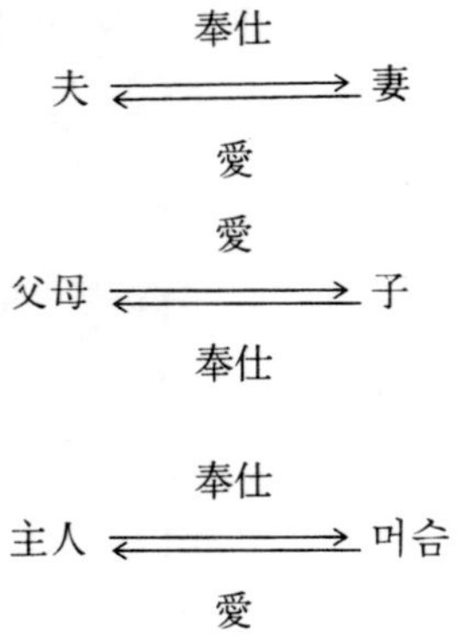

奉仕
夫 ⇄ 妻
愛

愛
父母 ⇄ 子
奉仕

奉仕
主人 ⇄ 머슴
愛

여기서 부부의 상호 윤리 관계와 주종의 상호 윤리 관계에는 일반적 윤리 관계의 도식의 정반대됨을 얼른 알 수 있다. 그래서 한역은 "아내는 남편을 공경하고 또 남편에게 봉사한다."고 옮겨 놓았다.

중국인의 생각에서 '주인이 머슴에게 봉사한다.'든지 '남편이 아내에게 봉사한다.'는 원시 불교의 윤리는 중국 사회의 계급적 신분 질서를 무너뜨린다고 보았다. 그래서 중국의 풍토에 알맞도록

$$\text{夫} \quad \overset{\text{事}}{\underset{\text{愛}}{\longleftrightarrow}} \quad \text{妻의 圖式은}$$

$$\text{夫} \quad \overset{\text{視}}{\underset{\text{事}}{\longleftrightarrow}} \quad \text{妻의 圖式으로 바뀌었다.}$$

略号表

AN Aṅguttara-Nikāya 增壹部

Dhp Dhammapāda 法句經

SN Suttanipāta 諸經要集

Therag Theragāthā 長老偈

Therig Therigāthā 長老尼偈

DN Dighanikāya 長部

불전한역의 이론과 역사

Ⅰ. 초기 역경의 제 문제

초기 한역 경전에 있어서 역경 과정이나 방법론에 대하여 반성하고 체계적인 비판론을 제기한 사람은 도안(道安, 314~385)이다. 그는 한때 禪觀도 참구하고 禪書에 주까지 붙인 적이 있었으나, 말년에 전진왕 부견의 부름을 받아(379) 장안에 머물면서 『戒經』·『般若經』·『阿含經』 등의 역경에 참여하면서 서문을 썼다. 그러다가 『도행경』·『방광경』·『광찬경』 등 『반야경』의 異譯이 간행되어 입수되었을 때 그는 치밀한 비교 연구를 시작하면서부터 역자에 따라 한역 방법에 상당한 차이가 있음을 발견했다. 특히 동본 이역인 『방광경』과 『광찬경』 사이의 차이에서 그는 범어·胡語의 원전을 어족이 다른 한어로 번역할 때 필연적으로 일어나는 역경상의 문제를 주시했다. 그는 여러 가지 이역본을 대조하며 비교 연구하는 동안, 범어·호어에 대한 지식도 얻었고, 한편 범어·호어의 문법이나 문장 구성법에 대한 언어학적 소양도 쌓았다. 또 범어·호어와 한어 사이에 나타난 문법·문장 구성법 차이에서 도안은 상위한 언어를 사용하는 인도인·서역인과 중국인 사이에는 사유 경향에도 어느 정도의 차이가 있음을 추리했던 것 같다. 최초의 체계적 한역 경전 비판론이라고도 할 수 있는 도안의 '五失三不易論'은 이같은 배경과 과정에서 이루어졌다. 이 오실삼불역론은 『마하반야바라밀다경초』[1]에 나타난다. 이 오실삼불역론을 모방하여 隋 彦悰은 道安을 변호했고 '八備十條'[2]를 써서 역경의 규범으로 삼았고, 또 당 현장도 '오종불번(五種不翻)'[3]의 역경 규칙을 제시했으며, 송의 贊寧은 '六例'[4]를 가지고 역경어의 순화에 노력했다. 본론은 도안의 오실삼불역론을 중심으로 그의 역경 비판론을 고찰한 다음 현장의 오종불번, 찬영의 육례 등을 차례로 훑어가면서 불교 경전 한역사를 역경 방법론의 반성과 비판적 입장에서 전개해 보고자 한다. 그러기 위하여 우선 도안의 역경 비판론보다 연대적으로 약간 앞섰던 소박한 비판론 몇 가지를 살펴보고자 한다.

그런데 본론에 들어가기 전에 술어의 정의와 정리상 분명히 해두어야 할 낱말이 있다. 가장 혼동하기 쉬운 낱말로는 '범어'와 '호어'란 말일 것이다. 이 중에서 범어는 '산스크리트어'를 가리키고 있으므로 일단 정리될 수 있으나 '호어'가 문제된다. 호어라고 할 때 '호'가 어느 나라 어느 지방에 사는 어느 종족, 어느 민족을 지칭하는지는 심히 모호하다. 한역 경전에는 '호'와 유사하며 모호한 낱말로 '서역' '천축' 등이 있다. 이 낱말들은 중국의 서북방 변경에서부터 오늘의 이란 북방 서 투르키스탄까지를 지칭하는가 하면, 때로는 인도까지 포함하기도 한다. 즉 오늘의 중앙아시아만을 지칭하기도 하고 인도까지 포함할 때도 있다는 뜻이다. 도안이나 그밖의 사람들은 이 세 가지 낱말에 대하여 별로 뚜렷한 구분과 정의도 내리지 않고 혼동하여 사용해 왔다. 그러나 당시 광대한 서역에는 여러 민족이 산재하여 살았었기 때문에 호어도 여러 가지다. 크게 나누면

---

1) 「出三藏記集」 第 8 大正 55卷.
2) 「續高僧傳」 第2 彦悰傳.
3) 「大明三藏法數」 第 20 翻譯義集序.
4) 「宋高僧傳」 第 3.

이란어계의 '소그드'(Sogd)어와 '토카라'(Tochara)어 등이 있다.[5] 이 가운데서 소그드어는 박트리아의 고대어로서 파밀 고원 주변에서 사용되던 언어와 밀접한 관계가 있다. 당시 소그드어를 사용했던 사마르칸드는『대무량수경』을 한역한 康僧鎧의 고국이기도 하다. 또 토카라어는 주로 나집삼장의 고국인 쿠차(Kuccha)와 투르판 지방에서 사용되었다. 그러므로 불교가 중국으로 전래되는 과정에서 '호어'를 쓰는 서역을 거쳐야 했기 때문에 먼저 서역에 수용되었고, 또 서역적으로 변용되었다. 이같이 변용된 불교가 초기에는 주로 서역 출신 승려들에 의하여 중국으로 전래 수용되었고, 또 경전의 한역 작업도 이루어졌다.

그런데 초기 역경시 어느 언어로 된 경전을 대본으로 사용했는가 하는 문제가 대두된다. 불교가 인도에서 서역으로 수용될 때 서역의 여러 언어로 역경되었다는 사실이 있기 때문이다. 따라서 중국에 온 호승들의 역경 대본이 반드시 범어 원전만은 아니었다는 추리가 가능하다. 또 그 호승들이 모두 범어 원전을 완전히 이해하고 번역할 정도의 범어 지식을 가졌다고 볼 수도 없다.

그 중에는 범어보다는 호어에 더 능란했던 호승이 많았을 가능성도 있다. 그들의 모국어가 범어가 아니고 호어 중의 어느 한 언어였기 때문이다. 그래서 그들이 선택한 역경 대본이 범어가 아니고 호어 중의 한 언어로 이루어진 경전이 될 수도 있다는 말이다. 또 한 가지 지적해야 할 것은 범어에서 호어 역경은, 두 언어가 동일한 인도 아리안계의 어족에 속하고 있기 때문에 어족이 전혀 다른 한어 역경보다는 쉽다는 사실이다. 그러므로 중국에서 한역 사업에 종사했던 호승들은 각기 모국어인 호어에 통달했을 뿐 아니라 불교의 경전 언어였던 범어에 대하여도 다소의 조예는 가지고 있었음을 알 수 있다.

그런데 초기 한역 역경 과정에서 유의해야 할 중요한 사실이 또 한 가지 있다. 위에서 역경의 대본을 지칭할 때 범어 원전·호어 원전 등 '典

---

5) 이란 語族의 民衆이 中央·極東 아시아에 미친 影響. P. 펠리오, 宗敎史, 宗敎文學誌, 1945. 6. 15

字'를 써 왔으나, 초기 역경시의 대본이었던 원전은 반드시 '문자화된 경전'은 아니었다는 사실이다. 당시의 역경 대본은 경전을 암송한 호승이 구전으로 송출한 불경을 한어 음역으로 베껴 쓴 필사본이 대부분이었다. 호승이 서역에서 가져온 불경이라 할 때 문자화된 경전을 가져온 것이 아니라 불경 중 한 경을 전부 암송한 호승이 왔다는 뜻이다. 즉 한 사람의 호승이 왔다는 것은 하나의 불경이 왔음을 의미했다. 원래 인도인들은 종교적 성경을 문자화하여 전승하기를 좋아하지 않는 경향이 있다. 그래서 불멸 직후 있었던 최초의 불경 편찬회의인 제 일 결집에서 이루어진 불경도 문자화된 경전이 아니고, 45년 동안의 불설을 암송하고 게송하기 편하게 시형식으로 정형화한 경전이었다. 그 후 불경은 암송한 스승의 구송에 의하여 제자에게 전승되었다. 물론, 인쇄술도 발달하지 못하였고, 종이도 없었다는 이유도 있었을 것이다. 그것보다는 깊은 奧義를 담은 성전은 문자화된 서적에 의하여 후세에 전승되는 것이 아니고, 생생한 스승의 게송에 의하여 귀 있는 성실한 제자에게 전수되어야 한다는 연극적 효과를 중시했던 인도인의 사유경향이 경전의 문자화를 기피한 것 같다.[6]

이리하여 초기 한역 경전 서문에는 誦出者·諷誦者의 이름을 열거하고 있다. 여기서 송출자·풍송자는 암송한 경전을 읊는 사람들을 가리키고 있다. 범어나 호어에 능란한 사람이 있으면 한문 음역과 동시에 범어나 호어의 筆受도 병행한 것 같다. 하여튼 초기 한역시에는 송출자의 지위가 아주 중요시되었다. 송출자가 곧 경전이었기 때문이다.

그런데 송출된 불경이 한문으로 필사되는 과정에서 발생할 수 있는 위험성은 고려하지 않을 수 없다. 첫째 송출자가 처음부터 잘못 암송했거나, 둘째 장구한 세월이 흘러 가는 동안 기억력의 쇠퇴로 송출 내용이 변질 변형되었거나, 셋째 필자가 범어를 모르는 경우, 음사 과정에서 엄청난 착오가 일어날 수 있다. 엄밀히 따지면 범어나 호어의 발음에 꼭 맞는 한어의 발음은 없다. 따라서 근사음을 따를 수밖에 없다. 그래서 동일 원어

---

6) 中村 元『東洋人の 思惟方法』第 1 巻 中國人の 思惟方法, p. 348 以下.

에 대하여 송출자와 필수자가 다르면 한음 표기도 달라진다. 동일 원어인 Buddha가 浮頭·浮屠·佛圖·佛陀 등 여러 가지 한음표기로 나타났음은 좋은 사례다. 송출자의 출신 지방과 소속 부파에 따라, 범어나 호어의 발음이 다소 차이가 있고, 한편 필수자의 지방에 따라서 한어의 발음에도 차이가 있다. 그러므로 송출하고 필수하는 첫 단계에서부터 한역 경전은 오역이 발생할 요소를 품고 있다.

이상과 같은 초기 한역의 주변 상황을 고려하면서 도안의 역경 비판론으로 넘어갈까 한다.

II. 意譯과 直譯의 고민

중국 불교사에서 불경 번역 즉 역경에 대한 반성이나 비판이 나오기 시작한 때는 다음과 같은 두 가지 조건이 갖추어진 이후였다고 생각한다. (i) 여러 역자들에 의한 각종 역경이 상당수에 이르렀고, (ii) 따라서 역경된 여러가지 경전들이 쉽게 입수될 수 있으므로 비교와 대조를 통한 경전 연구가 가능했으며, (iii) 대의만을 파악하려는 불교 수용의 초기 단계를 지나서, 치밀한 학문적 연구가 요청되었다는 조건들이다. 그러므로 한역 경전을 비판하려는 사람은 적어도 범어뿐 아니라 호어 등에 대한 지식과 함께 불교 교리나 사상도 알고 있어야 한다. 이와 같은 자격을 갖춘 비판자 가운데에 오나라 지겸이 끼어 있었다. 그는 월씨국 출신을 아버지로 하고 중국에서 태어났고, 호국 출신의 역경승과 함께 역경에도 종사할 수 있을 정도로 외국어에도 능통했고, 또 불교 교리에 대한 지식도 깊었던 인물이었다. 그는 역경 비판론에서 (i) 처음으로 범어나 호어에서 한역한다는 일이 지난함을 지적한 다음, (ii) 역경시 역자들 사이에 있었던 번역과 해석에 여러 가지 의견 대립이 있었음을 말하고 있다.

그는 역경이 어려운 이유로 첫째, 천축과 漢 사이에는 사물에 대한 명사를 붙이는 방법이 다름을 들고 있다. 그러므로 역경 과정에서 '實을 전달하기 쉽지 않다'는 것이다. 그 범어를 사용하는 인도 사람들이나 호어를 사용하는 서역 사람과 한어를 사용하는 중국 사람의 사유 경향에 서로 차이가 있음을 감지한 듯하다. 다음으로 그는 이같은 어려움을 극복하고 초기 역경에 공로가 큰 역경승인 安世居·安玄·嚴佛調 등의 이름을 열거하면서 그들의 번역은 '謂胡爲漢審得其體'[7]라고 칭찬하였다. 그러면서도 『법구경』을 번역한 竺將炎의 역경 자세는 "아직 한어에 달통하지 못하고 음사와 의역을 혼용하며 직역에 충실하려 했다."고 비판했다. 그러나 지겸의 '竺將炎批判論'에 반론을 제기한 서역 출신 호승 維持難이 나타났다.

竺將炎의 역경시 송출자였던 유지난은 '의리를 종으로 삼으려는 부처님의 훈계에 따라 번역은 알기 쉽게 하며 의미를 잘 이해하도록 노력하는 것이 가장 좋은 방법이다. 그러므로 필수할 뿐이지, 文飾을 가하여서는 안되고 어떻게 번역하면 좋을는지 모르는 부분은 음사로 남겨둔'[8] 축장염의 역경 태도는 오히려 가장 온당한 태도라고 변호했다. 여기서 모든 원전을 '의역하려는' 지겸과 '분명하지 않은 부분을 음사로 남겨두므로 오역의 폐단을 막으려는' 유지난·축장염의 사이에는 역경 방법을 두고 의견 대립이 있었음을 읽을 수 있다. 즉 소박하고 반복을 좋아하는 원문을 어족이 다르고 수식을 즐겨 쓰는 한어로 옮길 때는 대의만을 잡아 옮기는 방법을 택한 의역파와, 부처님의 말씀이므로 역문이 서툴더라도 원문에 충실한다는 직역파에서 유래된 의견 대립까지 합세하여 상당히 격렬한 논쟁이 벌어졌다.

특히 계율에 관한 번역은 한어의 어법을 무시하면서까지 원전에 적극적으로 충실하라고 직역파는 주장한다. 율문의 오역은 계율의 해석에 영향을 미칠 우려가 있기 때문에 엄격한 직역을 주장하는 것이다. 계율의 해석상에서 일어나는 견해 차이는 자칫하면 교단의 분열을 초래할 우려가

---

7)『出三藏記集』第 2 法句經序.
8) 上揭書.

있다. 도안은 경전한역에 이론이 분분할 때 오실삼불역론을 저술하여 당시의 역경방법을 비판했다. 오실불역이란 다섯 가지 '失'이 있고 세 가지 '不易'이 있다는 뜻이다. 그는 摩訶鉢羅般若波羅蜜經抄序에서,

> 胡文과 奏文(漢文)은 (i) 어순이 거꾸로 되어 있으나 한역에서는 어문의 활순을 따르고, (ii) 호어는 질박한데, 진문은 文彬을 즐기고, (iii) 호문에는 반복이 많으나 한문 번역에서는 재적(裁斥)하며, (iv) 호어에서는 혼란을 일으킬만큼 설명문이 많으나 한역에서는 대폭으로 삭제되며, (v) 胡經에서는 한 구절이 끝나고 다른 구절이 시작할 때 기술된 내용이 다시 되풀이되거나 한역에서는 전부가 생략된다.[9]

고 五失論을 조목별로 전개하고 있다. 오실의 제1실에서, 호문과 한문 사이에는 어순이 거꾸로 되어 있다는 도안의 지적은 예리한 안목에서 나왔다. 도안이 지적한 대로 호어(산스크리트語까지 包含)는 다른 언어의 어순과는 정반대다. 예를 들면 '제행무상'이라고 한역된 원어의 어순은 Anityaḥ Saṃskaraḥ인데 직역하면 '무상하다 제행은'이라고 옮겨진다. 술부가 앞서가고 주부가 뒤따르는 구문이다. 도안은 이 사실을 알고 한역에 있어서는 한문의 어순을 따른다고 못박았다. 아무리 원문 직역에 충실한다고 해도 유별난 범어나 호어의 어순에까지 충직할 필요는 없다고 생각했던 것 같다. 그러나 隋의 笈多가 한역한 『金剛能斷般若婆羅蜜經』[10]은 직역에 치우쳐서 원문(梵語)의 어순을 따른 흔적이 보인다.

> 爾時命者善實起坐一肩上著作巳右膝着地著巳若世尊彼合掌向世尊邊
> 如是言……聽善意念作說當如善菩薩乘發行住應如修行應如心降伏應如
> 是世尊命者善實世尊邊願欲聞……

---

9) 胡爲奏 有五失本也 一者 胡語盡倒而使從奏 一失本也 二者 胡經尙質 奏人好文 傳可衆心非文不合 斯二失本也 三者 胡經委悉至於嘆詠 丁寧反覆 或三或四 不嫌其煩 而今裁斥三失本也 四者 胡有義記正似亂辭 尋說向語文無以異 或千五百刈而不存 三失本也 五者事巳全成 將更傍及 膳前辭巳乃後說而悉除 此五失本也 然般若經 三達之心覆面所演 聖必因時時俗有易 而刪雅古而適今時 一不易也 愚智天隔聖人匡階 乃欲以千歲之上微言 傳使合百王之下末俗 二不易也 阿難出經去佛未久 尊大迦葉令五百六通迭察鐵書 今離千年而以近意量載 彼阿羅漢乃兢兢若此 此生死人而平平若此 豈將不知法者勇乎 斯三不易也.
10) 『高麗大藏經』(東國譯經院刊) 第 5 卷.

이 같은 한역은 원전의 구문에 충실했기 때문에 한문의 어순을 무시한 느낌을 준다. 이 한역을 어순 그대로 따라 범어로 옮기면 원전이 복원될 만큼 호어의 구문에 아주 가까운 번역을 笈多는 했다. 그러므로 한문 문장으로서는 매우 서툴고 적합하지 못하지만 이 笈多의 번역도 하나의 한역 경전으로서 『팔만대장경』에 수록되어 있다. 그러나 笈多 같은 한역 방법은 거의 예외에 속한다고 할 수 있을 정도로 드물고, 대부분의 역자들은 도안의 주장대로 한역시에는 한문의 어순을 따랐다.

다음 제2실은 胡經의 질박과 한문의 문식을 비교하고 있다. 竺佛念이 '서역은 언어가 질박하고 이 나라[中國]는 화려함을 좋아하므로'[11] 『증일아함경』 등을 번역할 때 중국인의 언어적 취향에 맞도록 번역한 일이 있다. 이에 대하여 도안은 阿毘曇序에서 "譯人 竺佛念은 지나치게 義辭를 섞었으므로 龍蛇同淵 金鍮同肆 같은 느낌을 준다."[12]고 하며 竺佛念의 한역 방법에 불만을 표시했다. 그는 한어에 숙달하기까지는 문장의 질박과 화려를 따지기보다는 원전의 사상을 정확히 전달하는 것이 보다 중요하다고 보았다.

제3실·제4실·제5실 등은 한결같이 胡語[梵語] 문장의 대체적으로 반복을 좋아하고 설명문의 삽입이 많음을 지적하고, 한역에서는 삭제 또는 생략함을 지적하고 있다. 그러나 번잡한 설명문과 반복문을 한역에서 삭제하거나 생략하는 것은 불가피한 일이라고 허용할 수도 있겠지만, 그 정도가 지나쳐서 원전의 뜻을 이해하기 곤란하게 만드는 폐단은 없어야 한다는 것이 도안의 역경론의 주장이었다. 그래서 『道行經』을 초역한 竺朔佛의 역경 방법을 道安은 "聖言의 뜻까지 해칠 우려가 있다."고 비판했다. 여기서 抄譯이라 함은 원문에서 중복 설명문·허사 등을 삭제 생략한 한역을 가리킨다. 또 도안은, 동본 이역인 '無叉羅의 誦出, 竺叔蘭의 번역인 『放光經』과, 竺法護의 誦出, 聶承遠筆受, 번역한 『光讚經』에 대하여 五失論의 입장에서 다음과 같이 비판하고 있다. 『放光經』은 중복을 삭제했

---

11) 『出三藏記集』 第 10 僧伽羅刹集經後記.
12) 上偈書.

으므로 이해하기는 쉬우나 원문에 충실하지는 못하다고 했고, 반면 『光讚
經』은 세밀하고 원문에도 충실하나 반복이 많아서 도리어 이해하기 어려
운 난점이 있다고 지적한 다음, 두 경의 장단점을 相補하면 경전 내용의
이해에 큰 도움이 되리라고 말했다.[13)]

　　그러므로, 위에서 살펴본 대로, 五失論의 취의는 불교 경전의 한역에
대한 엄격한 금지 조항은 아니고 다만 호어와 한어의 차이에서 생기는 번
역상의 불가피 사항을 허용하는 한계를 제시했다고 할 수 있겠다. 漢譯時
원전은 五失論의 한계에서는 원형을 잃어버린다고 해도 허용될 수 있다는
뜻이다. 원문에 충실하게 준하려는 직역과 한어에 충실하게 준하려는 의
역 사이의 한계를 道安은 五失論에 의하여 명시한 것이다. 제1실, 어순의
倒置는 불가피한 사항이지만, 제2 한문 문장의 수식 양식에 순응, 제3 반
복 裁斥, 제4 義說 削除, 제5 重說 제거 등은 반드시 불가피한 사항은 아
니다.

　　그리고 '三不易'은 문자의 뜻대로 세 가지 바꿀 수 없는 것을 가리
킨다. 第一不易은 『般若經』에 관한 不易이다. 반야경은 時俗에 따라 교설
된 것이므로 마음대로 고아한 설법을 시대풍에 맞도록 고쳐서는 안된다는
것이다. 第二不易은 범부는 성자의 경지에 이를 수 없으므로 성자의 미묘
한 교설을 말세의 凡俗에 맞도록 고쳐서는 안된다. 第三不易은 불멸 직후
에도 아라한들은 결집하는데 신중을 다하였다. 그런데 천년 후의 오늘에
와서 천박한 생각으로 태연스럽게 佛說에 取捨를 加한다면, 그것은 정법
을 모르는 저돌적 행위다. 따라서 불설은 함부로 고쳐서는 안된다는 것이
다.

　　이와 같이 '三不易'의 취지는 번역할 때 불설의 근본 정신을 고수해
야 함을 강조하고 있다. 한역시 원전의 형태가 상실될 수 있는 한계를 보
여주는 '五失'이 교설의 근본 정신마저 상실할 위험성이 있으므로 역자들
을 訓諭하는 취지가 三不易에 담겨져 있다. 그러므로 '三不易'의 해석도
'세 가지 쉽다'고 할 것이 아니라 '세 가지는 바꿀 수 없는 것'이라고 해

---

13) 上偈書 合放光光讚隋略解序.

야 한다. 한자인 '易'에는 '쉽다'와 '바꾼다'는 두 가지 뜻을 함께 가지고 있다. 여기서는 원칙적으로 '바꿀 수 없다'는 뜻을 택하여야 한다고 본다. 도안의 삼불역론은 '쉽지 않다'는 것이 아니고 '바꿀 수 없다'는 뜻이기 때문이다.

그러므로 한역에 대한 道安의 비판론은 가능한 한 원본의 聖語의 권위와 종교적 진리는 고수하며, 원문의 질박성과 한문의 文彬性도 함께 살리려는 데 초점을 맞추고 있다. 불교적인 신념에 뿌리를 박은 면에서도 중국다운 민족적 교양을 지닌 인격에서 우러나온 비판론이다. 당시 원문에만 충직하려는 직역파와 한문의 문체를 살리려는 의역파의 두 역경 입장을 비판하고 지양한 것이 도안의 五失三不易論의 입장이다.[14]

Ⅲ. 同文異譯의 문제

唐 玄奘(602~662)은 한역(表意)에 있어서 번역하면 안될 금지 조항 다섯 가지를 들고 있다. 인도 나란다 사원에서 14년 동안 유식학의 대가인 戒賢에게서 수학한 일이 있던 현장은, 한어를 모국어로 하고 외국어인 범어에 달통했던 역경가이다. 胡語를 모국어로 하고 외국어인 한어에 달통했던 역경가 羅什(343~413)과는 상반되는 언어조건 때문에 좋은 대조를 이루고 있다.

漢譯史의 전통적 구분은 나집의 역경을 '구역', 현장의 역경을 '신역' 으로 二分한다. 도안과 거의 동시대인이었던 나집은 도안의 五失三不易論에 개의치 않고 원전의 虛辭는 대담하게 생략했으며, 한어의 文彬을 살리는 達意的 번역을 했다. 그래서 나집의 한역 경전은, 엄밀한 의미에서는 번역이라고 하기 보다는 새로운 '창작'이라고 비평하는 학자도 있다.[15]그

---

14) '法華玄義' 一下 大正 33卷 p. 686 以下.
15) 中村 元 前揭書 p. 301.

러므로 원전의 構文을 무시하고 의역에만 편향했던 그의 한역은 그 후 원전 참조 없이 역경된 漢典만을 대본으로 하던 중국 불교 학자 사이에 그릇된 해석을 낳게 하는 애매모호한 구석을 남겨 놓았다. 원문과는 상반된 해석을 한 중국 학자도 더러 있었다. 이같은 그릇된 해석이 아무런 비판도 없이 그대로 우리나라 불교 학자에 수용되었다는 사실에 문제가 있다. 여기 한 가지 실례만 들고자 한다.

역대의 한국 불교계는 반야부에 속하는 『金剛般若波羅蜜多經』의 한역 경전은 나집역16)을 수지 독송하여 왔다. 그런데 이 경에는 나집역 밖에도 현장역까지 합하여 다섯 가지 한역 경전이 있다. 그런데 역자 중 나집을 위시한 서역·인도 출신이 4명이고, 나머지 2명은 求法僧으로 인도에 갔다가 돌아온 현장과 義浄이다. 그런데 왜 한국 불교계가 나집의 번역 경전만을 선별, 수지 독송하였는가 하는 것은 연구과제가 될 수 있다고 본다. 이 경중 한국과 중국의 불교학자가 원문과는 어긋난 해석을 내린 구절 가운데서 한 구절만 뽑아 현장의 한역과 비교 대조하여 보겠다. 이 구절은 이 경 전체에서 가장 중요한 부분이기도 하다.

佛告須菩提 凡所有相皆是虛妄 若見諸相非相 則見如來17)

이것은 나집의 번역이다. 그런데 끝부분 '若見諸相非相 則見如來'를 '만약 諸相이 非相이라고 보면 여래를 본다'고 해석하여 내려온 것이 한국 불교 강원의 전통적 해석이다. 시대를 거슬러 올라가 중국 선종의 六祖는 이 구절을 '說一切諸相 皆是虛妄 若悟一切諸相虛妄不實 則見如來無相之理也'18)고 주석을 달았다. 이 경을 所依經으로 한 한국 선종은 육조의 주석을 그대로 답습했음은 물론이다. 그래서 현대판 한글 번역과 함께 해석을 한 학자들도 한결같이 이 구절에 대하여 六祖의 뒤를 따르고 있다. 즉,

16) 『高麗大藏經』(東國譯經院刊) 第 5 卷.
17) 上揭書 p. 979.
18) 『金剛經五家解』(東國譯經院) pp. 123~124.

무릇 相이 있는 바는 다 허망함이니 만일 모든 相이 相 아님으로
보면 곧 如來를 보리라.

龍城, 詳譯『註解 金剛經』

하였고, 漢巖도 "凡所有相이 皆是虛妄이니 若見諸相非相하면 則見如來니
라."고 懸吐하였으며, 龍城의 해석을 이어받은 海眼은 "무릇 있는 바 相이
다 허망한 것이나, 만약 모든 相이 상 아님을 보면 곧 如來를 본 것이니
라."고 번역하였다. '諸相이 非相임을 보면 如來를 본 것이니라'고 한 번역
부분은 모두 일치한다. '諸相은 非相임을 보라'는 해석에서 나온 번역이다.
'諸相'을 주부로 하고 '非相'을 술부로 하는 점에서는 일치한다. 그러나 범
어 원전에서 '諸相'과 '非相'의 관계는 주부와 술부의 관계로 나타나지 않
고 있다. 범어의 이 구절은,

Eveam ukte Bhagavān āyuṣmantaṃ Subhūtim etad avocat : yā
vat Subhūte lakṣaṇa-sampat tāvan mṛṣā, yāvad alalkṣaṇa sampat tā
van na mṛṣet : hi lakṣaṇa-alakssaṇatas Tathāgato dṛastavya,[19]

인데, 이것을 우리말로 직역하면 다음과 같다.

부처님은 장로 수보리에게 이렇게 말하셨다. "특징이 있다고 하는
한 거기에는 거짓이 있고 특징이 없다고 하는 한 거기에는 거짓이
없다. 그러므로 특징이 있다고 하는 것과 특징이 없다고 하는 것의
'두 方向에서' 여래는 보아져야 한다."

즉 특징이 있다는 방향과 특징이 없다는 방향의 양 방향에서 여래를
보라는 뜻이다. 다시 말해서 특징이 있다는 '有'의 방향과 특징이 없다는
'無'의 방향에서 여래는 보아져야 한다는 것이다. 그러므로 諸相(lakṣana)

---

19) Vajracchedikā Prajñāpāvaṃitā E. Conze S.O.R. XIII p.30.

과 非相(alakṣaṇa)은 주부와 술부의 관계가 아니고 並列同置의 관계에 놓여 있다. 그런데 재래의 해석은 '존재하는 것(諸相)'을 '존재하지 않는 것(非相)'이라고 허무주의의 경향으로 끌어갔다. 그리고 허망에 해당되는 원어 mkṛsa는 '虛'의 뜻보다는 '妄'의 뜻에 가깝다. '妄語'를 범어로 mrsāvodh라고 한다. 그러므로 여기서 허망의 뜻은 허언·망언 정도로 해석하는 편이 온당하다. 그렇건만 이 허망이 허무로 해석되고, 諸相의 허무[非相]로 파악한 전통적 해석은 불교 사상의 방향을 허무로 인도하는 위험성을 내포하고 있다고 본다.

같은 구절을 直諦는 '由相無相應見如來'[20]라 한역했고, 현장은 '以相非相應觀如來'[21]라고 원문에 충직한 번역을 했다. 義淨도 역시 '應以勝相無相觀於如來'[22]라고 玄奘과 비슷한 번역을 했다. 羅什만이 잘못 해석하기 쉬운 한역을 남겼으므로 후대의 해석학계에 문제를 던졌다. '諸相非相則見如來'의 해석에 있어서 어순에 의함보다는 전후 관계 상황에 의하여 해석이 달라질 수 있는 한어 문체이므로 諸相과 非相을 並置關係로 놓고 해석하지 못하라는 법도 없다. 한역시에 원문을 알고 있던 나집은 '제상'과 '비상'을 병치관계로 놓았다고 생각했을런지도 모른다. 나집의 한역에 지나친 생략이 많았고, 또 후세 중국의 주석가들이 원문 참조 없이 한역 경전에만 의거하여 해석하려고 했기 때문에 문제를 일으킨 것이다. 또 한 가지 실례를 중국 주석가의 저술에서 인용하고자 한다.

중국 천태종의 '四悉檀'은 龍樹의 大智度論(第一卷)에서 抽出한 것이다.

有四種悉檀　一者世界悉檀　二者各各爲人悉檀　三者對治悉檀　四者第一義悉檀　四悉檀中總攝一切　十二部經八萬四千法藏　皆是實相無相違背

이 구절에서 四悉檀은 부처님의 설법을 네 가지로 분류했다는 뜻이

---

20) 『高麗大藏經』(東國譯經院) 第 5 卷 p. 993.
21) 上揭書 p. 1007.
22) 上揭書 p. 1011.

다. 悉檀은 원어인 산스크리트어 Siddhānta의 音寫이고, 교설의 정립방법·宗義·定說 등을 뜻한다. 그러므로 사실단은 네 가지 교설 방법으로 중생을 佛道로 인도함을 말한다. 그런데 南岳 慧思 禪師(515~577)는 音寫文字인 '悉檀'을 분해하여 해석했다. 남악은 원전을 대조할 필요성조차 느끼지 않았었다. 그는 '실'은 '모두'라는 뜻이므로 '편'과도 통하고 '檀'은 산스크리트어의 dāna이므로 '보시' '시여'라 해석했다. dāna의 音寫인 '檀那'가 줄어 '檀'으로 나타나는 例는 있었다. 남악은 '四悉檀'을 네 가지 방법으로 모든 중생에게 두루 보시하는 뜻으로 해석했다.[23] 天台大師도 悉檀의 해석은 남악을 따랐다. 그리고 이 사실단은 천태종에서 아주 중요한 교의가 되고 있다.

　　음사된 문자에서조차도 이같은 오해가 생겨났다. 전연 격리된 세계인 인도의 문화나 사상을 중국인들이 충분히 이해 못했다는 것은 오히려 당연할런지도 모른다. 중국 불교의 대가들은 인도의 문물에 대하여 분명한 관념을 갖지 못했다. 중국 불교 학자들은 인도의 문물을 끌어다가 중국식으로 맞추어서 이해하려고 했던 것 같다. 그래서 음사된 표음문자를 표의문자로 오해하여 중국인만이 할 수 있는 독특한 해석을 했다.

Ⅳ. 贊寧의 역경이론

　　玄奘은 佛經을 漢譯할 때 종교적 권위와 神聖을 해치지 않기 위하여 다섯 가지에 이르는 原音保存을 주장했다. 다섯 가지는 漢語로 번역하지 않고 오직 '소리'만을 漢音으로 音寫하여 原音을 보존한다는 것이다. 梵語·胡語와 漢語 사이의 언어차이를 충분히 알고 있었던 현장으로서는 불교의 本意를 손상하지 않으면서 어떻게 자기의 모국어인 한어로 옮길 수 있을까 하는 譯經 문제에서 몹시 고심했을 것이다. 여러 가지 이유로 漢譯

---

23) '法華玄義'一上 大正 33券 p. 686 以下

이 어려운 佛教用語는 音譯으로 原音을 남겨 두려는 五種不翻論도 이같은
고심에서 나온 역경방안이다. 그래서 그의 한역에는 西域出身 譯經家의
漢譯과 比較할 때 音譯(借字音)의 종류가 많다. 五種不翻의 역경방법을 따
랐기 때문이다.

오종불변의 첫째는 비밀이므로 번역하지 않고 音譯한다고 했다. 秘
密呪文인 陀羅尼가 여기에 속한다. 불경의 다라니는 부처님의 奧義가 담
긴 비밀이므로 微妙深隱하고 不思議하다. 그래서 한어로 번역하지 않고
원음을 음석하여 남긴다는 것이다.

둘째, 多義를 품고 있으므로 번역하지 않는다고 했다. 世尊을 뜻하는
bhagavān을 例로 들어보면, 이 낱말은 自在·熾盛·端嚴·名稱·吉祥 등
여러 가지 뜻을 갖고 있다.

셋째, 인도나 서역에는 있으나 북방[中國]에는 없는 것은 번역하지
않는다고 하였다. 閻浮樹는 서역[印度]의 나무인데, 중국에는 없다. 그래서
樹名은 梵音대로 남겨 둔다는 것이다.

넷째, 옛날 역경에 따르기 때문에 번역하지 않는다고 했다. 阿耨多
羅三藐三菩提는 '無上正等覺'으로 번역하기도 하지만, 後漢 이후 범음을
그대로 보존하는 음역이 있으므로 옛날 역경에 따라 번역하지 않는 방법
을 택한다는 것이다.

다섯째는 존중하기 때문에 번역하지 않는다고 했다. '반야'는 '智慧'
의 뜻인데 '般若'로 하는 것이 그 존중성을 고려할 때 번역어인 '智慧'보
다는 낫다는 것이다. 玄奘의 어감에는 한역어인 '智慧'가 원음인 '般若'보
다 천박하게 들렸다. '釋迦牟尼'나 '菩提薩埵'를 한어로 번역하지 않고 음
역으로 보존하는 까닭도 여기에 있다.

현장의 五種不譯을 계승하여 이론적인 번역론을 펴낸 사람이 宋의
贊寧(918~999)이다. 그는 '六例'에서 원전과 한역 경전의 문법적·음성학
적 차이점 여섯 가지를 들면서 이론을 전개했다.

첫째 번역에는 表字와 表音의 구별이 있음을 지적하고, 陀羅尼 같은
것은 '表字不表音'에 속한다고 했다. 즉 글자는 바꾸었으나(表字) 소리는

바꾸지 않고 그대로 옮겼다는(表音) 말이다. 六例의 둘째에서 贊寧은 원전에 호어와 범어의 구별이 있음을 밝혔다. 그의 주장에 따르면, 고래로 후한에서 隋까지 중국으로 들어온 원전은 모두 호어이고 수대 이후는 범어라고 하지만, 엄격히 따지면 서역의 광대한 지역에는 범어와 여러 종류의 호어가 산재해 있었다. 그는 범어도 오천축국의 각 나라마다 다소의 차이가 있고 호어에는 지역에 따라 20여 언어가 있다고 했다. 그는 호어 가운데 縱書와 橫書의 두 가지 문자가 있다고 지적하였는데, 이는 아마도 몽고계의 문자와 이란계의 문자를 가리킨 것 같다.

그는 셋째 '重譯·直譯' 항에서 독특한 견해를 피력하고 있다. 범어에서 직접 번역한 것은 직역이고, 한 번 호어로 번역되었던 경전을 다시 한어로 번역한 것은 중역이라 했다. 그리고 역어자가 중국으로 오는 도중 호국를 지나왔으므로 역경에 호언이 섞인 것을 '亦直亦重'이라고 불렀다. 六例中 넷째에서 그는 인도의 언어에는 平語 즉 口語와 典正言辭 즉 文語의 구별이 있는데, 부처님은 모든 衆生을 위하여 平語를 사용했다는 것이다. 부처님 당시의 '마가디'어를 가리킨 것 같다. '마가디'는 순수한 범어는 아니었다.

또 찬영은 다섯째에서 '華言雅俗'이라 하여 한어 중에도 雅와 俗의 구별이 있음을 말하고 있다. 여섯째에서 그는 범어에는 俗에 관계된 直語와 眞에 관계된 密語가 있음을 말하고 있다. 찬영은 六例밖에도 역경 중 한 번만 譯出된 것은 '單譯' 또는 '一譯'이라 하고 두 번 이상 역출된 것은 重譯·異譯 또는 同本異譯이라 불렀다. 그런데 동본 이역이라 하여 반드시 章이나 品이 일치하지 않다. 여기에 대하여 그는 역자에 따른 한역 과정에서 다소의 異同도 있었겠지만 원본 자체가 장소와 시대에 따라 누차 증보되었음을 그 이유로 들고 있다.

암송된 경전이건 筆寫文字化된 경전이건 오랜 시간이 흐르고 장소가 옮겨짐에 따라 改修되고 증보할 가능성은 얼마든지 있다. 그러므로 동일 시대, 동일 지역의 동일 원전에 대한 同本異譯은 역자에 따라 다소의 異同이 있겠지만, 다른 시대 다른 지역에서 증보된 원전에 대한 동본이역에는 상당한 이동이 있음은, 어떻게 생각하면 당연하다고 하겠다. 더구나 역자까지 다를 경우 그 차이는 더욱 벌어질 수 있다. 위에서 말한 바 있는 나집과 현장 사이의 동본이역은 3세기라는 시간적 간격이 있으므로 각자의 언어적 배경의 차이에서 오는 것도 있었겠지만, 그보다도 원본이 되는 경전 자체의 증보 개수에서도 연유되었다고 생각한다.

　범어 원전에 신중을 기하면서도 佛意는 완전히 전달하려는 현장의 역경 방법은, 동시인은 물론 후세에까지 중국 역경계에 큰 영향을 주었다. 범어의 음성에까지 관심을 쏟았던 현장의 뜻은 현장의 譯場에서 역경작업에 참여했던 玄應으로 하여금 『一切經音義』 25권을 짓게 했다. 그밖에도 唐代에는 義淨의 『梵語千字文』, 全眞의 『唐梵文字』, 禮言의 『梵語雜名』 등이 저술되어 범어 원전에 대한 어학적 연구도 성행했다.

佛教文化가 韓國人의 倫理觀에 미친 影響 

序

불교 문화나 유교 문화같이 비교적 발전한 외래 문화가 서기 4세기 후반부터 전래되어 수용되기 이전의 한반도에 위치한 삼국 시대나, 더욱 거슬러 올라가서 고조선 시대는 미개한 윤리적 불모지대였다고 하는 학자도 있으나, 반드시 그렇게만 단언할 수는 없다. 어느 미개 사회에 있어서도, 그 사회의 대내적 결속과 통제를 위한 조직과 운영에 필요한 도덕 원리와, 그 사회를 유지하고 운영하는 윤리관이 있는 법이다.

고조선 사회에서 이미 八條目이 사회 질서를 유지하는 법률로서 통용되고 있었음은 널리 알려진 사실이다. 팔조목 중에서 정확히 알려진 살인, 절도, 傷害 등 三條目의 禁法은 잘 운영되고 준수되었기 때문에 사람들은 "대문을 잠그지 않고 살았다."고 平和鄕을 방불케 하는 기록이 중국 문헌에 나온다(魏志, 後漢書). 세가지 禁法과 함께 고대사회의 성 윤리를 규제하기 위하여 간음을 엄히 다스리는 조목도 있지 않았을까 추측한다. 살인, 절도, 간음에 관한 금법은 어느 원시 사회에서나 원시적 자생법으로 발생되는 공통 현상이다. 불교가 발상하기 이전 인도 고대 사회에서도 살생, 절도, 간음의 금법은 전통적 기본계율로서 모든 종파가 지켜가고 있었다. 불교 교단은 기본 계율 형성시 인도의 전통적 共通戒律條目을 빌어 온 것이다.[1]

고조선 사회의 금법이 중국 대륙의 고대 금법과 어떤 관계에 있었는가하는 것은 한국 고대 사회의 윤리 형성 과정 연구에서 중요한 문제로 남는다. 중국 대륙계의 금법의 영향을 전연 받지 않았다는 주장도 비판의 대상이 되겠지만, 고조선의 禮俗이 전적으로 중국 대륙계의 일방적인 영향에 의하여 형성되었다고 하는 일부 학자의 주장도 비판의 여지가 있다. 그런데, 東夷(朝鮮)가 평화의 나라이고 예속이 훌륭하며 금법이 엄하다고 하면서도 「魏志」는, 한편 '兄死妻嫂'이라고도 하고 또 '其俗淫', '無長幼男女之別' 등 그들의 윤리관에 비추어 볼 때 반도덕적 풍속으로 인식되는 사례도 열거하고 있다. 형이 죽었을 때 동생이 형수를 아내로 삼는 풍습은 고대 가부장적 가족 제도에서는 가문의 존속과 혈통의 계승을 위하여는 오히려 당연한 것으로 여겨졌다. 후세에 이르러 유교가 經國의 정치철학으로 등장한 후 염치를 존중하는 유학자들의 눈에는 兄死妻嫂가 반도덕적 행위로 비쳤을 것이다. 또 其俗淫, 無長幼男女之別은 그때까지 아직도 미개한 유습이 잔존해 있었음을 말해 주고 있다.[2]

이같은 윤리적 풍토에 유교와 함께 불교는 전래되고 수용되어 토착의 뿌리를 내리게 되었다. 그런데, 모든 외래 문화는 이방 풍토에 전래·수용되고 토착화하는 과정에서 필연적으로 변용되기 마련이다. 한편 변용하는 원주민의 자생적 전통 문화도 그 외래 문화의 영향을 받아 변용되

---

1) 佛教五戒의 原型은 이미 佛教以前 바라문教의 法經(Dharmasūtra)에 있었다. 특히 前四戒는 佛教以前부터 인도 사회를 규제하던 律法이었다(木村 泰賢 原始佛教思想論 p. 305). 家庭經(grhya-sūtra)은 아리야인의 가정뿐 아니라 아리야인 사회까지 옛날부터 규제하여오던 律經이 있다(宇井伯壽 印度哲學史 p. 145).

2) 金哲埈 三國時代의 禮俗과 儒教思想(大東文化研究 6. 7 合輯)

고, 그리고 전통적 사회 질서를 유지하여 오던 윤리관에도 변화가 일어난
다. 외래 문화의 토착 과정에서 변용이 일어날 때, 수용되는 외래 문화와
수용하는 토착 문화 중 어느 편에 변용의 정도가 심한가 하는 물음에 대
하여는 쉽게 해답이 얻어지지 않는다. E. O. 라이샤워의 한 마디 언급은,
한반도에 전래된 불교 문화가 불교 발상지인 인도에서 직접적으로 전래된
문화가 아니고, 중국적 문화 풍토를 거치는 동안 다분히 중국적으로 변용
된 불교 문화라는 사실을 고려할 때, 한번쯤 깊이 되새겨볼 만한 암시를
주고 있다. 그는 중국에 전래된 불교 문화의 변용과 수용하는 토착 문화
의 변용에 대하여 다음과 같이 말하고 있다.

> "**夷狄**의 침입자들을 새롭고 보다 위대한 제국 내에 통합한 것은
> 중국 역사의 눈부신 양상의 하나였으나, 그보다 놀라운 이야기는, 불
> 교를 중국 문화의 주류에 점진적으로 수용하였고, 마침내는 기본적인
> 중국 사상이나 지배적인 사회 제도와 양립할 수 없었던 불교의 제
> 양상들을 中和했다는 것이다. 우리가 살펴본 바와 같이 불교는 중국
> 문명에 대한 정면 도전이었으나, 결국은 불교가 중국을 변질시킨 것
> 보다는 중국이 불교를 더 많이 변질시켰다."[3]

이어서 그는

> "5세기부터 8세기에 걸친 황금 시대에 번영한 불교는 차츰차츰 원
> 시 불교와는 거의 유사성이 없고 중국제도에 쉽사리 적합되는 사상
> 체계와 기구로 재형성되어가고 있었다."[4]

서술했고 또,

> "불교는 그의 **原教義**의 많은 부분을 중국인들의 마음에 더욱 친근
> 한 사상 속에 종속시킴으로써 사상적으로 중화되어가는 반면에, 그것

---

3) E. D. Reischauer. East Asia, The great Tradition 全海宗, 高柄翊共譯 『東洋文化史』
　　p. 203~214.
4) 上同 p. 217

은 또한 제도적으로 중국 사회내에 흡수되어가고 있었다. 환언하면, 사원적이고 반사회적인 불교는 사회에 봉사하고 국가를 지지하는 종교로 개조되어가고 있었다."[5]

라이샤워에 의하면, 인도 불교가 중국적 문화 풍토에 수용되고 토착화되는 동안, '너무' 중국적으로 변용되고 변질되어 아주 '중국화'되고 말았다는 것이다. 그리하여 원시 불교적 소박성과 순수성은 중국적으로 변모되고 '반사회적, 사원적' 불교는 도리어 '국가를 지지하는 종교'로 변용되었다는 것이다. 불교 의식이나 塔婆같은 외형적 변용뿐 아니라, 불교의 종교적 본질까지도 어느 정도 변질했다는 것이 그의 견해이다.

이같이 중국 문화적 풍토에서 변용, 변질된 불교 문화가 4세기 후반기부터 고구려, 백제, 신라 등의 순서로 선택의 여지도, 반성이나 비판의 소리도 없이 삼국에 전래되고 수용, 변용되었다. 4세기 후반 고구려에 전래된 불교는 아직 서역적 소박한 여운을 남기고 있었으나 원광, 자장 등 신라고승들이 왕족이나 귀족의 비호와 지지를 받아가며 지배층을 위하여 호국·호왕의 불교로 전파할 때의 佛敎는 중국 문화 풍토에 알맞도록 변용 변질된 중국적 불교였다. 원광이나 자장이 중국 유학에서 연구한 불교도 5세기 동안 중국적으로 변질된 불교였다. 원광이나 자장이 유학 시절에 중국 불교계를 휩쓸던 禪宗은 불교 발상지인 인도에서는 비슷한 流派도 찾아볼 수 없는 극단적으로 중국화한 종교였다.[6] 禪宗에서 쓰는 獨頌, 話頭 등 具象的 直觀을 필요로 하는 문구들은 多義曖昧性을 내포한 한자어로 구성되었다. 한자어 이외의 어떤 언어도 선의 奧義를 읊는 偈頌에는 적합하지 못하다고 생각한다. 한국 불교의 역대 고승이나 학승은 중국승이 撰述한 禪文·論書 등을 중국인 못지않게 독해할 수 있었을 뿐 아니라 중국인조차 놀랄 만큼 훌륭한 한문 문장으로 불교에 관한 논서를 저술할

---

5) 上同 p. 217
6) 중국불교는 인도불교와는 서로 다른 성격을 가지고 있었다는 것을 總括的으로 한마디 말하고자 한다. 중국인은 普遍的 宗敎로서의 佛敎를, 普遍的인 것으로 自覺하면서 수용했다.(中略) 그러나, 時代의 경과와 함께 無意識中에 불교는 변용되고, 독특한 중국인적 思惟方法의 限定을 받은 불교가 성립되었다.(中村元:『東洋人의 思惟方法』 p. 349~350)

수 있었다. 韓國의 학승들은 최근에 이르기까지도 한자어라는 언어 수단으로 중국 불교를 수입했고 또 수입된 한자어 논서와 경서를 독해하였었고 또 그 한자어로 저술하였었다.

그들은 불교를 한자어로써 이해했고, 불교에 대해 한자어로써 저술했다. 삼국시대의 학승들도 불교의 교조인 부처님이 인도에서 탄생하여 成道·說法·涅槃했다는 역사 기록은 경전을 통하여 알고 있었으므로 불교는 중국 문화에 대하여도 '외래 문화'였다는 사실쯤은 알고 있었다고 본다. 그러나, 중국 문화가 수용되는 과정에서 어느 정도 변용되었으며 변질에까지 이르렀다는 사실에 대하여는 몰랐던 것 같다. 그래서 중국적으로 토착화된 불교를 근원적 비판도 없이 본래의 불교로 알고 수용했다.

그러므로 한국에 전래된 불교는 이미 중국적으로 변용되고 변질까지 된 중국적 불교가 다시 전래되어 한국의 문화 풍토에 적응되도록 이중의 변용, 변질과정을 밟게 되었다. 따라서, 불교문화가 한국인의 윤리관에 미친 영향도 이미 한 번 중국 문화 풍토에서 중국적으로 변용된 불교 윤리관이 다시 자생의 한국적 윤리풍토에서 굴절되는 二重의 변용과정에서 고찰되어져야 한다고 생각한다. 자생하여 유전된 고유의 윤리관과 전래된 중국적 불교 윤리관이 어떻게 相反相卽하면서 새로운 윤리관을 형성하였는가를 더듬어 보자는 것이다.

Ⅰ. 법(달마)의 윤리적 개념

중국적 불교

구체적 신분 질서를 중시하는 중국인의 사유 경향은 제왕을 가장 높은 권위자로 존경하며 숭배하는 대상으로 격상하기에 이른다. 제왕은 하늘[天]로부터 전권을 위임받은 '天子'로서 천하의 질서를 바로 잡는 권능을 가진 신격적 존재로 간주된다. 공자 등 성현에게 붙이던 성인의 칭호가 唐朝 이후에는 제왕에게도 붙여졌다.[7] 이같은 제왕 신성 사상은 그 후 줄곧 중국 역사를 지배하고 있다. 그러나 중국 제왕의 지위는 퍼샤와 로마같이 절대주의적 전제 군주에게까지는 이르지 못했다. 중국 윤리 사상에서 제왕의 정치학은 유달리 중요한 위치에 있었다. 중국인은 정치 철학이 곧 우주론(Cosmology)에서 연역된다고 생각했다. 한자어에서 '천하'라는 말은 '세계'를 뜻하는 동시에 제왕이 다스리는 '제국'의 뜻과도 상통한다. 중국인의 사유는 세계의 사상을 정치철학적 의미로 표상하려는 경향이 있었다.[8]

이같이 제왕을 최고 존재로 한 중국의 국가권력이, 달마 즉 법의 보편성을 강조하고 만인의 평등과 자비를 이상으로 표방하는 불교와 전래 초부터 대립하게 되었음은 당연한 일이다. 불교의 중국화도 이같은 대립과 갈등이 오랜 시간을 두고 반복되는 동안 이루어진 것이다. 중국적 불교로 변질하기까지는 외래 종교인 불교의 도전에 대한 중국 유교 문화의 대응이 되풀이 되었다. 불교의 도전 중에서도 제왕의 권력에 대한 도전은 가장 예민한 반응을 즉각적으로 일으켰던 것이다. 전래 초부터 중국인은 불교를 '方外之敎' 즉 '세간적 상식에서 벗어난 가르침'으로서 대우했다. 중국인의 세간적 상식은 천자인 제왕을 가장 지고의 존재로 받들므로써 제왕의 통치 질서에 순응하는 일과, 부모에 대한 효로서 가정 질서를 유지하는 일을, 두 기둥으로 하고 세상을 살아가는 것이다.[9] 그러나, 불교의

---

7) 中國의 帝王들은 天命說에 의하여 制限받고 있었다. 天命說은 帝王의 地位는 天命에 의하여 주어지는 것이며, 그 天命은 民衆의 服從함에 의하여 유지된다. 帝王이 德이 없고 民衆이 服從하지 않게 되면, 民衆이 복종하는 새로운 人物에게, 天命에 의한 帝王位가 주어진다. 이것이 易姓革命이다. 그래서 中國의 帝王은 絶對主義的 專制君主는 되지 못했다(中村元『東洋人の 思惟方法』p. 516~p. 817).

8) 上同 p. 517

9) 원래 불교와 유교는 그 思想이 대립되는 입장에 있다. 유교는 仁義禮知信 등 五倫, 五常의 人倫의 길을 말하는 世間道임에 反하여, 불교는 空, 無常, 無我를 敎示하며 外面的인 것을 否定하고, 內面的 眞理를 탐구한다. (中略) 中國은 유교의 사회다. 五倫, 五常의 길은 특히 孝를 말하고 이것을 행하는 사회다. 그런데 이 五常, 五倫을 완전히 否定하고 佛敎는 父母를 떠나 出家를 주장하는 反五倫的 행위를 말한다(道端良秀 佛敎と 儒敎論理 p. 2~3).

교리는 위대한 개인보다는 달마(法)가 우월하다고 주장한다. 제왕의 권위도 달마의 보편성에 견주어 보면, 하나의 개인에만 제한된 상대적 권위에 지나지 않는다.

최상의 인격자도 보편적인 달마가 개인적으로 구현된 개별적 사례에 지나지 않는다고 본다. 그리고 불교의 교조인 '佛陀'는 역사적 인물이므로 인격적이며 고유 명사에 속하였으나, 나중에 대승 교단에서는 보편적 진리(法)를 교설한 '깨달은 분'으로서 비인격적, 추상명사적 존재로 화한다. 그러다가 누구나 '佛陀'가 될 수 있다는 대승 불교에 이르면 추상 명사가 다시 보통 명사로 바뀐다. 그래서 불타는 고유 명사에서 추상 명사화했다가 다시 보통 명사로 바뀌는 이중적 변화를 일으킨다. 그리고 대승 불전에서는 불타란 낱말이 고유 명사, 추상 명사, 보통 명사 중 어느 명사로도 사용되고 있다.[10]

이같은 달마의 관념은 B.C 3세기 인도에서 가장 광대한 통일 국가를 형성하고 통치했던 마우리야 왕조때 아쇼카왕의 정치 철학에서 찾을 수 있다. 아쇼카 왕은 보편법인 달마의 이념을 윤리적으로 현실 정치에 구현시킨 군주였다. 불교에 귀의했고 열성적 신봉자였던 아쇼카 왕은 상대적인 민족·국가는 물론 종교까지도 초월한 보편적 이법으로 '달마'의 존재를 믿었다. 그는 또 이 달마는 모든 인간 행위를 근본적으로 규제하는 윤리적 규범이며, 오랜 옛날부터 영원한 미래까지 존재할 법칙이라고 생각했다. 아쇼카 왕 시대의 웅장한 미술 작품에서 이란(퍼샤) 문명의 영향을 볼 수 있으나, 帝王權의 권위를 수립하는 데에는 이란 계통의 절대적 전제 군주제가 그다지 영향을 미친 것 같지 않다. 그는 왕권이나 국가의 권위보다는 보편적 달마의 권위가 우선한다고 보았다.[11] 달마는 제왕의 권위를 초월하므로 달마의 진리를 교설하는 회상에서 왕은 교설하는 사문(僧

---

10) 中村元『東洋人の 思惟方法』,『인도인의 思惟方法』p. 79~80
11) R. Thapar, A History of India p. 86~88 아쇼카 왕의 法勅에는 '달마'와 複合된 낱말이 자주 나온다. 法의 功德, 法의 愛慕, 法의 施與, 法大官, 法에 의한 征服, 法의 實行, 法의 分與, 法의 敎勅 아쇼카 왕은 달마가 '옛날부터의 法則' 즉 옛부터 인도 사회에서 사람들이 이행해야 하는 生活規定, 規範, 原理 등과 함께 眞理(Satya) 등도 의미한다고 했다. 塚本啓祥 : 아쇼카 왕 p. 197~198

侶)보다 낮은 자리에 앉아서 경청해야 한다. 왕의 지위가 최고가 아니고 사문보다 낮다는 말이다. 원시교단의 계율은 사문이 권력층의 주변에 접근함을 엄격히 규제하고 있다.[12] 달마의 교설을 들으려면 왕이 스스로 교설을 펴는 사문을 찾아 와야 한다.

그후 인도 역사에 있어서도 A.D. 1세기를 전후한 대승 불교 초기에 인도 대륙의 서북부를 지배했던 북방 월씨족계 규산 왕조의 여러 왕 중에는 자칭 신적 권위를 표방하며 등장한 왕이 있었다. 인접한 이란 지방의 고대 전제 군주의 정치 제도 전통에 감화를 받지 않았는가 한다. 또, 중국 제왕의 칭호인 천자를 그대로 옮긴 Dovpaputra(신의 아들)의 칭호도 사용했다. 더욱 후대에 이르러 4세기 前半부터 6세기 初까지 중앙 집권적 국가 형성에 성공한 굽타 왕조가 '최고의 존자' '최고의 주재자' 등의 칭호로써 제왕을 호칭했음은 제왕의 신격화가 어느 정도 무르익었음을 나타내 준다. 그러나, 이 때 대승 불교는 제왕의 신성설에 대하여 국왕 신격화의 사회적 통념이 성립될 수 있는 윤리적 근거를 문제삼고 있었다.

불교는 아무리 강대한 권력을 장악한 제왕이라 하더라도, '죽음'앞에서는 평민과 다름없는 하나의 인간임을 반성하고 있다. 2세기 때 불교 학자 아슈바 고샤(馬鳴)는 그의 저서 『佛所行讚』에서 "괴로움과 즐거움을 느낀다는 점에서 왕과 노예는 별로 다름이 없다."고 강조했다. 따라서 죽음과 고통 앞에서는 세속적 권력을 휘두르는 제왕이라 할지라도 범부의 한계를 벗어나지 못한다는 것이다. 그러므로 제왕도 만인이 준수하는 달마에는 순종해야 한다고 암시하는 것이 불교의 가르침이었다. 인도 佛教의 저변에는 달마를 현시하는 불교의 권위가 국왕의 권위보다 상위에 있다는 사유 경향이 흐르고 있었다.

---

12) 불자들아, 너희는 利養을 구하는 나쁜 마음으로 나라의 使臣이 되어 싸움터에서 회의를 하거나, 전쟁을 일으켜 많은 중생을 죽이지 말아야 한다. 보살은 軍中에 들어가지도 않아야 하거늘, 하물며 나라를 해롭게 하는 일을 하겠는가(梵網經菩薩戒本 48 輕戒中 第 11 國使戒). 불자들아, 음식과 재물과 이양과 명예를 위하여 가까이 사귄 임금과 임금의 아들과 대신과 벼슬아치들의 힘을 믿고, 때리고 협박하면서 돈이나 재물을 강요하며 이익을 구하면 이는 악한 방법으로 구하는 것이다. 梵網經菩薩戒本 48 輕戒中 第17 恃勢는 求戒

이같이 보편적 달마의 권위는 제왕의 권위보다 초월하므로, 왕권보다는 달마의 권위에 순종해야 한다는 인도 불교가 왕권의 신성을 사회적 통념으로 하고 있는 유교적 중국 문화 풍토에 전래되었다. 그래서 전래 초부터 중국인의 상식은 불교는 중국적 사회 통념을 이탈한 '方外之教'로 대우했다. 그리고 불교를 전수하는 승려는 '方外之士'로 받아들였다. 그래도 전래 초기 北方三國 兩晉에서 전교승이나 求法僧들은 스스로 왕사임을 자처할 만큼 자부심을 가졌고, 왕들도 그들의 가르침을 청하는 일이 종종 있었다. 그 까닭은, 북방 호족 출신의 霸王들은 새로 들어온 불교 사문들이 신통한 비술을 간직하고 있다고 믿었기 때문이다. 주술적 신비에 의하여 현실적으로 왕권의 보전을 원하는 그들의 현세적 소원은 만족시 된다고 생각했다. 여러 패왕이 서로 패권을 노리는 전란기에 처하여 이미 획득한 왕권을 보전하려는 군소 왕자들의 현실적 소망은 무엇보다도 절실했다. 이 절실한 현세적 욕망을 성취시키는 주술적 힘을 지닌 方外之士로서 당시의 王者들은 불교의 전교승들을 맞아들였다. 한편 이질적 중국 문화 풍토에 처음 발을 들여놓은 서역 출신 전교승들에게는 중국 전통 문화로 무장한 토착민 출신 왕자들보다는 반미개 상태에 있던 북방 변경 출신 왕자들이 포교의 대상으로서는 보다 적합했다. 중국 전통 문화에 대하여 저항을 느낀다는 점에서 서역 출신 전교승과 북방 변경 출신 왕들의 심리상태는 상통했기 때문이다. 그리고 전교를 효율적으로 전개하기 위하여는 신비스런 주술사로서 그들을 받아들이는 호족 출신 여러 왕들과 제휴하는 것이 유리했다. 이리하여 왕권의 보전을 위하여 사문의 주술이 필요했던 호족 출신의 왕들은 불교를 비호함으로써 '護佛王'이 되었고, 반면 전교의 방편을 위하여 왕권의 지지가 필요했던 서역 사문들은 왕권의 보전을 옹호하고 '護王僧'이 되었다. 新來의 전교승과 호족 출신 왕 사이에는 서로 상반된 방향이기는 하지만, 현실적 이익과 목적이 부합되어 한동안 사이 좋게 지냈다. 불교는 왕권의 보전을 祈求하는 호왕 불교로 변모했다가, 나중에는 호국 불교의 색채를 띠는 종교로 바뀌었다.

그러다가, 시간이 흘러서 북방 출신 패왕이 지배하는 영토에 중앙 집권 체제가 어느 정도 구축되어 왕권이 비대하고 왕의 권위가 높아짐에 따라, 백성은 왕에 대하여 충성으로 대하게 되고, 왕과 사문 사이에도 상하의 위계 질서를 주장하는 왕권파가 생겨났다. 그래서, 제왕이 사문보다 낮은 자리에 앉아서 사문의 교설을 듣는다는 일은 제왕의 권위에 관계되는 정치적 문제라고 왕권파는 들고 나섰다. 王者는 천지와 함께 위대한 존재인데 걸식을 하는 사문 비구승보다 낮은 자리에 앉는다는 것은 도리에 어긋나는 반윤리적 사건이라고 왕권 측근의 관료파는 거센 반론을 제기했다. 서역의 전교승들은 중국 풍토에 와서도 걸식하는 비구 풍습을 지켰던 것 같다. 출가한 비구승도 왕권이 지배하는 국토에서 걸식하며 살고 있으므로 엄연히 다른 사람들처럼 人臣임에는 틀림없다는 것이다. 사문의 생활 양식이 중국적 상도를 벗어나므로 방외지사라는 것뿐이지, 역시 人臣임에는 틀림없으므로 왕의 권위에는 복종해야 한다는 것이 당시의 중국적 정치 논리였다. 이리하여, 무한을 지향하는 달마의 권위를 유한한 왕권의 권위보다 우위에 두려는 불교의 사문 교단과 왕권의 권위를 지고의 지위로 높이려는 왕권 중심의 지배층 사이에는 심각한 대립이 일어나게 되었다.[13]

東晋 成帝時(340) 輔政地位에 있던 庾氷이 출가한 사문도 천자[王者]를 예배해야 한다는 의견을 공적으로 들고 나섰다. 왕자의 권위를 사문이 존중하는 달마의 권위보다 상위에 두려는 정치적 의도였다. 왕자의 권위가 천하에서는 지고하므로 비구 사문도 하나의 신하로서 경배해야 한다는 통치 체제의 윤리다. 그러나 유빙의 '왕자 경배론'은 당시 반대파가 우세하여 실현을 보지 못하고 중지되었다.[14] 이 일이 있은 지 약 50년 후 宰相 桓玄(安帝元興 2年 403)이 사문도 천자를 경배하라는 문제를 다시 제기했다. 환현의 이론은 유빙의 이론보다 체계적이고 강한 설득력도 가지고 있었다. 그러나 여기 대항하여 盧山의 慧遠(334~417)은 '沙門不敬王者論'[15]을 주장하며 환현의 정책에 정면으로 도전했다. 혜원은 중국의 사문

---

13) 道端良秀,『佛教와 儒教倫理』p. 163~180
14) 上同 p. 180

교단도 인도의 교단같이 왕가 통치권의 지배를 벗어난 치외 법권적 위치에 둠으로써 달마의 권위를 유지하려고 했던 것이다. 그는 출가한 사문은 치외 법권을 누리는 '方外之賓'으로 우대하라고 주장했다. 사문의 옷, 즉 가사는 조정을 위한 관복과는 질적으로 다르다는 것이다. 사문은 방외의 천지에서 자유롭게 살아야지, 조신들과 함께 조정에서 왕에게 경배하는 예식에 참여해서는 안된다고 그는 강조했다.16) 이 '沙門不敬王者論'은 중국에 전래된 불교가 호법(달마)을 위하여 왕의 권위에 도전한 중대한 사건이었다.

"달마의 권위가 유한한 왕권을 초월하므로 달마의 진리를 추구하는 사문은 왕권에 굴복하여 왕을 경배할 의무가 없다."는 혜원의 철저한 호법적 이론은 중국불교사상 획기적인 것이다. 달마의 권위에 순응하는 사문은 초세간적 달마의 倫理를 따르므로 世間的 倫理를 벗어난 '方外之士'임은 오히려 당연하다고 혜원은 보았던 것 같다.

그러므로 혜원의 사문불경왕자론은 불교와 국가, 불교의 이법(달마)과 군주의 통치법 사이에 엄연한 구분이 있음을 의식했다. 또 왕권에 대항하여 주장했다는 사실은 불교 윤리에 근거한 이론으로서 주목을 끈다. 그러나 혜원의 반왕권적 지론은 당시(5세기 初) 그의 세간적 신망과 왕권의 위약성때문에 표면적으로는 용인되고 있었다.

그러나 시대가 흘러 佛教教團이 융성해지고, 교단의 對民間的 세력도 비대해감에 따라 교단에 국가 권력의 지배를 벗어난 치외 법권을 허용한다는 것은 왕권의 보전과 통치 질서의 확립을 위하여 용납될 수 없는 일이 되었다. 왕권의 절대성과 신성성을 주장하는 지배층이 이같은 저항 집단을 용납할 정도로 달마의 보편성에 대한 지식을 가지지 못했다. 지식을 가졌다고 하더라도 달마의 권위를 왕권보다 초월한 지위에 받아들이려

---

15) 弘明集 12卷 出家者는 外方之賓이다. 出家者는 숨어 살며 그 뜻을 구하고 世俗과 모습을 달리하고 佛道에 이르려고 한다. 世間에서 숨어살고 있으므로 世間의 禮法과 같을 수 없고 그 行爲는 高尙해야 한다. 이러함으로써 六道輪廻의 衆生을 救濟하고 宿緣의 業根을 없이 할 수 있다.

16) 上同

고 하지 않았다. 그리하여 사회 집단으로서 세력이 팽창하여가는 불교 교단 내부에 윤리, 도덕적 취약점이 노출됨을 구실로 교단 탄압이 왕권에 의하여 감행되었다. 여기에는 경제적으로 부유해진 불교 교단의 재산 압수를 겨냥한 경제적 목적도 저변에는 깔려 있었다. 불교 교단을 탄압한 '三武 一宗難'[17]의 廢佛事件은 이같은 경위를 거쳐 일어났다.

어떤 시대에나 절대 권력이 탄압의 칼을 휘두르면, 그 아래서 모든 것은 잠정적으로 침묵을 지키듯 고요한 법이다. 강압정책이 오래 지속되면, 권력층과 야합하므로 교단의 명맥이나마 유지해가려는 타협세력이 생겨난다. 불교 교단에도 연속되는 폐불 사건을 겪는 동안 달마의 보편성을 세속적 왕법보다 우위에 두고 고수하려는 호법적 자세는 무너지고, 왕권과 타협한다는 명목으로 권력에 굴복하는 세력이 등장하여 교단을 뒤흔들기 시작했다. 불교 교단을 통제하기 위한 僧官 제도가 생긴 것은 이 무렵이었다. 승관 제도는 달마 윤리에 순종하던 비구승들이 왕의 신하가 되어 왕에 의하여 관리로 임명되는 제도였다. 승관 제도가 확립되고 교단이 국가의 통제하에 놓이게 된 후부터 자각없고 권력 성향이 강한 승려 가운데는 적극적으로 제왕의 신성성과 절대성을 앞장서서 주장하는 무리도 나타났다.

北魏의 승관이었던 法果는 太祖道武帝를 '당대의 여래'이므로 사문도 경배해야 한다는 숭정론을 주장했다. 왕인 道武帝를 경배하는 것이 아니고, 여래를 경배한다는 것이다. 그리고 '皇帝菩薩' '菩薩天子' 등 존칭이 제왕의 권위를 달마의 권위에 비등할 만큼 높일 때, 불교의 중국적 세속화는 가속화되었다. 제왕들은 왕권의 보전과 자신의 현세적 복락을 이루어주는 신비한 주술을 지닌 술사로서 사문을 관리로 임명했고 한편, 달마의 윤리적 의미가 퇴색한 呪術의 花園에서 사문들은 승려의 지위에 안주하면서 제왕들에게 봉사했다. 세간적 왕권이나 유한한 국가를 초월한 달마의 보편을 추구하던 불교 교단의 본연적 자세는 변용되고, 또 변용된

---

17) 三武一宗難은 武字가 붙은 세 임금과 宗字가 붙은 한 임금에 의한 佛教迫害事件. 三武는 北魏太武帝, 北周武帝, 唐武帝, 一宗은 後周世宗.

중국적 승관으로서 세간적 왕자의 신하가 되었다. 이같이 중국적으로 변용·변질된 불교가 4세기 후반부터 삼국으로 전래되기 시작했다. 그리고 護國, 護王을 위하여 중국땅에서 중국인의 학승에 의하여 위작된 중국산 경전들도 중국적 불교가 전래될 때 함께 삼국으로 수입되어 유포되었다. 그런데, 삼국 시대에 梵本에서 한역된 불경과 중국에서 僞作된 불경을 어느 정도까지 명확히 판별할 수 있었는가 하는 것은 문제로 남는다.

II. 삼국의 윤리관과 불교의 윤리관

삼국 시대 불교의 전래는 前秦에서 僧 順道가 고구려 소수림왕 2년(A.D 372)년에 불상과 불경을 전하므로 시작되었다. 그래서 불교 전래의 기원을 A.D 372년으로 잡고 있는데 A.D 372년은 불교가 공인된 해로 봄이 타당하고, 불교는 이전부터 민간 사이에 유포되고 있었다. 백제에는 침류왕 원년(384) 東晉으로부터 마라난타가 불교를 전래했다. 다음으로 신라에는 阿道[墨胡子]가 처음으로 불교를 전파했다고 한다. 전진이나 동진이 당시 북부 중국에서 패권을 장악했던 변경 호족 출신 왕국이었고, 전래승 순도, 마라난타, 아도 역시 서역 출신 호승들이었다고 생각한다. 4세기 후반기에 중국 출신 승려로서 해외 전교승으로 파견될 만한 자격을 갖춘 승려는 아직 없었기 때문이다.

그리고, 삼국 사회에서 불교를 받아들이는데 선구적 역할을 한 계층은 왕과 그 주변의 왕족이나 귀족 등 상류 지배층이었다. 또 삼국의 불교 전래승을 파송한 중국 사회의 계층도 왕을 중심으로한 지배층이었다. 전진과 고구려, 동진과 백제 사이의 외교적 우호 관계에서 불교의 전교가 이루어졌다. 최초의 전래승인 순도도 전진왕에 의하여 불상·불경과 함께 파견된 문화 사절이었다. 고구려 왕실이 문화 사절을 받아들이고, 그를 위하여 造寺를 서두르면서 불교의 포교가 공인된 것이다. 그러므로 서역 출신 胡僧을 받아들인 진의 왕실과 진이 파견한 호승 순도를 받아들인 고구려 왕실은 외래 종교인 불교를 받아들이는 정신적 자세가 거의 유사했다. 두 왕실은 왕권의 보전과 왕실의 안녕을 호승의 주술에 의지하려는 현실적 이익을 앞세우고 불교를 받아들였다. 그래서 중국적 불교를 받아들인 한국 불교는 전래 초부터 호왕·호국의 색채를 농후하게 띠게 되었다. 당시는 국왕과 국토와 국가 사이를 분명히 구별할 만큼 정치 의식이 발달하지 못한 때였다. 왕이 곧 국가이며, 왕이 곧 국토이고 왕은 또 지고의 존재였다. 사회 질서를 바로 잡고 유지하고 윤리적 기본도 왕에게서 비롯된다고 생각하던 때였다. 그러므로 왕권보다 높은 자리에 보편적 달마가 있다는 생각은 떠오르지 못했다.

한편, 新來의 전교 호승은 낯설은 이방 지역에 새로 불교를 전파하는데 있어서 왕권과 왕실의 절대적 지지와 비호가 필요하였다. 권력을 가진 지배층의 저항을 받으면, 외래 종교의 포교는 어려운 난관에 부딪치게 마련이다. 그래서 고구려에 파견된 傳敎僧들은 중국에서와 마찬가지로 왕과 왕실의 소원에 따라 호왕·호국을 위한 주술의 집행자 역할을 함으로써 왕권과 왕실에 봉사했다. 또, 호승이 지닌 신비적 주술성과 함께, 불교는 새로운 철학적 지식을 가져다주는 신사상이었다. 당시의 고구려는 여러 부족간의 원시적 고유 신앙을 지양하고 고유 관습을 타파하기 위하여 새로 발달된 종교 신앙과 여기 따른 윤리 사상을 필요로 하고 있었다. 그러나, 불교 교리 학파 중 어느 학파의 학설이 고구려에 전래되었는가 하는 것을 규명할 자료는 드물다. 다만, 전진왕 부견이 대군을 보내가지고 데려오려던 쿠마라지바(鳩摩羅什 344~413)의 한역 경전을 중심으로 형성된 三論宗系의 교리 이상과 문헌들이 비교적 많이 전래되지 않았을까 하는 추리는 가능하다.

고구려에서 고도의 윤리적 훈련을 필요로 하는 삼론종이 융성했을 것이라는 추리는, 중국 삼론종을 중흥한 僧朗이 고구려 승려였다는 사실과, 일본의 삼론종의 종조인 慧觀 역시 고구려 출신 승려였다는 근거에서 가능하다고 본다. 그런데, 고구려에는 삼론종같이 고답적 교리체계를 갖춘 불교 교리가 성행되었는가 하면, 반면 소수림왕을 계승한 고국양왕은 '불·법을 신봉하고 복을 기구하라는 기복 신앙'을 포령한 일이 있다. 고국양왕은 현세적 이익을 바라는 기복적 효험을 목적으로 불교를 받아들였다. 그는 현세적 이익을 위하여는 불교뿐 아니라 다른 종교도 서슴치 않고 받아들였다. 그리하여 고국양왕 이후, 고구려의 여러 왕들은 기복적 목적을 성취하기 위하여 불교뿐 아니라 영험이 있다고 믿어지는 외래 종교는 아무 비판없이 받아들였다. 榮留王(618~641), 寶藏王(642~668) 등은 불교와 함께 도교도 공인하였다. 보장왕 때 연개소문은 불교뿐 아니라 유교·도교도 함께 융성시킬 것을 왕에게 요청한 일이 있다.[18] 현세적 이익을 가져다 주는 종교라면, 교리와 사상의 차이에는 개의치 않고 받아들였다. 어느 외래종교가 현세적 이익을 더 많이 가져다 주느냐는 것이 문제가 될 뿐이다. 이같은 경향은 백제, 신라 등 왕조가 외래 종교를 수용하는 과정에서도 나타났다. 삼국 시대의 여러 왕국의 안정을 위한 현세적 이익이 언제나 앞섰다.

백제의 불교 수용도 고구려의 경우와 마찬가지로 백제 왕실을 위한 주술 신앙적 요소가 농후하게 나타나는 가운데 이루어졌다. 그런데 백제 불교에는 戒律宗이 성행했다는 특징이 있다. 계율을 깊이 공부하고 율장을 구하고자 중인도까지 구법 순례한 謙益[19]의 귀국은 더욱 계율 불교를 우세하게 했다. 계율 불교의 보급은 대내적으로는 초기 불교 교단의 기강을 확립하고 출가 승단의 위계 질서를 정립할 수 있었다. 일본에서 계율을 배우려고 善信尼 등이 백제에 왔다는 사실에서 백제의 계율 불교가 어느 만큼 융성했는가를 짐작할 수 있다.[20]

한편, 대외적으로는, 엄격한 계율에 의한 승단의 청정은 백제 사회에 윤리, 도덕적 영향을 미쳤다는 점에서 정치적 의미도 찾을 수 있다. 백제의 겸익과 함께 율사의 대표승으로 신라승 자장이 있다.

---

18) 『三國史記』
19) 李能和 『朝鮮佛敎通史』 彌勒佛光寺事蹟
20) 日本西紀 21 元興寺緣起

자장은 신라 율종의 창종자로서 율종의 종풍을 널리 떨친 인물이다. 그가 중국에서 돌아와 戒壇을 시설한데 대하여 다음과 같은 기록이 있다.

"조정에서 의논하여 말하기를 불교 東漸하여 이미 오랜 세월이 흘렀지만 軌儀가 갖추어 있지 못하니 綱理가 아니면 이를 숙청할 바가 없다하여 啓勅하여 慈藏을 대국통으로 삼고 무릇 僧尼의 일체 規猷을 모두 僧統에게 맡기어 주관하게 하였다. 慈藏은 좋은 기회를 만나 용기를 얻어 弘道에 힘썼다. 영을 내려 僧尼五部에 각기 舊學을 더 증가하고 半月에 계를 설하고 冬春에 시험하여 持戒와 犯戒를 알게 하고 관원을 두어 관리 유지케 하며 또 巡使를 보내어 外寺를 歷檢하여 승려의 과실을 경계하고 經像을 嚴飾하여 恒式을 삼으니 一代 護法이 이에 성하였다. (中略) 이 때를 당하여 국내 사람으로 계를 받고 佛을 받듬이 十室中 八九였다. 祝髮하여 중이 되기를 청하는 자가 세월을 따라 더하니 이에 通度寺를 창건하고 계단을 쌓아 사방에서 오는 자들을 받았다."

이 『삼국유사』의 기록[21]에 의하면 전체 교단의 계율을 바로 잡고 승단을 통제하는 중앙 기구를 설치한 다음, 자장이 왕명으로 대국통의 자리에 앉아서 주관했음을 알 수 있다. 승단을 통제하는 국통보다 높은 대국통의 지위가 자장에게 제수된 이면에는 그의 출신이 蘇判벼슬 가문이었다는 사실이 크게 작용했다고 본다. 신라 불교도 고구려나 백제와 마찬가지로 왕족과 귀족의 종교였다. 신라의 創寺가 왕족이나 귀족의 희사와 시주에 의하여 이루어졌다는 사실이 이를 뒷받침해주고 있다.[22] 대국통 자장은 당시 선덕여왕께, 황룡사에 구층탑을 세울 것을 건의하였는데 그 건의가 받아들여졌을 만큼 그의 영향력은 강력했다. 자장이 대국통의 요직에 앉게 되자 머리를 깎고 출가를 원하는 자가 세월을 따라 많아져서 十室中八九에 이르렀다고 하는데 이 비율이 어느 계층을 근거로 한 수치인지가 문제된다. 왕족과 귀족 등 지배층에서 십중 팔구가 출가했다는 말인지, 일반

---

21) 三國遺事 卷 第4 慈藏定律
22) 新羅寺刹中 創寺者別로 보면, 王室系가 13寺, 貴族系가 12寺 등으로 多數를 차지하고 있다. 李基白 三國時代佛教傳來와 그 社會的 性格「歷史會報」6輯 p. 179 參照

대중 즉 피지배층에서 십중 팔구가 출가했다는 말인지 분명치 않다. 대국통인 자장의 신분을 고려할 때 다분히 왕족이나 귀족 같은 지배층에서 출가자가 많지 않았을까 하는 추리가 우세하다. 자장시대에 불교가 어느 정도 피지배층에 포교되고 침투되었는가 하는 것은 미지의 문제로 남아 있다. 자장과 거의 동시대인이었던 원효(617~686)에 관한 기록에 "오막살이 집 더꺼머리 아이들도 모두 부처님의 명호를 알고 南無의 칭호를 불렀다."고 한 것이 있다.23) 그렇다면 불교는 피지배층에도 어느 정도 널리 포교되었다고 볼 수 있다. 그러나 祝髮하고 출가하여 승려가 된 자들은 지배층 출신이었다고 추측한다. 서민들은 부처님의 명호를 알고 南無의 칭호를 불렀을지 모르지만, 출가하여 승려가 된 자는 아주 드물었을 것이다.

그런데 당시의 사회 윤리는 왕족이나 귀족 같은 지배층의 윤리가 인도하는 윤리였다. 자장이 선도한 사회 윤리도 그 대상은 주로 지배층으로 국한되지 않았는가 한다.

따라서 신라에서 승려의 사회적 역할이 컸음을 고려할 때, 자장이 승단 계율을 엄격히 규제함으로써 교단 규율을 바로 잡았다는 것은, 곧 신라 사회의 윤리 기강을 확립할 수 있는 기반 구축을 위한 계기를 마련했다고 볼 수도 있다. 전래 초기에는 전통적 고유 신앙의 저항때문에 이차돈사건까지 일으켰으나, 일단 불교 신앙이 공인된 후부터는 원광, 자장, 원효 같은 고승들이 출현하여 통일국가를 이룩하려는 절대 왕권을 위하여 새로운 이데올로기를 제시하는 한편, 신라 사회에 보다 고차적 윤리 의식을 심는데 크게 이바지한 것은 불교의 대사회적 큰 공로였다.

그러나 원광이나 자장이 僧伽와 국가, 계율과 국법 사이에 분명한 차이가 있음을 어느 정도 인식하고 있었는가 하는 것이 문제로 제기된다. 무한한 달마를 지향하는 보편적 승가와 유한한 조직체인 국가 사이에 엄연한 질적 구별이 있음을 어느 만큼 심각하게 의식하고 있었는가 하는 문제다. 출가를 결심한 시기를 전후하여, 자장은 그의 출신 가문 때문에 주어지는 버슬을 마다하고 "내 차라리 하루라도 계를 堅持하고 죽을지언정,

---

23) 同上 p. 176

백년을 파계하고 살기를 원치않겠다.”는 단호한 출가인적 자세를 보였다고 한다.[24] 벼슬을 얻어 영달의 길에 오른 다음에는 持戒가 어려울 줄을 익히 알고 있었다면, 그는 계율과 국법 사이의 차이에 대하여 확실히 인식하고 있었다고 보아야 할 것이다. 그러나 당 유학에서 돌아온 자장은 나라의 안녕과 왕권의 보전을 위한 적극적 호국승으로 변신했다. 그가 신앙하는 ‘佛’과 그가 섬기는 ‘王’을 동일시하는 ‘佛即王’의 사상은 자장에 의하여 완성을 보았다.[25]

여기에는 정복 전쟁이 한창이던 당시의 주변 정치 상황을 고려해 넣지 않을 수 없다. 불교가 중국에 전래된 시기도 바로 전제 군주적 통일 국가를 위한 정복 전쟁이 치열하던 때였다. 그래서, 영토 확장과 왕권의 보전을 위하여 지배층은 재래의 고유 사상보다 차원이 높은 새로운 사상이 요청되었고 또, 각 부족의 고유 민간 신앙을 통합하고 계몽하려는 새로운 고급 종교 신앙이 필요하던 시기였다. 이같은 요청과 필요에 응하여, 불교의 傳來와 受容과 變容은 고구려, 백제, 신라 등 나라에서 다소의 차이는 있으나 별로 강력한 저항도 받음이 없이 이루어졌다. 그리고 새로 전래된 불교는 부족간의 갈등을 해소하고 통합을 이룩하는 윤리적 근거도 제공하여 주었다.

Ⅲ. 세속오계와 불교윤리

자장보다 연대가 앞섰던 원광(540~640)은 세속과 세속의 권력체인 왕권과 가장 적절히 타협한 승려였다. 그는 세속 집단인 화랑도였던 貴山 箒項 두 젊은이가 一生 지켜야 할 終身之誡를 청했을 때 ‘불교에는 보살

---

24) 三國遺事 卷第 4 慈藏定律
25) 李基白의 上揭書 p. 191

십계가 있으나 세속에 사는 人臣으로서는 감당하기 어려우므로 세속을 위한 오계'를 따로 지어 주었다.[26] 원광은 승단의 계와 세속의 계 사이에 구별이 있음을 알았기 때문에 '세속에 사는 人臣으로서는 감당하기 어렵다'는 전제를 앞세웠다. 그러나 세속에 사는 인신이 감당하기 어렵다고 하여 기본계율을 자의에 의하여 고쳐서 세속에 적응하려고 한 원광의 승려적 자세에는 비판의 여지가 있다. 세속오계가 주로 왕족·귀족층의 자제로 구성된 화랑도 집단의[27] 윤리적 기강을 수립하고 나아가서 신라 사회의 윤리 도덕적 기반을 수립하는데 공적이 컸음은 인정한다. 그러나 불교의 기본 계율이 신라 사회에 와서 세속적으로 너무 변용되어 수용되었다는 점에 유의해야 한다. 그러므로 世俗五戒에 대하여 긍정적으로 높이 평가하려는 견해와 함께, 기본계율의 테두리를 허물었다는 사실에 대하여는 반성할 필요가 있다고 본다.

　　외래 종교가 이방 풍토에 토착하는 전래 과정에서 변용됨은 불가피한 현상이라함은 이미 위에서 언급한 일이 있다. 그렇다고 해서 종교의 본질적인 것까지 변용되어서는 종교 본래의 사명을 잃어버리고마는 위험성도 있다. 기본 계율은 그 종교 교단의 기반을 형성하는 본질적인 근간이다. 풍토와 관습에 기인한 차이 때문에 '어느 정도'의 변용은 용인될 수도 있다. 문제는 어느 정도라고 할 때, 그 '정도'의 차이에 달려 있다. 가령 기본 계율의 첫째인 '不殺生戒'가 세속 생활에서 감당하기 어렵다고 하여 살생의 대상범위를 국한하거나 조건부로 일부 살생을 허용한다면, 기본 계율 자체의 기반이 무너진다. 그리고 기본 계율의 기반이 무너질

---

26) 賢士貴山者河梁部人也, 與同里箒項爲友. 二人相曰. 我等期與士君子遊. 而不光正心持身. 則恐不免於招辱盍問道於賢者之側乎. 時聞圓光法師入隋回. 寓止嘉瑟岬. 二人詣門進告曰. 俗士歆蒙 無所知識. 願賜一言. 以爲終身之誡. 光曰. 佛教有菩薩戒. 其別有十. 若等爲人臣子. 恐不能堪. 今有世俗五戒,……『三國遺事』卷第4 圓光西學

27) 신라의 靑年戰士團인 花郎徒와의 긴밀한 관계는 한때의 우연한 것이 아니었음을 알 수 있다. 우리는 앞서 彌勒信仰을 이야기할 때에 미륵이 신라의 花郎이 되는 例가 한 둘이 아니었음을 보았다. ……(中略)…… 僧侶들은 花郎의 무리 속에 섞여서 중요한 임무를 맡고 있었다. 僧 惠宿은 花郎 好世郎의 徒로서 花郎 瞿晶公의 사상을 諫하였으며, 僧軫密은 花郎 文努의 徒로서 郎徒인 金歆運이 戰場에 나가면 돌아오지 못하리라는 예언을 했다고 하는 이야기는 그들의 郎徒 속에서 智的, 精神에 活動을 나타내는 것이다(李基白 上揭書. p. 183).

때 그 계율로 규정된 교단의 윤리적 토대도 흔들리며, 교단의 토대가 흔들릴 때 전래된 외래 종교는 변용뿐 아니라 변질될 위험에 놓인다. 그래서 아무리 다른 인습을 지닌 풍토에 전래되더라도 종교는 적어도 본질적 기본 계율만은 고수해야 한다. 이질적 문화 풍토에서 외래 종교가 본질적 기본 계율을 고수하려면 기존 신앙과 관습의 저항은 면하기 어렵다. 그런데 종교는 종교적 본질의 고수만을 위하여 존재하는 것은 아니다. 종교는 언제나 인간과 인간이 살고 있는 사회를 위하여 존재하는데서 그 의의를 찾아야 되는 것이다. 그러므로 社會와 인간을 위하여 무엇인가 해야 한다. 이질적 문화 풍토의 저항을 받고 내향적으로 오므리고 폐쇄 상태에 있는 종교라면 그 존재 이유가 의심된다. 半未開사회의 우매를 계몽하고 윤리적 향상을 도모하는 것은 종교의 대사회적 기능의 한 가지이다.

그러나, 종교·社會를 위하여 존재한다고 하여 세속 사회의 이익과 타협하여 지나치게 변질한다면 종교가 지닌 본질적 요소를 상실하기 쉽다. 그래서 종교는 종교의 본질적 요소를 굳게 고수하면서도 다른편으로는 세속 사회를 위한 救世的 사명도 다해야 한다. 종교가 지나치게 종교 본연의 본질적 요소에만 집착한다면, 종교는 종교 자신을 위한 존재가 되어 인간과 현실 사회와는 아무런 관계도 없는 화석같은 것으로 굳어버릴 위험이 있는가 하면, 너무 지나치게 사회와 타협하여 세속화되면 종교로서의 본래 모습을 잃고 말 위험이 있다. 이 같은 종교의 양면성을 고려하면서, 원광의 세속 오계에 대한 비판과 평가는 이루어져야 한다.

세속 오계는 '事君以忠, 事親以孝, 交友以信, 臨戰無退, 殺生有擇' 등 다섯 가지다. 마지막 살생유택을 제외하고는 各各 유교의 충·효·신·용의 덕목과 상응한다. 불교 교리에 충·효가 없는 것은 아니다. 군왕에 대한 충, 부모에 대한 효보다는 유한한 인륜 관계를 초월한 '달마'를 더 중시했기 때문에 불교는 忠·孝의 관계를 끊고 출가의 길을 택하는 것이다. 그런데 세속오계에 事君以忠을 첫째 戒로, 事親以孝를 둘째 戒로 정했다면 즉 왕에 대한 忠과 부모에 대한 孝의 덕목을 앞세웠다면 圓光의 사상에는 유교적 영향이 강했음을 엿볼수 있다. 현실사회의 '禮'를 가장 존중하는 유교에서는 절대군주의 권위와 가부장의 권위에 대한 예가 무엇보다도 우선한다.

원광은 당나라 유학시, 처음에는 도학과 유학을 공부하다가, 출가하여 승려가 되었다는 이력을 가지고 있다. 그는 특히 유학에 관하여는 많은 지식을 가지고 있는 듯하다. 또 원광이 세속 오계를 교시할 당시의 신라 사회는 어느 것이 유교 교리에서 유래된 것이며, 어느 것이 불교 교리에서 유래된 것임을 똑똑히 분간할 만큼 밝지 못했다는 점도 고려하지 않을 수 없다. 불교의 전래와 거의 같은 시기에 유교도 중국에서 수입되고 수용되었다. 재래의 부족적 고유 신앙에서 연유된 인습적 도덕으로 통합한 신라 사회를 세련된 고차원의 윤리 도덕으로 계몽하고 향상하는데 필요한 덕목이라면, 불교 교리, 유교 교리, 도교 교리 중 어느 것이든 취사 선택할 수 있는 풍토가 조성되고 있었다는 상황도 고려해 넣어야 한다고 본다. 한편으로는 아직 전통적 고유 신앙이 깊이 뿌리박고 있고, 다른 편으로는 불교·유교 같은 외래 종교가 새로운 교리 사상을 지니고 서서히 수용되고 있는 과도기에서 원광은 일생의 좌우명(終身之誡)을 요망하는 두 젊은 화랑에게 무엇인가 새로운 지도원리에 입각한 이념을 제시해야 하는 입장에 있었다. 고유 민간 신앙 형태가 불교 같은 고등 신앙 형태로 교체되는 과도기에서 승려의 사회적 역할은 민간 신앙의 샤만적 역할을 대신해주는 신진 주술사로 등장했다.[28]

원광 같은 불교 승려는 이같은 시기에 샤만의 기능에 버금하는 신비적 주술성과 함께 종신 지계를 교시할 수 있는 윤리·도덕의 교사적 지위에 있었다. 현세적 이익을 가져다주는 신비적 술사인 동시에 현실을 올바르게 살아가는 지표를 교시하는 교사라는 두 가지 기능을 원광 같은 승려는 담당하고 있었다.[29]

충·효에 대한 계율을 교시한 다음으로 원광은 교우이신을 들고 있

---

28) 上揭書 p. 175
29) 上同

다. 교우이신을 말할 때 신라 사회의 왕족·귀족 중심의 청년 단체인 화랑도의 조직을 고려하지 않을 수 없다. 화랑도가 청년조직단체로서 건실하게 성장하고 사회적 기능을 충실하게 지탱하려면, 무엇보다 먼저 조직 구성원간에 '信'이 있어야 한다. 신을 지키기 위하여 목숨까지 희생한 미담이 『삼국유사』에는 여러 곳에서 나타나고 있다. 그런데 신의 덕목도 불교보다는 유교적 색채가 농후하다.

유교의 大本은 효에 있고 효를 일상 생활의 실천 덕목으로 전개한 것이 五常의 윤리다. 중국 불교는 오계를 오상에 대응시키므로 오상과 오계의 일치를 주장하려고 했다.[30] 父母에 대한 효를 말하는 부모은중경과 마찬가지로 중국산 僞經인 提謂波利經은 오계와 오상을 대응시키므로 오계와 오상의 일치를 주장한 경이다.[31] 불살생은 仁, 不盜는 義, 不淫은 禮, 不妄語는 信, 不飮酒는 智라고 '억지로' 대응시켰다.

오계의 근본 발상과 오상의 근본 발상이 전연 상이하므로 대응하려면 위와 같은 억지가 나올 수밖에 없다. 그래도 오계에 대하여 天台는 "천지의 근본이며 衆靈의 근원이다. 天은 이것으로써 和하고 地는 이것으로써 만물을 생한다. 오계는 만물의 母이며 만신의 父이고 大道의 것이고 泥洹의 本이다."라고 한다.[32] 만물의 모나 만신의 부라고 한 것은 오계가 근본이며, 근원임을 분명히 밝힌 것이다. 그리고 오계를 지키면 '長生의 符가 되고 불사의 약이 되며, 長樂의 印'[33]이 된다고 한 것은 불로장생을 희구하는 중국인적 소원과 일치한다. 이같이 중국 학승 가운데는 오계가 가장 근본적이며 근원적임을 인식했던 승려도 있었으나 많은 승려들은 근원적 오계는 곧 유교의 오상과 일치한다고 하며 유교와의 절충 방향으로 오계를 전개했다. 오계에 현실적 해석을 내린 중국 불교적 일면이다.

원광도 오계와 오상을 절충하고 일치시키려는 중국 불교에 영향을 강하고 받지 않았는가 한다. 그는 효와 신보다 군왕에 대한 충을 첫째로

---

30) 道端良秀『佛教와 儒教倫理』 p. 212 以下 五戒와 五常과 孝의 一致
31) 上同 p. 135 提謂經
32) 法華玄義 十
33) 上同

내세우므로 더욱 중국 불교적 색채를 반영했다. 원광은 오상과 절충하여 일치된 오계를 '세속오계'라고 대담하게 호칭했다. 중국적 일상 실천 덕목이 불교의 오계와 절충하여 변용된 것이 세속오계다.

세속 오계중 네번째 '임전무퇴계'는 폭력을 허용했다는 점을 고려할 때, 아무래도 불교 승려의 궤도에 벗어난 교시에 속하지 않을까 한다. 전쟁에 임하여 용기를 내라 또는 용감하라는 표현을 적극적으로 강조하는 임전무퇴계의 교시에 의하여 승려로서의 원광 자신이 계율을 어겼다.[34] 그리고 범계에 따른 엄연한 반불교적 행위는 가차없는 비판을 받아야 한다. 원시 불교 교단은 사문 비구가 전쟁에 참여하는 일은 물론 '군대 행진을 구경하는 일'까지 금지했다.[35] 보편을 지향하는 승가는 평화를 지향하는 종교 집단이다. 그래서 일체의 살생은 '절대로' 엄금하는 것이다. 그런데 원광은 이미 임전무퇴계와 살생유택계를 교시하므로 교단의 정통 계율을 어긴 셈이 된다.

진평왕 30年(608) 고구려가 대거 內侵했을 때, 수나라 양제에게 원병을 구하는 乞師表의 작성을 왕이 원광에게 명한 일이 있었다. 그때, 원광은 걸사표를 작성하는 일이 전쟁에 참여하는 행위가 됨을 알고 그는 '求自存而滅他 非沙門之行也 貧道在大王之土地 食大王之水草 敢不惟名是從' 이란 내용의 반성과 함께 걸사표를 작성한 적이 있다.[36] 그는 '自己가 살기 위하여 남을 멸망케하는 일'이 사문 비구의 갈길이 아님을 자각하고 있다. 그는 자기의 생존을 위하여 남을 상해하는 행위가 '불살생계'를 어기는 것임을 잘 알고 있었다. 그러나 왕의 땅에서 살면서 왕의 은혜를 입고 있는 신하라는 입장에서 왕의 명에 순종한다고 하면서 걸사표를 작성

---

34) 學者들아, 나라의 使臣이 되어 싸움터에서 회의를 하거나 전쟁을 일으켜 많은 중생을 죽이지 말아야 하느니라. 보살은 軍中에 들어가지도 않아야 하거늘, 나라를 해롭게 하는 일을 하겠는가(梵網經菩薩戒本 48輕戒中 第 11 國使戒), 만일 比丘가 軍陣에 往觀하면 부득이한 경우를 除外하고 바일제니라(四分律 卷 15). 만일 比丘가 특별한 경우에 軍中에서 二夜를 지나 三夜의 새벽을 경과하면 바일제니라(四分律 卷 15) 만일 比丘가 軍中에서 二夜 三夜 몰래 軍陣의 전투상황을 보며 또는 軍隊와 象馬 등의 勢力을 구경하는 자는 바일제니라(四分律 卷 18),

35) 上同

36) 『三國遺事』 卷 4. 圓光西學

하므로 전쟁 목적에 동조했다.

그는 당시의 나라가 직면한 현실적 상황에 너무 민감하게 정치적 반응을 일으킨 것 같다. 고구려의 내침은 신라의 국운을 위태롭게 하고 신라가 긴박한 정치적 상황에 처하게 만들었다. 통합된 전제 국가를 형성하기 위한 정복 전쟁이 계속되던 시기에 긴장된 대립 상태에서 정립되어 있는 정치적 변동기에 처한 삼국의 승려들은 정복 전쟁에 참여하느냐 아니면 거부하느냐 하는 양자 택일을 강요당하는 갈림길에 서 있었을 것이다. 그런데 삼국의 불교 승려들은 대부분 정복 전쟁에 적극적으로 참여하는 방향으로 행동했다는 것이 삼국 불교의 두드러진 특징이다.

고구려 승려인 道琳은 장수왕의 백제 침공시 첩자로서 활약한 일이 있으며 또 승려 信盛은 고구려의 멸망시 군사 지휘권을 위양받은 일이 있다. 신라의 진흥왕 때 군사 지휘관인 居漆夫도 승려 출신이었다. 백좌강회나 八關會같은 호국적, 호왕적 색채가 짙은 불교 의식이 승려에 의한 적극적 주선으로 개최되기 시작한 것도 이같은 시기였다. 그리고 원광이 세속에 사는 화랑의 생활 지침을 위한 세속 오계의 교시도, 또 원군을 요청하는 걸사표의 작성도 모두 이같은 주변 상황에서 이루어졌다.

걸사표의 전반부에서 自存를 위하여 남을 멸망케하는 것은 사문의 행위가 아니라고, 일단 부정한 원광은 이어서 그러나 빈도는 대왕이 다스리는 토지에 살고 대왕이 주는 곡식을 먹고 살고 있으니 대왕의 명령에 순종치 않을 수 없다고 하므로 부정적 태도를 바꿨다. 그가 살고 있는 토지가 '大王의 所有'이며, 그 토지에서 나는 水草도 대왕의 소유라는 생각은 국토와 국왕을 일치시키는 생각으로 귀결하는 고대의 국가관을 말해준다. 불교에서 '호국'을 말할 때, 국은 국왕과 동시에 국토를 가리키고 있었다. 승려인 원광에게 걸사표의 작성을 명령한 진평왕은 白淨이란 불명을 가진 신라 佛名王中의 한 분이다. 백정은 불교의 교조 '부처님의 아버지의 이름'에서 유래된 것이다.

이제 잠시 임전무퇴계가 화랑도에 미친 영향에 대하여 살펴보도록 하겠다. 원광의 교시를 받은 두 화랑도는 그 후, 싸움터에서 백제군에 포위되었을 때 임전 무퇴계를 충실히 지키기 위하여 후퇴를 마다하고 전사했다. 그리고, 패전에서 죽지 않고 살아서 돌아온 김유신의 아들 원술은 부모와 인연을 끊게 되고, 임전무퇴계를 거역한 자책감에서 벗어나지 못했다고 한다. 또, 도덕 공모에 가담하지 않았다 하여 비밀누설을 두려워한 동료가 독살할 때까지 친구와의 신의를 지킨 宮中舍人이었던 釰君의 悲話는 당시 임전무퇴계와 함께 교우이신계의 윤리관이 어느 만큼 화랑도 사이에 깊이 뿌리박혀 있는가를 보여준다.

세속 오계 가운데서 가장 문제되는 것은 살생을 유택이란 조건부로 허용한 제5계다. 불살생계는 이미 논술한 바와 같이 불교의 기본 계율 가운데서도 으뜸가는 첫 계율이다. 불살생계는 불교뿐 아니라 인도에서 형성된 종교는 다 같이 으뜸가는 계율로 정하고 있다. 불교와 거의 같은 시기에 발생한 쟈이나교는 특히 이 불살생계를 엄격하게 지켜가고 있다. 불살생계를 지나치게 지켜가는 쟈이나교의 승려는 과도한 단식 때문에 굶어 죽는 사례까지 생겨나고, 단식하다 굶어 죽은 승려를 쟈이나교는 성자로 추앙한다. 또 아주 작아서 눈에 띄지 않는 벌레라도 살생하지 않는다는 불살생계는 승려는 물론 일반신도들이 農業에 종사하는 것을 금한다. 그래서 많은 쟈이나 교도는 농업 대신 상업에 종사하게 되었다. 그래서 오늘의 인도 상업 도시에서 쟈이나 교도가 상당히 강력한 상권을 장악하고 있는 결과를 가져왔다. 이 불살생계의 原語(ahiṃsā)가 비폭력주의로 번역되고, 더욱 발전하여 '무저항주의'로 변하였다. 유명한 마하트마 간디의 비폭력주의나 무저항주의도 아힘사에서 유래된 것이다.[37]

이 불살생 계율에 대하여 원광은 조건부로 범할 수 있다는 무서운

---

37) 간디의 '眞理把持'는 아힘사와 表裏가 一致한다, 眞理를 把持하는데 어찌 暴力(殺生)을 사용할 수 있겠는가 하는 것이 간디 사상이다. 그래서 간디는 不殺生 即 ahiṃsā의 方法으로 反英 抵抗運動을 전개했다. 이 아힘사를 영어는 非暴力 即 Non-violence로 번역했고, 暴力을 쓰지 않는 抵抗運動이라 하여 無抵抗運動이란 말로 바뀌었다. 그러므로 간디의 非暴力·無抵抗은 不殺生 즉 아힘사의 戒律을 엄수하는 행위다. 간디의 斷食도 아힘사 戒律에서 나온 것이다. 철저한 아힘사는 쟈이나 교도같이 一切의 미물도 죽이지 않기 위하여 飮食을 먹지 않는다. 即 斷食으로 戒行을 실행한다.

파계 선언을 한 것이다. 불교의 기본 계율은 거의 절대에 가까운 권위를 지니고 교단을 규제한다. 풍토가 다르고 시대가 다르다고 하여 기본 계율의 절대성이 무너지기 시작하면 계율의 권위가 무너지기 시작하고 따라서 교단 전체의 기초까지도 함께 흔들리는 것이다. 종교 교단이 외형적으로 냉정하고 딱딱하며 엄숙하게 보이는 까닭은 계율의 권위가 교단을 엄격하게 규제하고 있기 때문이다. 또 종교 교단이 다른 사회 집단보다 보수성이 농후할 정도로 완고하게 보이는 것도 교단이 계율의 불변성을 완강하게 고수하고 있는 까닭이다. 출가 사문인 비구들이 머리를 깎고 회색가사를 입는 전통은 원시 교단부터 오늘까지도 면면히 이어져 내려온 것이다. 그러므로 머리를 기르고 양복을 입고 싶으면 계를 도로 반환[還戒]하고 산문을 떠나 세속으로 되돌아갈 것을 계율은 교시하고 있다. 흑과 백, 시와 비를 판연히 분속하는 것이 계율의 본분이다. 흑도 아니고 백도 아니며, 시도 아니고 비도 아닌 애매모호를 가장 날카롭게 거부하는 것이 계율의 본질이다. 그러므로 시대에 따라서 또는 풍토에 따라서 조건을 제시하며 계율의 가변성을 노정시키는 일은 단호하게 배제되어져야 한다.

그런데 원광은 살생을 조건부로 허용하므로 제일 기본 계율인 '불살생계'를 어겼던 것이다. 만일, 상대적 조건이 절대 계율을 변용하는 선례가 생겨나면, 풍토와 시대적 조건에 따라 절대 계율은 얼마든지 수정될 수 있다. 자연 조건과 시대 조건에 대응하는 대상적 조건은 무수히 나오게 마련이다. 더구나 특정 민족의 영역을 넘어 세계적으로 전파된 불교이므로 풍토와 시대에 따라 상대적 조건이 제기될 가능성은 얼마든지 있다. 그리고 여러 가지 풍토와 여러 가지 시대에 적용하기 위하여 기본 계율이 상대적 조건에 따라 변화한다면 무수히 제기되는 상대적 조건때문에 기본 계율은 아주 무너지고 마는 결과를 초래할 것이다. 그래서 기본 계율은 절대적 권위를 견지하며 불변성을 고수하는 것이다.

세속 오계를 교시받은 두 화랑은 오계중 첫째부터 넷째까지는 얼른 이해되지만, 제5계 '殺生有擇'에 대하여는 쉽게 이해가 가지 않는다고 원광에게 다시 자세한 해석을 청했다. 원광은 유택에 대하여 '擇時와 擇物'

의 조건을 가르쳤다. 모든 생물이 소생하고 왕성하게 성장하는 봄과 여름 계절은 피하고 매월 8, 14, 15, 24, 29, 30일 등 六齊日의 살생도 피하라는 것이 택시 조건이다. 그리고 집에서 기르는 가축(馬·牛·鷄·犬)과 아주 작은 미물의 살생을 피하라는 택물 조건을 원광은 교시했다. 필요한 때에 필요한 양만큼 살생하라는 조건을 교시하여, 함부로 다량 살생하는 행위는 엄히 금했다. 신라에서는 왕명에 의하여 살생 금지령이 성덕왕 4년(705)과 10년(711)에 내린 적이 있었다(三國史記). 또 백제 法王은 開皇 10년에 '살생을 금하고 민가에서 기르는 鷹鷂의 유를 놓아주고 漁獵의 기구를 불사르게' 했다.[38]

임전무퇴계에 의하여 전쟁 행위에 적극적으로 참여할 것을 교시한 원광으로서는 전쟁 행위에 따르는 살생을 조건부로라도 허용하지 않을 수 없다. 임전무퇴계는 전쟁 참여를 시인하는 계율이다. 그렇다고 전쟁 행위에서 빚어지는 살생까지도 긍정할 수는 없는 것이 원광의 불교 승려적 입장이다. 그래서 살생을 하되, 선택하라는 조건을 제시함으로써 임전 무퇴계와 불살생계 사이에 가로놓인 모순을 해결하려고 했다. 여하튼 원광의 세속 오계에 의하여 무너지기 시작한 불교의 기본 계율은 그후, 절대 권위를 상실하고 가장 보편적 달마에 근거한 계율의 근거까지 흔들리게 되고, 따라서 교단의 본연 자세도 허물어지고, 끝내는 왕권과 타협한 승려는 왕이 제수하는 승관직에서 어용적 구실을 하게 되었다.

원광이 세속 오계를 교시함은 동기에서 다분히 당시 정복 전쟁에 전념하는 정복왕의 정책을 지지하려는 어용적 자세를 읽을 수 있다. 또 왕권의 비호를 받은 불교 교단의 어용적 자세를 지적하여, 한국 불교적 특징이라고까지 주장하는 학설이 나왔다. 호국·호왕적 불교 전통은 신라조, 고구려, 조선조 등 제 왕조의 불교 교단을 지배하게 되었다. 원광은 젊은 시절에 10여 년동안 중국에 유학한 경력이 있으므로 중국 불교학계의 동향과 함께 중국 불교의 사정도 충분히 알고 있었으리라고 생각한다. 그가

---

38) 三國遺事 卷 第3 法王禁殺

본 중국 불교는 현실주의적 중국인의 성향에 알맞은 현세 이익적 주술 신앙과 함께 '皇帝菩薩'이란 존칭이 군왕에게 붙여질 정도로 호국·호왕적 색채가 짙은 불교였다. 그런데 원광은 몇 세대 앞섰던 慧遠을 알고 있었는지, 또, 혜원이 제기한 '사문불경왕자론'같은 도도한 호불·호교적 논설을 읽었는지, 만일 읽었다면 그 논설을 어떻게 받아들였는지 하는데 대하여는 전연 알 길이 없다.

신라가 삼국을 통일하는 정복 전쟁 과정에서 원광의 세속오계가 적극적인 이념적 뒷받침을 했다는 긍정적인 평가도 나올 수 있을 것이다. 그러나, 이미 언급한 바와 같이 세속오계가 현세의 왕권을 옹호하고 현실과 지나치게 타협하는 반기본계율적 경향 때문에 한국 불교사에 미친 부정적인 과오도 묵과될 수 없다. 더구나 살생할 수밖에 없는 전쟁 행위를 계율적으로 정당화하려는 세속 오계중 제4계와 제5계는 평화(寂靜)를 지향하는 달마를 추구하는 승가에서 볼 때, 분명히 반계율적 반윤리적이었다는 비판을 모면하지 못한다. 그런데 원광 이후 신라, 고려, 조선조 諸王朝를 거치는 동안 이 반계율에 대하여 불교 교단측으로부터 한 마디 비판도 없었다는 사실은 주목을 끈다.

도리어 세속 오계는 불교의 기본계율을 가장 적절하게 풍토화하고 시대화한 것이라 하여 긍정적으로 받아들이려는 추세가 강했다. 일부에서는 세속 오계가 한국인의 윤리관을 수립하는 근간이 되었다고 하여, 원광의 업적을 한국 불교사상 가장 빛나는 것으로 칭찬하고 있다.

관제화된 어용 교단으로 안주했던 신라 후대나, 고려의 승단 내부에서부터 호국·호왕을 적극적으로 추진하는 윤리적 원동력이었던 世俗五戒에 대한 비판의 소리가 나오기를 기대하기는 어렵다. 현세 위주적 왕권의 안전에만 집착하는 전제군주의 권력 앞에서 불교 교단은 너무 약세에 놓여 있었다. 한편, 왕권과 왕실이 의도하는 방향으로 쉽게 타협하는 승단 내부의 어용세력을 견제하고 비판할 수 있는 승려들은 지나치게 달마의 추상성에 도취되거나, 禪의 妙境에서 자위하며 현실에 도전하는 의지를 잃고 있었던 것 같다.

그런데 보편적 달마만 추구하고, 그 달마에 수순하려는 사유 경향은 상대적 개체가 직접적으로 절대자와 대면하려는 신비적 방향으로 흐르기 쉽다. 개인과 절대자 사이에서 중간적 매개가 존재할 여지가 없다.[39] 개인의 구제는 개인과 절대가 직접적으로 대결하여 궁극적으로 개인과 절대가 '卽'의 입장에서 합일하는 찰나에 이루어진다. 그러므로 개인과 절대를 매개하는 교단의 존재가 용인되지 않는다. 구제나 구원의 문제가 개인과 절대의 합일에서 이루어진다고 할 때, 현실적으로 유한집단인 불교 교단 같은 것은 종교상의 문제에 관하여 주동적으로 절대적 권위를 주장할 수 없다. 지상적 세속적 교단이 절대권위를 주장할 수 없을 때에는 교단 전체를 정치적으로나 행정적으로 통제하는 首斑的 존재가 형성될 수 없다. 지나치게 보편적 달마에만 수순하던 불교 교단은 한 사람의 우두머리(中世 基督教教團의 法王 같은)를 설정하고 그 우두머리가 절대 권위를 표방하면서, 그를 중심으로 전체 교단을 정치적, 재정적으로 통제하고 관리하는 중앙 집권적 공동체를 형성하지 못했다. 대외적으로 정치 권력을 견제하고 때로는 왕조에 대항하여 저항하는 정치적 공동체도 이루지 못했다.

원시불교 교단에서 제자와 수행승들은 지리적·공간적으로 멀리 떠나 있을 때에도 부처님의 교법과 계율은 엄격히 지키면서 수행에만 전념했으나, 교단 전체를 통제하는 중앙 집권 체제를 구성하려는 생각은 없었다. 부처님은 입멸 전 제자들에게 그의 교법과 계율을 성실히 지킬 것을 엄하게 교시하였다. 그래서 엄격히 말하면, 불교 교단은 부처님의 교법과 계율을 준수하면서 수행하는 도반들이 한 곳에 모여 수행하는 종교 도량에 지나지 않았다. 분리된 개인 수행이 무엇보다도 우선하기 때문에 단결된 조직체의 힘을 과시하는 정치적 압력 단체인 존재는 될 수 없었던 것이 불교 교단이었다. 그래서 인도 불교 교단사에는 정치적 중앙 집권 체제가 성립된 적이 없었다. 이같은 불교 교단의 전통은 그대로 불교 전래와 함께 중국 불교 교단에도 유전되었고 다시 한국 불교 교단에도 유전되

---

39) 中村元『東洋人의 思惟方法』p. 179

었다.

　따라서 삼국의 불교 교단이 왕조의 정치 권력앞에서 지나치게 무력했던 원인과 왕권과 쉽게 타협하는 어용 승단으로 격하된 원인은 불교 교단 자체에 구심적 공동체 의식이 희박했던 불교 자체의 성격에서 찾아지지 않을까 한다. 중국 혜원이 '沙門不敬王者論'을 주장하면서 왕권에 대하여 저항한 사건도, 어디까지나 혜원 개인의 단독 저항으로 그쳤을 뿐, 혜원을 중심으로 한 전 교단적 저항은 아니었다. 혜원의 개인적 신망이 조야에서 두터웠기 때문에 당시의　집권층도 그의 주장을 용납했던 것이다. 그리고 혜원에 의한 對王權의 저항 운동도 혜원 당대로 끝나고 그의 뜻을 계승하는 교단적 운동은 다시 일어나지 못하고 말았다.

　원광이 걸사표를 작성하고 세속 오계를 교시하고 있을 때에 신라 불교 교단은 원광의 정치 참여 행위를 어떻게 보았는가 하는데 관한 자료는 없다. 왕법과 불법을 일치시킨 자장의 경우에도 자장 개인에 관한 기록은 있으나 교단사를 考究할 만한 자료는 없다. 위대한 인격자인 한 고승이 그가 살던 사회에 미치는 윤리적 영향은 왕이나 권력가보다 클 수 있다. 그러나 그 고승도 교법과 계율을 기본적 바탕으로 이루어진 승가의 일원이란 사실은 항상 염두에 두어야 한다.

Ⅳ. 佛名諸王의 倫理觀

　신라 中古에 여러 왕은 불교와 관련된 이름 즉 佛名을 가졌다. 24代 眞興王은 십지 보살중의 法雲, 25대 眞智王은 전륜성왕의 異名인 金輪, 26代 眞平王은 부처님의 부왕 浄飯王의 이름을 닮아서 白浄, 왕비는 모친의 이름에서 摩耶, 27대 善德王은 德曼, 28대 眞德王은 勝曼, 武烈王의 父親은 龍樹, 진흥왕의 두 아들은 銅輪과 金輪 등 불교에 관련된 이름들을 가졌다.

이 중에서도 불교의 포교를 공포한 법흥왕을 계승한 진흥왕은 일심
봉불했던 철저한 護佛王이었다.[40] 그의 치국이념은 巡狩碑文을 通하여 알
수 있다.[41]

"純風이 不偏이면 곧 世道는 乖眞하고 玄化가 不敬하며 곧 邪가
交競하다."

라는 순수비문의 서두에서 왕이 순풍으로 사회도덕을 바로 잡고 현묘한
교화로써 사악한 것을 막으려는 진흥왕의 의도를 읽을 수 있다. 당시 고
도로 발달한 교리를 지닌 불교는 아직 여러 부족 사이에 가로 놓인 신앙
상의 차이와 이견 등을 초극하여 준다고 진흥왕은 믿고 있었다. 또 세련
된 계율은 신라 사회에 순화된 윤리관을 확립할 수 있는 근거를 제공한다
고 보았다. 부족간의 갈등과 대립을 해소하고 지양하는 데는 고도로 발달
한 새로운 교리 사상과 순화된 새로운 윤리 의식이 필요하였다. 비문에는
또 "제왕이 修己하지 않으면 安百姓할 수 없다. 그러므로 짐은 王治를 찬
승한 이래 自愼하며 천도를 어기지 않으려 한다."고 했다. 왕 자신이 먼저
修己를 하지 않으면 백성을 평안케 할 수 없다고 한 왕의 고백은 그의 깊
은 윤리 의식을 나타내준다. 그래서 스스로 自愼하며 천도를 어기지 않으
려 한다고 했다. 중국적 천자 관념이 강한 영향을 미치고 있음을 엿볼 수
있다. 천자인 왕은 또 '修己하고 自愼하여 천도를 어기지 않았으며 천은을
입고 運記를 개시하되 神祇에 冥感하므로 四方의 경계를 넓히고 民土를
획득했다고 한 것은 천자인 왕 자신이 윤리적 모범이 되어야 함을 다시
다짐하고 있다. 그렇게 하므로 천은을 입고 神祇에 冥感하여 민토를 확장
할 수 있다고 비문은 명기하고 있다. 그리고 진흥왕은 "관할 경계를 순행
하여 民心을 살핀 다음 忠信精誠한 存德之士는 위로하고, 爲國盡節한 有

---

40) 金煥泰 眞興王의 信佛과 思想,「佛敎學報」第 5 輯, 眞興王의 奉佛治國 佛敎學報 第10
　　輯 p, 159以下
41) 崔南善 三國遺事(新訂) 附錄 p. 13~15 磨雲嶺碑와 草嶺碑

124

功之士에게는 상과 벼슬을 주었다."고 했다. 忠信精誠이나 爲國盡節은 유
교적인 문자다. 왕은 당시 사회가 우러러 보는 모범적 인사를 후대하고
응분의 상을 줌으로써 기강을 잡으려 했다. 진흥왕은 인도 신화에 등장하
는 이상왕인 전륜성왕에 대한 이야기를 불교경전을 통하여 일찍이 알고
있었던 것 같다.[42] 전륜성왕은 가장 평화적인 방법으로 전 세계를 통일하
고 통치한 상징적 성왕이다. 진흥왕은 또 인도 야쇼카 왕의 선정에 대하
여도 경전을 통하여 알고 있었던 것 같다.[43] 야쇼카 왕은 巡行 때 '사문
브라흐만과 孝賢들을 방문하여 보시하고 地方蒼生들을 引見하여 정법을
孝誠하며 적합한 법의 試問을 한다'고 '마애법칙에 기록되어 있다. 여기서
왕법이나 적합한 법이란 말에서 '法'은 곧 '달마'를 가리키고 있음은 의심
할 여지가 없다. 이미 위에서 언급한 대로, 아쇼카왕에게 있어서 '法'의 개
념은 왕이나 국가 개념을 초월한 것이다.

　　진흥왕이 순수할 때 수행신하 가운데는 사문 도인들이 종교 고문으
로 끼어 있었다는 사실은 아쇼카 왕의 순수시를 방불케 한다. 아쇼카 왕
의 측근에는 항상 '法을 다루는 대신'이 여러 대신들 가운데서도 수석대
신으로 수행하고 있었다. 또, 진흥왕의 호국불사로서 백좌강회와 팔관법회
를 빼놓을 수 없다. 이 두 법회는 고구려에서 귀화한 惠亮에 의하여 진흥
왕 때 시작되어 후대에 이르러서는 국가적 호국불사가 되었다. 百高座會
는 『仁王般若經』 권하 「호국품」 제5에서 유래된 불사다.

　　호국을 교설하겠으니 잘 듣고 반야바라밀을 수지하라. 국토가 내우
　　외환으로 어지러울 때는 百佛像, 百菩薩, 百羅漢 등을 모시고 百比丘
　　衆 百法師를 청하여 般若婆羅蜜의 講說을 듣는다. 百의 獅子吼高座
　　앞에 百의 燃燈, 百種의 香, 百種의 꽃 등으로 삼보에 공양하며 三衣
　　什物로써 법사를 공양하며 하루에 두 번 인왕경을 강설하면, 국토중
　　의 百部鬼神들이 이 강설을 즐겨 듣고 국토를 수호하리라.

---

42) 金煥泰 上揭書 p. 136以下 인도 阿育王의 正法治國
43) 金煥泰 上揭書 p. 136 以下

백불상, 백보살, 백나한상, 백법사 등 백이란 숫자가 붙은 명칭으로 모든 의식을 施設하고 집호하므로 百高座會란 이름이 붙은 것 같다. 그런데 백고좌회의 소의경전인 인왕반야경은 호국을 위한 목적으로 중국풍토에서 중국인에 의하여 중국적으로 각색, 조성된 僞經임을 우선 명심해야겠다. 역대 왕들에 의하여 국가적 규모의 종교행사로 성행되었던 百高座會의 소의경전은 중국풍토에서 중국적으로 僞作된 경전이었는데 거의 비판없이 받아들여졌다. 진흥왕은 안팎으로 안정되지 않은 주변정세에 처하여 통치하게 되어 있었으므로, 현실적으로 호국영험이 있다고 하는 인왕반야경이 절실히 필요했었다. 신라의 국기를 튼튼케 하고 왕실의 안정을 도모하기 위하여 정복되는 액운을 막아주고 정복하여 판도를 넓혀주는 주술적 신통이 있는 경전으로 인왕호국경은 수용되었고, 또 그 경전을 所依로 백고좌회는 왕의 주도하에 거행되었다. 모든 불교경전이 중국에서 수입되어 유포되고 있었고, 또 모든 불교경전은 '부처님의 말씀'으로 받아들였으므로, 인왕반야경도 부처님의 말씀으로 알고 수용했던 것이다.

八關會는 八關齋經에 의하여 거행되는 국가의식이다. 팔관회도 호국의 목적을 위한다는 점에서 백고좌회와 별로 다름이 없다. 팔관회는 처음 진흥왕 33년 고구려와의 전쟁 때 전사한 義士들의 영령을 진혼하기 위한 종교의식이었다. 그후, 자장이 중국 太和池邊에서 홀연히 神人을 만났을 때 그 신인이 "구층탑을 세운 뒤에 또한 팔관회를 거행하고 죄인을 사하면 외적이 능히 해를 주지 못하리라."[44]고 한 神托을 받고 돌아와 구층탑을 황룡사에 세우고 팔관회를 베풀었다고 한다. 그런데 팔관회의 특징은 후대로 계승 거행되는 동안 산신·천신 등을 제사하는 의식으로 변화하여 산악신앙, 海神, 江神信仰 등 원시신앙과 習合한 신앙형태가 되었다.

---

44) 『三國遺事』造像 第 4 皇龍寺九層塔, 간추린 내용은 다음과 같다. 唐나라로 유학을 간 慈藏은 中國 太和池邊에서 神人을 만났다. "너의 나라에 어떤 곤란이 있느냐"는 神人의 물음에 대하여 자장은, "우리 나라는 北으로 靺鞨에 連하고 南으로 倭에 接하고 또 고구려와 백제의 두 나라가 邊境을 침범하여 患難을 겪고 있다."고 했다. 神人은 "너희 나라는 여자가 임금이 되어 있으므로 德은 있으나 위엄이 없다. 皇龍寺 護法龍은 곧 나의 長子로 梵王의 命을 받아 그 절을 보호하고 있다. 그 절에 九層塔을 세우면 九韓이 와서 朝貢할 것이며, 塔을 세운 후에 八關會를 베풀고 罪人을 사하면 外賊이 害하지 못할 것이다."라고 말했다 한다.

부처님의 부친과 모친의 이름을 佛名으로 하여 각기 白浄과 摩耶라고 명칭한 진평왕 때, 원광은 세속 오계를 교시했다. 또 그는 민중의 愚迷를 열기 위하여 歸戒滅懺之法으로 '占察法會'를 개설했다. 그런데『삼국유사』45)에는 비구니인 智慧가 진평왕 때, 꿈에 仙桃山 神母의 現神을 보고 占察法會를 시설했다는 기록이 실려 있다. 仙桃山 神母의 現神과 占察法 사이에 밀접한 관계가 있다면, 점찰법은 민간 신앙과도 밀접하게 얽혀 있음을 볼 수 있다. 점찰법은 민간에 유포되고 있는 점괘·운수와 관계되어 있다. 그래서 歸滅懺之法이란 종교적 참회법도 簡子에 의하여 운수를 점치는 점찰법과 깊이 관련되어 있었다. 점찰법의 소의경전인『점찰선악업보경』을 오탁 악세의 말세 중생을 위하여 부처님 대신으로 지장 보살이 교설한 것이라고 한다. 말법중생이 많은 障難으로 정법과 선법을 信修할 수 없을 때, 먼저 참회법을 수행함으로써 업장을 소멸시키고 다음으로 대승에 나가는 길을 밝힌다고 한 교설까지는 대승 불교의 진수를 담고 있다. 그러나 참회법을 수행하는 방법과 함께 簡子로 점치는 木輪相의 점법을 교설하는 데 이르러서는 大乘正法에서 逸脱하지 않았는가 하는 의문을 가지게 한다. 占察法 즉 木輪相法에 대하여, 점찰법은 "중생이 수행하는 데 있어서 헤아릴 수 없을 만큼 많은 장애에 부딪쳐 決定信을 얻지 못하고 修學에 전념할 수 없고 우려와 의혹만이 증장하고 마음이 명료치 못하며 마음이 흐트러져서 수도를 그만두는 장애가 있을 때 善惡宿世의 업과 현세의 고락 길흉을 점찰하므로 自心을 曉喩하고 所疑事의 快了를 취하게 한다."고 교설했다. 즉 과거와 현재의 苦樂吉兇을 점찰하여 마음에 결단을 하게 한다는 것이다.

출세간법의 방향에서 세간법의 의미를 설명하고 무한을 추구하는 방향에서 유한의 의미를 찾으려는 종교가 善惡宿世의 업과 현재의 고락을 점찰하는 세속적 복술 같은 비본질요소를 의식에 도입하게 되면 종교의 본질은 퇴색할 위험이 있다. 종교는 본래 자세가 흐트러지면 종교는 성스러움을 잃고 세간적으로 속화하기 쉽다. 그런데 현세적 고락의 문제를 성

---

45) 三國遺事 卷第8 感通第7, 仙桃聖母隨喜佛事

스러운 종교의 차원에서 해결하려 하지 않고, 세간적 점복이나 卜術에 의하여 해결하려고 하는 것이 현세적 이익에만 탐하는 중생심리다. 종교가 이 같은 중생의 탐욕 심리에 영합하려고 하면, 본래의 자세는 무너지고, 세간의 어둠을 비쳐주는 등불의 기능을 상실하고 만다. 그래서 점찰법도 세간의 占筮를 쫓아서 길흉을 점하는 일을 常習하게 되면, 성도에 큰 장애가 됨을 경고하고 있다. 그리고, 木相輪法 즉 점찰법은 聖道를 수도하는 데 따르는 많은 장애를 제거하는 방편이므로 세간적 점복술과는 다르다는 것을 명시하고 있다.

　　그러나 중생의 우미한 눈은 점찰법에 의하여 열어지기보다 오히려 세간의 현세 이익적 아집때문에 점찰법과 점복법을 혼동하고 있다. 서민들은 민간에 유행하는 점복술보다는 점찰법에 의한 점복이 더 영험하다고 믿고 목윤상법에 의지하려는 심리 경향이 농후하였다. 아무리 고상한 성도를 지향하는 점찰법이라 하더라도 세간의 점복술과 習合하여 세간화하면, 민간에 성행하는 점복술이 되고 마는 것이다. 이같이 중국적 僞作인 『占察善惡業報經』을 소의 경전으로 한 점찰법은 진평왕이 처음 국가적 불교 의식으로 거행하였다. 경덕왕(742~764) 때에는 眞表律師에 의하여 점찰법회는 참회법회와 함께 거행되었다. 계율을 다루는 율사인 진표율사가 참회법과 함께 점찰 법회도 주관했다는 것이다.[46]

　　호불왕인 경덕왕 때 忠談師의 安民歌는 왕을 위한 윤리적 발언이라는 점에서 귀담아 들을 만 하다.

　　君은 아비요, 臣은 사랑스런 어미라. 民은 즐거운 아이로 여기시니,
　　民은 은혜로 알지니라. 구물구물 사는 백성을 이를 먹여 다스리니
　　이 땅을 버리고 어디로 갈소냐. 나라를 지닌 줄 알지로다. 君답게, 臣
　　답게, 民답게 할지면, 나라는 태평하리라.

　　나라의 태평은 왕이 왕답게 행동하며 민을 사랑하고, 신은 또 신답

---

46) 三國遺事 卷第4, 義解 第 5

게 군을 섬기며, 민은 민답게 의무를 다할 때 이루어진다. 왕이 자신의 책무와 직분을 분명히 깨닫고 군왕답게 민을 사랑하면 나라는 저절로 안정된다는 생각은 경덕왕 때로서는 상당히 진보적 사상이다. 그러나 군은 군답게 신은 신답게 하는 발상은 불교적이라기보다는 유교적이다. 그러나 '달마'의 보편법에 비추어 각자의 본분을 자각하고 그 본분을 충실하고 성실하게 다하려는 생각은 유교적이니 불교적이니라는 테두리를 벗어난다고 본다. 왕의 갈 길을 분명히 교시한 충담사는 왕사의 자리도 마다하고 권력의 주변을 떠났다고 한다. '달마'에 비추어서 주어진 본분을 알고 충실하게 다해야 한다고 할 때 달마의 의미는 윤리적 의무도 가리킨다. 그래서 달마는 도덕규범, 윤리적 기준과 함께 일상적 의무라는 의미도 가지고 있다. 따라서 달마를 부정하는 '아달마'는 비윤리·반도덕과 함께 의무의 부복행을 가리킨다. 그러므로 윤리적 기준과 도덕규범이 확립되고 인간 각자가 주어진 의무를 다하면, 평화로운 사회는 저절로 이루어진다는 것이 달마의 理想이다. 반대로 아달마 즉 非法은 평화를 파괴하는 전쟁의 법이다. 충담사가 왕을 향하여 한 윤리적 발언은 이 같은 '달마'의 이념에서 솟아 나왔다고 본다.

結

이상 '한국 문화에 미친 불교의 윤리관'에 대하여 달마의 윤리적 개념, 삼국의 윤리관과 불교의 윤리관, 세속 오계의 윤리관, 佛名諸王의 윤리관 등으로 나누어 논술하여 보았다. 그런데 불교 윤리가 한국 문화에 미친 영향을 긍정적으로 높이 평가하려는 견해도 있을 것이고, 반면에는 부정적으로 날카롭게 비판하는 견해도 있을 것이다.

과거 한국 불교 문화사는 지나치게 긍정적으로 좋은 면만 강조하려는 경향이 짙었었다. 삼국 시대에 부족 간의 고유신앙을 지양할 수 있는 새로운 지식을 제공했고 또 보다 순화되고 세련된 윤리 의식을 고취했다는 사실은 불교가 한국 문화에 미친 영향으로 높이 평가될 수 있다.

그러나 불법과 왕법을 동일시하고 왕권의 현세적 안정을 위한 호왕 불교·호국 불교로서 승가의 보편성이 특정 왕족 때문에 국한되고, 불교 본연의 자세가 상당히 변용되었다는 부정적 면은 날카롭게 비판받아야 한다. 이미 발표된 삼국 불교 관계의 논설들이 일방적으로 긍정적인 밝은 사실만을 열거하고 있는데 반하여 이 논문에서는 부정적인 어두운 사실을 비판하는 입장에서 논술했다.

종교와 국가, 종교와 정치 권력 사이의 문제는 종교나 국가의 발생과 함께 일어났던 문제다. 종교와 국가 권력은 언제나 보이지 않는 긴장 관계에 있었다. 무한을 지향하면서 유한한 인간의 문제와도 긴밀히 대결하려는 종교와, 유한한 권력에 안주하며 자신의 절대화를 의욕하는 왕자적 거인은 상반된 방향에서 상충될 가능성이 있었다.

따라서 종교가 교시하는 초세간적 이익과 왕권이 탐욕하는 세간적 이익과의 정면으로 충돌할 수도 있다. 그래서 중국의 慧遠은 인도 원시 불교 교단의 계율에 의거하여 '沙門不敬王者論'을 주장하므로 왕권에 도전했다. 그러나 왕권에 대한 혜원의 도전도 혜원 일대로 끝났을 뿐, 중국불교는 곧 왕권을 지지하고, 왕권의 보전을 위하여 봉사하는 호왕 불교, 나가서는 호국 불교로 변용하여 원시 불교와는 그 모습을 달리하는 중국적 불교로 변질했다. 이같이 중국적으로 변질된 불교가 삼국시대에 한반도로 넘어왔으며, 삼국의 제왕은 호왕·호국의 영험을 지닌 새로운 종교로서 불교를 수용했다. 아무런 비판이나 반성도 없이 중국문화를 받아들였던 풍조에 따라 불교문화도 받아들여졌던 것이다.

'달마'의 보편성이 왕권을 초월한다는 사고가 정착못했던 신라의 中古사회에서 불교의 호왕·호국 사상은 원광의 세속 오계로까지 발전했다. 불교의 기본 계율의 근저를 뒤흔들어 놓은 세속 오계는 정복 전쟁이 한창이던 시기에 전쟁 행위를 합리화하고 정당화하는 전쟁 윤리를 제시했다. 살인을 금하는 계율을 여섯번째로 제시한 기독교와는 다르게, 불살생(ahim sa)을 첫번째에 제시한 불교의 기본 계율은 반계율적 임전무퇴계, 살생유택계로써 무너지기 시작했다. 일찍이 불교를 수용했던 중국 불교에도, 나중에 전래된 일본 불교에도 없었던 대담한 계율의 변용이라고 할 수 있다. 왕국을 둘러싼 주변 정치정세가 원광으로 하여금 세속 오계의 교시를 감행하게끔 했다는 변명도 있을 수 있다. 그런데 원광의 세속 오계에 대한 비판의 소리가 그 당시나, 그 후대에도 불교 교단으로부터 나온 적이 없다는 사실이 중요하다. 한번쯤 세속 오계에 대한 날카로운 비판의 소리와 함께 불교의 호국·호왕논에 대하여 淸規를 준수하는 교단의 입장에서 반성이 있음직 했다. 고려 불교나 조선 불교에서도 불교의 호국·호왕론을 두둔하고 그 정당성을 주장하는 승려는 있었으나, 호국·호왕론을 비판하는 승려는 나타나지 않은 것 같다. 이 小論에서는 외래 종교인 불교가 삼국으로 전래된 이후, 수용되어 토착하는 과정에서 어떻게 변용·변질되어왔는가 하는 자취를 긍정적인 방향에서 보다는 부정적 방향에서 비판적으로 다루어 보았다.

특히 불교 기본 계율의 변용과 함께 불교가 한국인의 윤리관에 미친 영향을 중점적으로 고찰하려고 했다. 그래서 원광의 세속 오계가 이 小論의 초점이 되었다. 날카로운 선의의 비판을 받아들일 줄 모르는 종교는 세속에 안주하며 祈福하는 서민 신앙과 쉽게 야합한다. 그래서 이 글에서는 종교로서는 불교가 견지해야 할 옳고 바른 자세를 정확히 指南하고자 하는 뜻도 있었다. 다만, 제한된 매수 관계로 통일 신라로서 일단 끝맺는다. 고려 불교 문화와 조선 불교 문화가 한국인에 미친 영향에 대하여는 다음 기회로 미루겠다.

法華經과 Bhagavadgītā

序

Ⅰ. 법화경의 성립 연대와 Bhagavadgita의 성립 연대

　1. 법화경의 성립 연대 / 2. Bhagavadgita의 성립과 연대

Ⅱ. 법화경과 Bhagavadgita에 있어서 Nirvāṇa와 avatāra

Ⅲ. 법화경의 '一乘'과 Bh-G의 '一神'

Ⅳ. 법화경과 Bh-G에 사용된 용어의 유사성

結

序

　　불교는 인도 종교·철학 사상이란 거대한 문화 산맥 가운데 위치한 '하나의 봉우리'이다. 그러므로 인도적 문화 산맥과 격리되거나 이탈된 맥락에서 불교의 발생과 성장 과정에 관한 사상적 궤적을 정확히 추적하는 학구적 작업은 거의 불가능에 가깝다고 생각한다. 그렇다고 하여, 불교는 'Hinduism에 속하는 여러 종파의 하나에 지나지 않는다'고 단언하는 인도 브라흐만 출신 학자의 고집도 인도적인 편견으로 비판받아야 마땅하다. 그리고 불교를 어디가지나 Hinduism의 아류로 분류하려는 서구학자들의 논조도 다시 비판받아야 한다.[1]

　　그런데 서력 기원 1세기를 전후하여 중국에 전래된 불교는 첫째 인

도 고대어로 된 원전을 한문으로 번역하는 역경 과정에서, 둘째는 중국적 문화 풍토에 변용되어 토착되는 과정에서 중국적으로 변용되었다.

하나의 언어 기능을 발휘하기 위한 특수 형식 즉 언어 문법(grammar), 그 중에서도 구문법(syntax)은 그 언어를 사용하는 민족의 기본적 사유 형식이나 사유 방법을 표현하고 있으며 또 그것을 규정한다고 할 수 있다. 다시 말하여, 언어 형식과 사유 형식·사유 방법의 사이에는 대응 관계가 성립한다는 것이다.[2) 따라서 언어 형식이 달라지면 사유 방법도 달라질 수 있다. 인도 고대어인 산스크리트어와 중국의 한문 사이에는 어격을 달리하고 있으므로 언어 형식이나 문장 형식에 있어서 상당히 큰 차이가 있다. 그러므로 두 민족의 사유 방법 사이에도 언어 형식의 차이에 대응하는 차이가 있다. 역어 과정에서 이같은 차이는 두드러지게 노출되어 불교의 수용 과정에 적지않은 변용을 초래했다.

또 불교가 전래될 당시 중국은 고도로 발달한 고유의 문화를 가지고 있었다. 불교가 중국의 고유 문화와 마주칠 때, 불교의 중국적 토착 과정에서 어느 정도의 변용은 피할 수 없었다.

전래 초기 譯語時代가 지난 후대에 이르러서는 인도 종교·철학 사상과의 직접적인 학문적 교류가 희박해졌다. 불교 경전의 '原典的 意味'는 망각된 中華主義的 풍토에서 인도 불교는 오직 '번역된 한문 경전'에만 의거하여 독자적 색채가 농후한 '중국적 불교'로 변용되어 왔다. 가장 중국적 독자성이 강하고 중국적으로 변용된 불교의 한 형태가 '禪宗'이 아닌가 한다.

위와 같이 중국적 사유 풍토에서 변용된 불교가 번역 과정도 생략된 채, 한역된 漢典資料를 통하여 중국 문화권의 邊境的 위치에 있었던 고대의 한반도에 직수입되었다. 한반도에 전래된 불교는 초기부터 원전에 대한 깊은 고려도 없이 한역 경전에만 의거하여 한국적 문화 풍토에 수용되고 또 시대의 흐름에 따라 한국적으로 변용되기도 했다. 한국 불교가 초기부터 중국에서 전래되는 여러 종파와 宗學들을 종합하고 통일하는 '通佛敎的 性格'을 띠게 된 것은 다수의 역경가들에 의하여 역경되거나, 또는 다수의 석학들에 의하여 저술된 막대한 양의 한문 典籍들이 한문에 능통한 극히 소수의 한반도 엘리뜨 학승 등에 의하여 수용되고 전파되었다는 사실에도 기인되지 않을까 한다. 소수 인력이 다수의 典籍과 다수의 종파와 학설들을 수용하고 전파하게 되면, 그것들을 통합하여 통일하려는 경향을 띠게 마련이다.

그리고 전래 이후 한국의 불교는 인도 철학이나 종교적 원류에 대한 고려없이 발달했다. 혜초 등 10 여명의 한국승들이 험난한 구도의 길을 걸어 인도에 유학갔던 기록은 있다. 그 중 유명한 나란다 사원에서 불교학 연구에 몰두한 스님들도 있었으나, 한 분도 귀국하여 인도 불교를 한국 불교계에 소개했다는 기록은 없다. 혜초도 중국에서 그 여생을 중국 밀교파의 후계자로 마쳤다.

이 序部의 끝으로 한마디를 부언하고자 한다. 불교를 현대적 학문 방법으로 연구하고자 하는 젊은 학자들은, 서구의 신학자들이 예수 이전의 '구약 성서'의 비중을 예수 이후의 '신약 성서'와 거의 동등하게 다루고 있다는 점에 깊은 관심을 가져주기를 바란다.

I. 법화경의 성립 연대와 Bhagavadgītā의 성립 연대

1. 법화경의 성립 연대

법화경은 대승 경전 중에서 가장 최초로 성립된 경전은 아니다. 그러나 비교적 초기에 성립된 경전임에는 틀림없다. 법화경도 기타의 대승 경전처럼 그 성립연대는 한역의 譯出年代로부터 역산하는 방법밖에는 없다. 법화경의 한역으로는 쯔法護가 太康 7년(286)에 한역한 『正法華經』이 있다. 10권 27품으로 형성된 이 역본은 『出三藏記集』이나 기타 경록에도 기록되어 있고, 또 번역용어나 문장 양식을 쯔法護의 기타 한역본과 대조

134

하여도, 공통점이 많이 발견되므로 정법화경의 성립사적 근거에 대하여 異論이 없을 듯하다.

법화경의 이역으로는 『정법화경』 이후에 羅什이 弘始 8년(405)에 역출한 『妙法蓮華經』 7권이 있고 闍那崛多가 仁壽元年(601)에 역출한 『添品妙法華經』이 있다. 失譯本으로 『薩曇分陀利經』 1卷이 있었다고 한다. 經名이 Saddharmapuṇḍarika의 音譯으로 이루어진 점을 볼 때, 법화경의 異譯임을 추정할 수 있다. 그 내용이 소박하고 구성도 치밀하지 못한 점을 고려할 때, 竺法護의 『正法華經』보다는 역출 연대가 다소 앞서지 않았는가 하는 추리도 가능하다.

법화경 27권이 동시에 성립되지 않았음은 다른 대승 경전과 비슷하다. 「如來神力品」까지의 20품이 古層에 속하고 나머지 7권은 후세에 부가되었다고 간주하는 것이 학계의 통설처럼 돼 있다. 「제바달다품」은 후대에 삽입되었다는 견해가 강하다. 古譯에 속한다고 간주되는 20품 중에서도 처음의 8품(第2 방편품부터 第9 「援學無學人記品」까지)은 제 1 류에 속하고 나머지 부분(제10 법사품부터 제 21 여래신력품까지)을 제 2 류에 속한다고 분류하는 학설도 있다. 그리고 8품 중에서도 제2 「방편품」과 「제3 비유품」을 가장 초기에 형성된 즉 最古層에 속한다고 추정하는 학자들이 많다. 그 중에서도 「方便品」이 가장 오래된 것이라고 한다. 그래서 우주적 통일 체계를 제시하는 방편품 제2와 다보여래가 불탑으로부터 출현하는 「見寶塔品」 제11을 중심으로 소위 '원시 형태'의 법화경은 성립했다고 본다. 그리고 「여래 수량품」 제15와 같이 '久遠佛' 사상을 암시하는 품이 첨가되고 서품과 囑累品 등이 추가되어 법화경의 형태가 이루어졌다. 이 사이에는 상당히 오랜 세월이 흘렀음은 물론이다. 『정법화경』의 역출 연대에서 역산하여 원전 성립 연대의 상한을 A.D. 200년 전후로 추산하며, 방편품을 중심으로 하는 원시 법화경의 원전 성립은 A.D. 100년부터 A.D. 150년 사이가 아닐까 한다.

2. Bhagavadgītā의 성립과 연대

Bh-G는 인도의 대서사시 Mahābhārata의 제6권 Bhiṣmaparvan의 25장부터 42장에 이르는 18장을 말한다. 詩句는 700송에 이른다. Bh-G의 성립 연대는 등장하는 신과 사상 내용을 다른 문헌과 대조함으로써 그 상한과 하한을 어느 정도 추정할 수 있다. Bh-G의 신은 종종 Upaniṣad의 중추적 근본원리인 Brahman과 불가분리의 관계에 놓여 있고, Bhagavata파의 본래적 입장에 대하여 다소 절충적 경향을 보이고 있다. 이같은 경향은 일찍 Śvet-Up.에서 나타나고 있다. Śveta-Up.에서도 신에 대한 'bhakti' 사상이 나타나 있다. 또 신에 대한 창조자의 은혜(prasāda)를 말하고 있다. bhakti와 prasāda는 Bh-G가 강조하는 사상이다. 따라서 Śvet-Up.와 Bh-G 사이에는 밀접한 관계가 있었다는 추리는 가능하다. 즉 Bh-G의 저자가 Śveta-Up를 익히 알고 있었으리라는 추정이 성립한다. 여러가지 학설이 있으나, Śvet-Up.의 성립연대는 대개 B.C. 300년경으로 설정한다면, 이 연대가 Bh-G의 상한이 되지 않을까 한다. 다음으로 유명한 인도의 법전 Manu-Smṛti는 Bh-G에서 인용한 구절이 역연히 나타나고 있다. Manu-Smṛti의 성립 연대를 A.D. 200년경으로 본다면, 이것이 Bh-G의 하한이 된다. 법화경과 마찬가지로 Bh-G의 성립도 오랜 세월을 두고 이루어졌다. 그동안에 영웅이었던 Krishna는 최고신인 Krishna로 격상되어 Bhagavata파의 주신이 된다. 그리고 Bh-G에서는 Krishna-Vasudeva로서 主演神이 등장한다.

또 Bh-G의 문체나 어법도 고풍의 냄새를 풍기지 않고 있음도 Bh-G의 연대가 B.C. 100년보다 앞선다는 추리를 주저하게 한다.

그러므로 Bhagavadgītā의 성립 연대는 법화경의 성립 연대보다 다소 앞서거나 아니면 동시대였음을 알 수 있다.

따라서 대승 불교 운동을 전개하면서 법화경을 제작하던 사람들 중에는 Bh-G에 대한 지식을 갖고 있는 엘리뜨도 있었다는 추리도 가능하다. 한편 법화경 이전의 원시 불교나 부파 불교는 Bh-G에 어느 정도 영향을 주었을는지 모른다는 가정도 성립할 수 있다.

Ⅱ. 법화경과 Bhagavadgītā에 있어서 Nirvāṇa와 avatāra

법화경과 Bh-G 사이의 상호 영향 관계에 대하여 분명한 증명적 근거를 제시하기는 곤란하다. 그러나 법화경과 Bh-G는 함께, 고대 인도 철학 사상의 전통을 배경으로 형성되고 전개되었다는 점에서 두 경전 사이에 유사한 어구와 비유 등이 산재해 있음은 오히려 당연하다고 하겠다. 그러므로, 어구나 비유가 유사하다고 하여 법화경과 Bh-G 사이에 사상적 연관성이 짙다는 결론은 성급하다는 비판을 면치 못한다. 어구의 유사로부터 광범위한 결론을 도출하는 것은 언제나 위험하다. 사상이나 주장이 달라도 유사한 어구나 비유를 사용할 수 있기 때문이다. Bh-G를 담고 있는 Mahābhārata와 초기에 속하는 불교 원전 Suttanipāta · Dhammapāda 사이에는 유사한 어구뿐 아니라, 비유 등이 자주 등장한다. 그렇다고 Mahābhārata와 Suttanipāta · Dhammapāda 사이에 사상적 연관성이 있다고 주장하는 사람은 없을 것이다.

인도 종교나 철학 사상을 배경으로 형성된 경전들에는 업(Kamma), 윤회(Saṃsāra), 해탈(Mokṣa) 등의 낱말은 자주 나타난다. 특히 열반(Nirvāṇa)이란 말의 출처는 인도 종교 철학에서 찾을 수 있으나, 후세에 이르러 이 '열반'은 불교와 접하면서 상당히 중요한 술어가 된다. Bh-G Ⅱ-72에서 Nirvāṇa는 인도 종교 철학이 지향하는 최고의 경지인 'Brahma-nirvāṇa'로 나타난다. 그밖에도 V-24, V-25에서 두 번 보인다. Radhakrishnan은 이 합성어를 'Bliss of god' 또는 'The beautitude of god'이라고 번역했다.[3] Radhakrishnan은 'Dhammapāda 204'에서 Nirvāṇa를 'The highest happiness'라고 번역한 적이 있다.[4] 이밖에도 Nirvāṇa는 'The Supreme Nirvāṇa'로 Bh-G Ⅵ-15에 보인다. 그래서 Nirvāṇa란 낱말이 불교에만 국한된 낱말이 아니더라도, Bh-G 작자의 광범위한 '절충주의'를 생각할 때, 의도적으로 불교가 중시하는 낱말인 Nirvāṇa를 Brahman과 합성하여 사용했다는 지적도 가능하다. Brahmanirvāṇa는 같은 뜻을 가진 두 낱말의 합성어다. 즉 Brahman이나 Nirvāṇa 중 한 단어만 사용해도 의미 전달은 충분히 될 수 있는데 두 단어를 합성하여 사용했다.

다음으로 Bh-G의 神(Deva)은 최고의 지위에 있는 존재이긴 하지만, '창조주(Creator)'적 성격은 띠지 않고 있다. 그러나, 'avatāra(化身)'[5]에 의하여 이 세계에 현현하여 만물의 움직임을 조종하고 그 운명을 조작한다. Deva는 Māya에 의하여 자신을 不可視的 존재로 감추고, yogamāyā에 의하여 인간계에 avatāra(化現)한다고 Bh-G Ⅳ-6은 말한다.(後論)[6]

> "나는 不生(aja)이고 本性은 不變이며 만물의 主宰者이지만, 자신의 Prakṛti에 의지하고 자기의 Māya에 의하여(이 세계에) 현신한다."

Bh-G의 Deva는 정의가 쇠퇴하고, 비정의가 활개를 칠 때 이 세계에 하강하여 정의를 일으켜 세운다고 Ⅳ-7, Ⅳ-8에서도 명시하고 있다.[7]

『법화경』「방편품」에서도 "여래는 오탁 악세에 출현한다."고 했으나, Bh-G처럼 비정의를 누르고 정의를 일으켜 세운다고 분명히 밝히지는 않고 있다. 법화경은 비정의의 세계를 '오탁악세'라 하여 다섯 가지로 분류하고 있다.[8] 그리고 여래는 유일한 목적, 위대한 목적을 위하여 이 세계에 출현한다고 했다. 그 유일한 목적, 위대한 목적은 '중생들로 하여금 불지견을 얻고 불지견도에 들어가게 함'이라고 했다. 이것을 한역은 '諸佛以一大事因緣故出現於世'라고 번역했다.[9] 여래가 중생을 제도할 목적으로 중생이 사는 중생계에 출현한다는 '下化衆生' 사상은 Bh-G의 avatāra 사상과 유사하다. avatāra의 原意가 강하(descent)라면 하화중생의 '하화'도 avatāra로 해석할 수 있겠다.

Ⅲ. 법화경의 '一乘'과 Bh-G의 '一神'

『법화경』은 일승묘법을 주장하는 경전으로 알려져 있다. 一乘(eka-yā
na)으로 통일 체계를 확립하려는 것이 원시 법화경에 속하는 「방편품」과
기타 초기에 형성된 여러 품들의 중요 사상이다. 그래서 그 이전의 '三乘'
은 방편이고 一乘만이 '진의'임을 강조한다. 이것을 법화경은 여러 가지
비유를 들어 설명하고 있다. 성불의 길이 끊어졌던 '無緣衆生'에게까지도
성불의 길을 열어 보임으로써 소외된 二乘的 니힐리스트들을 포용하는 통
일 체계를 보였다. 유명한 '三車火宅'의 비유나 '長子窮子'의 비유가 대승
적 통일 체계의 일단을 보여주고 있다. 특히 「藥草喩品」에서는 "大雲은
平等하게 혜택이 주어진다."는 평등 사상을 고취하고 있다.[10] 그러면서도
Buddha가 명시한 진리는 "一相一味이나 듣는 편에서는 각자의 根器에 따
라 달라질 수가 있다"고 했다.[11]

　　다음으로 법화경이 제시한 특징은 Buddha의 지위가 '久遠의 人格的
生命體'로 승화되어 절대화된 久遠佛에 있다. 여래의 수명은 무량(aparim-
ita-āyus)이므로 영원히 住한다. 따라서 Kusināgara에서 Buddha가 입멸한 사
건도 중생에게 중생이 유한적 존재임을 명시하기 위한 '방편'일 뿐, 본래
불의 생명은 영원하고 무한하다. 이쯤 되면 법화경이 제시한 Buddha의 이
미지는 소위 一神教가 말하는 인격신을 방불케 한다. 그래서 법화경 원전
의 교정과 영역에 종사했던 H. Kern은 법화경의 Buddha가 Bh-G의 신과
유사함을 발견하고 법화경은 Bh-G의 영향을 받고 있는 것 같다고 주장한
일이 있다.[12]

　　Bh-G는 절대적 최고신을 인정하는 일신교적 성향이 농후하며 그 일
신의 존재가 Upaniṣad의 중추적 최고원리인 'Brahman'과 동일시되는 汎神
論(pantheism)적 색채를 짙게 띠고 있다. 그리고, 이 일신은 때로는 Uttama
-Puruṣa, Paramātman, Puruṣottama 등의 호칭을 띠고 인도 종교에 등장한다.
신은 또 세계의 탄생, 지속, 광명 등을 주재하는 Īśvara, Maheśvara이며, 잠

재적 힘과 顯世的 힘을 함께 지니고 있으면서 항상 다이나믹한 활동을 하는 존재다. 그러나 인간의 육안으로는 볼 수 없는 不可視的 존재이기도 하다. 인간과 신의 사이를 가로막아서 신의 모습을 감추는 것이 'Māyā'이다. 그러나 이 세계의 정의가 무너지고 불의가 일어날 때, 신은 '다이나믹한 힘' 즉 'Māyāyogin'에 의하여 인간의 눈앞에 顯前한다. 인간으로부터 신의 모습을 감추는 煙幕 같은 것이 Māyā 즉 '幻力'이면서 한편, 신은 이 Māyā의 yogin 즉 '幻力'에 의하여 인간계로 강하, 현신한다. 그러므로 신은 Māyā의 환력에 의하여 자신의 실체를 연막 속에 감추고, 또 그 Māyā의 환력에 의하여 인간계에 나타나기도 한다. 이같이 Bh-G에서 Māyā는 감추므로 보이지 않는 '허깨비' 같은 부정적인 면과 불의와 싸우기 위하여 顯現한다는 긍정적인 면의 양면성을 지니고 있으나, 불교는 긍정적인 면을 후퇴시키고 '허깨비'의 부정적인 면을 수용했던 것 같다.[13]

  Bh-G의 신성은 pantheism적 성격이 강하다 함은 이미 언급한 일이 있다. Pantheism의 흐름에는 '신은 일체다 (devaḥ sarvaḥ)'라고 신을 주어로 하고 일체를 술어로 하는 'acosmism'의 흐름과 반대로 '일체는 신이다(Sarvaḥ devaḥ)'라고, 일체를 주어로 하고 신을 술어로 하는 Pancosmism의 흐름이 있다. 전자의 경우 신은 우주 만물의 일체에 내재하므로, '신은 무소부재한 존재'가 되어 Cosmos는 무화된다. Veda 철학에서는 puruṣa(原人)가 해체되어 天界, 空界, 地界로 화했다는 Veda적 acosmism인 萬有在神觀을 전개하고 있다. 인도의 Caste 제도도 puruṣa의 acosmism에 근원을 두고 있다. 제1 계급인 brahman족은 puruṣa에서 머리 부분에 속한 입으로 출생했으므로 상위에 있고 sūdra는 다리 부분인 발로부터 출생했으므로 하위의 賤族이란 것이다. 인도의 acosmism은 사회적 신분 제도에까지 내재해 있음을 알 수 있다. 인도의 caste system은 신이 내재한 즉 '신성'한 제도이므로 만고 불변의 법이라고 주장한다. 그래서 인도 철학의 전통을 배경으로 하는 일신교적 Bh-G는 pantheism에서도 acosmism의 경향에 가깝다.

  그러나 '일체는 신이다'라고 하는 후자의 경우는 만물 일체가 주어가 되고 '신을 일체화'하므로 '신의 무화'가 이루어진다. 그래서 유일신교를 내세우는 기독교나 이슬람은 pancosmism을 극단적으로 부정하고 나선다. 그런데 법화경의 '절대화된 구원불'은 이 pancosmism의 흐름에 가깝지 않을까 한다. 일체가 神化되어가는 방향이 극단화되면, 신의 존재는 인격신 보다는 비인격적, 추상적 존재로 변모한다. 만물이 신화되는 방향에서는 신의 인격은 거세되고 추상화된 절대 즉 대승 불교의 법신불이 나타난다. 불교의 불신론은 pancosmism의 전개 과정과 평행하여 발달한 논리라고 본다. 비인격화된 절대가 불교에서는 'Dharma' 'Tathatā' 'Nirvāṇa' 등의 중요한 술어로 표현되기도 한다. 'Buddha'라는 술어는 역사적 인물인 Śākyamuni를 호칭하는 고유 명칭도 되고, '至高의 깨침'을 의미하는 추상 명사도 된다. Bh-G의 신이 Upaniṣad의 중추적 최고 원리인 Brahman과 동일시될 때는 pancosmos의 경향도 띠게 된다. 따라서 Bh-G의 최고신은 pantheism의 두 흐름인 acosmism과 pancosmism의 양면적 성격을 구유하고 있다고 볼 수 있다. 그러나 법화경의 구원불은 일신교적 성격보다는 비인격적 추상적 성격을 더욱 짙게 띠고 있다. Bh-G의 신이 중추적 최고 원리인 Brahman과 동일시될 때는 법화경의 구원불과 유사한 존재가 된다.

특히 법화경의 「見寶塔品」은 Buddha의 구원성을 stūpa(塔)의 사상적 의미를 빌어 표현한다. stūpa의 유래는 Śākyamuni의 입멸직후 그의 '사리(śarira)'를 봉안하고 그 봉안 장소를 경배의 대상으로 하는 데서 시작되었다.

stūpa(塔)는 Śākyamuni의 유골(śarira)을 봉안한 聖所다. 탑은 인간의 유한을 알리는 죽음과 그 죽음의 피안을 지향하려는 상징적 의미를 지니고 있다. 인간의 삶이 영위되는 대지에서 솟아나온 stūpa는 무한을 지향하여 솟아오른다. stūpa는 대지에 뿌리를 박고 서 있으면서도, 무한과 구원을 지향하는데, 그 안에는 Śākyamuni의 Śarira를 안치하고 있다. Śarira를 안치한 stūpa는 '佛身'의 상징적 의미도 함께 지니고 있다. 그래서 초기 시대부터 탑신앙이 불교 교단에서는 성행하고 있었다. Śākyamuni의 Śarira를안치한 stūpa를 경배하면서 원시 불교 신도들은 Śākyamuni는 입멸했으나 그것은 '임의로 捨身'한 방편에 지나지 않고 Śākyamuni는 그가 교시한 진리와 함께 영원히 존재하는 '진리신' 즉 '법신'임을 굳게 신앙하고 있었다. 그들에게 있어서 stūpa는 Buddha의 영원성과 함께 그가 가르친 진리의 영원성과 더불어 영원을 상징하는 존재였다.[14]

見寶塔品에서 Śākyamuni는 무한한 공중에 솟아 있는 stūpa에 앉아 있고, 그의 곁에 다보여래가 나란히 앉아 있다. 무한한 공중에 솟은 stūpa에 부처님이 계신다는 말은 그의 존재가 시간과 공간의 제한을 받지 않는 무한하고 영원한 존재임을 보여주고 있다. 이리하여 pancosmism에 의하여 신의 존재가 '일체화'되는 방향에서 추상화된 구원불의 존재는 stūpa로 상징되었다. 그리고 stūpa가 지향하는 무한선상에 Bh-G의 중추 원리인 Brahman도 위치한다고 생각한다.

Ⅳ. 법화경과 Bh-G에 사용된 용어의 유사성

절대화된 구원불이 Bh-G의 一神처럼 간절한 경배의 대상이 될 때부터 Buddha의 호칭에는 'pitā' 즉 '아버지'라는 용어가 나타난다. 「여래수량품」에서 '나는 세상의 아버지', 또 '自存者'라는 구절은 Bh-G의 Ⅸ-17에서 '나는 이 세상의 아버지, 어머니, 창조자, 주신'이라는 귀절과 너무 유사하다.[15] Lokapitā(세상의 아버지)라는 표현은 일신교의 냄새를 풍겨준다. 불타가 있는 火宅에서 정신없이 뛰놀고 있는 아들들은 三車를 들어 유인해내는 것도 '아버지'이고 또 자기의 슬하를 떠난 가난한 아들을 기다린다는 '長子窮子'의 비유에서도 '아버지'의 자비를 읽을 수 있다. 이와 같은 아버지의 자비를 『법화경』은 Buddha의 자비로 환치한다. 그리고 「여래수량품」의 원문에서 'Lokapitā svayambhin'라고 Lokapitā와 Svayambhiḥ는 並置되어 있다. 이와 같이 '세계의 아버지'와 '自存者'가 병치된 표현을 Radhakrishnan은 Śākyamuni가 Upaniṣad의 Brahman과 동일시됨을 나타내 준다고 말하고 있다.[16]

그리고 Svayambhiḥ(自存者)라는 법화경의 구절은, Bh-G Ⅳ-6에서 "나는 불생, 불멸이며, 만유의 주재자이고 자존자이다."라는 구절과 너무나 흡사하다.[17]

또 「藥草喩品」에서 "나는 일체를 평등으로 보며 彼此나 애증의 마음이 없다."[18]라는 구절은 Bh-G Ⅸ-29에서의 "나는 살아 있는 모든 것에 대하여 평등하고 나에게는 사랑도 미움도 없다"[19]라는 구절과 대비가 된다.

또, 『여래신력품』에서 "Buddha는 대신력을 나타내어 혀가 범천에 이르고 그 혀에서 무량의 광명이 나오고 그 광명으로부터 무량한 보살이 나왔다."[20]는 구절은 Bh- Ⅸ-30에서 신은 불타고 있는 입으로 전 세계를 핥고 불타는 불빛에 의하여 세계는 꽉차고,[21]라는 구절도 같은 동일 부류에 속한다고 볼 수 있다. 불이나 광명이 세계에 충만하다는 표현은 법화경이나 Bh-G가 태양신화나 태양신 숭배와 관련이 있다고 주장하는 학자도 있다.

이밖에도 법화경이나 Bh-G 사이에서는 여러 가지 유사한 어구를 발견할 수 있다. 그러나 법화경 전체와 Bh-G 전체를 고려할 때, 불과 몇 마디 어구와 비유와 표현에 유사성이 발견된다고 해서 두 경전 사이에 깊은 연관이 있다고 단정하는 것은 성급한 속단이란 비판을 면할 길 없다는 말은 이미 언급한 일이 있다. 그렇다고 하여 두 경전과 사상 사이는 두터운 장벽이 가로막혀서 단절된 채 각각 상반된 방향으로 전개되었다는 결론도 비판의 여지가 있다. 그러므로 대승 경전 중에서 중요한 경전의 하나인 법화경과 인도 종교 철학 경전 중의 중요한 경전의 하나인 Bh-G의 두 경전은 상호 사상적 영향을 미칠 수 있는 영향권 안에 위치하면서 직접적 상호 관련성은 가짐이 없이 인도 사상사의 흐름에 참여하면서도 각자 현재의 형태로 달리 전개되었다고 말할 수밖에 없다.

結

　　두 경전과 사상이 현존의 형태로 달리 전개되었다는 결론을 내리게 된 이유의 하나로 Bh-G의 중요 사상인 'Bhakti'가 『법화경』에는 전연 보이지 않았다는 점을 들고자 한다. Karma-yoga도 주장하나, Bh-G가 강조하는 것은 '신에 대한 誠信' 또는 '신에의 절대 복종'을 의미하는 Bhakti-yoga다. Bh-G가 전파하는 새로운 복음은 Bhakti다. 신에의 誠心은 가장 훌륭한 수도이며 해탈에 이르는 길이라고 한다. 그 중에서도 'eka-bhakti'(한길의 bhakti)는 Bh-G가 소리높이 주장하는 최대의 미덕이다. 그러나 법화경의 신앙은 Bh-G의 Bhakti와는 질적으로 다르다. 법화경에서 신앙에 해당하는 'Sraddhā'는 전통적 조상 숭배에서 祖靈에 대한 신앙과 유사한 것을 의미한다. 또, 'adhimukti'는 해탈을 향한 신앙·신심을 의미한다. 'Prasada'는 浄心·浄信의 의미를 가진 말이다. 법화경의 신앙은 Bh-G의 Bhakti처럼 신에의 절대 복종, 절대 신앙이 아니고 해탈을 향하는 마음을 바로잡고, 마음을 깨끗이 하는 浄心, 浄信을 의미한다.

　　중세에 이르러 Bh-G가 인도 사상에서 중요한 경전으로 널리 독송된 까닭은 Bh-G가 Bhakti를 강조하기 때문이었다. 현대 인도의 위인으로 알려진 Mahātma Gandhi도 일생 동안 Bh-G를 손에서 놓은 적이 없다고 한다. Gandhi의 실천 철학도 이 Bh-G에 그 이론적 근거를 두었다. 반면 법화경은 중국, 한국, 일본 등 대승 불교권에서 여러 종파를 형성하면서 발전했다.

주

1) Radhakrishnan, Indian philosophy Vol. 1. p. 361.

Rhys Davids says : "Gautama was born and brought up and lived and died a Hindu. ... There was not much in the metaphysics and principles of Gautama which cannot be found in one or other of the orthodox systems, and a great deal of his morality could be matched from earlier or later Hindu books. Such originality as Gautama possessed lay in the way in which he adopted, enlarged, ennobled and systematised that which had already been well said by others ; in the way in which he carried out to their logical conclusion principles of equity and justice already acknowledged by some of the most prominent Hindu thinkers. The difference between him and other teachers lay chiefly in his deep earnestness and in his broad public spirit of philanthropy."[1] "It is certain that Buddhism has acquired as an inheritance from Brāhmanism not merely a series of its most important dogmas, but what is not less significant to the historian, the bent of its religious thought and feeling, which is more easily comprehended than expressed in words."[2] The contempt for ritualism was common to him and the Upaniṣads. Buddhism shared with the rest of Aryan India the belief in the law of karma and the possibility of attaining nirvāṇa. That sorrow or suffering is the essential fact of life on earth is

---

1) Buddhism, pp. 83-84.
2) Oldenberg : Buddha, p. 53.

admitted by almost all schools of Indian thought, the Upaniṣads included. Buddha himself was not aware of any incongruity between his theory and that of the Upaniṣads. He felt that he had the support and sympathy of the Upaniṣ ads and their followers. He classed the Brāhmins along with the Buddhist medicants, and used the word as one of honour in reference to the Buddhist arhats and saints. Buddhism in its origin at least, is an offshoot of Hinduism. "Buddhism grew and flourished within the fold of orthodox belief."[3]

2) 中村 元『東洋人の思惟方法』第一卷 p.8

3)   24. yo 'ntaḥsukho 'ntarārāmas   Ⅳ-24
                            tathā 'ntarjyotir eva yaḥ
                            sa yogī brahmanirvāṇaṁ
                            brahmabhūto 'dhigacchati

(24) He who finds his happiness within, his joy within and likewise his light only within, that yogin becomes divine and attains to the beatitude of God (brahmanirvāṇa).

The yogin becomes unified in consciousness with the Eternal in him. The next verse indicates that this nirvāṇa is not mere annihilation. It is a positive state full of knowledge and self-possession.

                                                                    Ⅳ-25
                      25. labhante brahmanirvāṇam
                            ṛṣayaḥ kṣiṇakalmaṣāḥ
                            chinnadvaidhā yatātmānaḥ
                            sarvabhūtahite ratāḥ

(25) The holy men whose sins are destroyed, whose doubts (dualities) are cut asunder, whose minds are disciplined and who rejoice in (doing) good to all creatures, attain to the beatitude of God.

                      15. yuñjann evaṁ sadā 'tmānaṁ   Ⅳ-15
                            yogī niyatamānasaḥ

---

3) Rhys Davids : Buddhism, p. 85.

Śāntiṁ nirvāṇaparamāṁ

matsamstham adhigacchati

(15) The yogin of subdued mind, ever keeping himself thus harmonized, attains to peace, the supreme nirvāṇa, which abides in Me

72. eṣā brāhmī sthitiḥ pārtha

nai'nāṁ prāpya vimuhyati

sthitvā'syām antakāle'pi

brahmanirvāṇam ṛcchati

II-72

(72) This is the divine state (brāhmīsthiti) O Pārtha (Arjuna), having attained thereto, one is (not again) bewildered ; fixed in that state even at the end (at the hour of death) one can attain to the bliss of God (brahmanirvāṇa).

26. Kāmakrodhaviyuktānāṁ

yatināṁ yatacetasām

abhito brahmanirvāṇaṁ

vartate viditātmanām

IV-26

(26) To those austere souls (yatis) who are delivered from desire and anger and who have subdued their minds and have knowledge of the Self, near to them lies the beatitude of God.

They live in the consciousness of Spirit. The possibility of blessed existence in this world is indicated here.

4)

8. ārogyaparamā lābhā samtuṭṭhiparamaṁ dhanam

vissāsaparamā ñāti nibbāṇam paramaṁ sukham 204

(8) Health is the greatest of gifts, contentment is the greatest wealth ; trust is the best of relationships. Nirvāṇa is the highest happiness. (204)

vissāsa : trust, or one who can be trusted. He is the best of kinsmen.

5) Avatāra means descent, one who has descended. The Divine comes

down to the earthly plane to raise it to a higher status. God descends when man rises. The purpose of the avatār is to inaugurate a new world, a new dharma. By his teaching and example, he shows how a human being can raise himself to a higher grade of life. The issue between right and wrong is a decisive one. God works on the side of the right. Love and mercy are ultimately more powerful than hatred and cruelty. Dharma will conquer adharma, truth will conquer falsehood : the power behind death, disease and sin will be overthrown by the reality which is Being, Intelligence and Bliss.

Dharma literally means mode of being. It is the essential nature of a being that determines its mode of behaviour. So long as our conduct is in conformity with our essential nature, we are acting in the right way. A dharma is nonconformity to our nature. If the harmony of the world is derived from the conformity of all beings to their respective natures, the disharmony of the world is due to their nonconformity. God does not stand aside, when we abuse our freedom and cause disequilibrium. He does not simply wind up the world, set it on the right track and then let it jog along by itself. His loving and is steering it all the time.

The conception of dharma is a development of the idea of Ṛta which connotes cosmic as well as moral order in the Ṛg Veda. The Ṛta which gives logical significance and ethical elevation to the world is under the protection of Varuṇa. The god of the Gītā, is the upholder of righteousness śāśvata dharmagoptā (XI, 18), not a God beyond good and evil, remote and unconcerned with man's struggle with unrighteousness.

Radhakrishnan Bhagavadgītā p. 155

6)   6. ajo 'pi sann avyayātmā

bhūtānām īśvaro 'pi san

prakṛtiṁ svām adhiṣṭhāya

sambhavāmy ātmamāyayā

(6) Though (I am) unborn, and My self (is) imperishable, though (I am)

the lord of all creatures, yet establishing Myself in My own nature, I come into (empiric) being through My power (māyā).

Radhakrishnan 上揭書 p. 153

7) 　　　　7. yadā-yadā hi dharmasya

glānir bhavati bhārata

abhyutthānam adharmasya

·　　tadā 'tmānaṁ sṛjāmy aham

(7) Whenever there is a decline of righteousness and rise of unrighteousness, O Bhārata (Arjuna), then I send forth (create incarnate) Myself. "Whenever righteousness wanes, and unrighteousness increases the Almighty Lord, Hari, creates himself." Wherever there is a serious tension in life, when a sort of all-pervasive materialism invades the hearts of human souls, to preserve the equilibrium, an answering manifestation of wisdom and righteousness is essential. The Supreme, though unborn and undying, becomes manifest in human embodiment to overthrow the forces of ignorance and selfishness. '

8. paritrāṇāya sādhūnāṁ

vināśāya ca duṣkṛtām

dharmasaṁisthārthayā

saṁibhavāmi yuge-youge

(8) For the protection of the good, for the destruction of the wicked and for the establishment of righteousness, I come into being from age to age.

上揭書 p. 153

8) 方世界中尙無二乘何況有三　舍利弗　諸佛出於五濁惡世　所謂劫濁煩惱濁
    衆生濁見濁命濁　如是舍利弗　劫濁亂時衆生垢重　慳貪嫉妬　成就諸不善根
    故諸佛以方便力　於一佛乘分別說三　舍利弗　若我弟子自謂阿羅漢辟支佛
    者　不聞不知諸佛如來但敎化菩薩事　此非佛弟子　非阿羅漢　非辟支佛　又
    舍利弗　是諸比丘比丘尼自謂已得阿羅漢　是宿後身 K731

9) 有諸佛乃能知之　所以者何　諸佛世尊唯以一大事因緣故出現於世　舍利弗
    云何名諸佛世諸佛世尊　唯以一大事因緣故出現於世世諸佛尊欲令衆生開
    佛知見使得淸淨故出現於　世欲示衆生佛之知見故出現於世　欲令衆生悟佛
    知見故出現於世　欲令衆生入佛知見道故出現於世　舍利弗是爲諸佛以一大
    事因緣故出現於世
    佛告舍利弗諸佛如來但敎化　菩薩諸有所作常爲一事唯以佛之知見示悟衆
    生　舍利弗如來但以一佛乘故爲衆生說法無有餘乘　若二若三　舍利弗一切
    十方諸佛法亦如是舍利弗過去諸佛以無量無數方便種種因緣譬喩言辭而爲
    衆生演說諸法　是法皆爲一佛乘故　是諸衆生從諸佛聞法究竟皆得一切種智
    舍利弗未來諸佛當出於世亦以無量無數方便種種因緣譬喩言辭而爲衆生演
    說諸法是法皆爲一佛乘故　是諸衆生從佛聞法究竟皆得一切種

「方便品」733

For, Sāriputra, it is for a sole object, a sole aim, verily a lofty object, a
lofty aim that the Buddha, the Tathāgata, Bhagavad, appears in the world.
And what is that sole object, that sole aim, theat lofty object, that lofty
aim of the Buddha, the Tathāgata, Bhagavad, appearing in the world? To
show all creatures the sight of Tathāgata-knowledge does the Buddha, the
Tathāgata, Bhagavad, appear in the world ; to open the eyes of creatures
for the sight of Tathāgata-knowledge does the Buddha, the Tathāgata,
Bhagavad, appear in the world. This, O Sāriputra, is the sole object, the
sole aim, the sole purpose of his appearance in the world. Such then, Sā
riputra, is the sole object, the sole aim, the lofty object, the lofty aim of

the Tathagata.

10)　　諸草木各有差別　迦葉當知如來亦復如是　出現於世如大雲起以大音聲普遍世界天人阿修羅　如彼大雲遍覆一千大千國土於大衆中而唱是言我　是如來應供正遍知明行足善逝世間解無上士調御丈夫天人師佛世尊　未度者令度未解者令解未安者　令安夫涅槃者令得涅槃　令世後世如實知之我是一切知者一切見者知道者開道者說道者　汝等天人阿修羅衆皆應到此爲廳法故爾時無量千萬億種衆生來至佛時而廳法如來子時　觀是衆生諸根利鈍精進懈怠随其所堪而爲說法種種無量　皆令歡喜快得善利是諸衆生聞是法已現世安隱後生善處以道受樂亦得聞法旣聞法已離諸障礙於諸法中任力所能漸得天道如彼大雲雨於一切卉木叢林及諸藥草如其種性　具足蒙潤各得生長如來說法一相一味所謂解脱相離相滅相究竟至於一切種智其有衆生　聞如來法若持讀誦如說修行所得

K 747

It is case, Kāsyapa, similar to that of a great clould big with rain, coming up in this wide universe over all grasses, shrubs, herbs, trees of various species and kinds, families of plants of different names growing on earth, on hills, or in mountain caves, a clould covering the wide universe to pour down its rain everywhere and at the same time.

11)　　藥草喩品第五

爾時世尊告摩訶迦葉及諸大弟子　善哉善哉　迦葉善說如來眞實功德誠如所言如來　復有無量無邊阿僧祇功德　汝等若於無量億劫說不能盡迦葉　當知如來是諸法之王若有所說皆不虛也　於一切法以智方便而演說之其所說法皆悉到於一切智地　如來觀知一切諸法之所歸趣亦知一切衆生深心所行通達無旱又於諸法究盡明了示諸衆生一切智慧迦葉　譬如三千大千世界山川溪谷土地所生卉木聚林及諸藥草種類　若千名色各異密雲彌布遍覆三千大千世界一時等澎其澤普洽卉木聚林及諸藥草小根小莖小枝小葉中根中莖中枝中葉大根大莖大枝大葉諸樹大小随上中下各有所受一雲所雨稱其種性而

得生長華菓敷實雖一地所生一雨所潤而

K 747

Then, Kaśyapa, the grasses, shrubs, herbs, and wild trees in this universe, such as have young and tender stalks, twigs, leaves, and foliage, and such as have middle-sized stalks, twigs, leaves, and foliage, and such as have the same fully developed, all those grasses, shrubs, herbs, and wild trees, smaller and greater (other) trees will each, according to its faculty and power, suck the humid element from the water emitted by that great cloud, and by that water which, all of one essence, has been abundantly poured down by the cloud, they will each, according to its germ, acquire a regular development, growth, shooting up, and bigness ; and so they will produce blossoms and fruits, and will receive each severally, their names. Rooted in one and the same soil, all those families of plants and germs are drenched and vivified by water of one essence throughout.

12) Sākya has not only lived an infinite number of aeonsln the past, he is to live forever. Common people fancy that he enters Nirvaāṇa, but in reality he only makes a show of Nirvāṇa out of regard for the weakness of men. He, the Father of the world, the Self-born One, the Chief and Saviour of creatures, produces a semblance of Nirvāṇa, whenever he sees them given to error and folly. In reality his being is not subject to complete Nirvāṇa ; it is only by a skilful device that he makes a show of it ; and repeatedly he appears in the world of the living, though his real abode is on the summit of the Gridhrakūṭa. All this is, in other words, the teaching of Nārayaṇa in Bhagavad-gītā IV, 6 seqq. :

Ajo'pi sann avyayātmā bhūtanām iśvaro pi san,

prakritim svāmā dhishthaya sambhavāmy atmamāyayā.

yadā-yadā hi dharmasya glānir bhavati, Bhārata,

abhyutthānam adhārmasya tadātmānam srigāmy aham.

paritrāṇāya sādhūnām vināsāya ka dushkritām,

dharmasaṃsthāpanārthāya sambhavāmi yuge-yuge.

13)　māyā （女）術. 不可思議の力(폐)；策略, 計略, 狡計：詭計, 詐欺；手品, 妖術；幻像, 幻想；幻影・Vedānta づは, 世界 がブラマン(宇宙精神)とは別箇に 眞にお存在すゐ ものであるかのように思わ るを力・：(の形をとった)幻像；-幻像・幻影または 虚妄の；假裝の[Durgā 神の稱]；詐欺[Anṛta(虚僞)と Adharma(非法)との娘として擬人化 された]；(漢譯) 幻, 幻化, 幻事, 幻法, 幻目 Aṣt-pr., Bodh bh., Buddh-c., Cat-ś., Gaṇd-vy., Lal-v., Laṅk., Madhy-v., Madhy-vibh., Mvyut., Rāṣtr., Saddh-p., Sapt-pr., Siks., Sūtr., Suvik-pr., Vajr-pr. ;誑, 欺誑, 誑詔, 詔奸, 媚惑 Abh-k., Abh0vy., Bodh-bh., Gaṇd-vy., Lal-v., Mvyut., Rāṣtr., Sikṣ., Suvik-pr., Vijñ-t. ；(音寫)[佛の母の名] 摩耶 Buddh-c., Divy., Lal-v. ；stri～ 婦女媚惑 Lal-v. 320.；十喩[1. māyā 幻術, 2. maricih 陽焰, 3. udakacandrah 水中月, 4. svapnaḥ 夢, 5. pratisrutka 聲, 6. pratibhāsah 眼華, 7. pratibiṃbam 像, 8. nirmaṇam(?), 9. upamā 譬喩, 10. dharmā dhimuktaḥ(?)・ Mvyut.

Māyā-kapota （男）幻影の鳩

māyākapota-vapus(形) 幻の鳩の體をもつ māyā-kara （男）奇術師, 手品師；(漢譯) 幻師, 巧幻師, 工幻師, 幻者, 幻術, 幻術者 Aṣt-pr., Gaṇd-vy.,

14)　Sākya has not only lived an infinite number of Eons in the past, he is to live for ever. Common people fancy that he enters Nirvāṇa, but in reality he only makes a show of Nirvāṇa out of regard for the weakness of men. He, the Father of the world, the Self-born One, the Chief and Saviour of creatures, produces a semblance of Nirvana, whenever he sees them given to error and folly. In reality his being is not subject to complete nirvana ; it is only by a skilful device that he makes a show of it ; and repeatedly he appears in the world of the living, though his real abode is on the summit of the Gridhrakuta

H. Kerm, Introduction

實在而言死　無能說虛妄　我亦爲世父　救諸苦患者　爲凡夫顚倒　實在而言滅
以常見我故　而生憍恣心　放逸著五欲　隨於惡道中　我常知衆生　行度不行道
隨所應可度　爲說種種法　每自作是意　以何令衆生　得入無上慧　速成就佛身

「壽量品」776

15)　So am I the father of the world, the Self-born, the Healer, the Protector of all creatures. Knowing them to be perverted, infatuated, an ignorant I teach final rest, myself not being at rest.

7.　pitā 'ham asya jagato

mātā dhātā pitāmahah

vedyaṁ pavitram duṁkāra

ṛk sāma yajur eva ca

(17)　I am the father of this world, the mother, the supporter and the grandsire. I am the object of knowledge, the purifier I am the syllable Aum and I am the ṛk, the sāma and the yajus as well

18.　gatir bhartā prabhub sākṣi　　　　p. 245

nivāsaḥ pralayaḥ sthānaṁ

prabhavaḥ pralayaḥ sthānaṁ

nidhānam bījam avyayam

(18)　(I am) the goal, the upholder, the lord, the witness, the abode, the refuge and the friend. (I am) the origin and the dissolution, the ground, the resting place and the imperishable seed

Cp. "I take refuge in the Buddha. He is my refuge."

16)　Lokapitā Svayambhuḥ. The juxtaposition of these two words shows to an evidence that Śākyamuni is represented as Brahma, the uncreated Being, existing from eternity, the Father of the world, All-father.　　p. 310

154

17)
      6. ajo 'pi sann avyayātmā

         bhūtānām iśvaro 'pi san

         prakrtim svām adhiṣṭhāya

         sambhavamy atmamayaya

(6) Though (I am) unborn, and My self (is) imperishable, though (I am) the lord of all cretures, yet establishing Myself in My own nature, I come into (empiric) being through My power (māyā).

The embodiments of human beings are not voluntary. Driven by prakṛti through ignorance, they are born again and again.

18) 演暢斯義 常爲大乘 而昨因緣 我觀一切 普皆平等 無有彼此
   愛憎之心 我無貪着 亦無限礙 恒爲一切 平等說法 如爲一人
   衆多亦然 常演說法 曾元他事 去來坐立 終不疲厭 充足世間
   如雨普潤 貴賤上下 持戒毀戒 威儀具足 及不具足 正見邪見
   利根鈍根 等雨法雨 而無懈倦 一切衆生 聞我法者 隨力所受
   住於諸地 或處人天 轉輪聖王 釋梵諸王 是小藥草 知無漏法
   能得涅槃 起六神通 及得三明 獨處山林 常行禪定 得緣覺證
   是中藥草 求世尊處 我當作佛 行精進定 是上藥草 又諸佛子
   專心佛道 常行慈悲 自知作佛 決定無疑 是名小樹 安住神通
   轉不退輪 度無量億 百千衆生 如是菩薩 名爲大樹 佛平等說
   如一味雨 隨衆生性 所受不同 如彼草木 所稟各異 佛以此喩
   方便開示 種種言辭 演說一法

K 747

19)
      29. samo 'haṁ sarvabhūteṣu

         na me dveṣyo 'sti na priyaḥ

         ye bhajanti tu māṁ bhaktyā

         mayite teṣu cā 'py aham

(29) I am the same in (alike to) all beings. None is hateful nor dear to Me. But those who worship Me with devotion they are in Me and I also

in them.   God has no friends or foes. He is impartial. He does not
elamn any nor elect any by His capricious will. The only way to win His
love is by faith and devotion and each must tread the path by himself.

V-21

20. To thousands of kotis of living beings I preach a pure and most
bright law that has but one scope, to wit, deliverance and rest.

21. I preach with ever the same voice, constantly taking enlightenment as
my text. For this is equal for all ; no partiality is in it, neither hatred
nor affection.

20)　諸佛救世者　住於大神通　爲悅衆生故　現無量神力　舌相至梵天　身放無
　　　數光

爲求佛道者　現此希有事　諸佛響放聲　及彈指之聲　周聞十方國　地皆六種動

p. 787

Thereupon the Lord Śākyamuni, the Tathāgata, Bhagavad, and the
wholly extinct Lord Prabhū-taratna, the Tathāgata, Bhagavad, both seated
on the throne in the centre of the Stūpa, commenced smiling to one
another, and from their opened mouths stetched out their tongues, so that
with their tongues they reached the Brahma-world, and from those two
tongues issued many hundred thousand myriāds of koṭis of rays. From
each of those rays issued many hundred thousand myriads of koṭis of
Bodhisattvas, with gold-coloured bodies and possessed of the thirty-two
characteristic signs of a great man, and seated on thrones consisting of
the interior of lotuses.

p. 364

21)　　　　　　　　　XI. The Lord's Transfiguration

　　　　　　30 lelihyase grasamāndḥ samantāl

　　　　lokān samagrān vadanair jvaladbhiḥ

　　　　　tejobhir āpūrya jagat samagram

　　　　bhāsas tavo 'grāh pratapanti viṣṇo

(30) Devouring all the worlds on every side with Thy flaming mouths, thou lickest them up. Thy fiery rays fill this whole universe and scorch it with their fierce radiance, O Viṣṇu!

'空'의 논리

龍樹의 『中論頌』을 중심으로

I

　　부처님은 세간에서 서로 대립하고 있는 두 입장을 초월하는 길, 즉 '中道'를 교시했다. 그런데 '中道(pratipat madhyamā)'의 교설에는 대립하는 양변을 부정하면서도 그 양변을 지양·포섭한다는 긍정적 의미도 함께 포함되고 있다. 그래서 중도는, 상대적 세계와 절대적 세계에 대하여 명확히 부정하거나 긍정하지 않았다는 '모순'을 띠고 있다. 일상적 언어 세계에서 한 개념은 필연적으로 그 모순 개념의 부정을 포함하고, 또 그 개념의 부정은 모순 개념의 긍정을 예상한다. 개념 자체는 상대적으로 성립되어 있다. 이같은 상대적 개념 세계를 부정하면서도, 절대적 세계를 이 상대적 개념으로밖에 표현할 길이 없다는 사실도 모순이다. "一切는 有라는 것도 一邊이고, 一切를 無라는 것도 다른 一邊이다. 여래는 이 兩邊을 여의고, 中의 입장에서 설법한다. 無明에 의하여 行이 있고 行에 의하여…"라고 시작하는 연기설은 불교의 근본 교리이다. 여기서 '中'은 일정한 입장을 한정하는 규정이 아니고, 한정된 입장의 초월을 의미하고 있다. '중도'에서 도가 의미하듯 靜態的이 아니고 動態的인 종교적 의향도 나타내고 있다.

　　현상의 生起를 긍정하는 '緣起도 존재에 대한 논리적 허구를 부정하는 의미도 함께 지니고 있다. 이같이 '中' '緣起'가 안고 있는 모순성은 對論의 전면에 표출하여 對論者의 입장을 철거하여 論駁한 이론가가 용수였다. 그가 『中論頌』의 서두에 歸敬偈로서 제시한 '不生 不滅, 不來 不去의

緣起'부터가 모순적 표현이다. 그리고 여기 표현된 '부처님의 말씀'에서 세간적, 상대적 개념 세계를 초월한 대승 불교적 '절대의 암시'를 읽을 수 있다. 그래서 용수의 '緣起'에는 '勝義와 世俗'의 이중적 구조가 철학적 카테고리로 구성되어 그 저변에 깔려 있다. 용수에게 있어서, 모순은 반논리도 비논리도 아니고, 언어적 논리의 허구를 부숴버리는 逆理的 개념이 있다. 이 역리적 개념까지 포용하는 무한 차원에 空을 설정한 것이 용수의 大乘體系다. 그래서 용수의 '中論頌'에서는 緣起=空이라는 등식이 성립된다. 그리고 이 등식은 곧 그의 '중도'와 직결되어 緣起=空=中道라는 등식을 성립시킨다. 이 小論은 이 등식을, 『중론송』의 게송에 충실하면서도, 해석적 시도를 잊지 않고, 풀어나가려고 노력했다. 그러나, 용수 사상을 수학 등식으로 도식화한 발상부터 잘못일 수 있다는 비판은 흔쾌히 감수할 용의가 있음을 미리 말해둔다.

II

'空思想'의 기본 구조를 한 마디로 "모든 것은 연기 관계에 있으므로 無自性이고, 無自性(svabhāva)이므로 空(śūnyatā)이다."라고 단순화 할 수 있다. 圖式化하면 緣起=無自性=空의 등식으로 나타난다. 이것을 설명하면 "모든 것은 무엇인가를 조건으로하고 생겨나는 것이므로 '自存的 存在' 즉 '實體'는 없다."는 것이다. 그런데 이와 같은 단순화된 도식에서 '空'을 존재론의 한 형태로 파악할 위험이 따른다. 여기서 존재론(ontology)이란 다분히 서구 철학적 술어와 관련성이 깊다. 서구 철학에서 고전적 존재론은 모든 '존재의 궁극적 근거를 논하는 사고'를 의미한다. 궁극적 근거는 경험적으로 알려지는 현상형태가 아니고 초경험적으로 사고되는 '실체'같은 근본구조를 논하는 형이상학적 사고와 가까워진다. 따라서 실체를 추구하는 형이상학적 사고를 거부하고[1] '實體는 없다'고 주장한 연기론과는 그 사고의 입장을 달리한다. 그럼에도 불구하고 연기론은 ‘세계와 인간의 근원적 존재 양식’을 言表한 ‘法(dharma)’이므로 존재론적으로 해석될 일면도 있다고 주장하면서, 연기를 존재론적으로 해석한 一切有部論者같은 불교학자도 있었다.

　　그러나 空觀을 추구하던 인도 불교 사상가들의 절실한 문제는 인간 고뇌의 해결이었다. 따라서 空觀을 향한 논리적 기조도 역시 인간 고뇌의 궁극적 해결 즉 해탈(mokṣa)에 있었다. 그래서 공의 논리는 ‘悟得’이란 종교적 해탈과 깊이 연관되어 있다. 인도 철학이 해탈이란 종교적 목적을 지향하는 것처럼, 인도의 논리학도 해탈이란 종교적 목적을 추구하는 추리(比量 ; anumāna)에 중점을 두고 있었다. 인도 논리학은 首尾一貫하여 종교적 해탈을 목적으로 삼고 있는 것이, 아리스토텔레스로부터 시작하는 서양 논리학과 두드러지게 다른 점이다. 아리스토텔레스부터 시작하는 서양 논리학은 ‘과학(science)을 위한 organon(體系, 組織)’이라면, 인도논리학은 ‘해탈을 위한 organon’이라고 할 수 있다.

　　그러므로 불교 논리학은 서양 논리학 같이 논리라는 낱말의 어원—logos—이 의미하듯 ‘언어에 대한 반성’에서 시작하여 사고의 법칙을 연구하고 사유 작용의 운영에 일정한 방식과 질서를 부여하는 학문이 되지

---

1) 現象의 背後에 보이지 않는 存在로 想定되는 實體를 추구하는 形而上學的 문제에 대하여 부처님은 斷言的 答辯을 보류하는 ‘無記(Avyākrta)’의 자세로 대처했다. 一種의 判斷中止의 자세라고도 할 수 있다. 『阿含經』에 나타나는 形而上學的 質問을 대별하면 다음과 같다.
　(A) 自我와 世界는 時間的으로
　① 無限하다.
　② 有限하다.
　③ 無限하기도 하고 有限하기도 하다.
　④ 無限하지도 않고 有限하지도 않다.
　(B) 世界는 空間的으로
　① 無限하다.
　② 有限하다.
　(C) 靈魂과 肉體는
　① 同一하다.
　② 다르다.
　(D) 如來는 死後에
　① 存在한다.
　② 存在하지 않는다.

160

못하고, 인간 실존의 고통으로부터의 해탈을 절실하게 염원하는 '서사시적 경향'으로 흘렀다. 대승 불교 사상의 체계를 정립한 용수의 주저 ; Mū lamadhyamakakārikā(中論頌)도 'kārika' 즉 송이라는 詩形式으로 서술되었음은 주목할 만하다.[2]

또 해탈의 길을 추구하는 종교적 목적을 위한 추리가 자기 자신의 '이해를 위한 추리(svārthānumāna)'보다는 남을 설득하기 위한 '추리(parā rthānumāna)'쪽으로 치우치는 경향이 농후했다. 즉 남과 對論하여 그 상대를 설득하려는 '對論의 學'으로 발달했다. 對論을 위한 추리이므로 서양 논리학에서는 結論에 해당하는 主張命題(宗)가 선두에 온다. 다음에 理由句가 따른다. 그리고 대론의 끝은 결론으로 맺는데 이 결론은 처음에 제기한 주장명제와 실질적으로 일치해야 한다. 주장을 제기한 다음 추리를 전개하는 과정에서 대론자는 논자를 향하여 까다로운 질문으로 집중 공격하므로 논자로 하여금 주장과 일치되는 '결론'에 이르지 못하고 '誤謬'에 떨어지게 한다. 그리하여 대론자는 논자의 추리가 논리적으로 타당하지 못함을 이해시킴으로써 대론자의 주장이 합리적임을 논자를 향하여 설득하는 논법이다.

『中論』에서 용수는 그의 독특한 '詭辯的 歸謬法(prasaṅga)에 의하여 대론자를 설득하는 전통적 인도 논리를 전개했다.

Ⅲ

空思想(śūnyatā-vada)은 'X는 空이다'라는 도식으로 표기할 수 있다. 여기서 'X'에는 모든 사상이 대입될 수 있다. 개념화된 모든 언어 표현이 대입될 수 있다. 我(ātman), 苦(duḥkha)로부터 佛(Buddha), 涅槃(Nirvāna)

---

2) 中村元, 『東洋人의 思惟方法』, Vol, p. 240, 인도인은 서사시를 애호하는 경향이 있다.

같은 불교 술어는 물론 존재하는 일체가 대입되어 ‘空’이 된다는 것이다. 그런데 ‘X는 공이다’의 등식에서 ‘공이다’에 해당하는 원문은 ‘Śūnyatā’라는 추상화된 명사로 표기되고 있다. 『般若心經』에서 ‘色即是空’도 원문 ‘Rūpam śūnyatāḥ’라고 하여 ‘Śūnyatāḥ’는 추상명사로 나타나 있다. 繫詞(copula)가 생략된 단순문장의 술부에서 ‘Rūpam śūnyatāḥ’의 의미는 ‘Rūpa(色)’는 ‘śūnyatā’가 ‘되는 것’이 아니고, ‘Rūpa’가 그대로 ‘śūnyatā’인 것이다. 그래서 한역은 ‘色即是空’으로 번역했다. 이 한역에서 ‘是’는 동사적 기능을 하는 것이 아니고, 指示代名詞的 기능을 한다.[3]

그러므로 ‘X가 śūnyatā이다’라는 등식에서도 繫詞가 생략되었으므로 ‘X’는 śūnyatā가 ‘되는 것’이 아니고, ‘X’는 그대로 śūnyatā ‘인 것’이다. X와 śūnyatā 사이에는 동사가 생략되었으므로 동작에 의한 과정이 없다. 그래서 ‘X는 그대로 바로 śūnyatā이다’라고 해석할 수 있다. 따라서 ‘śūnyatā가 그대로 X이다’라는 환치도 가능하다.[4]

여기서 ‘śūnyatā’의 어원적 의미를 고찰하여 볼까 한다. śūnyatā의 어간 śūnya는 어근 $\sqrt{śvi}$에서 연유된 낱말이다. 그리고 śvi는 ‘부풀다’ 또는 ‘팽창한다’는 뜻을 가진 말이다. 외형적으로는 팽창된 상태이지만 내면은 공허한 상태다. 외형의 팽창보다는 내면의 공허에서부터 śūnya의 의미가 ‘空’으로 파생된 것 같다. 그러나 외형적 팽창 상태이건 내면적 공허 상태이건 현실적으로 존재하는 것만은 사실이다.

Śūnya에는 외형적 팽창과 내면적 공허라는 양면적 의미가 있는데, 팽창의 한계가 깨지면 외형은 무너지고 동시에 내면의 공허도 없어진다. 따라서 외형적 팽창의 한계와 내면적 공허의 한계가 균형상태에 있을 때 가장 훌륭한 śūnya는 이루어진다. 따라서 śūnya는 긍정과 부정, 유와 무, 영원과 생멸의 한계에 존재한다.

또, 인도 수학에서 śūnya는 Zero(○)의 기호로 표기되고 있다.[5]

그리고 ○으로 표시되는 Zero는 극대를 표시하는 ∞의 기호와는 상

---

3) 漢譯 ‘色即是空’에서 是는 動詞가 아니라, ‘이것’의 뜻을 가진 指示代名詞로 해석함이 옳다고 본다.
4) 心經에서 色即是空은 곧 空即是色이란 色과 空의 位置가 바뀐 換置가 이루어졌다.

반되는 극소화된 방향의 극한에 위치하는 수치이다. 그러나 허수는 아니고 어디까지나 실수이다. 그런데 śūnyata를 공허하다는 의미로만 파악하여 허무주의(Nihilism)로 잘못 수용된 자취를 후기 대승 불교사에서 엿볼 수 있다. 용수는 「중론송」에서 공의 의미를 잘못 파악한 것을 잘못 잡은 독사에 비유하였다.[6]

또 우리가 항용 '空席'이라 할 때에 '그 자리에 사람이 없다'는 뜻이지 '자리 자체가 없다'는 뜻은 아니다. 마찬가지로 수치 Zero도 도표(graph) 上 그 자리가 비어 있을 뿐이지 그 위치 자체가 없는 것은 아니다. 따라서 śūnyata는, 수치상의 Zero처럼, 어떤 위치에 존재해야 할 사상의 결락 상황을 말한다고 볼 수 있다. 그리고 또 śūnyata는, 수식이 graph도상에서 ○의 位相같이 plus(＋)와 minus(－)의 중간에 위치하듯 모든 긍정과 부정, 모든 유와 무, 모든 멸과 불멸이 중도에 위치해 있다. 중생계는 minus 방향에 존재하고, 열반계는 plus 방향에 존재한다고 가정하면, plus와 minus가 graph 上의 ○으로 환원되어 각 수치의 plus 기호와 minus 기호가 탈락되는 것처럼, 중생상과 열반상도 탈락된다. 모든 수치가 ○에서 포섭되는 것처럼 일체의 諸法도 śūnyata에 포섭되어 그 차별상을 잃어 버린다.

IV

'X는 空이다' 즉 X＝śūnyata라는 도식에서 용수는 X와 śūnyata 사이에 無自性(asvabhāva)이라는 중요한 낱말을 설치했다. 즉 'X는 無自性이고 따라서 空이다' X＝asvabāva＝śūnyata라는 도식이 성립된다. asvabhāva(無自性)의 不定形인 svabhāva(自性)는 자존적 존재, 독존적 존재, 다시 말하여

---

5) Zero의 發見은 數學史에 大變革을 가져왔다. Zero의 發見이 없었더라면 商人, 銀行家, 統計家들은 數字表記에 큰 困難을 겪었을 것이다. 이리하여 가장 非商業主義的인 佛教가 도리어 重商主義의 발달에 큰 공헌을 하였다.

6) E. Conze, 『Buddhism, Its essence and development』.

실체 또는 본체 같은 낱말로 대치할 수 있다. 그리하여 자성이란 말은 다분히 존재론적 용어와도 유사하다. 구체적 존재를 존재케 하는 본질적 실재 또는 현상의 배후에서 현상을 존재케 하는 실체 등, 순수한 객관적 실체를 svabhāva(自性)라고 보았다.

용수는 이와 같은 svabhāva를 인정하는 인식을 '戱論(prapañca)'이라고 하여 '遮遣(pratisedha)'의 대상으로 삼았다. 이 戱論이란 말에 해당하는 원어 prapañca는 모든 언어적 전개나 개념적 작용에 의한 허구를 의미한다. 그리고 遮遣은 모든 언어적 허구를 부정한다는 뜻인데 용수는 이 遮遣에 상대 부정(paryudāsa-pratisedha)과 절대 부정(prasaiya-pratisedha)의 두 가지로 분류하여 설명하였다. 상대 부정은 정립적 부정이라고도 한다. 어떤 대상을 부정함으로써 유사한 다른 대상을 定立할 수 있는 부정이다. 예를 들면 '이 사람은 Brāhman이 아니다'라고 부정할 때, Brāhman이 아닌 yogi나 sūdra를 정립할 수 있는 것과 같다. 그러나, 절대 부정은 유사한 다른 대상을 정립할 수 없는 부정이다. 예를 들면, 'Brāhman은 술을 마셔서는 안된다'고 하는 것은 절대 부정이다. 금주는 Brāhman이 지켜야 하는 절대 계율이다. 중론학파의 淸辯(bhāvaviveka 490-570 AD)은 용수의 부정 방향은 절대 부정에 있었다고 주장했다.

용수는 주로 이 희론 부정을 밀접한 상관 관계에 놓여 있는 모든 사상들이, 원인과 결과, 행위와 행위자 등의 의존 관계에 있다는 연기론에 의하여 자존적 실체가 없는 '無自性'을 '空'과 동일시했다.

그는 『中論頌』 서두의 歸敬偈에서 不滅·不生, 不斷·不常, 不一·不異·不來·不去[7] 등 네 가지 반대 개념(Contrary concept)과 모순 개념(Contradictory concept)을 나열하고 그 양변의 부정을 다시 부정하였다. 용수의 사고에는 반대 개념과 모순 개념의 사이에 구별이 확연치 않았던 것 같다. 그의 논리 전개가 二分法(dich tomy)에 의하여 이루어지는 과정에서 용수는 반대 개념을 모순 개념에 포함시켰다. 그래서 양변의 부정개념들

---

7) anirodhaṃ anutpādam anucchedam aśaśvatam
   anekartham anānārtham anāgamam anirgamam

사이에 중간 개념의 개입을 허용치 않았다. 그리하여 종종 용수의 이분법적 논리는 Dilemma로 전환되어 모순 개념의 양변을 부정하는 방식으로 전개되었다.

위에서 대론자의 입장을 철저하게 논박하는 논법으로 詭辯的 歸謬法을 사용했다 함은 논술한 바가 있다. 그런데 이 귀류법의 원형은 초기 pāli 문헌에서도 발견된다. 따라서 용수의 창립이 아님은 알 수 있다. 즉 용수 이전에 이미 여러 불교 학자에 의하여 귀류법은 대론자를 논박하는 논법으로 사용되었다는 말이다. 또 용수가 자주 사용했던 四句分別法(cat-uskoti ; tetra lemmal)도 동시대의 Nyāya 학파에 의하여 인용되었음을 그들의 Nyāya-sūtra 중에서 읽을 수 있다. 일부 학자들은 용수의 논리가 서양 논리학의 영향을 받은 흔적이 있다고 주장한다.[8]

그러나 용수는 위에서 말한 귀류법과 사구분별법에 의하여 대론자들이 주장하는 논리적 근거를 철저하게 遮遣하기만 했고, 용수 자신이 주장 명제는 정립하지 않았다고 비판하는 후학들이 나타났다. 즉 그는 '破邪'에만 치우쳤고 '顯正'에는 소홀했다는 말이다. 그래서 용수 이후 그의 논리적 입장을 고수하는 학파와 그의 입장을 비판하는 학파로 분열되었다. 佛護(Buddhapālita)와 月稱(Candrakirti) 등은 용수의 입장을 더욱 발전시켰고, 이에 반하여 淸辯은 그의 입장을 비판하고 svatantrika 학파로 別立했다.

V

이제 Catuskoti 논법(四句分別法)에 의하여 용수가 어떻게 Prasaiya (귀류법)를 전개했는가를 그의 『中論頌』의 偈頌을 열거하면서 살펴보고자 한다. 歸敬偈가 끝나고 『中論頌』은 第 1 章 第 1 偈를 다음 같이 시작했다.

---

8) 日本의 宇井伯壽는 「印度哲學研究」에서 龍樹의 『中論頌』 가운데 몇 개의 게송은 西洋 形式論理學의 三段論法과 一致한다고 주장했다.

어떤 것이든 '自(sva)'로부터 생겨나지 않고, '他(para)'로부터 생겨
나지도 않으며, '自他' 둘(dvābhyām)로부터 생겨나지 않고, 無因(na
hetu)으로부터 생겨나지도 않는다.

Na svato nāpi parato na
Dvābhyām nāpyahetutah /
Utpannā gātu vidyate bhāvah
Kvacana ke cana / /[9]

Catuskoti의 정형적 게송이다. 이 게송은 다음같이 분류할 수 있다.

　　　bhāvah (諸法)는
(a) 自로부터
(b) 他로부터
(c) 自·他로부터
(d) 無因(非自, 非他)로부터

생겨 나지 않는다(원문에서는 '어디에서든지, 언제든지'라는 강조구가 삽입 되
어 있다). 네 가지 분류된 항목을 설명하기 위하여 항아리를 예로 들까한
다. a항은 '항아리는 항아리 자체로부터 생겨나지 않는다'고 바꿔놓을 수
있다. '항아리로부터 항아리가 생겨나왔다'는 뜻이고, 이것은 '항아리는 항
아리다'는 즉 항아리=항아리라는 tautology 등식으로 표현할 수 있다. 이
리하여 항아리로부터는 무수한 항아리가 나올 수 있다는 불합리가 생긴
다. 그러므로 '自(Sva ; 항아리)'로부터 항아리(Bhava)가 나올 수 없다는 a
항의 부정은 성립된다. 그렇다고 하여, '他(para)'로부터 나온다면 흙이나
실로부터 생긴다는 말인데, 이것은 상대 부정(prasajya-pratisedha)을 용인하
는 셈이다. 그러나 용수의 絶對否定을 '自'의 自性을 否定한다고 하여 '他'
의 자성을 긍정하는 부정은 아니다. 용수의 논리 전개에 있어 '自'와 '他'

---

9) 漢譯은 다음과 같다.
　　諸法不自生　亦不從他生　不共不無因　是故知無生

는 양립되지 않는 모순 개념이다. 자와 타는 절대로 단절된 관계에 있다. 따라서 '自 아니면 他'라는 보완 관계에 있는 것은 아니다.

만일 항아리가 항아리와 전연 관계없이 '他'로부터 생겨날 수 있다고 가정하면 흙이나 실 뿐 아니라, 무수한 타로부터 항아리가 생겨난다는 불합리에 부딪치게 된다. 무수한 '자'로부터 무수한 항아리가 나온다는 불합리처럼 무수한 '타'로부터 무수한 항아리가 생겨난다. 그래서 'Bhāva는 타로부터도 생기지 않는다'는 b 항도 성립되는 것이다.

다음으로 'a항과 b항을 함께한 共으로부터 생겨나지 않는다'는 c항은 a항과 b항의 불합리가 증명되었으므로 자명하다. 본질적으로 자와 타가 절대 부정되어 있으므로 복합되어 양적으로 증가된다는 것은 불합리하다. 상대 부정되었다면 자에 부족한 것을 타가 보완하고, 타의 부족을 타가 충당할 수도 있겠으나, 절대 부정된 자와 타는 복합될 수 없고, 더구나 보완은 상상할 수도 없다. 그래서 c항의 증명도 성립되는 것이다.

이 항 즉 無因(ahetu)은 '非自와 非他'를 지칭한다. 진공 상태에서는 모든 운동이 정리되는 것처럼 무인에서는 아무것도 생겨나지 않는다.

이와 같이 실체화된 개념의 허구에 의하여 자존적 존재인 자성을 고집하여 집착하면, 모든 존재(Bhāva)의 相資相對性을 주장하는 연기론은 성립되지 않는다. 자존적 실체인 自性을 부정하는 그 자리에 연기론은 성립된다. 위에서 X는 無自性이므로 空(Śunyatā)이다. X＝無自性＝空이란 등식을 기술한 적이 있는데, 이 등식에 연기의 항목을 추가하면 'X는 연기이므로 무자성이고, 무자성이므로 공이다' 즉 X＝緣起＝無自性＝空이라는 등식이 이루어진다. 용수의 「中論」은 이 등식이 어떤 조건, 어떤 상황, 어떤 시간에도 성립함을 여러 가지 방법으로 증명하고, 대론자를 전통적 사구분별법이나 귀류법에 의하여 논박하고 설득하려고 했다.

그러나, 용수가 도입한 사구분별법은 전통적 형식 논리인데, '四句'를 반드시 충족시키고 형식의 완전을 기하기 위하여 지나친 언어적 조작이 엿보인다. 언어의 조작을 戱論에 포함시킨다면 용수는 희론의 적멸을 위하여 도리어 희론의 妙術에 끌려다녔다는 약점을 노정했다. 형식 논리의 완전을 위하여는 四句의 나열이 필요할는지 모르지만, 실질적인 효율성을 고려할 때 二句의 축소도 가능하다고 본다. ‘항아리가 自로부터’를 ‘P’라고 한다면 ‘他로부터’는 自의 부정이므로 ‘−P(非P)’가 되고 ‘자와 타로부터’는 ‘P・−P(P와 非P)’가 되며 ‘無因으로부터’는 ‘−P・−(−P)’ 즉 ‘非P・非非P’로 表記할 수 있다. 따라서

    a. P

    b. −P

    c. P・−P

    d. −P・−(−P)

라고 기호화된다.

여기서 (d)인 제 4 구 −P・−(−P)는 −(P・−P)로 분해되고, P・−P는 (c)인 제3구와 같다. 따라서 제3구는 제4구에 대하여는 부호가 minus이므로 부정적인 방향이면서도 제4구에 포함된다. 그리고 괄호 속의 ‘P・−P’는 (c)인 제3구이고, 동시에 (a)인 ‘P’와 (b)인 ‘−P’의 복합이다. 그러므로 용수의 「中論」에 나타난 사구분별법은 ‘二句’ Dilemma로 환원할 수도 있다. 즉 용수의 논리는 네 가지 명제를 나열하는 Tetralemma로부터 두 가지 명제로 요약되는 dilemma로 환원할 수 있다는 말이다.

그래서, 용수와 그 학파의 학설에는 부정사가 자주 사용된다. 한번 부정한 것을 다시 부정하는 이중 부정이 종종 나타나기도 한다. 이중 부정을 말하면, 유명한 서양 철학자 Hegel을 연상하기 쉽다. 그러나 Hegel의 이중 부정은 긍정적 방향으로 지양(aufheben)되지만, 용수의 이중 부정은 부정적 방향으로 철저하게 이어진다. 모든 언어에는 합리성과 함께 비합리성이 따르게 마련이다. 일상적 언어의 희구에 집착한 망상을 타파하므로써 비합리성을 노출시키고, 이 노출된 비합리성마저 否定하는 것이 용수와 그 학파의 이중부정이다. 개념을 실체화하는 언어적 사변 일체를 부정하려는 윤리이므로 언어적 동물인 인간의 언어적 사변 활동이 부단히 계속되는 한 부정 윤리는 이중, 삼중 등으로 부단히 이어질 수밖에 없다. ‘공의 윤리’라 할 때, ‘空(Śūnyatā)’의 뉴앙스는 분명히 ‘부정적’이다. 그리

고 용수 이후 대승 불교 학자들은 다분히 공의 의미를 부정 일변도로만 파악하려는 경향이 짙었다. 용수는 일찍부터 śūunyatā의 진의를 잘못 파악하여 경고하는 한 게송을 읊었다. 「觀四諦品」第 11 偈에서

> vināśyati durdṛṣtā
> Śūngatā mandamedbasam /
> Sarop yaihā duigṛtito
> Vidyā vā duṣprasādhitā / / [10)]

즉, 잘못 이해된 śūngatā는 잘못 잡은 독사(sarop)처럼 도리어 잡은 사람을 해친다.

VI

전통적인 인도적 Tetralemma 형식에 준거한 게송.중 비교적 완전한 형식을 구비한 「觀去來品」 제8게를 열거하면서 용수가 어느 정도 Tetralem- ma에 충실했는가를 다시 살펴보겠다.

한역을 옮기면 다음과 같다.

一切實非實 亦實亦非失
非實非非實 是名諸佛法[11)]

'實'의 원어는 'tathyam'이다. 원의대로는 '있는 그대로', '如實', '如如'

---

10) 잘못 해석된 空은 鈍根을 害친다. 마치 잘못잡은 毒蛇처럼, 또는 잘못 익힌 呪術처럼. (本人을 害친다)

漢譯
不能正觀空 鈍根則自害
如不善呪術 不喜捉毒蛇

11) Sarvaṃ tathyam nā uā tathyam tathyam ca-atathyam eva canaiva-atathyam naiva tathyam etad buddhanuśāsanaṁ

그래서 'suchness'라고   영역했다. 한역을 사구분별법에 따라 분류하면 다음과 같다.

일체(sarvain)는

(a) 진실이다. P

(b) 비진실이다. —P

(c) 진실이고 비진실이다. P · —P

(d) 비진실이고 비비진실이다. —(P · —P)

이것을 용수는 부처님의 교설이라고까지 강조했다. 위에서 논술한 「인연품」의 제3게와 같은 형식을 갖춘 게송이다. d항의 '비진실이고 비비진실'은 용수의 부정 논리를 잘 나타내 주고 있다.

『中論頌』 가운데서도 「관거래품」 제1게는 운동과 시간 인식을 부정하는 중요한 게송으로 알려져 있다.

Gatam na gamyate tavād
Agatam naiva gamysate /
Gata-agata vinirmukram
Gamgamahām na gamyate / /

漢譯

已去無有去 未去亦無去
離已去未去 去時亦無去

한역 已去는 원어 gatam의 의미대로 '이미 가버린 것(과거)'이므로 '가는 작용(kriya)'이 끝났으므로 다시 '가지 않는다(Na gamyate).' 마찬가지로 未去는 '아직 오지 않은 것(agatam, 未來)'이므로 역시 '오는 작용'이 일어나지 않았으므로 오지 않는다(Na gamyate). gamyate는 √gam(가다)의 현재분사이므로 현재 가고 있음을 말한다. 다음으로, 이거[過去]와 미거[未來]에서 이탈되어 '지금 가고 있는 것' 즉 현재는 과거와 미래가 없는

(이탈되었으므로) 현재이므로 간다는 작용이 성립할 수 없다. 현재라는 시간은 과거와 미래를 떠나서는 있을 수 없는 시간이다. 따라서, 현재도 없고, 간다(gati)는 작용도 없다.

위 제1게는 완성된 Tetralemma도 볼 수 없다. 제1구 已去도없고, 제2구 未去도 없으며, 제3구 已去와 未去를 이탈한 觀去도 없다고 했으므로 제3구까지는 갖추어졌으나, 제4구는 미완성이다. 운동과 시간 관계에는 과거와 미래와 현재의 세 가지 시간밖에 없기 때문이다.

그런데, 용수는 제1장에서 운동과 함께 시간의 존재를 부정하고 있으나, 현실적 체험 세계는 일체가 간단없는 작용에 의하여 운동하고 있고 따라서 시간도 가고 있는 것이다. 그렇다면 『中論頌』의 「관거래품」 제1게가 제기한 문제는 오류와 부딪친다. 이 오류를 지적하여 문제 제기 자체를 논박하는 것이 용수의 귀류법이다. 용수의 귀류법은 제기된 전제를 타당하다고 인정하면, 모순된 결론이 나옴을 논증하고, 이와 같은 모순을 회피하기 위하여는 그 전제의 타당을 부정해야 한다는 것이다. 운동자와 운동, 과거, 현재, 미래 등의 개념들을 언어 작용에 의하여 결합하고 분리하는 희론을 전제한 대론의 합리성을 부정하는 것이다.

옛날 희랍의 Zenon도 운동 부정론을 주장한 적이 있다. 그러나, Zenon의 주장은 '위치의 靜動'에 관한 역리에서 나왔다. Zenon의 추구는 존재론적 색채가 짙었다. 그러나, 용수는 운동의 인식과 시간의 인식에 대한 오류를 지적하고 그 부당함을 논파했다. 특히 시간 인식에 대한 비판은 『中論頌』의 「觀時品」에 집약되어 있다. 용수의 시간론을 로마의 Augustine(354~430 AD)의 시간론과 비교하여 논하는 학자도 있다.[12] 용수는 과거·현재·미래가 파악되지 않음을 논파하여 시간의 존재를 부정했다.

Ⅶ

불교 사상은 모든 사물로 사상을 이중 구조 체계로서 관조하려고 한다. 勝義諦(眞諦 : Paramārtha-satya)와 世俗諦 (俗諦 : Lokasaṃvṛti-satya)의 이중 구조다. 용수도 사상의 전개 과정에서 이 이중 진리 구조 체계를 적절한 사유 장치로서 사용하고 있다. 『中論頌』 24章 「觀四諦品」 제8게는 이중 진리 구조를 다음과 같이 제시했다.

諸佛은 두 가지 진리에 의하여 설법을 했다. 세간에서 통용되는 진리와 제일의적 진리다.

Dve satye samupāśritya

Buddhānām dhamadeśanā /

Lokasaṃvṛti-satya ca

Satyaṃ ca paramārthatah / / [13]

용수는 이중 진리 구조는 '부처님의 교설(Buddhānām desana)'에서도 이미 나타나 있다고 했다. 'T. R. V Murti'[14]는 그의 저서 The central philosophy of Buddhim에서 고집멸도 세속제를 勝義諦라고 언급한 일이 있다.(p. 252) 一切有部論者(sarivāstivadin) 등은 항아리같은 경험적 사실의 인

---

12) Augutine은 『告白』 第11卷 14章에서 그의 時間論을 피력했다.
　　時間은, 남이 나에게 묻지 않으면, 나는 알고 있다. 그러나 남이 물으면 나는 모른다. ……時間은 무엇이든지 지나가지 않는다면 過去時는 없을 것이고, 무엇이든지 다가오지 않는다면 未來時도 없을 것이며, 아무 것도 없다면 現在時도 없을 것이다. 그렇다면 두 자리 時間, 過去와 未來는 어떻게 하여 존재할 수 있을까. 過去는 '이제 더 없는 것'이고 未來는 '아직 없는 것'이다. 現在는 過去로 흘러가지 않는다면, 그것은 時間은 아니고 '永遠'이 된다.……우리가 진정한 의미에서 '時間이 있다'고 말할 수 있는 것은 그것이 '無의 方向'으로 가서 없어지기 때문이다.
13) 漢譯 諸佛依二諦 爲衆生說法
　　一以世俗諦 二第一義諦
14) T. R. V. Murti, The Central philosophy of Buddhism, p. 252.

식을 세속제라 하고, 오온같이 dharma에 관한 인식을 승의제라고 했다.[15] 그러나 유부론자의 이론을 가장 신랄하게 논박했던 용수는 유부론자들의 이제론에 대하여 부정적 반응을 나타냈다. 용수는 오온같이 dharma에 관한 인식도 세속제라 하고, 연기·공의 인식을 제일의제[勝義諦]라고 했다.

용수에 있어도 俗諦는 세간적, 일상적, 관례적, 통상적인 상대적 진리를 말한다. 일상적, 관례적 언어에 의하여 표현되는 상대적 진리이므로 '言語諦'라고도 할 수 있다. 여기 대하여, 勝義諦는 '究極的인 것', '言語를 여읜 것'이고 절대적 진리다. 그래서, 진제와 속제는 의미상으로는 전연 상이한 두 진리로 보인다. 진제는 세속적, 상대적 진리는 될 수 없고, 또 속제는 초세속적 절대적 진리가 될 수 없으므로, 서로 배척하는 관계에 있는 것처럼 보인다. 그러나, 이 두 진리는 판이하게 분리된 두 종류의 진리가 아니고 하나의 현상을 보는 입장과 관점에 따라 시각과 언표를 달리하는 '이중의 진리'다. 어떤 현상을 대상화하여 인식한다고 가정하여, 언어로 표현된 고정상에 의하여 그 인식이 좌우된다면 그것은 세속적 진리 즉 속제이고, 언표된 고정상에 의하여 좌우되지 않고 대상화되지 않으며, 개념적 인식이 정리되면, 그것은 승의제 즉 진제다. 다시 말하여, 어떤 사상은 인간의 인식 작용에 의하여 주관과 객관으로 분리되어 파악되거나 인간의 언어 기능에 의하여 분리된 사상의 존재 근거가 성립된다고 보는 것은 속제에 속하고, 언표된 고정상에 대한 세간적 집착을 타파하고 그 사상이 관련된 일체 현상이 '연기 관계'에 있음을 달관하는 것이 진제다. 이와 같이 진제와 속재 심심미묘한 관계에 있다. 그래서 용수는 「觀四諦品」 제9게에서 두 진리의 이중 구조적 구조를 다음과 같이 말했다.

이 두 진리의 구별을 이해하지 못한 사람은 불설의 깊은 뜻을 이해하지 못한다.[16] 그리하여 승의제는 일단 세속제를 부정하지만, 부정된 세속제를 근거로 하여 또는 의지하여 그 속제를 초극한다.

---

15) 「俱舍論」 卷二十二
16) Ye' nayorna vijānati' vibhāgam satyayorchayoḥ /
   to tattvan na vijānanti gambhiram buddhaśāsaue / /

그래서 「觀四諦品」의 제10게는,

若不依俗諦 不得第一義
不得第一義 則不得涅槃[17]

라고 ‘속제’에 의지하지 않고서는 ‘제일의제’ 즉 진제를 얻지 못한다고 명시한다. 승의제는 속제에 의지하여 勝義의 불설이 언어로 교설되게 하면서도, 교설된 언어에 대한 집착을 부정하고 속제에 의거하여 俗諦를 지양한 제일의제에 이른다. 언어적 표현의 한계를 넘어선 승의제가 언어로 언표되려면, 속제 즉 언어제의 언표 기능에 의지하지 않을 수 없다. 그러므로 그 속제에 집착하지 않고 절대를 지향하는 것이 진제다. 그래서 진제와 속제가 언어적 영역이나 悟得의 차원을 달리하면서도, 상반의 관계가아니고, 상즉의 관계에 있다. 그리고 진제와 속제가 상즉의 관계로 이루어지게 하는 것이 ‘空’ 즉 Śūnyatā다.

Ⅷ

용수는 『中論頌』「관사제품」 제18게에서 유명한 삼제설을 제시했다.

衆因緣生法 我說即是空
亦爲是假名 亦是中道義
Yaḥ pratityasamutpādaḥ &
Taṃ pracakṣmahe /
Sā prajñāptirupādāya
Pratipat saiva madyamā / /

---

17) Vyavahāram anāśritya
paramārtho na deśyate /
paramārthan anāgamya
nirvānam na-adhigamyate

原文대로 번역하면 다음과 같다.

緣起인 그것을 우리는 空이라 말한다. 그것은 상대적 施說이며, 또 그것은 實로 中道다.

이 게송에서 문제되는 낱말의 하나는 Paājñaptir upādāy인데, 'Provisional name or thought construction for The mutuality of being'이라고 번역한 학자도 있다.[18] 상대적 假名 또는 존재의 상대성을 위한 시설이라는 번역이다. 그래서 羅什은 가명이라고 한역했다. 가명이나 시설이나 마찬가지로 임시적, 상대적 존재를 가리키는 낱말이다. 그러니까 '衆因緣生'하는 즉 연기에 의해 생겨난 모든 것은 자존적 실체가 없으므로 '空'인데 이 '空'은 부정적 표현이므로, 긍정적 방향에서 言語諦에 바탕을 두고 言表한다면 임시적 '假名' 즉 언어적 허구로 나타난다는 것이다.

그런데 중생은 이 가명적 허구에 안주하며 집착하는 관습에 젖어 있으므로 곧 '中道(pratipat madhyamā)'를 제시한 것이 용수의 三諦說이다. 이 中道는 原語的 'Pratipat(道)'가 의미하듯, 매개적 존재로서, 静態的이 아니고 動態的 의향을 나타낸다함은 이 소론의 서두에서도 언급한 적이 있다. 중도는 '空'과 '假名'의 사이에서 '空이 假名의 방향으로' 또는 '假名이 空의 방향으로' 작용케 하는 dynamic한 매개적 존재다. 그리하여 空은 가설적 세간이 구현되어 중생의 번뇌를 단진하여 주고, 거꾸로 세속적 가명은 공의 차원으로 지양되는 종교적 기능이 작동하는 것이다. 그래서 『中論頌』·「觀法品」 제5게는 "業煩惱의 斷盡으로부터 해탈은 오는데 業煩惱는 假名的 施設의 분별에서 오고 戲論에서 온다. 그리고 희론은 공에 의하여 적멸되는 것이다"[19]라고 설파했다. 즉 '空'은 '假名'과 戲論에서 오는 업(

---

18) Ka, K, Inada
   A Translation of Mūlamadhyamabsukārikā
19) Karmakleśa kśayānmoksa
   karmakleśā vikalpataḥ /
   te prapañcātprapañcastu
   śūnyatāyāḿnirudhyate / /
   漢譯 :
   業煩惱滅故 名之爲解脱
   業煩惱非實 入空戲論滅

karma)과 번뇌(kleśa)를 적멸하는 종교적 제도 기능을 보유한 불교 용어다. 이 중요한 용어를 용수는 『中論頌』에서 緣起＝空＝假名＝中道라는 등식으로 그의 遮遣的 윤리를 전개했다.

II
한국불교연구

불교전래초기의 교단형성사

서론

Ⅰ. 불교의 전래

Ⅱ. 전래 초기의 불교 수용 형태

 1. 현세 이익적 경향 / 2. 호국 신앙적 경향

서론

　　한국 불교는 중국 땅에서 적어도 3세기 내지 4세기 동안 토착 과정을 겪은 다음 중국적으로 변형된 형태로 전래된 불교라는 사실을 주목하고자 한다. 인도인과 중국인 사이에는 언어의 상위는 물론 사유 방법에 있어서도 엄청난 차이가 있었다. 또 인도와 중국은 히말라야 산맥과 세계의 지붕인 파밀 고원의 거대한 장벽을 사이에 두고 서로 격리된 가운데 오랫동안 독자적 문화를 발전시켜왔다. 따라서, 인도에서 힌두이즘을 배경으로 형성된 불교가 언어는 물론 사유 방법조차 다른 중국인에 의하여 형성된 중국적 異質文化와 遭遇하고 이 異質文化 속에서 토착 과정을 밟을 때 변형과 변질이 일어나지 않을 수 없다. 이것을 미국의 학자는 '夷狄의 침입자들을 새롭고 보다 위대한 제국 내에 통합한 것은 중국 역사의 눈부신 양상의 하나였으나, 그보다도 놀라운 사실은, 불교를 중국 문화의 주류에 점진적으로 수용하였고, 마침내는, 기본적인 중국 사상이나 지배적인 사회 제도와 양립할 수 없었던 불교의 여러 양상들을 中和하였다는 것이다. 우리가 살펴본 바와 같이, 불교는 중국 문명에 대하여 정면으로 도전하는 존재였으나, 결국은 불교가 중국을 변질시킨 것보다는 중국이 더 많이 불교를 변질시켰다"[1]라고 지적하였다. 불교가 중국 문화에 대하여 도전하였음은 쉽게 이해할 수 있다. 그러나, 양립할 수 조차 없는 것처럼 보이던 불교가 중국 문화와 中和되었으며, 中和되는 토착 과정에서 '불교가 중국을 변질시킨 것보다는 중국이 불교를 더 많이 변질시켰다'는 단언은 심각한 문제 제기도 될 수 있다. 두 異質文化가 中和되려면, 두 문화에 각각 변질이 일어나기 마련이다. 그런데 변질의 양이 중국보다는 불교에 많이 일어났다면, '中和된 것'은 불교적이라기보다는 중국적으로 변색 또는 변형된 것으로 나타났을 것이다. 그래서, 同學者는 다시

> "……그리하여, 불교는 차츰차츰 원시 불교와는 유사성이 없고 중국 제도에 쉽사리 적합되는 그러한 사상 체계와 기구로 재형성되어 가고 있었다."[2]

고 덧붙였다.

이와같이 중국적 풍토에 토착하는 과정에서 불교가 변질되는 면은 크게 두 가지로 나눌 수 있다. 한 가지는 고유 문화에 대한 도전과 中和이고 다른 한 가지는 국가 권력에 대한 항쟁과 中和이다. 전자의 경우는, 특히 도교적 神仙術과의 中和 또는 習合에서 나타나고, 후자는 僧伽[僧團]와 국가와의 관계가 긴장된 상태에서 主從位階를 두고 서로 경쟁할 때 노정되었다.

불교가 중국에 전래될 무렵 중국의 정치, 사회 질서는 안정을 잃은 불안한 시기였다. 말세적 기운이 감도는 상태에서 인간은 불안에 떨면서 반면 잠시나마 안심 입명하려는 강렬한 욕구를 가진다. 주술이나 마술의

---

1) E.u. Reischauers, J.K. Fair Bank, East Asia ; The Great Tradition, 全海宗 · 高柄翊 共譯 pp. 213~214
2) 上揭 p. 214

힘에 의하여서라도 마음의 안정을 구하려는 욕구가 일어난다. 이와같은 민심에 쉽게 영합한 것이 도교적 神仙術이었다. 따라서 불교도 토착 과정에서 이 신선술과 혼동되는 처지에 놓여 있게 되었다. 그러므로 중국인들은 불교의 교조를 위대한 '성인'으로 수용하려고 하지 않고 그들이 가장 이상적 존재로 상상하는 '神仙'으로 수용하였다.3) 後漢의 明帝가 꿈속에서 보았다는 부처님은 등에 햇빛을 받으며 공중을 날아 오더라는 이야기는 부처님을 신선으로 받아들인 훌륭한 예화가 된다. 요컨대, 불교는 신선으로 화한 노자를 제사하는 後漢社會에서 신선술의 신앙을 매개로 하여 수용되었다고 할 수 있다. 따라서 後漢末의 불안한 시기에 신선으로 화한 노자의 도교와 신선으로 화한 부처님의 불교는 서로 習合하여 가면서 서민 사회에 침투하여 들어갔다. 불교의 교조가 신선으로 수용되었다는 사실은 미래의 불교가 어떤 길을 어떻게 걸어가야 하는가 하는 진로를 운명적으로 점쳐주고 있다.

다음으로, 국가와의 관계에서 불교는 중국의 정치 체제를 구성하여 놓은 유교 철학에 도전하는 입장에 서게 되었다. 가족 관계를 중시하는 유교 도덕에서는 '수신 제가'의 연장이 그대로 '치국 평천하'에까지 이르는 통치 체제였다. 따라서 국가의 권위는 종교가 도전할 수 있는 것이 아니고, 종교는 다만 충실한 시봉의 지위에 놓일 수 밖에 없었다. 국가가 有限的 인륜 관계에 지나지 않는다는 생각은 중국인의 머리에 쉽게 떠오르지 않았다. 따라서, 無限을, 또는 영원한 피안을 지향하는 종교가 국가보다는 적어도 우위에 있지 못할 망정, 동등한 지위에는 놓여져야 한다는 생각은 일어나기 어려웠다.

여기 이 논문에서는 중국 풍토에서 중국적으로 中和되고 변질된 불교가 삼국 시대에 전래되면서, 우리 조상들은 변질된 중국을 어떻게 수용하였으며 또 어떻게 저항하였는가 하는 과정을 살펴보고자 한다.

---

3) 古具房之進(雜改) 第一輯 次次雄條

Ⅰ. 불교의 전래

　　불교가 한반도에 처음 전래된 것은 삼국 시대의 일이었다. 불교가 중국으로부터 전래되었기 때문에 전래된 최초의 나라는 중국과 지리적으로 가장 가까운 거리에 위치한 고구려였다. 서기 372년 前秦의 符堅은 고구려 소수림왕에게 불상, 불경과 함께 僧[4] 順道를 보냈다. 이때 부견의 使者도 함께 왔다. 2년 후 서기 374년에는 불상과 불경과 함께 이번에는 僧[5] 阿道를 다시 보냈다. 다음 해(375) 고구려에서는 肖門寺와[6] 이불란사를 창건하여 각각 순도와 아도를 주석케 하였다.

　　그런데 고구려에 불교가 전래된 때는 순도가 처음이 아니다. 이 보다 먼저 支遁道林이 고구려 도인에게 서신을 올렸다는 기록이 보인다.[7] 여기서 말하는 고구려 도인이 중국에 가서 이 편지를 받았는지, 아니면 고구려 땅에서 편지를 받았는지는 분명치 않다. 그러나 支遁道林이 366년에 입적하였으므로 적어도 순도보다 6년전에 벌써 고구려인인 道僧이 있었음을 알 수 있다. 중국에 불교가 전래된 지 300여 년이 지나고 있었으므로 그동안 북방에 위치하였던 고구려에 중국의 문물과 함께 불교가 들

---

4) 順道에 대하여는 異說이 있다. 前秦서 왔다는 설 이외에 東晋說도 있다. 그러나 당시의 국제 계에서 보나 또는 불교에 대한 符堅의 신앙과 열성으로 보아 前秦說이 가장 온당하다고 생각한다는 李基白氏의 주장에 가담하고 싶다.

5) 阿道는 胡僧, 또는 천축인이라고 해동 고승전에 나타나 있다. 그래서, 李鶴洙氏는 Indian Monk라고 영역하였으나 당시 중국의 역경가들이 安息(팔디아)의 安世高나 또는 月氏國의 支婁迦讖 등 중앙 아시아 출신이었다는 것을 참작하다면, 胡나 천축이 지칭하는 지역은 인도뿐 아니라 중앙 아시아가 아닌가 한다.

6) 이불란사의 이름에 대하여는 일찍 李能和氏도 주목한 적이 있다. 그는 이것을 지명 또는 宮名일는지 모른다고 하였으나 고구려의 지명이나 宮名치고는 아무래도 어색하다. 차라리, 중앙 아시아의 지명이나 인명이라면 몰라도 근래에 기독교 신학자들 가운데서 이 이름이 서양적 인명이나 지명과 비슷하다고 하여 異敎의 영향이 아니겠느냐고 주장하는 사람도 있으나, 연대적 차이를 고려할 때 지나친 강변이라고 생각한다. 肖門寺에 대하여는, 順道와 阿道를 영접한 문이 省門이었는데, 이 省門에 절을 창건하여 省門寺라 하였는데 후에 와전되어 肖門寺가 되었다고 한다.

7) 梁高僧傳 卷四

어울 수 있는 개연성은 있다. 오히려 고도로 발달된 문화는 미개의 주변 지역으로 쉽게 흘러간다는 이치에 따라, 불교는 순도보다 훨씬 일찍이 고구려의 서민층에는 소개되어 유포되고 있었을는지도 모른다. 그러던 것이 前秦王 符堅이 외교 사신과 함께 僧 順道를 보냄으로써 불교가 국왕의 명으로 공인되었을 따름이라고 하는 것이 타당할 줄 안다. 그런데 前秦의 符堅王과 고구려의 소수림왕 사이의 국왕 레벨에서 불교신앙이 공인되었다는 사실을 주목하여야 한다.

백제에는 고구려보다 12년 뒤 384년 침류왕 원년에 중국 대륙의 晉나라로부터 바다를 건너 불교가 전래되었다. 胡僧 摩羅難陀가 최초의 傳敎師였는데, 胡僧의 '胡'가 구체적으로 인도를 가리키는 기록도 있다.[8] 그러나 이 마라난타가 얼마나 오랫동안 晉나라에 머물렀으며, 특히 어느 경전에 능통하였는가 하는 것은 알 길이 없고, 다만 백제에서는 왕으로부터 융숭한 대접을 받고 있었음은 기록되어 있다. 왕은 그를 궁중에 머물게 할 만큼 우대하였으며, 다음 해에는 漢山에 절을 짓고 승려 10인을 入室케 하였다고 한다.

신라에 불교가 전래된데 대하여는 여러 가지 설화와 異說이 많아서, 단편적으로 어느 해, 누구에게 어떻게 하여 전래되었다고 명언하는 일은 주저하게 된다. 그러나 대개 백제보다 상당히 뒤지어 訥祇麻立干(417~458) 때가 아니면, 좀 이른 편이 아닌가 하는 것이 일치된 견해이다. 또 전래한 인물에 대하여도 역시 이론이 많다. 順道나 阿道 또는 摩羅難陀같이 한 두 傳敎師에 의하여 전래된 것이 아니고, 오랫동안 여러 傳敎師들에 의하여 고구려와 신라의 접경 지대에서부터 전교를 시작한 듯하다. 고구려나 백제같이 불교가 쉽게 전래되고 또 쉽게 수용되지 못하였던 특수 사정이 신라에는 있었다. 그래서 이차돈의 순교 사화까지 남기게 되었다.[9] 법흥왕 때의 사건이다. 그러나 이 사건을 계기로 불교는 공인되었고, 그 후 신라에서 불교는 국왕의 비호를 받아 급속도로 전파되어 소위 中古에

---

8) 해동고승전 古記에 의하면 마라난타는 인도로부터 중국의 전교사로서 건너 왔다는 것이다.

9) 異次頓의 순교 사화는 李基白氏의 소론과 같이 建寺問題로 일어난 듯하다.

는 모든 왕의 이름을 불교에서 빌어오기까지 하였다.

Ⅱ. 전래 초기의 불교 수용 형태

1. 현세 이익적 경향

전래 초기의 불교 신앙에는 현세의 이익을 기원하는 경향이 지나치게 농후하였다. "불법을 신앙하여 복을 얻으라."[10]는 국가의 교시도 있었으므로 기복적 경향은 전체 불교 신앙을 휩쓴 듯이 보였다. 더구나 백제 聖王은 일본에 불상과 경전을 보내면서 다음과 같이 불법을 설명하였다.

> "이 법은 여러 법중에서 가장 높고 으뜸가는 법이다. 따라서 이해하기 어렵고 들어가기 힘들며 周公이나 공자도 알지 못하던 법이다. 이 법은 특히 무량 무변의 복덕과 과보를 낳으며, 무상의 깨달음을 이루게 하는 것이기도 하다. 비유하면 隨意寶를 품고 모든 소원을 뜻대로 이루어 짐과 같다. 이 묘법도 역시 뜻한 바를 기원하면 부족 없이 이루어진다."[11]

또 신라 불교 전래 설화에서 阿道가 王女의 병을 고쳐주므로 전교의 제 1보를 디딜 수 있었다는 것도 다분히 현세 이익적, 분위기를 말하여준다. 그런데 불교를 이와같이 현세 이익적, 또는 기복적 신앙으로 수용한 데는 중국에서부터 전래된 불교 신앙 자체에 현세 이익적, 기복적 요소가 다분히 가미되어 있었다는 것이 필자의 의견이다. 원래 중국인의 사유 경향은 초월적 보편적인 것보다는 現世的 可視的인 것에 치중한다. 그래서 太極이니 無極이니 하는 궁극적인 것도 太極圖같이 그림으로 표상되어 눈

---

10) 史記 高句麗本記 6 故國壤王 9年
11) 『日本書記』卷 19 현세 이익적 기복신앙이 여실히 나타나 있다.

으로 보아야만 알았다는 듯이 고개를 끄덕이는 것이 중국인의 사유 경향이다. 따라서 중국인들은 비교적 현실주의적이고 이같은 현실주의는 자연적으로 현세 이익으로 흘러가기 쉽다.[12]

이와같은 사유 경향은 불교 수용에서도 나타났다. 인도의 불교는 형이상학적 경향이 아주 농후하고 또 과거세와 미래세에 대하여 상세하게 설명하는 수가 자주 있다. 그렇다고 기복적·주술적 요소가 전연 없는 것은 아니다. 그러나 중국인이 수용한 불교는 형이상학적인 교리보다는 주술적·현세적·기복적 요소가 강한 것이었다. 따라서 초기에 명성을 떨쳤던 佛圖澄(232~348) 같은 고승도 여러 가지 신통술을 보여주므로 민중의 신앙을 집중시켰다고 한다. 後趙의 石勒이 군사를 몰고와서 양민들을 학살할 뿐만 아니라 승려까지도 해치고 있었으므로 그는 자진하여 石勒을 陣中으로 찾아갔다. 그 때에도 역시 신통력으로 石勒을 교화하는데 성공하였다고 한다. 그는 그후 石勒의 왕사가 되었다. 이 佛圖澄의 제자에 중국인 출신 고승 道安(312~385)이 있었다. 고구려에 불교를 전교한 前秦王 符堅은 이 道安을 양양에서 모셔다가 그의 왕사로 삼았다(389). 유명한 羅什三藏의 학덕이 고매함을 듣고 중국 땅으로 데려올 것을 符堅에게 권한 것도 바로 道安이었다고 한다.[13]

현세적 이익을 가져다 주는 주술을 중시하는 경향은 주술이나 기복을 금하는 소승 불교보다는 주술이나 기복을 어느 정도 허용하는 대승 불교를 선택하게 하였다. 그래서 소승과 대승은 거의 동 시대에 중국에 전래되었건만 후세에 와서 발전된 불교 교리는 대승 뿐이었다. 그러므로 중국 불교는 민간 신앙과의 습합이 쉽게 이루어졌다. 중국인들은 중병에 걸리면, 민간 신앙의 여러 신 뿐 아니라 불교의 보살과 제천의 이름을 부르며 기복하는 일이 종종 있다.[14]

주술적 기복적 경향이 강하게 되면, 아미타 신앙이건 미륵 신앙이건 모두 여기에 포함되고 마는 것이다. 아미타불은 Amitāyus Buddha의 音譯이

---

12)『中村元, 동양인의 사유 방법』중국인의 사유방법 p. 468
13) 渡邊照宏, 불교의 유통 p. 170
14) 中村元, 同書 p. 470

고 뜻은 無量壽佛이다.

그런데 중국인들은 무량수불이라고 염불하기보다는 아미타불의 음역을 염불하므로 주술적 효험이 있다고 느꼈다. 미륵불의 경우도 마찬가지이다. 뜻도 모르는 미륵불을 부름으로써 주술적 감흥에 젖는다. 그런데 이와같이 주술적 신앙이 성행하는 까닭은 이 주술이 반드시 현세적 이익을 가져다준다는 확신에 기인되는 것이다. 주술적 행위에는 반드시 그 목적이 분명하고 단적이고 또 명확하다.[15]

이상에서 논한 것처럼, 삼국 시대에 수용된 불교 신앙은 중국 풍토에서 주술적·현세 이익적·기복적 신앙으로 변질된 것이었다. 수용 당시, 불교의 본질이 주술적·현세 이익적인 비본질적 요소에 대하여 부정적 방향으로 비판할 만큼 지식 수준을 높지 못하였다. 아마 현세 이익적 주술적 신앙이 그대로 불교 신앙이라고 순진하게 받아들였을 것이라는 추리가 온당하지 않을까 한다.

기복적 요소는 초창기 불상의 造像銘에서 찾을 수 있다. 망자나 보시자의 명복을 기원하는 記銘이 나온다. 신라, 백제, 고구려 어디를 가든지 현세 이익을 추구하는 기복적 신앙은 성행되고 있었다. 주술적·기복적 신앙을 금하는 소승 불교가 일시 소개는 되었으나 강성을 이룩하지 못한 이유는 중국의 경우와 같다고 생각한다.

고구려의 금동아미타여래상에 記銘이 있는데 造像한 다섯 사람의 이름을 열거한 다음,

"돌아간 스승 및 부모가 다시 날 때마다 마음 속에 늘 부처님을 염하고 선지식 등은 미륵을 만나기를 원하면서 소원은 이러하다. 언제나 함께 한 곳에 태어나서 부처님을 만나고 법문을 듣도록 하여 주시기를 바랍니다" 하고 기복하였다.

여기서 (다시 날 때마다)의 '世世生生'은 윤회 사상을 연상케 한다. 그런데 윤회 사상을 수용하는 과정에서 중국인들이 본래의 윤회 사상을 전연 반대의 방향에서 해석하였다는 사실은 주목하여야 한다. 인도의 고

---

15) T.E. O'Dea The Sociology of Religion, p. 15

유 사상인 윤회는 끊임없는 苦의 수레바퀴로 비관적 방향에서 해석되는
것이다. 그러나 이 윤회 사상을 중국인들은 도리어 오늘의 행복을 내세에
다시 되풀이 시켜주는 낙관적 방향에서 수용하는 중국의 왕족이나 귀족들
이 있었다. 그러므로 인도인들에게 있어서 윤회는 고통의 상징이지만 중
국인들에게는 오히려 오늘의 복락을 내생에 다시 가져다주는 행복의 상징
이 되었다. 따라서 왕생 극락을 약속하는 미타 신앙은 두 가지의 이익을
가져다 준다고 생각하였다. 신앙과 기복의 공덕에 의하여 현세적 이익 즉
무량수를 누리게 한다는 것이 한 가지이고 또 한 가지는 현세의 이익이
내생에 가서 다시 재생된다는 것이다. 그러므로 세세생생을 인간 세계만
을 가리킨다고 단정하는 李基白氏의 이론에는 수긍이 가지 않는다.16) 미륵
을 만나는 일도 내생에서 얼마든지 가능하다.

　　　현세 이익적이라 하여 한번은 반드시 죽어야 한다는 절대 진리까지
가 부정되는 것은 아니다. 윤회가 단적으로 시간을 의미한다면 아미타 신
앙의 정토는 영원이다. 윤회의 시간은 죽음으로 단절된다. 어쩔 수 없는
인간의 조건이다. 아무리 아미타 즉 無量壽를 욕망하고 기원하지만 이와
같은 욕망과 기원으로 이 운명적 조건이 변경되지는 않는다. 이때 여기서
영원의 피안에 관심을 가지는 신앙이 싹튼다. 다시 말하면 정토 신앙이
다.

　　　물론 이같은 종교 철학적 윤리가 그대로 삼국 사회의 신앙 형태에
표출된다고는 생각하지 않는다. 그러나 이 윤리는 수용 자세가 가장 순진
한 신앙 형태에는 소박하게 나타나기도 한다. 또 중첩된 형태로 나타날
때도 있다. 현세 이익을 기원하는 미타 신앙 즉 무량수의 신앙과 현세 이
익의 재생을 기원하는 소박한 미타 신앙이 소박하게 중첩되어 있다. 현세
적 신앙은 내세의 신앙과 중첩되어 있는 것이 인간의 솔직한 신앙 형태일
것이다. 현세의 방향으로 기복의 내용을 담아서 할 때 현세적 이익적 신
앙이 되고 내세 지향적 내용이면 내세 이익적 신앙이라고 분리할 수 있을
는지 모르지만 진실은 同一時間에 同一存在가 두 방향으로 기원하고 있을

16) 역사학보六 : 李基白, 삼국 시대 불교 전래와 그 사회적 성격

때가 많다. 주술은 현재의 시간과 미래의 시간을 신비스럽게 합일시켜 현재와 미래의 사이를 무산시켜 버린다. 그리하여 내세를 현신케 하고 현세를 미래로 비상케 한다. 소박한 신앙은 이와같은 주술에 의하여 인간의 현세적 욕구를 만족하고자 기원하는 것이다. 유구한 미래에 나타난다는 미륵 신앙이 성행하는 까닭은 그 미래를 주술의 마력으로 현세로 현신시켜 이익을 가져오게 할 수 있다고 믿기 때문이다.

그래서 世世生生을 반드시 현세적 인간 세계 뿐 아니라, 현세에 이익을 얻은 귀족들은 내세에 가서도 그 이익이 연장되고 되풀이 되기를 주술의 힘으로 바랄 수 있었다는 것이다.

그런데 이 주술을 삼국 시대의 불교가 巫覡的 신앙을 대신하였다는 데 문제가 있다. 내세의 無量壽까지를 조절한다는 불교의 주력에 비할 때 본래의 주력은 아무 것도 아니었다. 이리하여 불교 승려의 주술적 위력이 巫覡의 呪力을 능가한다는 설화가 생겨났다. 金良圖가 어려서 중한 병에 걸렸을 때 용하다는 무격이 다 와서 제사를 올리고 呪力을 바랐으나 도리어 귀신들은 더욱 기세를 부리는 형편이었다. 이 때 불교의 密本法師가 나타나서 귀신들을 모조리 쫓아내고 그의 병을 낫게 하였다는 설화가 있다.17)

그리고 呪歌的 성격을 띤 향가는 주로 승려들의 손에 의하여 제작되었다는 사실도 주목하여야 한다. 여기서도 무격들이 차지하고 있던 지위가 점차 불교 승려들에게 이양되는 현상을 엿볼 수 있다. 당시 무격과 불교가 교대하는 과정을 잘 설명하는 것으로 승려를 가리키는 '중'이란 낱말이 원래 巫를 의미하던 古語 次次雄 또는 慈兀에서 나왔다는 학설이 있다.18)

주술이나 비술적 신앙을 배격하던 불교의 근본적 교리가 중국의 토착화 과정에서 중국적으로 변질되어 현세 이익을 기원하는 주술적 신앙이 우세하였고, 이 같은 주술적 신앙이 그대로 아무 비판도 없이 삼국 시대

---

17) 同書
18) 鮎具房六進〈雜考〉 第一輯 次次雄 條

에 수용되어 본래의 무격신앙보다는 주력이 강하므로 무격의 지위를 대신하는 ‘중’으로 퇴화되었다는 전래 초기의 현상은 그대로 한국 불교의 미래상의 원형을 그려 보여 주었다.

2. 호국 신앙적 경향

한국 불교의 성격을 전래 초부터 호국 신앙으로 규정지으려는 학자가 많다. 마치 한국 불교가 중국이나 일본에도 없는 특징이 있다면 그것은 바로 호국 신앙이라고 강조하는 학자들까지 있을 정도다. 그러나 전래 초기 받아들인 계급이 왕족이나 귀족 같은 지배 계급이었고 또 그들은 왕족과 귀족의 번영을 도모하기 위하여 불교를 정치적 목적에 이용하였다. 즉 씨족 제도가 붕괴에 당면하여 정복전이 점점 대규모화되고 지배층과 피지배층의 사이가 멀어짐에 따라 지배층의 중추세력은 절대적인 왕권의 확립을 위한 중앙 집권 체제가 필연적으로 요청되었다. 이와같은 古代王家의 성립 과정에서 불교는 새롭고 보다 고차원적인 이데올로기를 제시하여 주는 종교 사상이었다. 또 날로 늘어나는 피지배층을 무마하고 체념의 길로 인도하는 데에도 불교의 자비 사상은 불가결이었다.[19]

그런데 불교가 어느 특정 왕권을 위하여 시봉의 지위에서 봉사한 사실은 비단 한국 불교사에만 국한되는 것은 아니라고 본다. 오히려 호국 불교의 원형은 전래 초기의 魏晋 불교에서 노골적으로 나타난다고 생각한다. 신분적 계위 질서를 중시한 중국 사회에서는 일단 지배 계급이 형성되면 주종 관계가 윤리적으로 고정화된다. 그리고 개인은 가족을 통하여 그 거대한 질서에 몰입하여 버린다. 개인은 그가 속한 인륜적 조직과의 사이에서 자아를 의식하지 못하고 몰입하고 만다는 말이다. 한 가지 예를 중국 불교 승단에서 들고자 한다. 한국 불교에서 ‘僧’은 원래 ‘僧伽’의 약자이고 이 승가는 불교 교단 즉 僧團을 가리킨다.

그리고 승가에 속하는 개인은 比丘 또는 比丘尼라고 불러왔다. 따라

---

19) 李基白 同書

190

서 승가와 比丘 사이에는 집단과 개인 만큼 엄연한 구별이 있었다. 그런데 중국 교단에서는 僧이란 전체 조직을 가리키는 말인 동시에 수도하는 개인을 가리키는 호칭이 되고 말았다. 이와같은 사례는 한국 불교에서는 그대로 전래되고 있다.[20]

한 개인의 특정 단체에 예속할 때 개인과 단체라는 분별 의식없이 몰입하는 현상이 연장되면 국가와 개인의 사이에서도 적용된다. 그 중간에 매개체로서 가족이라는 것이 있기는 하다. 그러나 가족과 개인은 보다 쉽게 아무 저항없이 몰입 과정에서 합일되는 것이 중국인의 사유 방향이다. 중국인들은 모든 조직적 질서를 '가족적'으로 받아 들이려고 한다. 그리하여 국왕은 家父長의 연장적 존재로 숭배하고 반대로 자기 개인은 예속의 지위로 떨어지는 것을 자연스런 질서로 자인하고 들어간다.

모든 조직적 질서를 가족적으로 받아 들이려는 경향을 僧伽 즉 불교 교단을 '佛家'라는 호칭으로 처리하였다. 역시 '家'라는 것으로 교단을 부름으로써 그들은 자타의 일체감을 가지게 되는 것이다. 그래서 중국 불교에서는 한 종파가 가진 특수한 규율을 '家風'이라고 부르기도 한다. 한 가족이 가지는 특수한 예의 범절이라고 생각하였던 것 같다.

이와같이 사유 경향의 극단은 제왕 숭배에 이르게 마련이다. 제왕을 인류 조직의 정상에 위치시키고 모든 백성은 그의 嫡子的 위치에서 만족하였다. '국왕은 곧 本이요 신하는 곧 가지'라는 말이 생겨 나기 까지 하였다.

제왕의 지위를 무엇보다도 상위에 두려는 경향은 그대로 불교 교단에 도입되었다. 그렇다고 저항이 전연 없었던 것은 아니다. 노산의 慧遠 같은 학승은 '沙門不敬王者論'을 주장하고 나설 만큼 저항한 일도 있었다. 그러나 이 같은 저항 세력보다는 중국적 인류 질서에 순응하려는 세력이 압도적이었다. 그래서 前秦王 符堅의 왕사였던 道安은 '不依口王則 法事難立'[21]을 주장하고 나섰다. 즉 국왕에 의지하지 않고는 불교의 법은 성립되

---

20) 中村元 同書 p. 502
21) 塚本美隆 중국 불교 연구 p. 78

기 어렵다는 뜻이다. 이것을 주창한 도안이 바로 고구려에 불교를 전한 부견의 왕사적 위치에 있었다는 사실을 명심하여야 한다. 도안의 제자 法果는 선배의 주창보다 한술 더 떠서 '국왕은 當世의 如來'라고까지 극언하기에 이르렀다. 그후 왕은 '菩薩天子' '皇帝菩薩' 등 至尊의 불교적 지위에 오르게 되었다. 따라서 '사문은 국왕 대신을 가까이 하지 말라'고 하던 원시 불교의 정신은 퇴색할 수밖에 없었다.

중국에서 한 때 불교 교단은 국가로부터 초연한 지위를 확보하려고 한 적도 있었다. 그러나 이 같은 기도는 일찌기 무너지고 불교 교단은 항상 제왕의 통치하에 있으면서 국왕과 그의 왕권을 위하여 시봉적 지위에서 봉사하여 왔다. 이 같은 현상을 호국 불교라고 부를 수 있을런지는 몰라도 적어도 호국 불교에서 원형은 여기서 찾을 수 있지 않을까 한다는 말이다.

삼국 시대가 수용한 불교는 중국의 토착 과정에서 왕권의 비호를 받으면서 국왕의 이익을 기원하여 주는 불교였다. 소위 五胡十六國時代의 군주들은 대개 학식이 깊고 앞날을 예언하는 신통을 가진 고승들을 측근 참모나 고문으로 모시고 있는 수가 많았다. 그래서 石勒과 石虎는 佛圖澄과 道安을 측근에 모셨고 姚興은 쿠챠에서 온 유명한 鳩摩羅什을 후대하였으며 沮渠 蒙孫은 曇無懺을 그의 측근에 두었다.[22] 특히 征服戰이 쉴 새 없이 계속되는 난세에서 수많은 피정복민들의 불안을 수습하는 데에도 불교 승려의 교화 방법이 가장 효과적이었다. 더구나 漢族과 胡族이 서로 적대 감정에 쌓여 있을 때 자비 평등을 주창하는 불교 교리는 민심을 화합하는데 큰 역할을 하였다.[23]

그런데 삼국 시대에 중국으로부터 전래된 불교를 수용한 계층이 주로 통일 국가의 왕족이나 귀족이었으므로 불교의 기원 의식이나 주술도 왕족이나 귀족 중심으로 이루어졌다는 점을 중시하여야 한다. 왕족이나 귀족같은 계층에게 있어서 중국이라는 고도 문화를 지닌 강대국에서 수

---

22) 塚本善隆 同書 p. 70
23) 上揭書 p. 70

입된 새 사상 체계는 새로운 통일 국가를 형성할 이념 철학으로 가장 환영할 만한 것이었다. 이 같은 새 사상 체계를 새로 전래된 불교가 제공하였다. 씨족이나 부족들이 각기 씨족 신앙과 부족 신앙을 고수하고 있는 신앙적 분열 상태에서 씨족이나 부족들을 단합하는 방법으로서도 보다 고차원인 사상과 철학을 담은 종교가 요청되었던 것이다. 그들 자신 즉 당시의 엘리트들의 미래 지향적 의지를 계발하는 의미에 있어서도 보다 높은 철학을 담은 종교가 필요하였다.[24]

巫覡的 주술적 부족 신앙을 통일 국가의 미래를 지도할 수 없다고 그들은 단정하였다. 그래서 고유한 원시 신앙을 탈피해야 한다는 지적 충동이 생겼다. 이 지적 충동에 만족을 줄 수 있는 종교로서 새로 전래된 불교가 등장하였다는 말이다. 신라에서 花郎徒團과 불교가 서로 밀접한 관계에 있었다는 사실이 이것을 증명하여 주고 있다.

한편 未知의 풍토에 전래된 외래 종교인 불교로서도 효율적인 전교의 방법으로는 당대의 왕족의 비호가 필요하였다. 전래 초부터 왕족의 탄압이나 박해를 받게되면 전교의 길은 험난한 법이다. 더구나 전제 정치 시대의 고대 국가에서 왕족의 보호와 배경이 없이 외래 종교를 포교한다는 것은 거의 불가능한 일이었다. 왕권에 의한 신앙의 공인 뿐 아니라 적극적 비호가 있어야 하였다. 이것은 서양 기독교사가 잘 말하여 주고 있다.

다음으로 통일 국가를 형성하는 과정에서 수많은 피정복, 피지배층의 불안한 민심을 무마하고 그들에게 새로운 삶의 길을 제시하는 종교로서도 불교는 가장 적합하였다. 권력을 빼앗기고 영토를 탈취당한 뒤 실의와 절망에서 방황하는 피정복, 피지배민들에게 피안의 길을 보여줌으로써 삶의 의욕을 불어넣는 역할을 불교는 감당하여 나갔다는 것이다. 아노미 상태의 구제적 기능을 종교가 그 일익을 담당할 수 있다.[25]

이리하여 불교는 고대 삼국 시대에 가장 지배적 지위에 있었던 왕족

---

24) T.E. O'Dea, The Sociology of Religion p. 101
25) 上揭書 p. 9

과 귀족층에 의하여 그들의 정치적 목적과 그들 자신의 지적 향상을 위하여 쉽게 수용되었다. 또 통일 국가를 제도적으로 공고히 하기 위한 중앙 집권 체제의 강화 과정에서 군주의 지위를 ‘신성’한 것으로 성화시키는 작업에 불교가 사용되었음을 간과할 수 없다. 신라 中古時代에 왕족들은 자기들의 이름을 불명에서 따 왔다. 그들의 지위를 속세를 초월한 신성한 座에까지 높이기 위한 의도가 있었기 때문이다. 그들의 자리를 신성화하기 위한 목적을 위하여서도 부족신앙보다는 고도로 발달된 불교 신앙이 우수하였다. 그러나 불교의 근본 교리의 제한 때문에 불교에 의한 황제의 신성성은 기독교에 의한 신성성에는 미치지 못하였으리라고 생각한다.

전래 초기의 불교가 왕족과 귀족같은 야심있는 지배층에 의하여 수용되어 그들의 통일 국가 형성 과정에 상당한 역할을 하였다는 사실은 위에서 이미 논술한 바이다. 그렇다고 하여 판도와 영토와 세력을 확장하는 정복 전쟁에 불교가 또는 ‘승려들이 적극적인 공헌을 하였다’고 단정한 李基白씨의 지론은 전적으로 긍정할 수 없다.[26] 李氏는 그 예증으로서 ‘國統 등의 僧臣이 문관이 아니라 무관이었다’는 기록을 들고 있다. 그러나 영토와 세력 확장을 위한 정복 전쟁에 모든 국력을 기울이고 있었던 비상시에 승려라 하여 예외일 수는 없었다. 전쟁수행 목적을 위하여 총동원되는 시기에 처하면 승려들은 그 목적을 달성하는 방향에서 왕을 보필할 수밖에 없었을 것이다. 五胡十六國의 전란기에 중국의 帝王들은 항상 ‘지혜의 참모’와 자신의 신앙적 이유에서 불교의 고승을 그들의 측근에 모시고 있었다는 사실은 위에서 지적한 일이 있다. 피정복민들의 무마를 위한 對民 宣撫 공작에서도 불교 승려는 필요하였다. 그러므로 승려들은 당시 전쟁 수행 목적에 가담을 하였더라도 자발적으로 적극성을 띠었다기 보다는 왕의 고문격이거나 또는 현대 군사 체제에서 볼 수 있는 ‘軍宗監’이나 ‘軍僧’ 정도가 아닌가 생각한다. 이것은 ‘적극적 공헌’이라기 보다는 ‘소극적 참여’라고 보는 편이 타당하리라고 생각한다.

이렇게 되면 세속오계를 말한 圓光의 승려적 종교인적 자세가 다시

---

26) 李基白, 前揭書 p. 183

문제된다. 특히 殺生有擇은 승려가 엄수하여야 하는 '不殺生戒'에 위배된다고 볼 수밖에 없다. 그래서 圓光도 "佛戒에 菩薩戒가 있어 그 別이 열이나 되지만 貴君들은 人臣의 아들로 아마도 감당하지 못할 것이다."라는 변명에 가까운 전제를 하고 오계를 주었다고 한다. 이와 같은 승려로서의 자기 반성은 '乞師表' 쓰기를 진평왕으로부터 요구받았을 때에도 한번 나타났다. 僧과 俗의 구별이 엄연히 있음을 원광은 분명히 자각한 것 같다.

그러나 불살생계를 비롯하여 모든 종교의 계율은 '절대적인 것'을 요청한다. 따라서 '殺生有擇'이란 상대적 행위는 허용될 수 없다. 상대적 행위는 俗과의 타협을 의미하기 때문이다. 俗과의 타협은 곧 타락의 위험을 내포하고 있다. 물론 僧과 俗의 갈림길에서 원광은 심각한 고민을 하였을 줄 안다. 그래서 변명에 가까운 전제까지 하고서 세속오계를 주었다. 그러나 종교인은 어느 시대에나 승과 속의 갈림길에서 항상 비장한 결단을 강요받고 있다. 그 자신이 세속에 사는 세속인이면서 동시에 승단에 속한 종교인이기 때문에 이같은 갈림길에서 어느 만큼 고민하여 어떻게 결단지었는가 하는 것이 그의 종교적 인격을 가늠하는 기준이 되는 것이다.

신라시대에 자장이나 원광은 이같은 갈림길에서 같은 회의에 잠겼다가 타협의 편으로 결단하였던 것 같다. 그렇다면 남은 문제는 원광이나 자장이 피할 수 없는 사정에 의하여 타협의 편을 자의반 타의반으로 결단할 그의 양심과 인격이 어떻게 이것을 받아들였으며 또 그는 이 일 때문에 어느 정도 뼈아픈 참회를 하였는가 하는 데 있다. 그리고 한가지 보다 중대한 문제는 자장이나 원광의 종교인적, 승려적 자세와 결단을 후세의 불교 교단이 어떻게 받아들여 왔는가 하는데 있다. 이것은 한국 불교사의 방향을 결정짓는 중대한 물음이 될 수도 있다.

이같은 물음은 비단 전란기에 전쟁에 참여하였는가 안하였는가 하는 일에 국한되지 않고 왕권 정치에 어느 정도 어떻게 불교 승려가 참여하였는가 하는데까지 연장된다. 전래 초기에 국왕과 승려들은 서로의 이익을 위하여 상호 보호하여 왔다는 것은 위에서도 지적한 적이 있다. 그러나 어느 정도 중앙 집권 체제도 완비되어 왕권도 확립되었고 동시에 승단도 제도적으로 어느 정도 정비되었을 때 불교가 왕권에 대하여 '어떻게 대하는가' 하는 것이 주목된다. 왕권측에서는 승려들의 항상 '국가의 앞치마적' 역할을 하여주기를 바랄 것이다. 이용 가치가 여러 방면으로 있다고 보기 때문이다. 따라서 국왕이나 왕족들은 언제까지나 전래된 불교가 불교 자신을 위한 '호법'과 국왕을 위한 '호국'을 동일시하여 주기를 바랄 것이다.27)

그런데 李基白氏의 소론대로 불교 승려가 스스로 자진하여 '호법과 호국'을 동일시하였고 따라서 승려들은 자발적으로 왕정에 참여하였다고 한다면 한국 불교사는 한국 왕조사의 부록밖에 안 될 것이다. 귀족이나 왕족 출신의 몇 사람 승려가 지나치게 왕정에 참여한 나머지 호국과 호법은 동일시한 것같이 보였을는지 모르겠다. 또 자장이나 원광 같은 지배층 출신의 승려들은 회의는 하면서도 한 때 호법과 호국을 혼동하였을는지도 모르겠다. 그러나 신라의 불교 교단 전체가 호법 호국을 동일시하였다면 한국 불교는 전래 초기부터 反敎理的 방향으로 오도되었다고 할 수밖에 없다.

전래 초기에는 잘못 오도될 수도 있었다고 하자. 문제는 그후 한국 불교계가 이 反敎理的 사실을 어떻게 비판하였는가 하는데 있다. 正敎分離의 未發達段階에 있었기 때문에 전래 초기에 호법과 호국을 동일시하였다고 관대하게 넘겨줄 수도 있다. 그러나 한국 불교 사상이 제 나름대로 발전한 단계에 이르러 아직도 호국과 호법의 근본적 한계를 의식 못하고 예리한 비판의 法刀를 내리지 못하였다면 역설적으로 말하여 전래 초기의 反敎理가 적어도 한국 불교사에 한하여서는 反敎理가 아니었더라도 변증할 수밖에 없다. 그렇게 되면 호법과 호국의 동일율은 한국 불교의 역설적 특이성이 되고 만다.

그래서인지는 몰라도 신라 말기에 왕권의 부패가 왕조의 붕괴를 초

---

27) 前揭書 p. 191

래하였을 때도 불교 교단은 저항은 생각도 못하고 도리어 왕조사와 함께 쇠퇴의 길을 걸었다. 호법과 호국이 동일한 길이라면 왕조사와 운명을 같이 할 수밖에 없다.

　　이리하여 한국 불교사에서 '사문은 王相과 가까이 하지 말라'라는 엄숙한 근본 불교의 誡命은 한갖 인도인들에 의한 백서의 잠꼬대처럼 아무런 구속력도 없는 허사가 되고 만다. 그래서 한국 불교사에는 '沙門不敬 王者論' 같은 호법론도 나온 일이 없었다. '종교와 국가' '승가와 왕권' 등이 하나의 교리적 문제로 대두된 적이 없는 것이 한국 불교사의 특성이다. 반면에 호국의 깃발을 들고 자의건 타의건 전쟁에 참여하였던 승병사는 자랑거리처럼 들먹인다. 한국 불교는 언제나 호국의 이념을 앞세우고 왕권의 비호를 받으며 아무런 집단 내의 비판없이 왕권과 성쇠를 같이하여 왔다. 어쩌면 '불교의 전래는 외적 왕권을 중심으로 한 중앙 집권적인 古代王家 형성의 관념 형태적 표현'이라는 이기백 씨의 결론은 한국 불교의 고대 뿐 아니라 미래까지도 점친 예언같이도 느껴진다.[28]

---

28) 李基白 前揭書 p. 204

羅末麗初의 신앙 형태

序

羅末麗初의 上限과 下限을 분명히 지적하기는 어렵다. 여기서는 대개 眞聖女王(887~896)의 즉위를 전후한 시기부터 신라의 종말까지를 가리키는 소위 下代末期와 고려 왕조의 기틀이 어느 정도 정비된 4대 光宗(950~975)에 이르는 동안을 말하기로 하겠다.

이 시기는 신라 왕조의 멸망으로 소위 고대가 끝나고 중세가 시작되는 과도기이다. 따라서 여러 가지로 과도기적 사회 현상이 여기저기서 노출되고 있다. 우선 신라의 전제 왕권과 그 주변 세력을 형성하고 있던 골품 제도가 모순을 드러 내면서 흔들리기 시작하였다. 진골 귀족들의 전제주의 타도를 위한 운동이 불평 귀족계급에 의하여 일어났던 것이다.

그리고 통일 신라의 영토의 확대와 농업 생산력의 증대와 상업술의 발달은 왕족과 귀족들의 부를 축적케 하는데 도움을 주었을 뿐 빈부의 차이는 심해 지기만 하였다. 특히 일부 특수 계급에게는 상응한 給田 외에도 別賜田이 지급되고, 또 면세의 혜택을 입고 있는 사찰도 寺田외에 왕족이나 귀족들의 희사에 의한 토지, 농토를 많이 소유하고 있었다. 따라서 왕족, 귀족층과 사찰의 대토지 소유의 경향은 점차 심하여 가기만 하였다. 더구나, 귀족층의 땅에 대한 욕망은 미곡을 貸付取息하는 惡德高利貸業까지 개업하여 가며, 영세민들을 착취하였다. 기한내에 채무를 이행치 못한 자는 노예의 신분으로 떨어질 수밖에 없었다.

그런데 전제적 왕권에 대항하여 싸우던 귀족들 사이에 대립이 생겼다. 정권 탈취의 목적을 달성하기 위하여 막대한 소유 재산을 이용하여 사병을 양성하게 되므로 그들의 상호 항쟁은 더욱 날카로워졌다. 사병들은 대개 귀족들에 속하여 있던 노예나 생활 근거를 잃어버리고 유랑하던 유랑민들의 집단이었다. 이제 왕위의 계승도 혈통에 의한 것이 아니라 정치적 실력과 사병의 무력에 의하여 좌우되었다. 따라서 어느 한 혈통을 이어받아 왕위를 계승한 임금도 귀족 전부의 지지를 얻을 수 있는 위치를 확보할 수 없었다. 그를 추대한 어느 실력파 귀족의 일부에 지나지 않았다. 그러므로 반대파들이 단결하여 反正에 나서면 왕위는 흔들리기 마련이다. 이리하여 반정투쟁과 그 再反正을 타도하는 반정투쟁이 되풀이 되어 하대 150년 사이에 20인 임금이 즉위하였다는 反正內亂의 희생자가 되었다. 하대사회의 혼란상을 여실히 보여주고 있다.

그러다가 수도의 지리적 편재를 이용한 변경에서 군웅은 할거하여 각기 그 지방의 수령임을 자칭하였다. 이같은 군웅의 대표적 인물로 오늘의 전주를 활동거점으로 세력을 펴나간 甄萱과 오늘의 철원을 新興都邑으로 일어난 弓裔를 들 수 있다. 특히 궁예는 승려생활까지 지낸 불문출신의 영웅이었다는 점이 주목을 끈다.

그후 궁예 휘하에서 王建이 나와 高麗王朝로 통일을 이룩할 때까지 전반적 사회불안은 계속 되었다. 왕건의 건국이후에도 지방의 토착세력과 北方契丹의 위협으로 4대의 英主 光宗에 이르기까지 고려사회도 안정을 회복하지 못하였다. 따라서 신라의 하대를 거쳐 고려의 초기에 이르는 동안 사회는 혼란과 불안을 면치 못하고 있었다. 이 동안에 고대사회구조는 붕괴되고 중세 사회구조가 대두되기 시작한 것이다. 즉 기존 사회적, 문화적 질서가 붕괴하되 새로운 질서의 형성을 지향하여 기존사회의 해체상태가 일어나는 '아노미'(Anomie) 현상이 일어난다. 아노미 현상은 사회구조의 해체에서 일어나는 인간의 상대적 고립상태를 동반한다. 이같은 아노미 현상에서는 인생에 방향과 의미를 부여하는 가치와 규범에 대하여 거의 半無意識的으로 합의에 도달하는 상호 일치성이 무너지게 되므로 개인의 불안과 고독 의식은 더욱 심하여 간다. 그리고 이와 같은 상황에서 불안과 고립에서 벗어나기 위하여 어떤 궁극자를 향한 관심이 요청된다. 또 이같이 요청된 관심은 종교적 신앙을 낳는 수가 많다. 그래서 나말여초에도 여러 가지 형태의 종교신앙이 유포되었다. 여기서는 주요한 신앙형태를 한 가지씩 들어가며 논술을 전개할까 한다.

Ⅰ. 미륵신앙

미륵 신앙이 미타 신앙과 함께 불교계의 종교 신앙임은 물론이다. 미륵(Maitreya)은 여러 가지 미륵 경전에 의하면,

"현재는 보살로서 도솔천에서 諸神과 사람들을 위하여 설법하고 있으나, 석가모니 부처님의 예언에 의하여 그 나이 4천세(인간의 나이 56억 7천만년)되는 미래에 이 세상에 하생하여 용화수 아래서 성불하고 석가모니 부처님이 다 못한 有緣衆生을 三回의 설법에서 제도한다."[1]는 것이다. 미륵의 탄생부터가 너무나 신화적이다. 그런데 이 신화가 미래에 하생한다는 '예정적'색채를 농후하게 띠고 있다는 점이 주목된다. 그래서 이 미

---

1) 佛說觀彌勒菩薩上生兜率天經, 佛說彌勒大成佛經, 佛說下生經 等.

록 사상의 인도적 연원에서 더 올라가 '再臨主'의 기독교적 영향을 받았다고 말하는 서양학자도 있을 정도다. 그래서 미륵신앙이나 미타신앙[後論]에 전연 서양적 영향을 배제할 수 없다는 경향이 굳어가고 있다.

우선 인도 불교에서는 미륵 신앙이나 미타 신앙이 중국적 형태로 형성되어 있지 않았다. 즉, 중국적 미륵 신앙이나 미타 신앙형태는 인도 불교사에서 명백히 나타난 적이 없었다는 것이다. 그렇다면 미륵 사상이나 미타 사상이 중국으로 전래되는 지리적 경로였던 서역이 문제되지 않을 수 없다.[2]

인도불교가 서역으로 전래된 연대는 기원전 몇 세기로 소급하여 올라간다. 당시 서역으로 인도인 외에 이란인, 로마인, 툴크인들이 모여와 살았다. 그러므로 인도 문화의 영향도 받고 있지만 한편, 이란인, 로마인, 툴크인들의 왕래에서 빚어지는 다양성을 함께 지니고 있었다. 따라서 불교를 수용하고 변형하는 과정도 다르지 않을 수 없었다. 중국으로 전래된 불교는 이같이 서역적 풍토에서 변형된 것이었다. 사실 서역을 거쳐서 중국으로 전래된 불교 가운데서 서역적인 것과 인도적인 것을 분명히 구별하기는 심히 어렵다. 인도 불교가 처음 서역으로 전래될 당시 서역은 인도에 비교하여 半未開的 상태였다. 따라서 고등지식을 요구하는 교학적 교리보다는 직접적 감성적으로 호소하는 신비적인 것이 쉽게 수용되었고 또 유포도 빨랐다. 그래서 중국불교에 끼친 서역의 영향은 교학적 면보다는 신앙적 면이 강하지 않았을까 생각한다.

즉 그 지방, 중국불교의 초기에 성행하였던 미륵신앙이나 약간 늦게 성행하였던 미타신앙은 서양문화의 영향을 받았던 서역적 색채가 농후하다는 말이다.

그후 중국 불교에서 미륵 신앙은 주로 무지한 서민층이나 지배층보다는 피지배층 같은 사회 계층의 저변을 지하수처럼 흘러내려 왔다. 그리고 왕권이 교체되는 과도기의 불안한 틈을 타서 이따금 미래불이 현신불로 지하에서 용출하여 민중들을 현혹시켜 사회 혼란을 조장시키곤 하였

---

2)『佛教史槪說』인도 編, 平樂寺書店, 1970년 6版. pp.135~144.

다.

　　이같은 미륵 신앙은 삼국 시대의 초기에 이 땅으로 건너온 것 같다. 지금 남아 있는 삼국 시대의 불상 가운데 상당수의 미륵 반가상이 남아 있다. 삼국 시대의 불교에서 미륵 신앙이 상당히 성행하였음을 추측할 수 있다. 삼국에 전래된 초기 불교 연대가 4,5세기면 미륵 신앙이 중국에서 건너와 성행되기는 시간적으로도 적당하다고 생각한다.

　　우선 『미륵경』에 대한 신라 章疏만이라도 한번 훑어보면, 다음과 같다.

　　　彌勒上生經略贊　二卷　圓測
　　　彌勒上生經宗要　一卷　元曉
　　　彌勒上生經疏　二卷　憬興
　　　彌勒上下生經　一卷　憬興
　　　彌勒成佛經疏　一卷　憬興
　　　彌勒經逐義述文　四卷　憬興
　　　彌勒經述贊　三卷　憬興
　　　彌勒上生經料簡　一卷　義寂
　　　彌勒上生經古迹紀　一卷　大賢
　　　彌勒下生經古迹紀　一卷　大賢
　　　彌勒成佛經古迹紀　一卷　大賢

　　위에서 圓測이나 元曉 같은 학덕 높은 고승들이 미륵 상생경에 대한 贊과 宗要를 저술하였음을 보았고 神文王 때(681~691) 僧 憬興이 미륵경에 관한 저술을 5권이나 남겼다. 그리고 孝德王 때(742~764) 大賢도 미륵 상하생경, 미륵성불경에 관한 저술을 3권 남기고 있다. 신라 사회에서 미륵 신앙이 어느 만큼 성행하였는가를 당대의 고승들이 미륵경에 대하여 지대한 관심을 쏟아 일일히 贊, 疏까지 저술하였다는 사실에서 짐작할 수 있다고 본다.

202

다음으로 기록에 의하여 미륵 신앙의 자취를 더듬어 볼까 한다.

"신라 孝昭王代 竹旨郞의 아버지 述宗公이 죽지령에서 어떤 거사를 만났는데 서로 뜻이 통하는 사이가 되었다. 그런 훗날 그 거사가 죽어 述宗公夫婦의 꿈에 나타났다. 그 거사가 자기들 집에 다시 태어날 것이라는 이야기를 듣고 꿈에서 깨어난 述宗公夫婦는 곧 石彌勒 하나를 만들어 그의 무덤 앞에 세웠더니 아내에게 태기가 있어 어린 아이를 낳으니 바로 竹旨郞이다. 이 竹旨郞은 커서 김유신과 더불어 삼국통일에 큰 공을 세웠다."3)

"眞智王 때 興輪寺 僧 眞慈는 항상 미륵상 앞에 엎드려 '우리 대성이여, 화랑으로 화신하여 이 세상에 나타나 내가 항상 가까이 모시고 시봉케 하옵소서'하고 기원하였다. 그 정성이 날로 두터웠더니, 어느 날 꿈에 한 스님이 나타나 '네가 熊川 水源寺로 가면 彌勒仙花를 만나 볼 수 있으리라'고 하였다. 眞慈가 깨어 水源寺까지 열흘 노정을 걸음마다 예를 하며 이르니, 문 밖에 미모가 수려한 소년이 반갑게 그를 맞아주었다. 후에 山靈老人을 만나서 그 소년이 바로 彌勒仙花임을 알게 되었다."4)

竹旨郞條와 彌勒仙花條의 두 설화와 그밖의 관계설화를 줄거리로 '화랑도의 사상적 배경과 그 創意의 배경이 미륵사상'임을 논증한 학자도 있다. 同학자는 이어서 "미륵의 미래적 상징에서 젊음과 희망, 새로움을 발견하고 그 이상 국토 사상에서 화랑이라는 의미 심심한 명칭과 國仙徒라는 미묘한 단체를 만들어 국민 사상을 융합하고 이상국가 건설을 지향하여 민족 통일을 완수하였다."고 주장하면서 '신라인의 응용의 妙함과 창의의 풍부'함을 볼 수 있다고 하였다.5)

그런데 미륵불은 어디까지나 '當來下世', 즉, '미래의 시간'에 올 존

---

3) 『三國統一事』 卷第二, 紀異 第二竹旨郞條
4) 『三國遺事』 卷第三, 塔像, 第四 彌勒仙花條.
5) 彌勒仙花考 佛教學報 3, 4 合輯 p.135 이하.

재이다. 아무리 '신라인의 묘용'이 신기하다 하여도 미래의 시간을 '지금, 오늘의 시간'으로 둔갑시킬 수는 없을 줄 안다. 미륵사상의 미래적 상징에서 '젊음, 희망, 새로움을 발견'할 수는 있으나 '미래적'인 것에서 '현시적'인 화신을 발견할 수는 없다. 그러나 말세적 불안 심리는 56억여년의 천문학적 세월을 기다릴 수는 없다. 그래서 극단적 불안과 초조함은 미륵 재림의 시간을 극단적으로 압축하였다. 極限大의 시간과 極限小의 시간은 異常次元에서는 동일 시간으로 용해되는 수도 있다. 그리하여 56억년의 미래는 미래도 아니고, 내년도 아니고, 바로 오늘이 미륵 재림의 날이 되었다.

현세의 미륵 화신으로 자처한 임의적 인물이 난세에 나타난 弓裔이다. 궁예는 일찍이 승려 생활을 한 적이 있는 위인이었다. 그는 철원에 도읍을 정한 다음 泰封이라 국호까지 만들고는 자신을 '미륵불'이라 불렀다. 패왕의 권위를 상징하기 위하여는 어느 칭호보다도 '미륵불'이 민심을 끌고 동시에 자기 충족도 얻을 수 있었을런지 모르겠다. 자기 충족을 얻었다고 과대망상에 걸린 그의 성격파탄을 의미하겠으나 민심이 그의 자칭 '미륵불'에 어느 만큼 현혹되었는지는 알 수 없다. 그러나 아노미 상태에서 불안이 주는 고통에 괴로워하던 사람들은 이 세상은 말세이고 고통스런 곳이지만 구세주가 나타나 고통에서 제도하여 준다는 교시는 민감한 반응을 보인다. 더구나 그 구세주의 재림을 굳게 신앙하면 고통의 세상에서 구제의 길이 열린다는 예언은 폭풍적 인기를 끌 수도 있다.[6]

오늘 이 세상이 더 없이 불안하고 괴로운 사람들은 멀리 56억여 년 미래의 구제에는 그다지 흥미가 없다. 바로 지금 이 자리에서 구제의 손길을 보여주는 '미륵불'이 요청된다. 이 같은 심리상태에서는 머리에 金幘를 쓰고 몸에 方袍를 감고, 큰 아들은 靑光보살, 작은 아들은 神光보살이라 부르며, 외출시에는 백마를 타고 비단으로 말의 머리와 꼬리를 장식한 다음, 동남과 동녀에게 幡蓋와 香花를 들고 앞세운 弓裔的 彌勒佛의 권위

---

6) The Sociology of Religion, Thomas O'Dea 第五章 宗教와 社會.

가 일부에는 긍정적 반응을 일으켰을런지 모른다. 더구나 그 행렬 뒤에는 2백 명의 승려가 범패를 부르며 따르게 하였다니 더욱 가관이었을 줄 안다. 그는 또 자신이 미륵불임을 증거하기 위하여 僞經 20여권을 저술하였다. 그가 미륵불의 현신이 되고자 광적인 조작까지 한 것을 알 수 있다.

그런데 그가 광적으로 조작극을 할 만큼 당시의 민심은 미륵불의 현세적 재림을 초조하게 고대하고 있었다는 점이 문제된다. 심오한 교학적 교리 불교 보다는 재림주 미륵불이 현신하여 사람들을 고통에서 구제하여 준다는 단순한 미륵 신앙이 훨씬 강하게 민심을 끄는 법이다. 자력적, 자각적인 불교에서 파생된 미륵 신앙은 56억여 년의 미래불이 오늘 도솔천에서 '降臨'한다는 타력적, 타계적 신앙으로 굴절된 것은 아노미 상태에서 오는 消長의 강도에 의한 것이 아닐까 한다.

그후 고려 말을 지나 최근에 까지도 이같은 '미륵 신앙'은 저변 사회층을 줄기차게 흘러 불교계 민간 신앙의 한 형태를 이루고 있다.

Ⅱ. 미타 신앙

미륵 신앙에 비교하여 미타 신앙의 형태는 다르다. 미타는 원래 아미타불의 준말이다. 원어에는 amitābha(無量光佛)와 amitāyus(無量壽佛)의 두 가지가 있다. "서방극락세계의 교주. 과거 구원겁에 世自在王佛의 재세시, 국왕이 無上 道心을 발하여 왕위를 버리고 출가하여 법장 비구가 되었다. 諸佛浄土를 다 구경하고 오겁 동안 생각한 후 48원을 세워 공덕을 쌓았기 때문에 10겁년전에 그 발원이 성취되어 아미타불이 되었다는 것이다." 그런데 이 "미타 신앙"도 미륵 신앙과 함께 상당히 일찍부터 민간 신앙적 또는 기복 신앙적 요소와 습합을 이루고 있었다. 다음의 사실이 미타 신앙과 중국적 기복 신앙의 습합 과정을 잘 말하여 준다고 생각한다.

중국의 高僧 曇鸞(475~542)은 출가하여 경전 공부를 너무 열심히 하다가 중병에 걸렸다. 그 후 병은 낳았으나 그는 누워 앓을 때 인생의 무상을 느끼고 불노장생법을 배우고자 仙術의 대가를 찾아 갔다. 仙術의 대가로부터 선경 10권을 얻은 그는 돌아오다가 낙양에서 당대 불교학자인 菩提流支를 만났다. 그는 菩提流支에게 "불법에 이 仙經보다 훌륭한 長生不死法이 있는가?"고 물었다. 그랬더니 菩提流支는 얼른 "그런 것들은 얼마든지 있다. 그러나 비록 長生한다고 하여도 한 번은 반드시 죽기 마련이고 따라서 윤회를 되풀이할 따름이다. 이 경전을 읽어 보아라."고 하면서 『관음경』을 주었다. 그는 곧 그 자리에서 仙經을 불사르고 미타 신앙에 귀의하였다. 그는 후에 미타신앙에 관한 주석서『往生論記』2권을 저술하였다.[7]

그러니까 미타 신앙은 벌써 6세기초부터 仙道의 不老長生術과 같은 관계를 맺었다. 曇鸞같은 고승은 仙經을 불태워 버렸지만 신라 사회로 전래된 미타 신앙은 왕생 극락적 기복 신앙과 쉽게 혼용되었다.

미타 신앙에 관계있는 경전의 註疏들을 주요한 것만 골라 훑어보면, 대개 다음과 같다.

阿彌陀經義記 1卷 慈藏

阿彌陀經疏 1卷 慈藏

阿彌陀經疏 1卷 神昉

阿彌陀經疏 1卷 圓測

無量壽經疏 3卷 圓測

無量壽經疏 3卷 圓測

阿彌陀經疏 1卷 元曉

無量壽經連義述文贊 3卷 憬興

無量壽經疏 2卷 憬興

阿彌陀經略紀 1卷 憬興

阿彌陀經義紀 1卷 義湘

無量壽經疏 1卷 靈因

----

7) 佛教의 東漸과 道教, 渡邊照宏.

無量壽經記 2卷 玄一
觀無量壽經記 1卷 玄一
阿彌陀經疏 1卷 玄一
願往生經記 1卷 玄一
無量壽經疏 3卷 義寂
觀無量壽經述義記 3卷 義寂
觀無量壽經古迹記 1拳 大賢
阿彌陀經古迹記 1卷 大賢
稱讚淨土經古迹記 1卷 大賢

얼른 보아서 慈藏, 圓測, 元曉, 憬興, 義湘, 玄一 같은 불교계의 대가들이 미타 사상계의 경전에 한번 쯤은 관심을 쏟았고, 따라서 註疏도 남겼다고 해석할 수 있다.

그런데 왕생 극락을 기구하는 정토신앙으로 변질된 미타 신앙은 현세보다는 내세를, 차안보다는 피안을, 이승보다는 저승에 중점을 두는 신앙으로 나타났다. 지금 이 세상에서 갖은 호강을 다 누리며 사는 사람은 이 호강이 내세 즉, 사후에까지 그대로 연장되기를 기구하는 것이다. 그래서 윤회사상에 대한 해석도 본래적 해석을 떠나서 전개하고 있다.

원래 인도 불교에서 윤회는 끝없는 고통을 의미하고 있다. 따라서 윤회를 부정하려는 면에서 윤회 사상을 전개한다. 그러나 기복신앙에서 윤회를 생각한 중국의 귀족들은 이 윤회가 죽어서 다시 현재와 같은 안락을 누릴 수 있는 복음으로 긍정적 방향에서 받아들였다. 윤회설을 두고 인도인과 중국인은 아주 판이한 견해를 가지고 있었다. 여기서 보편지향적인 인도인의 사유 방법과 실리적이고 개체 지향적인 중국인의 사유 방법의 모순을 발견할 수 있다. 이 모순을 매개로 인도 불교는 중국적으로 변용되었다. 이같이 변용된 불교를 신라 사회는 받아들였다.[8]

그러나 사회 계층의 저변에서 고통과 불안의 나날을 보내고 있는 소위 서민들에게는 이 지겨운 이승이 빨리 끝나고 왕생 극락을 기구하게 된

---

8) 佛教의 東漸과 道教, 渡邊照宏, p.348 이하

다. 그래서 '아미타불'을 밤낮 염불하며 아미타불의 타력을 기대하는 것이
다. 그러므로 귀족층의 미타 신앙과 서민층의 미타 신앙 사이에는 연장과
단절의 차이가 있다. 귀족들은 현재의 복락이 내세까지 연장되기를 바라
고, 서민들은 현재의 고통이 단절되어 극락에 태어나기를 바라는 것이다.

　自力的이고 자각적인 불교가 他力的이고 他覺的으로 변질된 형태는
미타 신앙도 미륵 신앙과 같다. 그러나 미륵 신앙은 他界인 도솔천에서
이승으로 '降臨하는 下生'의 형태인데 미타 신앙은 이승에서 他界인 극락
(정토)으로 '왕생'한다는 것이다. 따라서 他界에서 오는 방향과 他界로 向
하는 방향이 되므로 미륵 신앙과 미타 신앙은 서로 상반된 방향을 지향한
다. 즉 미륵 신앙이 현세 지향적이라면 미타 신앙은 他界指向的이라고 할
수 있다. 지향의 방향은 다르다 他力的인 신앙이란 면은 꼭 같다.

　그런데 미타 신앙은 미륵 신앙 보다는 나중에 일어나 미륵 신앙 보
다 압도적으로 성행하였으나 미륵 신앙보다는 성행의 기간이 짧은 것 같
다. 민간 신앙으로 변질되는 과정에서도 사후의 내세적 극락보다는 아무
래도 오늘 이 자리에 강림한다는 재림주가 더 강렬하게 사람들의 심성을
깊이 파고 드는 것 같다. 더구나 미타 신앙은 귀족층과 서민층 사이에 연
장과 단절의 관계로 혼선을 일으키고 있기 때문에 직선적 침투가 어려웠
다고 본다. 그리고 이웃 일본에서는 그토록 정토신앙이 왕성하여 정토종
이 큰 교단세력으로 등장하였는데 한국 풍토에는 정토 신앙이 그다지 깊
이 뿌리 박지 못하고 말았다는 사실은 일본적 서민 신앙의 형태와 한국적
서민 신앙의 형태의 비교 연구에 도움을 주지 않을까 생각된다.

Ⅲ. 禪

　교종 이외에 直指人心 見性成佛을 주장하는 선종이 있음을 신라 사
회가 처음 알기 시작한 것은 선덕여왕(632~646)때다. 그러나 소의 경전에

의하여 종파를 구별하는 교종과는 달리 '不立文字'를 내세우고 언어적 논리의 지양을 표방하는 선종은 9세기초 憲德王(809~925)때 禪僧 道義에 이르기까지 일반에게는 널리 알려지지 않았다. 道義는 중국에서 남종을 도입하였다. 道義보다 앞서 禪僧 智行은 중국에서 北宗을 들여온 일이 있었다. 道義도 智藏으로부터 心印을 받고 신라로 돌아와 禪理를 처음 펴려 하였으나 당시 일반 사람들은 經敎를 숭상하고 無爲任運의 禪旨를 오히려 허황하다고 하며 알려고 조차 하지 않아서 한동안 불우함을 면치 못하였다.

그러나 敎外別傳, 見性成佛의 요지에서 교외 별전이 불입문자를 주장할 때 사람들은 끌리지 않을 수 없었다. 더구나 直指人心 見性成佛하는 길이 오직 심성을 도야하는 참선에 있다는 새로운 종파는 난삽한 현학적 교학만을 다루던 재래식 교종보다 간결하고 참신한 데가 좋았다. 화엄학이니, 삼론학이니 하면 어쩐지 일부 귀족층 학자들의 전유물인 것처럼 들렸는데 언어나 문자를 아예 거부하는 선종의 신기풍은 특히 지방 호족이나 서민층의 구미에 알맞았다. 사실 중국에서도 화엄학, 삼론학, 천태학 등이 일반 사람들과는 동떨어져 지나친 현학적 방향으로 달리는데 대한 반동으로 직지인심, 견성성불을 표방하는 선풍이 불기 시작하였다.

우선 문자나 언어적 사유를 여의고 누구나 직접적으로 오도할 수 있다는 것이 신기하였다. 또 실리적이고 즉물적인 중국 사람들에게는 구름 위에서 언어의 유희나 하는 것같이 보이는 형이상학적 교의보다는 그대로 벽을 마주보고 앉으면 된다는 단순한 논리가 얼마나 강한 호소력을 가지고 있는지 모른다. 이 점은 한국 사람도 비슷하지 않을까 한다. 여하튼 도입초기에는 냉대를 받던 선풍은 9세기에 접어들면서 九山門의 초기적 형태가 이루어지기 시작하였다.

그런데 위에서도 잠깐 말한 일이 있지만 당시 중앙 귀족 체제에 대하여 불평이 많은 변경의 지방 호족들이 선종에 귀의하는 자들이 많았고 또 선종 사찰과 밀접한 관계를 맺고 있었다는 점은 주목된다. 또 이상스럽게도 九山門의 위치가 거의 변방에 있다는 사실도 간과할 수는 없다.[9]

迦智山　長興　寶林寺　道義　現存
實相山　南原　實相寺　洪陟　現存
桐裡山　谷城　泰安寺　惠哲　現存
聖住山　保寧　聖住寺　無染　現無
闍崛山　江陵　堀山寺　梵日　現無
獅子山　寧趣　興寧寺　道允　現無
曦陽山　聞慶　鳳岩寺　智詵　現存
鳳林山　昌原　鳳林寺　玄昱　現無
須彌山　海州　廣照寺　利嚴　現無

아마 변방의 호족들은 중앙 귀족들이 대개 교종에 귀의하고 있고 교종적 사고 방식을 가지고 있는데 대한 반발도 있었다고 생각한다. 고려 태조 왕건도 海州 廣照寺의 창건후 利嚴을 왕사로 받들고 통일 의거를 일으킬 때 그를 정신적 지주로 삼았다.

변방 호족과 초기 선종이 서로 밀접한 관계와는 별도로 하대의 불안한 시기에 심성의 안정을 얻을 수 있게 한다는 선종은 그 나름대로 유포의 폭을 넓혔다. 아노미 상태의 고통에서 벗어나 마음의 안정을 얻을 수 있다고 하는 말에 귀 기울이지 않을 사람은 없다. 그래서 羅末麗初의 과도기에 선종도 미륵 신앙이나 미타 신앙과 함께 유행하였다.

그러나 미륵 신앙이나 미타 신앙이 타력적, 타계적이고 인격적인데 반하여, 선종은 자력적, 自質的이고 비인격적이다. 어디까지나 내가 내힘으로 내 노력에 의하여 성불하는 것이다. 여기서 미륵 신앙과 미타 신앙을 인격적이라 함은 미륵불이 재림하거나 아미타불의 원력에 의하여 구제될 때 미륵불이나, 아미타불이 어떤 인격적 존재로 역사하고 있기 때문이다. 그러나 선종은 그러한 인격적 존재를 전제하지 않는다.

그런데 미륵 신앙과 미타 신앙은 미륵불의 下生이나 아미타불의 원력에 의하여 인간은 직선적으로, 직접 구제되지만 선종의 입장은 다르다.

---

9) 韓國史槪論　李基白　p.127.

선종은 내가 '깨침[覺]'으로 해탈이 되는 것이다. 따라서 나의 깨침이 전제되기 때문에 자기 통찰을 통한 자아 반성과 자아 관조가 동시에 이루어진다. 그래서 선종에 귀의한 계층은 적어도 초기에는 전연 무식한 계층이 될 수 없었다고 본다. 어느 정도 지각과 자기 반성이 체험이 없는 사람에게 참선의 길은 무리라고 생각한다. 그래서 중간 유식층인 변방 호족들과 선종은 아주 접근될 수 있는 소지가 있었다. 그리하여 호족은 선종에 의하여 마음의 계발을 얻었고 선종은 지방 호족들의 지지를 얻어 짧은 기간으로 전국적으로 퍼지게 되었다.

Ⅳ. 풍수도참신앙

고려의 王建太祖가 말년에 후손들을 위하여 훈요10조를 남겼다는 것은 유명한 사실이다. 그후 고려 왕조에서 이 훈요는 거의 헌장 같은 위치에 놓여 있었다. 그런데 훈요 제1조에서 "我國家의 대업은 반드시 諸佛의 호위와 힘을 입지 않으면 아니 되겠으므로 禪教兩宗의 사원을 개창하고 주지를 파견하여 각각 그 업을 닦게 하라……."고 하며 그는 불교를 국가 대업의 근본으로 삼았음을 명백히 하였다. 그런데 훈요 제2조는 "新創한 諸寺院은 모두 道詵의 推占한 山水順逆의 지리에 의하라."고 하며 圖讖秘說의 대가인 도선의 이름을 들고 있다. 그런데 이 도선은 불교사의 고승으로 보다는 圖讖秘說의 대가로 알려져 있다. 불교 고승이고 권력의 왕 왕건의 추앙을 받은 도설이 풍수 도참설의 대가로 널리 알려져 있다는 것은 장차 고려 불교의 순수성을 어지럽게 만들 위험성을 다분히 내포하고 있다. 그렇다고 풍수 도참설은 도선에서 처음 시작된 것은 아니다. 신라 건국 초기에도 기록이 있다. "昔脫解가 이미 풍수 지리를 알아 토함산 위에서 楊山下의 瓠公宅을 바라보고 그 곳이 길지라고 하여 궤계로 빼앗아 살았는데 그 땅이 나중에 월성으로 되었다."[10] 또 그 후에는 "元聖王 14년

겨울에는 왕의 遺教로 葬地를 선택케된 바 매우 곤란을 느꼈다. 결국은
현존 사찰터가 지정되어 정사를 옮기고 묘소의 玄室을 지었다."11) 따라서
신라사회에서 풍수 도참설의 역사는 신라 건국 초까지 거슬러 올라갈 수
있다. 그러나 풍수 도참설이 종교적 신앙처럼 믿게까지 이른 것은 역시
羅末麗初의 불안한 시기였다.

　　도선은 신라 진성여왕 9년에 이미 王隆과 함께 鵠嶺에 올라 산수의
맥을 더듬어 수모수간으로 된 반도의 지맥이 그의 택지에 明堂을 이루니
반드시 聖子가 날 것이라 하여 이름을 王建이라 짓도록 일렀다고 한다.
이리하여 왕건은 도선의 推占한 이외에는 寺院의 創建을 금하였다. 도선
의 풍수 도참설을 거역하면 地德을 손박하여 祚業이 길지 못하리라고 왕
건은 믿고 있었다. 풍수 도참설에 의하면 한반도가 여러 나라로 분열되어
내우외환이 連綿不絶함은 천지의 혈맥이 고르지 못한 병때문이다. 따라서
사람의 몸에 병이 있을 때 혈맥을 찾아 혹은 침을 놓고 혹은 뜸을 떠서
낫게 하듯이 산천의 병도 사찰을 창건하고 탑파를 건립함으로써 낫게 할
수 있다는 것이다. 요는 산수의 순역과 길흉을 정확히 占定하여 사람의
몸에 침이나 뜸을 놓듯이 정확히 사찰이나 탑파를 창건하면 모든 운수는
대통하고 또 오래 간다는 것이다. 그래서 王建 十條에서 道詵의 圖讖說에
의하여 占定한 자리에만 사찰과 탑파의 창건을 훈시한 것이다.

　　국가의 재산을 낭비하여 사찰이나 탑파를 아무 기획없이 창건하는
무모함을 경계하는 뜻도 있을 줄 안다. 또 車嶺以南 錦江 밖의 땅은 山刑
地勢가 모두 背逆하여 사람 역시 反逆의 相을 지니고 있다 하여 등용을
삼가야 한다고 한 推占은 다소 정치적 의도도 개재되었을 것이다. 이 훈
요 제2조는 그후 고려 왕조를 근본적으로 흔들어 놓았던 妙淸의 난이나

---

10) 『三國史記』 新羅本記 弟一 脫解尼師今條.
11) 崔致遠 所撰 新羅初月山崇福寺碑文, 李能和著 朝鮮佛通史下 收錄.

辛旽의 사건도 이 도참설과 같이 얽혀있다. 따라서 여러 가지 왕조의 이익을 예상하고 훈시하였던 훈요 제2조가 나중에는 도리어 왕조의 기틀을 흔들어 놓은 독약적존재가 된 셈이다. 그리고 이 도참신앙은 오늘까지도 일부 서민들의 심성을 지배하고 있다. 6·25전쟁 당시의 八金山避難地說이나 『鄭鑑錄』에 의한 避難地設 등은 다 道詵秘記에 연원을 두고 있는 것이다.

그런데 풍수 도참 신앙은 미륵 신앙이나 미타 신앙, 참선 수도와는 다른 형태의 신앙이다. 미륵 신앙은 미륵불의 강림을 고대하는 사람들이 현시적 구제를 기대하고, 미타 신앙은 아미타불에 의한 왕생 극락을 염원한다. 그리고 미륵 신앙이나 미타 신앙이 他力的, 他界的인데 대하여 어디까지나 自力的, 自覺的인 禪은 심성의 도야를 통한 안정을 교시하고 있다. 그런데 도참 신앙은 이같은 종교 신앙 형태와는 아주 다르다. 우선 可視的 自然地理的 조건을 미래의 복락과 연관시키는 사유부터가 판이하게 틀린다. 地上的, 自然地理的 山勢와 하천의 위치 조건이 미래와 他界까지를 지배한다는 신앙은 어떻게 보면 너무나 원시적인 것 같다. 원시적 종교는 일정한 장소와 사물의 '성스러움"을 지적하는 수가 많다. 그러나 도참신앙은 이같은 신앙 형태와도 연관성이 있어보이지 않는다. 오히려 미륵 신앙과는 이상하게 얽혀져 있다. 즉, 미륵불이 재림하는 위치의 산세와 지형에 대하여는 도참설이 모든 학설을 다 인용한다. 56억여 년의 미래를 오늘로 끌어오는 심성이나 가시적 자연지리적 조건의 무형으로 미래와 他界를 지배하려는 심성은 모든 他界的인 것과 미래적인 것, 심지어는 초월적인 것까지도 현세적인 것, 地上的인 것으로 비논리적으로 집약시키려고 하는 것 같다. 무한의 의미를 유한에서 찾고 찾아낸 의미에 의하여 도로 무한을 지배하려는 유한한 현재 지향성을 찾을 수 있다.

結

이제까지 羅末麗初의 불안한 과도기에 있어서 미륵 신앙, 미타 신앙, 참선, 도참 신앙의 형태에 대하여 논하여 왔다. 물론 미륵 신앙, 미타 신앙, 선종이 본질적 순수한 형태에서 다루어진 것이 아니고 아노미적 불안 상태에서 고통받는 사람들의 요청적 파장에 의하여 굴절된 습합 형태에서 다루어 왔다. 굴절된 습합 형태에서 나말려초의 신앙형태를 反投影시킬 수 있지 않을까 하는 假定이 숨어 있었다.

그러나 羅末麗初의 경제, 사회 구조에 대한 역사학적, 사회학적 연구가 미비한 이유도 있고 또 관계 자료에 대한 비판 정리도 되어있지 않기 때문에 서술 과정에 적지않은 독단과 오류를 저질렀으리라는 것을 미리 사과하여 둔다. 다만 과도기의 불안 상태에서 사람들의 심성을 지배하였던 데까지 신앙 형태를 민간 레벨에서 파악하려고 하였다. 따라서 보편성을 지닌 불교가 상당히 왜곡되고 굴절되어 변형된 습합 형태로 파악되었음은 불가피한 일이었다.

흔히 한국인의 종교적 심성을 他界指向的, 또는 미래 지향적이라고 말하는 사람이 많다. 그러나 적어도 나말려초의 가장 불안한 세태에 대한 한국인의 심성은 오히려 他界的인 것, 미래적인 것을 현세적, 지상적인 방향으로 집약시키려는 경향이 있음을 보았다. 요즘 기독교계의 신흥 종교가 재림주는 한국땅에 왜 강림할 수 없는가 하고 어떤 때는 이미 강림하였다고까지 하는 열광적 신앙에서 한국적 종교 의식의 일면을 엿볼 수 있다고 생각한다. 또 전북 금산사의 미륵존불 부근에 유사미륵교계 군소 종파가 많은 것도 역시 미래불인 미륵불이 현세에 곧 그 자리에서 재림 한다고 믿기 때문이다.

이후 羅末麗初에 대한 민간의 사유 경향과 신앙형태에 대하여는 보다 다각적인 공동연구가 있기를 바란다.

고려의 居士불교

序
Ⅰ. 거사 李資玄과 李奎報
結語

序

‘居士佛教’라 할때 ‘居士’의 정의부터 내릴 필요가 있다. 종교 술어가 흔히 多義的 애매성을 띠는 수가 많은 것처럼 거사란 술어 역시 다의 다양하게 쓰여지고 있다.

거사에 해당되는 원어에도 두 가지가 있다. 가문의 귀천에 관계있는 ‘kula’와 주인, 소유자, 남편의 뜻을 가진 ‘pati’가 합성되어 이루어진 ‘kula-pati’와 단순히 가정, 家의 뜻이 있는 ‘gṛha’에 ‘pati’가 합성된 ‘gṛha-pati’의 두 가지다. 위 두 가지 술어를 어원적 구명을 시도하며 우선 거사의 정의를 정리하여 볼까 한다.

‘kula’는 원래 ‘무리, 집단, 會衆’의 뜻에서 ‘가족, 부족, 씨족’의 뜻으로 전이된 낱말이다. 그런데 고대 부족 사회에서 적어도 ‘한, 가족’으로서의 명예를 가지고 부족 회의에 참석하려면 그 가문이 훌륭하여야 한다. 즉 부족 회의에 참석할 만큼 다른 가족들의 신임과 존경을 받아야 한다. 여기서 부족회의에 참석하여 정정당당하게 발언할 수 있는 가문과 그렇지 못한 가문이 생겨나게 된다. 'kula'는 부족 회의에 참석하여 당당하게 발언할 수 있었던 가문을 가진 가족, 다시 말하여 '귀족'이란 뜻을 가진 낱말로 변하였다. 따라서 'kulapati'는 귀족의 가문에 속하는 '가족의 장'이란 뜻으로 정의된다.[1] 漢譯에서 아들, 자식의 뜻을 가진 'putra'가 합성된 'kula-putra'를 '善男子'라고 번역하였는데 여기서 '善'의 의미는 다만 '착하다, 훌륭하다'고 해석하기보다는 '훌륭한 가문에서 태어난 아들'이란 뜻으로 해석하는 것이 타당하다.[2]

그러나 거사의 뜻을 가진 또 한 가지 원어 'gṛhapati'는 좀 다르다. 'gṛha'는 '가정', '家'란 뜻이 있으므로 'gṛha-pati'는 단순한 '가장, 주인'을 가리키는데 한 가지 종교적 의무는 충실하게 이행하여야 한다. 그 의무란 출가한 사문들에 대한 '보시, 희사'를 말한다. 정기적 또는 부정기적으로 한 집의 가장은 출가한 수행자들에게 보시, 희사를 하여야 한다. 인도 사회에서 출가승에 대한 보시는 재가의 다수적 의무로 되어 있다. 무소유의 계행 때문에 출가승은 보시없이 살아갈 수 없다. 그런데 정기적이건 부정기이건, 출가승들에게 보시하려면 그 보시를 받아야 할 만큼 가난한 가정에서 보시를 기대할 수는 없다. 어느 정도의 자산이 있어야 종교적 의무인 보시도 이행할 수 있다. 이리하여 'gṛha-pati'는 단순한 가장의 뜻에서 어느 정도 자산을 가진 '자산가'의 뜻으로 확대되었다. 또 사실상 부처님의 시대에는 상업과 무역이 발달하여 상당한 자산가들도 있었다.[3] 슈라바스티 교외에 최초의 정사를 지어 부처님에게 희사한 수닷타는 당시 코살라의 서울 슈라바스티와 마가다의 서울 라자그리하를 왕래하며 무역하여 자산을 모은 자산가로서 불교 경전에 등장하였다. 잔존한 遺趾에서 그 정사의 규모가 상당히 거대하였음을 추정할 수 있다. 그 만한 크기의 정사를 당시 건립하여 부처님에게 희사할 만한 자산가라면, 즉 거사(gṛha-pati)

---

1) 梵語에 관한 語源과 語義는 Sir Monier Williams: Sanskrit-English Dictionary에 의거한다.
2) kula-putra는 한 例로 『금강반야바라밀다경』에 자주 나온다.
3) B.C. 5세기頃 인도는 部族國家로부터 統一專制國家로 발전하는 과정에서 農業生産뿐 아니라 手工業的 생산과 商業도 발달하여 資本家도 생겨났다. 『東洋思想의 形成』增 谷文雄 The Survey of Indian History K. K. Panikkar

라면 그의 재산규모도 짐작이 간다.

이리하여 거사의 정의는 첫째 출가자가 아니고 재가이며, 둘째 그 출신 가문이 훌륭하여야 하며, 셋째 상당한 재산을 가지고 있어야 하는 인물로 대개 정리할 수 있다. 그런데 위 세 가지 조건을 구비한 인물은 적지 않을 줄 안다. 그러나 여기서 거사라 할때 거사는 위 세 가지 구비 조건에 한 가지 조건을 더 구비한 인물을 가리킨다. 재가 생활을 하면서 항상 '수도에 정진'하는 사람 말이다.[4] 종교적 의무를 재가에서 이행하는 한편 재가의 수행을 게을리 말아야 하는 것이 거사다. 그래서 『楞嚴經』 약해는 거사의 10식중에 '智深' '行淨' '禮備'를 열거하고 있다.[5] 이와 같은 조건을 거의 완전히 구비한 인물로서 불교 경전에는 유마 거사[6]를 전형적 존재로 손꼽는다. 중국 거사전에 나오는 인물들도 대개 이 유마 거사를 이상적 거사로 추앙하며 그들의 생애를 유마 거사에 맞추어 가며 살아갔다. 그리고 고려시대의 '한국적 거사'도 중국적 거사의 유형을 벗어나지 못하고 역시 유마 거사에서 거사의 이상상을 모색하며 살아갔다. 그런데 한 가지 유의할 점은 거사들의 불교 신앙은 철저하게 '개인적, 개별적'이었다는 사실이다. '자기 만족과 자기 위안'을 위한 불교 신앙이었다. 중생을 제도한다거나 교화한다는 종교적 사명 의식은 유마 거사를 제외하곤, 어느 만큼 있었는가 하는 것은 의문된다. 따라서 어떤 형태로든지 거사 운동같은 종교적 신앙 운동이 그들에 의하여 주동되고 전개된 적은 없었다. 그들은 특히 중국과 한국의 거사들은 극단적으로 자기의 개인적 구제나 위안을 위하여 불교를 공부하였다.

---

4) "居士有二. 一, 廣積資財, 居財之士名爲居士. 二, 在家修道, 居家道士名爲居士"(維摩經疏 一)

5) 李智冠著, 楞嚴經略解

6) "많은 財産으로 貧民들을 救濟하고 맑은 戒를 지킴으로…… 出家한 智慧에 의하여 無智한 사람들을 救濟하고…… 賭博場에서나…… 술집에서…… 거기빠지지 않고 바로 그 마음을 지니므로 사람들을 바른길로 인도한다."(維摩經 方便品)

I. 거사 李資玄과 李奎報

고려 사회에서 위에 열거한 거사의 조건을 구비하려면 그 신분이 왕족이나 귀족 출신이어야 가능하다. 가문이 훌륭하여야 하고 또 재산이 있어야 한다는 조건은 서민층으로서는 바랄 수도 없는 것이기 때문이다. 그런데 고려 왕조의 왕족이나 귀족들은 불교를 쉽게 가까이 할 수 있는 주위환경에 있었다.

원래 중국이나 한반도에 전래된 불교는 처음부터 지배층과 不可分離의 관계에 놓여 있었다. 왕권의 무궁한 번영을 기원하는 불교의 신비를 왕권은 의지하려고 하였고, 불교는 왕권의 비호를 받아 그 교세의 확장을 도모하였다. 그래서 중국불교는 無限과 영원을 지향하는 '불법'과 有限的, 時間的 존재인 '왕법'이 동일하다는 護王論을 주창하게 되었다. '佛法 即 王法'7)이란 護王的 논리다. 이 護王的 논리는 아무런 저항없이 한반도에서 수용되어 왕권과 불교 교단은 밀접한 관계를 맺고 있었다. 신라를 거쳐, 고려에 이르러, 왕권과 불교는 상호의 이익을 위하여 더욱 밀착되었다. 더구나 고려조의 창건주 王建은 後嗣를 훈계하는 훈요십조의 제일조에서 "我國家의 大業은 반드시 諸佛護衛의 힘을 입지 않으면 아니되겠으므로 …"라고 제불호위를 강조하였으로 고려불교는 한층 더 왕권이나 귀족 같은 지배층과 준귀족적 지위에서 가까이 지냈다.

그러므로 고려의 왕족과 귀족들은 출생시부터 불교와 같은 인연을 맺게 되어 있었다. 한 집에 아들 넷 있으면 한 아들의 출가를 허락하는 것이 법제화되므로 靖宗 2년(1036) 왕족이나 귀족들은 가까운 친척으로 많은 출가 승려를 가지게 되었다. 왕자, 왕손으로써 출가한 자들도 나오고, 귀족같은 권세가의 가문에서 출가하는 젊은이들도 많이 나왔다. 그리

---

7) 道端良秀, 中國佛教史 pp.74~75

고 왕이나 국가의 고문격인 왕사나 국사도 여러 명 배출되었다. 따라서
고려의 왕족이나 귀족들은 누구나 정도의 차이는 있으나 불경에 대한 지
식은 가지고 있었다고 짐작할 수 있다. 그래서 고려의 왕족이나 귀족들은
출신 가문이 훌륭하고, 재산도 있어 거사의 조건을 갖추고 있으며, 그 위
에 불교에 대한 지식까지 겸하고 있으므로, 거사로서의 자격은 손색이 없
다고 하겠다. 海東孔子로 그 명성이 높았던 유학자이며 名臣이었던 崔冲
(984~1068)이 영도하였던 私學 冠童들도, 여름이 되면 松京近處의 名刹에
寓宿하며 공부하였다. 또 崔冲의 一門에서는 弘護寺의 俊流 같은 스님을
비롯하여 正思, 文悅, 道樞같은 출가 승려를 냈다.

　　여기서 논하려는 이자현도 그 가문에서 많은 출가 승려를 배출하였
다. 이자현은 고려의 전성기에 정계를 주름잡던 李資謙과는 종형제 사이
였다. 李資玄은 仁州 李氏(慶源李氏라고도 함)가 왕가의 외척으로 득세하던
때에 상당히 높은 벼슬에까지 올랐던 인물이었다. 이주 이씨의 족보를 살
펴보면 이자경과 이자현의 祖父 李資淵은 8남 3녀가 있었는데 삼녀는 모
두 왕비가 되었고, 오남은 金山寺 慧德王師 韶顯이다. 또 맏아들 李頲의
아들 중 5남은 玄化寺 僧이 되었고 손자에도 興王寺 智炤가 있다.

　　資謙의 7남은 僧 義莊이다. 세도의 가문이던 仁州李氏의 계보에서도
여러 명의 출가 승려가 나왔음을 미루어 볼 때 고려 시대의 귀족과 불교
승단 사이의 밀접한 관계를 알 수 있다. 子淵의 4남 李顗는 左散騎常侍,
知中樞府事의 높은 벼슬을 역임하였는데, 일찍이 春州 道監倉使職에 있을
때, 淸平山(春川)의 勝景을 구경하다가 감탄하여 普賢院을 건립하였다. 거
사 이자현은 바로 청평산에 普賢院을 건립한 李顗의 맏아들이다. 그는 아
버지의 보현원을 文殊院으로 개칭하고 여기에 살았다. 李資玄 居士가 勢
道家門의 출신으로 영달의 길을 버리고, 문수원에서 구도 생활을 하게된
경위에 대하여 佛教通史는 다음과 같이 적고 있다.

　　"九月丙申 作佛事干延興殿五日召淸平居士李資玄 赴行在 資玄中 書令
子淵之孫 容貌魁偉性聰敏 登第爲大樂署丞 忽棄官 入春州淸平山 葺文
殊院居之 蔬食布衣 嗜禪悅道 逍遙自樂 王遣內臣 賜茶香金帛 仍累詔

徵之 資玄對使者曰 臣始出都門 有不復踐京華之誓 不敢奉詔 遂上表辭
曰 此鳥養鳥 庶無鍾鼓之憂 觀魚知魚 俾遂江湖之性 王覽衣 知不可致
特幸南京 遣其第尙書資德 諭赴行在 賜御製詩一首 資玄赴召 王曰道德
之老 嚮風久矣 不宜以臣禮見 命上殿拜 賜坐茶湯 從容相語 仍命留三
角山淸凉寺 及再見 問養性之要 對曰 莫善於寡欲 王特加嘆賞 待遇甚
厚 旣而固請還山 乃賜茶香 法服以寵之"[8]

中書令은 이자연의 손자이고 재상 이의의 아들이며 李子謙의 從兄弟
라면 당대에 세도 부릴 수 있는 신분이다. 이자현은 文宗 말에 문과에 급
제하여 大樂署丞의 벼슬에 올랐다. 文宗 말이면 그의 나이 20대 초반이다.
그런데 선종 때 홀연히 大樂署丞의 벼슬을 버리고 淸平山으로 입산하여
그의 아버지가 건립한 보현원을 문수원으로 개칭하고 거기에서 살았다.
세속사를 청산하고 거사의 수도를 시작한 것이다. 宣宗 때(재위십년 1084~
1094)라면 그의 나이 겨우 30세 전후, 가문을 배경으로 영달의 문턱에 올
랐을 무렵이다. 그 세속적 영달의 길을 버리고 그는 '홀연히' 입산하여 탈
속한 거사의 길을 택하였다. 그렇다면 얼마든 顯職에 오를 수 있는 세도
가의 가문 출신이고, 문과에 급제하여 벼슬 길에 올랐던 李資玄이 홀연히
관직을 버리고 입산한 근거는 어디에 있었을까? 그의 '용모가 괴위'하다든
지 '성품이 총민'하다는 것이 입산의 근거가 될 수는 없다. 그의 아버지
이의가 불교에 대한 조예가 깊었고, 아버지 형제 중에 숭불하는 이들이
있었다. 李頲(李子淵의 長子)는 그 묘지에 "整衣冠坐 念阿彌陀佛名號 又自
受菩薩八戒位 伏枕而終"이라 하였을 만큼 출가 승려에 가까운 임종을 하
였다. 또 李頫(李子淵의 동생 子)는 門下侍郎이란 높은 벼슬에 오른 儒臣이
었지만 항상 『금강경』을 독송하였으며 스스로 '金剛居士'라고 불렀다(출가
하여 승려된 친척에 관하여는 이미 위에서 말한 일이 있다). 그러므로 평소 이
자현의 가족이나 친척들이 불교와 깊은 인연을 맺고 있었다는 점이 그를
탈속의 길로 쉽게 유인하게 되었다는 추리도 가능할 수 있다.

　　그러나 이보다도 정치 권력을 손아귀에 넣기 위한 음모와 相殘이 그

─────────────
8) 李能和 佛敎通史 上 245

의 가족 주변에서 끊일 사이 없이 일어나 그의 마음을 아프게 하였다. 그가 거사가 된 후 왕이 '養性之要'를 물었을 때 '莫善於寡欲'이라고 대답한 것을 미루어 생각하면 그의 심경을 이해할 수 있다. 욕망 가운데 가장 무서운 욕망은 권력욕이다. 권력 투쟁에서는 정적을 암살하고야 마는 일이 종종 일어나기 때문이다. 淸平 居士가 입산한 지 몇 해 되지 않는 1095년, 한때 朝野를 威服할 권세를 휘두루던 從足 李資義가 왕위 계승을 에워싼 정권투쟁에서 암살 당하는 비극이 벌어졌다. 睿宗이 사자를 보내 松京으로 불렀을 때 "臣始出都門 有不復踐京華之誓"라고 사양하던 청평거사의 심경을 알 만하다.

정권투쟁에 寧日이 없는 松京이 거사의 수도에 방해가 되었던 것 같다. 그래서 松京을 떠날 때 다시는 松京을 밟지 않겠노라고 맹서하였을 것이다. 거사는 특히 禪學研究에 여생을 보내다가 『禪機語錄』이란 저서까지 남겼다. 선에 대한 연구는 상당히 깊었던 것을 짐작할 수 있다. 그는 睿宗과 仁宗의 후대를 받았고 특별히 왕후와 공주로부터 신임을 받아 의복을 하사받았다. 깊은 산 속에서 흐르는 구름과 벗하며 逍遙自樂하는 동안 歌頌도 많이 지어 『歌頌集』도 남겼다. 그는 나이 64세, 1125년에 거사의 몸으로 조용히 돌아갔다. 말년의 그는 거사라기보다 출가한 승려의 생활을 보냈다.

> "세상에 전하는 네 가지 快한 詩는, 큰 가뭄에 甘雨를 만나는 것, 타향에서 옛 친구를 만나는 것, 洞房에 花燭을 밝히는 밤과 金榜에 이름이 걸렸을 때이다. 그러나 가뭄 끝에 甘雨를 만났다 할지라도 비 뒤에 또 가뭄이 오고, 타향에서 친구를 만났다 하더라도 다시 작별하게 된다. 洞房花燭이 어찌 生離別 안한다고 보증할 것이며 金榜에 걸린 이름이 우환의 시작이 아니라고 장담할 수 있겠는가. 이것이 마음에 어긋남이 많고 마음에 快함이 적은 것이니 오직 탄식할 뿐이다."[9]

---

9) "世傳四快詩曰大旱逢嘉雨他鄕見故 人洞房花燭夜金榜掛名辰旱餘雖逢雨雨後又旱他鄕見
    友旋又作別洞房花燭安保其不生離金榜掛名安知非憂患始也此所以違心多而愜少可嘆也已"
    白雲小說李象衝 張善宗 共譯에서

‘제행 무상’을 달관한 이규보의 심경을 엿볼 수 있다. “가뭄에 甘雨는 반가우나 甘雨 뒤에 또 가뭄이 온다.” “洞房花燭의 新房이 生離別 않는다고 보장할 수 있겠는가.” 또 과거에 급제하여 “金榜에 걸린 이름이 도리어 우환의 시작이 되지 않을 것인가.” 등의 표현은 불교의 무상관을 여실히 설명하여 주고 있다. 한편 세태의 무상을 절감하고 술회한 것이기도 하다. 이규보가 살았던 시대는 고려사에 있어서 문인이 살아가기 가장 험난한 때였다.

“비록 文冠을 쓴 자는 비록 胥吏라도 모조리 죽여 버리라.” 무신 鄭仲夫가 軍人政變을 일으켰을 때 내린 서릿발 같은 文人肅清命令이었다. 이후 고려는 무신들끼리의 정권 쟁탈 수라장으로 변하였다. 그러다가 崔忠獻 一派의 정권탈취로 무신끼리의 정변은 일단 잠잠하였다. 정권을 장악한 최충헌의 세력은 왕의 迎廢까지도 자기의 뜻대로 할 수 있을 만큼 막강하였다. 이규보가 세속적 영달의 관직에 오른 것은 바로 최씨일파가 득세하던 무신 전횡 시기였다. 그는 최씨 일파에 등용되어 상당한 顯職에 올랐으나, 무신의 전횡은 항상 그의 문인적 기질을 상하게 하였다. 그렇다고 엄연한 현실을 도피하여 은둔자가 되는 길은 그 자신 거부하였다. 그래서 당시 清遊를 즐기던 소위 七賢에 끼는 것을 거절하였다. 그러면서도 그는 술을 즐기고 시를 좋아하며 게다가 거문고까지 애호하였다. 그래서 스스로 시와 술과 거문고를 너무 좋아한다고 하여 ‘三酷好先生’이라고 불렀다. 시와 술과 음악을 지독히 좋아하는 문인적 바탕을 천부적으로 갖추고 있으면서도 그는 반면에 세속적 영예에 대한 애착을 버리지 못하였다. 그는 벼슬을 위하여 붓대를 꺾어 권세에 영합하는 행위까지 한 적이 있었다. 그는 영달을 위하여 문학적 소질을 적절히 이용할 줄 알았다. 그가 지닌 인간적 약점이라고나 할까. 그는 처세의 비술을 生來의 총명으로 쉽게 터득하였던 것 같다.

“선생이 무서워 하는 것은 도대체 무엇입니까? 이 물음에 선생은 다음 같이 대답하였다. 난들 어찌 무서워하는 것이 없겠습니까. 내가 두려워 하는 것은 다른 데 있지 않고 내몸에 있습니다."[10]

라고 하며, 입이 가장 무서운 것임을 그는 지적하였다. 그는 "一語一黙에 영욕이 달려있다."고 하며 중국 역사에서 말 한마디 때문에 일신을 망친 예증을 들고 있다. 그래서 "성인은 사람을 두려워하지 않고 오직 자기 입을 두려워하는 것이니 진실로 입만 삼가면 행세하는데 무슨 어려움이 있겠는가"[11]라고 處世訓을 부연하였다. 입신양명의 어려움과 괴로움을 말하고 있다. 그러면서도 거미줄에 걸린 매미를 비유하여 다음 같은 글을 쓴 적이 있다. 거미줄에서 벗어나려고 안간 힘을 다 쓰는 매미의 울음 소리에 견디다 못하여 「放蟬賦」를 지었다.

> "…거미의 본성은 탐욕에 차있고 매미의 성질은 맑다. 거미는 배불리 먹으려는 욕심이 차 있고, 매미는 이슬을 마셔 배를 채우므로 또 무엇을 꾀할 것인가. 貪汚로써 淸心을 해치려는 것은 나로선 참을 수 없는 일이다. ……중략…… 매미 너만은 본시 물건에 관심이 없고 다투지도 않았는데 어찌 이런 그물에 걸렸느냐. 얽혀진 그물을 풀고, 일러 두노니, 喬木을 찾아 아름다운 그늘을 가려 맑고 그윽하게 지내라. 이 같은 網虫이 너를 엿본다. 오래 머물지 말라. 너의 꾀로써 네 거취를 삼가라. 그러면 이후에는 근심이 없으리라."[12]

은연중 규보는 자신을 청순한 매미에 비유하고, 벼슬에만 급급하는 탐욕의 무리를 거미에 비유하고 있다. 그러나 규보의 자신 속에도 명예에 눈이 어두운 거미 같은 탐심이 도사리고 있음을 부인 못한다. 그는 무신 정권의 고려 사회에서 세속적 영달을 거미처럼 탐하던 중생적 규보와 반면에 세속적 탐심을 타기하려는 반세속적 매미같은 청정한 규보사이에서 항상 불안을 느끼고 있었다. 그는 『白雲小說』에서 자기 자신을 '白雲 居士'라고 부르며 "당나라 白樂天과는 음주와 詠詩가 천생 같아서 樂天을

---

10) "…子之所畏果何物乎 有乎無乎 先生曰僕亦安得而無乎僕之所畏不在諸物特關於己…" 『東國李相國集』 卷一 畏賦 李石來 解題

11) "是以聖人不畏於人唯畏於口苟愼其口於行世乎何有…"同上

12) "蛛之性貪蟬之質淸規鈞之意難盈吸露之腸何營以貪汚而逼淸所不忍吾情…" 汝獨與物而無競胡爲遭此拘囚解爾之纏縛囑汝以網繆遡喬林而好去擇美蔭之淸幽移不可屢兮有此網虫之窺幽居不可久兮蟷蜋在後 以爾謀愼爾去就然後無尤"同上 放蟬賦 李石來 解題.

스승으로 삼았다."고 말한 적이 있다. 술과 시를 좋아하였다는 유사성도 있었겠지만 나무 위에서 새들과 함께 살고 있는 선사를 보고 "그와 같은 장소에서 살면 불안하지 않느냐?"고 白樂天이 물었을 때 선사는 "땅 위에서 살면서 불안을 느끼고 있는 太守(白樂天)가 도리어 불안을 느낄 것이오."라고 한 대화에서 규보는 '땅위에서 살면서 불안을 느끼는' 白樂天의 모습에서 자기자신의 모습을 찾았을런지 모르겠다.

이리하여 시와 술과 음악(거문고)을 좋아하였던 규보는 불안의 계곡에서 살아야 하는 자기 자신에게 위안과 구제를 가져다 주는 종교가 필요하였다. 權門에서 출생한 李資玄은 정권 투쟁에서 여념이 없는 세도의 가족 환경을 피하여 淸平山으로 입산하였지만, 무명의 명예욕을 탐하여 세속적 영달의 벼슬을 최씨 일파의 무신 세도가에게서 얻었던 이규보는 자진하여 무신 세도가 밑에서 벼슬을 구하였던 자신이 한없이 미웠고 또 세속적 명예를 갈구하는 탐욕과 고고한 반세속적 문인 특유의 초탈사이에서 고통스런 불안을 견디어야 하는 자신이 한없이 가련하여 佛道를 향하였다. 어릴때와 없었을 때의 불우와 불행이 불도를 향하는 그를 재촉하였다.[13) 학문적 천재를 지녔던 이규보는 불도에 마음을 두자 불교 사상에 대한 연구도 깊고 넓었다. 흰구름처럼 애착하는데 없이 흘러다니는 인생이 좋아서 그는 자호를 白雲이라 짓고 스스로 백운 거사임을 자호하였다. 그리고 당대의 명문장으로 알려졌기 때문에 「大藏刻板君臣祈告文」을 비롯하여 「華嚴律章疏講習結社文」「龍潭寺叢林會膀」「佛頂道場疏」「金興寺佛象點眼文」「興天寺法會疏」 등 그의 붓이 가지 않는 것이 없다. 배운 거사는 특히 『首楞嚴經』을 평소 몹시 애송하였다. 그래서

"手能司美目能尋　白傘觀時亦按琴　莫道臨經容剩事　我將供養以聲音"[14)
을 읊은 적이 있다.

'我將供養以聲音'은 음악[琴]을 애호하던 백운 거사의 면모를 여실히 드러내주고 있다.

---

13) 李奎報는 어릴때 악성피부 病을 앓았고 監試에는 세번이나 낙방의 고배를 마셨다.(東國 李相國集)
14) 上揭書(續卷五　看楞嚴經傍置琴禪之因有作)

거사는 또 얼마나 『수능엄경』을 애송하였으면,

　　"儒書老可罷　遷就首楞王　夜臥猶能誦　衾中亦道場"[15]이라고　읊었겠는가. '夜臥猶能誦, 衾中亦道場'은　白雲같이　걸림없는　호탕한　거사의　성품을　잘 나타내 주고 있다. 그는 이어서

　　"特我夜能誦　從教白日頹　蓮花森在眠　千葉夢中開"[16]라　읊었다. 거사는 불교 사상을 연구하기 위하여 불교 경전을 상당히 넓게 섭렵하였던 것 같다. 눈병을 앓는 사람은 눈앞에 꽃이 피어있는 것처럼 보이나 이것을 없는 꽃이 눈병때문에 보인다고 하여 불교 술어는 '空花'라 부른다. 백운 거사는 空花에 대한 詩 一首를 읊었다.

　　"晝因日色見　日邁爲吾眠
　　夜借燈光看　我眠燈是換
　　自謂有燈日　眠亦明不絶
　　云何見空花　咫尺未辨物
　　借彼日燈光　是亦非眞明
　　況爲花所誑　不奈近於盲
　　三者皆前塵　明暗互欺眞
　　前塵却斷遣　慧眼自然新[17]

　　그는 「華嚴律章疏講習結社文」에서 "…但日夜思欲以區區微力 綝縫佛教之頹綱"[18]이라고 "불교의 頹綱을 꾸려가려고 밤낮 생각한다."고 한 다음 『화엄경』에 대하여는 "法門雖衆華嚴圓教最爲極唱若談其旨如譬天地之大"[19]라고 '『華嚴經』'이 불경중에서 最爲極唱'임을 밝혔다.

　　律에 대해서는 "梵言盧舍那 唐言調伏者是也謂能調伏六根三表故耳八萬四千法門由是而生以如來十大弟子中唯稱離耶能持律則律之時義其大"[20]라

---

15)　上揭書(卷五臥誦楞嚴有作)
16)　上揭書(卷五臥誦楞嚴有作)
17)　上揭書(卷五目禮偶吟)
18)　上揭書(卷25)
19)　上揭書(卷25)
20)　上揭書(卷25)

226

고 하여 律의 原語 Vinaya와 唐音 毘舍那(毘那耶의 誤記인 듯)를 말하고 '唐言 調伏은 六根三表의 調伏을 뜻한다'하고 십대제자중 持戒第一의 Upāli를 들고 있다. 불교학에 대한 거사의 해박한 지식을 짐작할 수 있다.

李奎報는 말년에 몽고병의 침입으로 강화로 천도하는 고려조의 비운을 함께 나누게 되었다. 전 국토를 유린하던 몽고병의 잔학은 목불인견이었다.「大藏刻板君臣祈告文」에서 그는 몽고병의 야만성을 다음과 같이 폭로하고 있다.

> "達旦(蒙古)之爲患也其殘忍凶暴之性已不可勝言矣至於痴暗昏昧也又甚於
> 禽獸則夫豈知天下之所敬有所謂佛法者哉是凡所經由無佛像梵書悉焚滅之
> 於是符仁寺之所藏大藏經板本掃之無遺矣嗚呼積年之功一旦成灰……"[21]

達旦族을 "至於痴暗昏昧也又甚於禽獸"라고 혹평한 다음 그들의 痴暗昏昧를 "豈知天下之所敬有所謂佛教法者哉"라고 까지 매도하였다. 나이 칠십에 이른 高官으로서는 대단히 분노에 찬 글월이다. 시와 음악을 애호하던 白雲居士였으므로 그 성질이 때로는 격하기 쉬웠을 것이다. 그러면서도 "力不能完護佛乘故致比大寶喪失之災寶弟子等年狀所然悔可追哉"[22]라고 고귀한 佛寶를 外侵으로 완전히 수호하지 못한 無力을 참회함을 잊지 않는다. 그리고 "然金口玉說本無成毀其所寓者器耳器之成毀自然之收"란 名句가 이어 나간다. 佛教의 眞理에 成毀가 있을 리없다. 그 진리가 담긴 그릇 즉 經版에는 成毀가 있는 것이 自然이다. 그러므로 진리가 담긴 그릇 즉 경판은 다시 만들 수 있다는 것이다.[23] 이어서 국난에 처한 국왕과 여러 신하들의 간절한 기도가 이규보의 가슴을 통하여 울려나오게 되었다.「大藏刻板君臣祈告文」같은 거국적 불사의 祈告文을 맡길 만한 인물이 되었으니 당시의 조야에 있어서 백운 거사의 명성은 가히 짐작할만 하다. 그는 폐부를 찌르는 간곡한 救國祈告文을 지었다. 백운 거사의 불교 신앙심과

---

21) 上揭書(卷25 大藏刻版君臣祈告文)
22) 上揭書(卷25上同)
23) 上揭書(卷25上同)

나라에 대한 최후의 애국심이 동시에 발로된 기고문이다. 그는 먼저 옛날 顯宗2년 大藏經刻版의 공덕으로 契丹兵을 후퇴시킨 異跡을 열거하면서 현종 때의 이적이 오늘 강화도의 經版雕造에서도 發現되기를 간절히 祈告한다.

> "昔　顯宗二年契丹主大擧兵來征顯祖南行避難丹兵猶屯松岳城不退於是
> 乃與群臣發無上大願誓刻成大藏經板本然後丹兵自退然則大藏一也先後雕
> 鏤一也君臣同願亦一也何獨於彼時丹兵自退而今達旦不爾耶"24)

여기가 「大藏刻板祈告文」의 본지다. 顯宗時의 국난과 오늘 강화도의 국난은 다 같은 국난이며, 대장경도 꼭 같은 한 가지 대장경이고 군신의 대원에 의한 刻版雕造도 꼭 같다. 그렇다면 어찌하여 그 때에는 거란병이 스스로 물러갔는데 오늘이라 하여 몽고병이 스스로 물러가지 말라는 법이 있겠는가. 실로 하늘에 사무치는 祈告의 呼訴文이었다. 여생이 얼마남지 않음을 자각한 거사가 애국 애정에서 우러나온 마지막 기원이었다. 거사 자신 반드시 靈驗이 있어 잔인 무도한 몽고병은 자퇴할 것을 확신하고 있었을런지 모른다. 그는 「大藏經刻板君臣祈告文」을 지은 지 4년 후, 그의 기고문의 영험도 보기 전 그는 74세의 나이에, 시와 술과 음악을 좋아하던 白雲居士 李奎報는 白雲처럼 사바를 떠났다. 白雲小說에서 그의 한 수를 소개하고 이 글을 끝맺으려 한다.

> "天地爲衾枕　江河作酒池
> 願成千日飮　醉過太平時"

---

24) 上揭書(卷25上同)

結語

　　‘고려의 거사 불교’라는 거창한 논제로 겨우 고려 전성기의 세도 가문 출신인 淸平居士 李資玄과 후반기의 文人政客인 白雲居士 李奎報 두 인물의 행장만을 간단히 서술하여 보았다. 고려 거사 불교의 ‘대표적 거사’로 두 인물을 대상으로 한 것은 아니다. 어떻게 생각하면 淸平居士 李資玄이나 白雲居士 李奎報같은 거사적 인간은 불교가 준 국교의 대우를 받고 있던 고려 시대에 세도 가문에서나, 출세한 고관들 중에서 몇 사람 더 찾아낼 수 있을런지 모른다. 다만 이자현이나 이규보에게는 비교적 거사로서 문헌 기록이 적지않게 남아 있다. 특히 이규보는 『東國李相國集』이란 부피 큰 자료를 남겨놓았다. 즉 거사로 자칭하며 인생을 산 사람 가운데 이자현이나 이규보만큼 문헌 자료를 남긴 거사는 거의 없다는 말이다.

　　고려의 거사는 서문에서 밝힌 거사로서의 조건은 갖추고 있었다. 그러나 고려 거사는 인도의 유마 거사처럼 부처님의 후광을 믿고 독존적 고자세로 완전무장한 십대제자들을 힐란하게 풍자하던 기개는 갖고 있지 않았다. 고려 말엽에 이르러 승단이 세속적 타락상을 노정할 때 승단을 비판한 것은 거사가 아니고 상승 기세를 타고 활개치던 儒臣들이었다. 무신들이 정변을 일으키고 정권을 전횡하여 고려 사회에 어두운 그림자를 던지고 백성들을 괴롭힐 때 왕사, 국사까지 있는 準國敎的 고려 승단이 한마디 양심적 발언도 없이 무거운 침묵을 지키고 있을 때 고려의 거사도 침묵을 굳게 견지하고 있었다. 거사로서의 자각이 있었더라면 백성을 괴롭히는 정권의 전횡에 대하여 권세에 기식하는 승단은 외면하더라도 거사만은 적어도 한마디쯤 유마 거사의 기개를 발휘할 만하였다. 또 왕족의 비호를 받고 세속적으로 비대하여가는 승단의 부패상을 豫知하고 비판하는 책임이 거사게 있지 않을까. 비호하는 왕권의 권위가 두려워서 타락하는 승단을 보고도 비판의 눈을 가지지 못했다면 역시 거사적 존재의의가 문제되지 않을까 한다.

또 중국에 수용된 불교가 정통적 유교의 忠과 孝의 윤리와 상충될 때 중국의 거사들은 호불론으로 유교와 정면대결도 하여 보았고, 아니면 불교와 유교의 절충론으로 유교와의 타협도 시도하여 보았다.[25] '護佛論'을 주창한 송대의 張商英 거사는 그 생존연대가 청평 거사 이자현과 거의 비슷하며 백운거사 이규보보다는 백여 년 앞섰다.

이자현은 몰라도 해박하던 이규보는 적어도 장상영 거사나 그 이전부터 치열하였던 唐, 宋代의 배불론, 호불론에 대하여 전연 몰랐다고 볼 수는 없다. 그런데 고려 사회에서 忠과 孝를 2대 지주로 하는 유교와 반가족적, 반사회적 불교와의 논리적 상충이 큰 문제로 대두되지 않았던 것 같다. 고려말에 이르러서야 鄭夢周, 鄭道傳 일파에 의하여 반가족적 반사회적이란 이유로 배불론을 주장하였다. 그러나 청평 거사나 백운 거사는 호불론과 배불론도 의식하지 못하고 거사 생활을 한 것 같다. 그러니까 서문에서 지적한 것처럼 고려의 거사들은 극단적으로 '개인적 개별적'이었으므로 사회를 의식하지 않았다고 볼 수 있다. 따라서 아무리 왕권이 부패하여도 또 승단이 타락하여도 고려의 거사들은 아랑곳하지 않고 고고하게 유유자적할 수 있었다. 사회도, 역사도 의식하지 못하였기 때문에 거사불자 운동 같은 사회 운동이 고려 불교에서는 일어난 적이 없었다. 거사만 아니라 고려 불교는 승단의 이익을 위하여 어느 특정무신파를 옹호하며 一撥를 일으킨 사건은 있었으나 종교적 사명을 의식하고 백성에게 고통을 주는 권력층의 학정에 대항하여 도전한 역사는 일찍이 가져보지 못하였다. 그러므로 승단이란 단체도 아니고 극히 개인적, 개별적인 성격이 농후한 거사에게 무엇을 기다릴 수 있겠는가. 사회 구제의 사명감이 없었던 고려 불교의 거사들은 결국 자기 구제조차 완성 못하고 청산유수를 벗하며 無歷史, 無社會의 가상적 眞空에서 일시적 자기위안과 자기 만족에

---

25) 張商 英居士(1043~1121) 護法論 李綱居士 (宋代) 三教論 劉謐居士(〃)三教平心論 이밖에도 中國居士傳에는 宋代의 居士로, 楊億, 蘇軾, 楊傑, 文彦博, 王安石, 司馬光등을 열거하고 있다.

도취함을 자기구제로 착각하고 일생을 살았다.

麗末鮮初 佛教의 密教的 傾向

머 리 말

麗末鮮初는 王朝 중심의 編年史에 따라 中世로 구분되는 고려 왕조가 붕괴되고, 소위 근세로 접어드는 조선 왕조가 새롭게 대두되는 '과도적 시기'를 가리킨다. 그러나 麗末의 上限과 鮮初의 下限을 어느 시기에 두느냐 하는 것은 쉽지 않은 문제다.

이 논문에서 이와 같이 쉽지 않은 문제는 피하고, 논술을 위해서 麗末鮮初가 지시하는 시대적 한계는 편의상 다음과 같이 잡고자 한다. 麗末은 元帝國의 고려 來侵부터 위화도에서 회군하여 신진 세력을 업고 득세한 李成桂에게 정권을 이양한 恭讓王까지를, 그리고 鮮初는 정권을 이양받은 이성계[太祖]로부터 朝鮮王朝의 권력 구조가 어느 정도 정비되었다고 사료되는 世祖代에 下限을 설정하고자 한다.

약 1세기 동안 元帝國의 지배하에서 고려는 거의 자주성을 상실한 상태에 놓여 있었고, 이질적인 몽고 습속이 도입됨으로써 고려의 사회 문물제도에도 혼란이 일어나고, 여러 가지 정치적, 경제적 파탄 징조로 국력은 극도로 쇠미하여 갔다. 인도에서 전래된 밀교에 西藏의 고유 신앙이 가미되어 형성된 라마교(Lamaism)가 고려 사회에 도입되어 불교계에 다소의 영향을 미친 것도 이 시기였다. 14세기 중엽 元帝國의 고려 왕조는 잠시나마 국권을 회복한 듯했으나, 對內·對外的인 주변상황은 당시의 사회 정세에 심각한 동요를 가져왔다. 즉, 대내적으로는 무신 정권 이후 계속된 지배층의 부패와 토지 제도의 심한 문란과, 대외적으로는 동북아의 정치 판도가 바꾸어지는 元·明교체 정국 때문에 元의 지배로부터 이탈하여 복고적 중흥을 도모하려는 노력은 주효하지 못했다. 더구나, 元세력이 후퇴하고 明세력이 아직 자리잡지 못한 틈을 타고 북방에서 홍건족의 난동과 지방의 주민을 약탈하는 일본 왜적(왜구)이 고려 왕조의 붕괴를 재촉하는 듯했다. 또 말기에 이르러서는 새로 도입된 性理學을 배경으로 新儒學派를 형성한 신진 귀족층과 불교를 비호하던 舊貴族層 사이의 정치적 암투가 왕조의 몰락을 가속화시켰다. 이 시기의 불교계에는 한때 세속적 최고 권좌에까지 등단했다가 전락한 辛旽 같은 豪僧도 나타났다가 사라졌다.

고려 왕조를 뒤따른 조선 왕조는 처음부터 新儒學을 통치 이념으로 삼고, 불교를 탄압하고 그 교세를 억제하는 정책을 펴나갔다. 이념적 차이와 정치 경제적 필요에 의하여 조선왕조는 건국초 여러 불교 종파를 강제로 통합함으로써 사원의 수와 함께 승려의 수를 대폭적으로 감축하고 동시에 사원에 귀속했던 토지를 극도로 제한하고 여분은 몰수했다. 선초에는 신왕조의 건국에 공로가 큰 신진귀족층에 분할 토지가 필요했다. 이리하여 선초부터 불교는 한반도 전래후 가장 격심한 시련을 겪게 되었다. 그러나, 이성계[太祖] 같은 인물은 건국 과정에서 無學 같은 고승을 정신적 고문으로 대우하고 개인적으로나 사적으로는 불교 신앙에 기울였던 것 같다. 야심적 정치가인 태종에 이르러 왕권 중심의 권력 구조가 구축된다. 더불어 불교에 대한 탄압도 더욱 가혹했다. 世宗이나 世祖도 불교의 교세를 억제하는 종교 정책은 답습하면서도 太祖처럼 개인적으로는 불교 신앙으로 기울었던 흔적이 있다.

한 인간의 현세적 지위가 至尊의 왕좌에 있건 평범한 필부의 처지에 있건, 개인의 불안과 내면세계에서 은밀히 솟아나오는 종교적 신앙으로 기울어질 때, 그 신앙은 난삽한 교리 체계를 통한 지적 이해 보다는 밀의적 기복 신앙의 방향으로 흘러가는 것은 어찌 보면 당연하다. 더구나 왕권의 영원한 보전을 갈망하는 王者의 심리는 천하의 一人者的 지위에 수반하는 위험 부담과 고독감도 가세하여 더욱더 초월적 존재의 신비능력에 의지하는 기복신앙에 강한 매력을 느낀다. 그리고, 또 王者 아닌 귀족이나 일반 서민들도 현실적 불안과 고통에서 벗어나고자 하는 인간의 기본적 욕망 때문에 초월적 신비 능력에 의지하려는 기복 신앙에 끌리는 심리 상태에 빠진다. 그래서 미지의 미래를 예언하는 占星이나, 국운과 가운을 地勢의 順逆에 의하여 점치는 풍수 신앙과 도참 신앙이 고려초부터 말엽까지 고려 사회를 풍미했다. 그리고 조선 왕조의 초기에도 도참비술에 대한 신앙은 한양을 수도로 정하는 建都問題에서부터 강한 영향을 미치고 있었다.[1]

초월적, 초경험적 능력에 의존하는 도참 신앙이 교리 체계를 통한 언어 매체를 철저하게 배제하고 비술과 비기에 의존한다는 점에서, 教宗이나 禪宗 보다는 密儀的 주술을 중시하는 밀교와 상통한 요소가 있었다. 이 小論에서는 麗末鮮初의 과도기의 前期 고려 불교계에서 우세했던 教宗이나 禪宗은 아니고, 密教的 경향에 대하여 고찰하고자 한다.

---

1) 李丙燾, 高麗時代의 硏究, pp.3~4(亞細亞文化社, 1980) 고려 시대는 오백년간 이 사상이 일관하여 정치·사회·法俗에 큰 交涉을 가지고 있던 만큼, 고려사를 읽는 사람은 누구나 여기에 주의를 끌지 않는 이가 없지만, 이 사상은 실로 고려의 흥망 성쇠와 큰 관계를 가지고 있다. 즉 고려는 흥성할 때나 쇠망할 때나 항시 이 사상이 위정자 내지 민중 지도자를 자극하고 충동하여 수 많은 굴곡을 일으켰던 것이다. 말하자면 고려조는 地理圖讖이란 관념의 유희에 의하여 흥하고 성하고, 또 그것으로 말미암아 쇠하고 망하였다고 하여도 과언이 아니다.
   그러므로 고려사 연구에 있어 이 방면에 관한 사상의 고찰은 자못 중요성을 띠고 있는 것이다. 만일 이를 전연 무시하고 고려사를 해명할 수 있다면 그것은 바랄 수 없는 일이다.

士　幽幽幽

Ⅰ. 여말의 밀교적 경향

1

어떤 민족의 역사에서나, 그 과도기에는 대개 두 가지 공통된 사회 심리적 불안 상황이 노정한다. 한 가지는 그 시기까지는 별다른 의심없이 심리적으로 의지하고 안주해 왔던 기존 가치 체계가 뿌리부터 해체되면서 야기되는 말세적 풍조가 초래하는 불안상황이고, 다른 한 가지는 의지할 새로운 사회윤리적 가치질서가 확립되지 않는 심리적 공백상태에서 오는 불안상황이다. 전자는 과거지향적 민심이 기성권위가 무너진 공허에서 느껴지는 심리적 불안이고, 후자는 아직 불투명한 미지의 미래를 향한 미래지향적 심리가 느끼는 불안이다. 따라서 두 가지 불안심리는 지향하는 방향만 서로 다를 뿐, 느끼는 불안의 심도와 내용은 같다. 그리고 이같은 과도기적 불안은 어느 특정 계층이나 분야에만 국한되는 불안은 아니고 지배층, 피지배층과 정치계, 경제계를 선별할 것 없이 사회 전반에 만연되는 심리적 불안이다. 그러므로 불교계라고 해서, 이같은 아노미(anomie)[2] 상태에서 예외될 수는 없었다. 麗末鮮初의 불교계에도 말세적 아노미적 亂調를 타고 여러 가지 변조가 일어났다.

우선 불안한 민심은, 현학적 교리 체계의 탐구·이해나 한적한 장소에서 깊은 禪理를 추구하는 명상 보다는 현실적 불안을 즉각 소멸해 준다고 믿어지는 주술적·神異的 신앙에 경도하기 쉽다. 심오한 敎義學的 연

---

2) 이같은 상황을 종교 사회학에서는 Anomie 상황이라고 부른다. Anomie 상황에서 인간은 전통 종교의 굴레에서 벗어나며 전통적 종교는 인간의 불안한 정서에 호소하는 힘을 잃고 만다. 그리하여 인간은 가치 체계의 해체에서 야기되는 혼란과 허탈, 사회적 連帶喪失에서 오는 고독한 불안과 새로운 가치 체계에 의한 Self-identity의 회복을 갈구하지만, 도리어 불투명한 미래가 주는 혼미와 심리적 불안은 가중된다(宗敎學辭典, p.245, 東京大 出版會, 1973).

구나 적정을 구하는 참선 보다는 현실적, 즉각적 안심 입명을 절실하게
갈구하는 것이 과도기적 불안에 시달리는 민심의 동향이다. 언어 매체의
顯示的 기능을 배제하고 現時的・即物的 안심입명을 요청하는 심리는 密
儀的 주술 신앙과 쉽게 융합할 수 있다. 그리고 교리체계를 통한 지적 이
해 보다는 밀의적 색채가 농후한 의식 절차를 중요시하는 신앙심은 신이
나 이적을 요망하는 신비주의 경향으로 달린다. 몽고족이 침략하기 시작
한 13세기 중엽부터 고려 사회에는 종말에 가까워질수록 이같은 신비주의
경향이 그 농도를 더해갔다. 그리고 주술적 요소가 농후한 신비주의적 경
향은 토착적 고유 신앙과 사회 기층에서 쉽게 습합되어 혼융된 형태로 나
타나며, 한편 불안한 민심은 고유 신앙과 혼융된 신앙 형태에서 다양한
주술적 신비성을 감득하고 매혹된다.

    그래서, "13세기 전반에 있어서 불교 사상의 가장 큰 변화는 토착적
인 神秘思潮의 부활이라 하겠다."고 지적한 학자도 있다.[3] 계속하여 그 학
자는, "토착적 불교 사상은 13세기 불교계와 일반 사회와의 관계에서 설
명된 민중 불교 또는 지방 중심의 경향으로 바뀌던 현상과 밀접한 관련이
있다."[4]고 했고, 또 "…귀족 중심의 지배층이 붕괴될 때 종교 행위에 의하
여 추종하던 민중들은 교리 보다는 신비적인 경향에 의하여 사회를 움직
이는 집단적 종교 세력을 형성하는데 13세기의 고려에는 바로 이같은 불
교적 경향이 나타날 수 있었던 시기였다."[5]고 지적했다. 그리고 同 학자는
고승들의 생애를 밝힌 이 시기의 碑文・行狀・逸話 등에는 12세기 이전
보다 신비・신이적 요소가 강하게 나타남을 예증으로 들고 있다. 고승들
의 신이적 행장은 이적을 기다리는 민중 신앙과 부합된다. 같은 시기에
저술된 승려 一然(1206~1284)의 『三國遺事』에는 약 1세기 이전의 『三國史
記』에 비하여 神異한 전승을 강조하고 있음도 13세기와 12세기의 사회사
상적 배경을 잘 드러내주고 있다.[6]

---

3) 許興植, 13세기 高麗 佛教界의 새로운 動向(韓㳓劤停年紀念 史學論叢), p.275.
4) 上揭, 論文, p.276.
5) 上揭, 論文, p.276.
6) 上揭, 揭論, p.277.

　　그런데 이같은 주술적 神秘傾向은 麗末鮮初의 과도기 뿐 아니라, 신라왕조가 쇠망하여 고려왕조로 교체되던 羅末麗初의 과도기에도 현저하게 나타났다.[7] 그러므로 13세기 고려 불교사상에 일어났던 神秘思潮의 경향은 羅末麗初의 과도기에 있었던 신비사조의 부활이라고 할 수 있다.[8] 신라말기 사방에서 봉기하여 서로 패권을 노리던 군웅 가운데는 神異를 기다리는 민심의 동향에 영합할 정치적 의도를 품고 스스로 '當來에 下世할 미륵불임'을 자칭한 弓裔와 같은 승려 출신의 인물도 정치 무대에 등장했다.[9] 불교에서 미륵불은 미래세에 하강하여 중생을 고통의 바다에서 구제해 준다는 구세주적 존재다. 미륵불 신앙은 일찍 중국에서 정권이 교체되는 왕조사의 과도기에는, 구세주를 갈구하는 민심의 신앙적 여망에 부응하여 출현했다가도 새로운 왕조가 안정 세력을 구축하면 사라지곤 했다. 그리고 어떤 시기에는 불평 불만에 쌓인 민중을 규합하여 民亂을 주도한 정치세력으로 발전한 일도 있었다.[10] 민중 불교사에서 미래세의 구세는 즉 메시아의 강림을 갈망하는 민심의 근원적 욕구가 없어지지 않는 한 미륵불 신앙은 민중과 함께 미래에도 살아남을 것이다.

2

　　그런데, 羅末麗初나 麗末鮮初같은 과도기에는 불안한 민심의 동향과 부응하여 일어난 미륵불 신앙과 함께, 또 한 가지 무시 못할 주술적 신앙이 있었음을 간과할 수 없다. 소위 僧 道詵을 시조로 하는 도참설과 풍수지리설이다. 신라 시대에 중국에서부터 전래된 음양오행설과 도참설은 緯書에서 유래된 두 가지 설로서 서로 결합된 형태로 발전하여 예언적 영험

---

7) 拙稿, 羅末麗初의 信仰形態, 宗教研究(韓國宗教學會, 1976), pp.226〜239.
8) 註 3), 4) 參照.
9) 高麗史 太祖世家.
10) 중국 불교사에서 왕권이 교체되는 과도기에는 미륵불을 사칭하는 패자들이 출현하여 시세에 불만을 품은 불평 분자들을 규합하고 愚民들을 현혹 선동하여 민란을 일으킨 사례가 여러 차례 있었다.(道端良秀, 中國佛教史, p.209). 또 舊韓末과 일제 초기의 한국 사회에서도 미륵불 신앙이 전북과 충남 지방에 성행하여 미륵 화신을 자칭하는 사이비 도인들의 출현을 보았다.

을 갖춘 주술 신앙형태로 변신하여 고려 사회 전반에 깊이 침투하고 있었다. 그리고 고려 왕조의 흥망 성쇠에 상당한 영향을 주었던 관념이 되었다 함은 이미 기술했다. 地勢의 길흉과 國運의 성패가 대응함을 점치는 예언적 신비를 간직한 풍수지리설, 도참설은 사회의 기층을 흐르고 있는 여러 가지 주술 신앙과도 쉽게 혼융되어, 보다 영험 있는 새로운 종교 신앙으로 발전했다.

풍수설은 원래 인간의 骨相이나 人相을 觀相하고 그 인간의 길흉과 운수를 예언하듯, 山水와 地勢의 局面을 관상하고 그 位相의 길흉·화복을 왕조의 성패와 국가의 운수와 대응시켜 예언하는 地理觀相術이었다. 道詵은, "三韓 山川의 3800곳을 택하여, 마치 사람에게 병이 들었을 때 그 혈맥을 찾아 침을 놓고 뜸을 떠서 병을 고치는 것처럼 산천에 병이 들었을 때에는 그 落點處에 사원·탑·부도 등을 세워 산천의 병을 고칠 수 있다."[11]고 하였다. 그를 풍수설과 裨補寺塔說의 시조로 추앙하는 까닭은 여기 있다.

이 풍수지리설이 도참과 결합될 때 신비스런 예언적 초능력은 배가되어 민심을 매혹시킨다. 도참에서 '讖'이란 문자는 '驗', '徵'등 효험, 徵兆의 의미를 가지고 있다. 事前의 豫言, 징조, 암시 등의 의미에서부터 卜言, 神托, 天啓 등 豫言的, 隱微的인 뜻을 가진 말로 전용되었다. 요약하면 讖의 문자가 의미하는 것은 隱秘한 언어나 문자인데, 그것이 미지의 미래사를 예언·암시한다고 풀이할 수 있다. 그리고 '圖'는 예언적 암시가 상형문자로 形象된 상징적 圖象을 가리킨다. 상형 문자가 지닌 多義性과 함축성 만큼 圖象의 의미도 多義的이고 함축적이다. 고대 중국에서는 갑골에 상형된 도상에서 瑞兆와 兇兆를 읽고 왕권의 성패와 길흉을 예언하는 讖記가 있었다. 神龍으로 알려진 거북이의 등 위에 象形된 圖象文字에 의하여 국운의 성쇠까지를 예언하는 비술이다. 고대 중국에서 갑골의 圖象文字를 해독하고 나라의 운명을 점치는 일은 거룩한 神官의 임무였다. 당시

---

11) "三韓山水圖中 擇三千八百區 件件落點曰 人若有病急郞尋血脈 或針或灸則即病愈 山川之病亦然 今我落點處 或建寺立佛立塔立浮圖則 如人之鍼灸 名曰裨補也"(朝鮮寺刹史料下, p.377).

의 神官은 神龍에 圖象된 하늘의 암시와 신탁을 들을 수 있는 권위있는 성직자였다.

이같은 圖象에 의한 예언적 讖記가 자연 지리의 지형 조건에 의하여 점치는 풍수설과 결합되면, 圖象의 대상 범위가 전국의 자연지리적 地形과 地勢에까지 확대하게 된다. 전국적 규모의 자연지리적 지형과 지세가 圖象化의 대상이 된다는 말이다. 즉 전국토가 도상화되어 풍수설에 의한 국운의 성패가 점지되고 讖記에 의하여 왕가의 가운이 예언된다는 것이다.

국토의 지형·지세에 의하여 국운을 점치는 풍수 도참술과 하늘의 별자리를 보고 국운과 가운을 예언하는 점성술은 예언적 점술이란 점에서는 일치한다. 그런데 밀교가 발생한 인도에서는 점성술이 발달했고, 밀교를 받아들인 중국에서는 풍수도참술이 발달했다. 천체와 지구의 운동을 정밀하게 측정하기 위해 상당한 수준에 이르렀던, 고대 인도 수학은 현대적 천문학을 발전시키는 데에는 공헌하지 못했지만 점성술의 발전에는 기여했다. 한편 풍수지리를 정확히 알기 위하여 방위와 시간을 측정하던 고대 중국의 수학은 현세적 지리학이나 地學의 발전에는 아무런 기여도 하지 못하는 대신, 도참과 결합하여 宅地와 明堂을 점치는 비술로 발전했다. 고대 인도와 중국의 수학은 中世, 近代를 거치는 동안 실용적 과학 기술을 촉진하는 방향으로 발전하지 못하고, 도리어 神異的 비술을 助走하는 방향으로 발전했다.

3

그런데 이같이 다분히 주술적 색채가 농후한 풍수도참설이 고려 왕조를 일관하여 그 성쇠를 좌우하는 신비스런 신앙으로 변모하고 裨補寺塔說을 주장한 僧 道詵과 깊이 연관되어 있다는 점이 고려 불교의 문제로 대두된다. 그의 비보사탑설이 풍수도참설에 근거하고 있다고 하여 道詵을 圖讖의 시조로 보는 견해가 지배적이다.[12] 그리고 오늘에 이르기까지 풍수

도참설에 관한 비기나 비결은 전부 僧 道詵의 저서로 알려져 있다. 도선과 관련된 비문·전기 등이 한결같이 그를 도참의 권위자로 기록하고 있고 도참의 비조로 받들고 있다.[13] 그 중에서도 도선을 圖讖僧으로 못박아 놓은 결정적 사료는 고려 太祖의 訓要이다. 태조는 그의 훈요에서, "道詵이 占定한 자리 외에 함부로 사원을 건립한다면, 곧 地德을 손상케 하여 祚業이 영구치 못할 것이다"라고 명기함으로써, 道詵의 지위를 도참승으로 굳혀버렸다. 그 후, 妙請의 西京遷都를 둘러싼 반란, 항몽 투쟁 시기의 삼별초, 辛旽의 遷都論 등 國基를 뒤흔드는 변란이 일어날 때마다 도참설은 예언적 암시적 비설로서 사회 전반에 유포되어 민심의 동요를 가중하였다. 妙請 같은 政治僧은 圖讖說의 傳承系譜를 一行→道詵→康請和→妙請이라고 날조하여 그의 西京遷都의 합리화를 도모했다.[14] 그러나, 李能和氏는 中國僧 一行과 道詵사이의 연대 차이가 1세기에 이른다는 사실을 예거하면서 妙請의 계보에 대하여 부정적 견해를 표명했다.[15]

　　그런데, 최근에 이르러 도참설과 道詵의 관계를 전연 다른 각도에서 해석하는 젊은 학자가 나타났다. 徐閏吉교수는 그의 논문 '道詵과 그의 裨補思想'에서 道詵을 다음과 같이 말하고 있다.

　　그의 신앙적 본질은 恒時 禪에 있었으나, 法說의 年譜와 학적 소양, 그리고 시대적 사조에 부응하여 밀교적 法用을 활용함으로써, 한

---

12) 李丙燾, 高麗時代의 研究―特히 圖讖思想의 發殿을 中心으로―(亞細亞文化社, 1980).

13) "玉龍寺先覺國師證聖慧燈塔碑"(朝鮮金石總覽 上, pp.560~562)
　　"月出山道岬寺道詵國師守眉大師碑銘"(朝鮮寺刹史料 上, pp.339~344)
　　"高麗國師道詵傳"(朝鮮寺刹史料 下, pp.377~379)
　　"道詵國師實錄"(朝鮮寺刹史料 上, pp.202~209)
　　"白雲山內院寺事迹"(朝鮮寺刹史料 上, pp.17~23)
　　"道詵國師傳"(藏外雜錄 第2輯, pp.17~21)
　　"道詵國師實錄跋"(朝鮮寺刹史料 上, pp.211~213).

14) "自言此太一玉帳法　禪師道詵傳之康靖和　靖和傳之我　臨老得白壽傳之　非衆人所知也"(高麗史 列傳 卷40 妙淸).

15) "高麗沙門宏演所撰　高麗國師道詵傳　以師爲得地理法　於唐一行禪師者　此乃誤訛之　按唐沙門一行 ……開元十五年示寂　自是計至唐文宗 太和元年　道詵示生之歲爲百十年 ……"(李能和, 朝鮮佛敎通史, p.270).

240

편으로는 護國思想·現世利益思想과 같은 시대적 조류에 따랐고, 다른 한편으로는 밀교적 신앙의 현실적 응용인 裨補寺塔의 神力에 의하여 침체된 교세를 다시 일으켜 法輪이 自轉하기를 기원했던 분이다.16)

　道詵은, "神僧이면서도 시대적 사조에 부응하여 밀교적 法用을 활용했다."는 서술에서 '시대적 사조'가 구체적으로 무엇을 의미하는지는 분명치 않으나, '밀교적 신앙의 현실적 응용인 裨補寺塔의 神力'이란 後續 서술에서 추리가 가능하다. 즉 시대적 사조가 밀교적 신앙, 비보사탑의 신력 등과 깊은 관련이 있다는 것이다. 도선이, '山川의 地德을 중요시하고 裨補寺塔을 내세웠던 것도 사실'이나, 그렇다고 '道詵을 圖讖僧'으로 보거나 또는 '裨補說을 圖讖說'과 혼동하는 것은 잘못된 견해라고 서 교수는 비판했다.17) '裨補說을 주장한 사상적 근거는 圖讖이 아니라 密教的 法用에 依한다' 하며, 道詵의 밀교적 신앙과 근접할 수 있었던 근거를 예증하고 있다. 즉 道詵은 九山門 중의 하나인 桐裏山 開山祖인 惠徹禪師의 傳法弟子인데, 惠徹은 일찍 당나라에 가서 西堂 智藏을 師事하고 있을 때 '密印'을 전수받은 일이 있다고 한다.18) 密印은 諸佛·菩薩의 本願을 여러 가지 手印에 의하여 표시하는 密儀的 印契를 가리킨다. 惠徹의 스승이었던 智藏은 禪僧이면서 동시에 밀교에도 깊은 조예가 있어 密教僧으로도 알려져 있다.19) 그러므로, 智藏→惠徹→道詵으로 이어지는 法系로 보아 道詵에게도 밀교 신앙의 영향이 있었다고 보는 것이 서교수의 지론이다. 또, 道詵이 擇地하여 비보사탑설에 의하여 건립한 사원에는 약사 여래를 봉안한다는 사실을 예거하며 서교수는 道詵의 밀교적 경향을 논증하고 있다. 약사신앙은 중국에서 기복 소재하는 밀교적 신앙 형태로 변형되고 수용되었다. 신라에 전래된 약사신앙은 密本法師의 藥師經讀誦에 의하여 善德女王의 병을 치유한 이적도 행한 일이 있었다.20)

---

16) 徐閏吉, 道詵과 그의 裨補思想(韓國佛教學 第1輯, p.65).
17) 上揭, 論文, p.65.
18) 東師列傳 第1 惠徹禪師傳.
19) 黃懺華, '中國佛教史', p.188 參照.

이와 같이 道詵을 密敎僧으로 본다면, 그의 裨補思想도 밀교적 새로운 法用으로 보아야 하고, '裨補寺塔信仰은 풍수지리설이나 도참설에 근거한 것이 아니라, 밀교 신앙의 法用에 의하여 三韓의 전국토를 거대한 '만다라'(maṇḍala)로 보는 것이 보다 온당하다고 서교수는 해석한다.[21] 道詵의 裨補寺塔說을 밀교의 maṇḍala와 부합시킨 그의 견해는 卓見에 속한다.

4

인간은 언어의 길이 단절된 경지를 空(Śūnyatā) 같은 부정적 言表로만 끝남을 용허하지 않고, 어떤 象徵形態로 표명되기를 요청하므로 밀교적 dhārani와 maṇḍala가 생겨난다. 언어로 구성된 교리 체계의 한계를 넘어선 '覺의 세계'를 상징적 형상이나 음성으로 표현하려고 한 것이 밀교다. 그래서 밀교에서는 논리적 사고 보다는 예지적 직관적 상징을 통한 신앙을 강조하고, 따라서 소리와 형상에 관한 추상적 상징 체계의 형성이 주조를 이룬다. '覺(佛)'의 경지가 상징 체계에 의하여 圖象化되거나 音符化될 때, 그것은 象形的, 抽象的 圖形이거나 언어 이전의 소리로 표현된다. 인도 종교는 우주의 최초의 소리와 최후의 소리는 'Oṁ'이라고 한다. Oṁ은 모든 소리의 근거이고 모태에서 나오는 소리이다. 모든 소리는 Oṁ으로부터 나오며 또 Oṁ으로 되돌아 간다. 따라서 모든 언어 현상에는 Oṁ이 내재해 있고, 遍在해 있다. 이와 같은 Oṁ에서 Dhārani가 나왔으므로, Dhārani는 모든 언어에 遍在해 있고 모든 언어의 비밀을 '摠持'한 비밀문 즉 주문이다. 그러므로, Oṁ과 Dhārani의 비밀을 알면, 모든 언어의 의미는 저절로 알려진다는 것이다.

Oṁ과 dhārani가 모든 소리와 언어의 모태라면, 모든 우주적 형상의

---

20) "善德王德曼疾彌留 有興輪寺僧法惕應詔侍疾 久而無効 時有密本法師 以德行聞於國 左右請代之 王詔迎入內 本左震仗外 讀藥師經 卷軸周 所持六環飛入寢內刺一老孤與興法惕 倒尊 庭下 王疾乃"(『三國遺事』卷5, 神呪 第6 密本摧邪)

21) 上揭, 論文, p.70.

모태가 maṇḍala이고, tantra이다. 모든 형상에는 maṇḍala나 tantra가 근원적 祖型으로 내재해 있고 동시에 遍在해 있다. 象形化된 문자도 maṇḍala나 tantra의 祖型을 근거로 창조되고, 동시에 maṇḍala와 tantra의 方向으로 抽象되어 歸一한다. 나무 한 그루, 돌멩이 하나에도 maṇḍala와 tantra의 신비는 內在하여 있다. Oṁ이나 Dhārani가 종교적 신비를 지니고 있는 것처럼 maṇḍala나 tantra도 종교적 신비를 간직하고 있음은 물론이다. 그래서 dhārani 같은 주문은 신성한 소리가 되고, maṇḍala적으로 신성화된 位相에 존재하는 나무와 돌멩이도 종교적 신비가 숨어 있다. maṇḍala적 위상에 존재하는 나무를 물질로서 숭배하면 우상 숭배가 되지만, maṇḍala나 tantra적 形相에 대한 숭배라면 종교적 神性에 대한 숭배가 된다. 불상이나 보살상은 우주의 이치를 가장 순일하게 추상화한 maṇḍala적 圖相의 중심에 존재한다. 그러므로 불상에 대한 신앙은 한갓 물체에 대한 신앙이 아니고, maṇḍala 적으로 聖化된 圖象에 위치한 신비한 形相에 대한 신앙이다. 고대 중국의 갑골에 圖象된 象形文字의 주술적 신비와 maṇḍala, tantra의 인도 신비 사이에는 유사한 점이 있지 않을까 한다.

maṇḍala나 tantra의 조형적 구도는 수학적, 기하학적 균형을 이루고 있다. Oṁ이나 dhārani가 음악적 조화를 이루고 있음과 같다. 그런데 maṇḍala나 tantra의 수학적 구도에서는 '수량의 관념'은 배제되고 형상과 형상 사이의 '比例關係'나 類比關係 중요시된다. 그래서 동일 형상이 엄격한 비율에 의하여 無限數로 造型되어진다. 근대 과학으로 발달한 천문학이 수량 관계를 중요시한 데 대하여 고대적 祭儀의 위상을 추정하던 점성술은 比例관계나 數比관계를 중요시했다. 이와 같이 엄격한 비례 관계에 의한 비율에 따라 圖型된 重層構圖가 밀교의 maṇḍala나 Hindu의 tantra에 이르러 더욱 세밀화되고 추상화되며 다양화되었다. maṇḍala의 기본 구도는 '圓型'이고 tantra의 기본 구도는 '三角型'이다. 그러나 Hindu교의 영향을 받으면서 발달한 maṇḍala는 圓型과 三角型을 잘 배합하여 조화와 균형을 이루도록 구도했다. 인도의 고대 圖型的 표상에서 '一'은 點이고 동시에 圓이며 '二'는 결합되지 않는 평행선이고 '三'은 三角型이다. '二'는 인도의 정통

철학사상인 advaita(不二一元論)에 의하여 '一'로 歸一하든지, 아니면 '三'으로 복수화되고 다양화된다. 이와 같이 다양한 중층 구조로 圖型된 maṇḍala를 神이 臨在하는 空間的 中心聖域으로 삼고 Oṁ의 성스러운 공간적 중심 성역이므로 maṇḍala의 圖象은 엄격한 기하학적 도식에 의하여 완성되어지고, 또 Oṁ과 dhārani의 신성한 음조에 따라 진행되는 양식도 음조의 리듬과 階調가 정확히 구송되어져야 한다. 언어적 교리의 전달과 지적 이해가 色調인 顯教에서 주술적 신비의 색채를 띤 의식 절차는 가능한 한 간소화되는 경향이 강하지만, 언어적 교리를 극단적으로 배제하는 밀교는 도리어 maṇḍala, tantra 등의 공간적 聖壇과 Oṁ, dhāārani 등의 음성적 주문 등 상징적 의미가 다분히 함축된 복잡한 의식 절차가 주조를 이루므로 다양하고 복잡하다. 인간은 상징을 구사할 줄(Homo Symbolicus)²²⁾아는 인류이고 고래로부터 인도인은 상징의 창출에 있어서 천부적 소질을 보였다.

　　이리하여 고대 중국의 예언적 도참·풍수지리설과 우주 공간을 聖化한 maṇḍala의 다양한 重層圖型은 종교 공간학적 입장에서 부합된다. 세계 전체를 重層構造로 圖型된 거대한 maṇḍala로 생각할 때, 三韓의 山川 전체도 圖型된 maṇḍala의 부분이다. 道詵의 裨補寺塔說은 고대 중국의 밀교적 maṇḍala로써 三韓의 地圖를 다시 圖型하여 神聖한 壇을 점지한 것이다. 壇(mandir)은 성스러운 제사 의식이 거행되는 聖所다. 사원과 탑은 불교적 제사·의식이 거행되는 淸浄境界이다. 그래서 道詵이 점지한 자리에 사원이나 탑을 건립하면, 地勢가 勝하여 氣運을 회복한다는 밀교의 maṇḍala설과 융합된 풍수도참 신앙이 일어나게 되었다. 道詵은 그의 직관적 예지와 禪的 체험을 통하여 중국적 풍수도참 신앙과 인도의 밀교적 maṇḍala 신앙을 혼융시킨 최초의 종교가 되었다. 道詵이 禪旨에 달통한 고승이면서 풍수도참의 대가로 추앙받는 까닭은 여기에 있다.

　　道詵 이후, 밀교적 maṇḍala와 융합된 도참 신앙은 天台·華嚴 같이

---

22)The history of Religion-Essay in Methodology University of Chicago Press. Methodological Remarks on the study of Religious Symbolism, P.86~107.

244

당당한 교학 체계가 불교계를 지배하던 시기에서도 陰地에서 불사조처럼 이어져 왔다. 陰地의 불사조는 반대편인 양지가 역사적 황혼기에 접어들어 어두워질 때면 고개를 쳐들고 날기 시작한다. 더구나 麗末 같은 과도기의 불안한 사회 상황에서 밀교적 maṇḍala와 습합된 풍수도참 신앙은 道詵의 신비스런 後光을 입고 다시 고개를 쳐들었다. 辛旽 같은 인물은 도참 신앙에 근거하여 遷都說을 주장하고 유포시켜 開京의 민심을 더욱 어지럽혔다. 또 鮮初의 과도기에는 建都問題가 정치의 쟁점으로 논의될 때, maṇḍala적 도참풍수 신앙은 유력한 비술로서 계룡산, 모악산 등이 거론되었고, 禪僧 無學의 자문에 따라 한양이 결정되었다고 한다. 建都같은 정치적 사항이 禪僧의 소견에 의하여 결정되었다는 異說이 민간에 유포되고 믿어질 만큼 도참 신앙과 불교의 고승 사이에는 깊은 연관이 있었다.

5

Oṁ이나 dhārani 같은 주문과 maṇḍala 같은 秘義의 圖型을 주조로 한 주술적 의식이 중요시되는 밀교는 여러 가지 이색적 신앙 요소를 수용하여 쉽게 습합하였다. 밀교의 역사적 배경이 Hindu교의 tantrism, Śaktism 등 이색적 요소와 혼융되어 왔음은 인도 불교사에서 쉽게 읽을 수 있다. 고려 시대에서도 특히 말기에 이르러, 밀교는 다른 종파 신앙과의 습합이 아무런 저항 없이 쉽게 이루어졌다. manṇḍala와 dhārani의 秘義에 의한 의식을 주로 하는 밀교이므로 습합 과정에서 교리상의 대립도 없이 이루어질 수 있었다. 고려 말기에 밀교는 '타력신앙'으로 알려진 准提신앙이나 정토 신앙과의 습합 현상이 나타났다. 특히 몽고의 내침으로 말세적 징후가 감돌고 있던 시기에 불안한 민심은 他力的 주술 신앙에 의지함으로써 마음의 안정을 얻으려고 했다.

그 중에서도 天台宗의 종풍을 선양하고 普照와도 친교가 있었던 13세기 중엽의 僧 了世(1167~1245)는 날마다 『법화경』을 독송하고 准提神呪를 천 편 염송, 미타불호를 萬聲 念誦하는 것을 일과로 삼았다[23]고 했다.

법화 신앙과 정토 신앙의 병행 신앙 형태는 일찍 중국 불교에서 발생하여 유행을 보았던 형태였다. 고려 불교에도 도입되어 『법화경』을 소의 경전으로 하는 천태종 계통의 고승들 가운데는 법화 신앙과 미타 신앙을 병행하였던 사례가 더러 있었다.[24] Dhāraṇi品을 포함한 『법화경』에 밀교적 요소가 있다고 해서 이상할 것은 없다. 그러므로 천태종의 中興祖로 추앙받는 了世가 神呪를 日課로 1천 번 염송할 수도 있다. 다만, 많은 神 가운데 准提呪가 選別되었다는 사실이 주목을 끌 뿐이다. 그런데 이 准堤神呪가 어느 시기에, 어떤 경로를 거쳐 중국 불교에 도입되었으며 또 고려 불교에까지 전해졌는가 하는 것을 밝혀주는 자료는 거의 찾을 길이 없다. 여러 가지 다양한 神呪를 가지고 있는 밀교에 속하는 神呪일 것이라는 추리는 가능하다.

　　准提는 '포악함'을 의미하는 'cundi'의 音譯이고 인도 동부 뱅갈 지방에서 열렬히 신앙되고 있는 Durgā 女神의 異名이다. 원래는 빈디야 山中에서 動物犧牲을 좋아하던 女神이었는데 나중에 惡魔를 퇴치하는 마력을 지닌 女神이 되었다가 'mahābharata'에서는 Śiva神의 配偶神으로 승격한다. 이 Cundi女神이 인도 밀교가 Hindu Tantrism과 습합하는 과정에서 밀교에 도입되어 准提觀音[25]으로 화신되지 않았는가 한다. Dūrga의 異名의 Cundi 女神이 신앙되던 지역은 인도 밀교가 성행했던 지역과 거의 일치한다.

　　밀교에서 dhārani는 現身成佛을 실현하는 口密로 변용되면서 그 의미도 확대 해석된다. 『大日經』의 「具緣品」에서 이 眞言(dhārani)의 相은 "一切 諸佛이 所作이 아니라.…(中略)…dharma 같은 것이기 때문이다. 여래가

---

23) 每禪觀誦授之餘 誦法華一部 念准提神呪一千遍 彌陀佛號一萬聲 以爲日課(朝鮮佛敎誦史, p.322)

24) 高翊晋, 白蓮社의 思想傳統과 天頙의 著述問題(佛敎學報 제16집).

25) '六觀音', 六道를 敎化하는 六種의 觀世音菩薩. 이 菩薩은 六道를 돌면서 衆生을 敎化한다. ①大悲・大慈・師子無畏・大光普照・天人丈夫・大梵深音의 六觀音. 地獄으로부터 天에 이르는 六道의 장애를 제거한다. ②台密에서는 地獄에서 化하는 聖觀音. 餓鬼를 化하는 千手, 畜生을 化하는 馬頭, 修羅를 化하는 十一面, 人間을 化하는 不空見索, 天을 化하는 如意輪이라고 한다. 東密에서는 不空見索을 대신하여 准提를 세운다.

출현하거나 출현하지 않거나 이 dhārani는 '法爾'라고 했다. dhārani는 원시 불교의 연기법 같이 여래의 출현, 불출현과 관계없이 自然法爾 즉 스스로 그렇게 되어 있음을 말한다. 爲作이 아니라 自然 그대로임을 의미한다. 자연 그대로가 진언(dhārani)이다. 이같은 진언이므로 여법하게 송주하면, 즉 緣起法에 合一하면 성불하는 것처럼, 即身成佛한다는 것이다. 그러므로 dhārani나 mantra의 第一義는 即身成佛에 있고 消災祈福은 부차적인 공덕 이다. 그래서 mandala 圖型에 엄격한 의궤가 있듯이 dhārani에도 일정한 의 궤가 있다. dhārani의 송주로 진행되는 밀교 의식에는, 그것이 성불의 길로 가는 엄숙하고도 신성한 의식이므로 송주의 음악적 억양과 박자에 대한 규칙은 엄격하지 않을 수 없다. 이같은 주문 가운데 准提神呪는 일체의 dhārani를 함장하는 최상의 dhārani라고 한다. 기타의 dhārani가 河川에 比한 다면, 准提神呪는 大海가 되어 대승경전에 포함된 모든 dhārani를 다 포섭 하고 있다고 했다.[26] 그래서 准提神呪에 관한 漢譯本도 여러 가지가 있 다.[27]

그런데 이같이 밀교적으로 채색된 准提呪를 了世라는 당대의 고승이 수행의 일과로 염송했다는 사실이 문제된다. 了世 자신의 개인적 수행과 신앙의 일과였다고 판정하기 보다는 당시 고려 불교계 전반에 이같은 准 提神呪를 일상적으로 염송하는 밀교적 경향이 농후하게 깔려 있었다고 보 는 것이 온당할 것 같다. 천태종, 화엄종, 선종 등의 지식층 승려가 귀족 들의 지적 호기심을 만족시키고 그들의 지원과 비호를 받아왔다면, 神呪 같은 dhārani나 신비스런 mandala를 주로 하는 밀교는 지식층이 아니고 일 반 서민 대중의 지지를 받고 있었다. mandala의 그림을 주시하면서 간단한 dhārani를 염송하면 성불한다는 교리도 좋지만, 그 보다도 현세에서 消災

---

26) 何以多示准提眞言令人持誦　答云一爲准提總含一切諸眞言故　准提能含諸呪　諸呪不含准 提如大海能攝百川　百川不攝大海　……　但只專心持誦亦具一切三昧　故大悲心經云　陀羅尼 是禪定藏　百千三昧常現前故.(金剛智譯, 佛說七俱지 佛母准提大明陀羅尼經).

27) ① 金剛智譯, 佛說七俱胝母准提大明陀羅尼經.
　　② 不空譯, 七俱胝佛母所說准堤陀羅尼經.
　　③ 地婆訶羅譯, 佛說七俱胝佛母心大准提陀羅尼經.

祈福할 수 있다는 呪術的 마력이 하층 서민들의 마음을 끌었다. 天台, 華嚴같은 顯敎가 사회의 전면에 적극적으로 기능하는 전향적 신앙을 촉진하는데 반하여, 사회의 음지에 사는 서민층의 저변에서 잡초같이 다양한 신앙 형태를 보이며 서식하고 있는 것이 밀교다. 그래서 표층사회로부터 落塵된 여러 가지 신앙의 침전 요소들이 밀교의 저류에 혼합되어 흐르고 있다. 그 가운데에는 고유의 Shamanism적 요소도 있고, 풍수도참신앙적 요소도, 또 현세적 이익을 갈구하는 민심에 영합하는 기복 신앙적 요소도 혼합되어 있다. 더구나, 13세기 중엽 이후처럼 말세적 징후가 짙어감에 따라, 여러 가지 신앙과 밀교적 신앙과의 습합 과정은 더욱 심화되고 가속화 되었다. 특히 他力的 색채가 농후한 정토 신앙이나 미륵 신앙이 밀교와 혼융되어 일반 민간으로 침투되어 널리 유포되기도 한다.

　　왕권의 주변에서 왕권과 밀착하며 교세를 유지하여 왔던 천태종, 화엄종, 선종등은 왕권의 쇠망과 운명을 함께 하는 수가 있다. 그러나 소박한 현세적 이익을 희구하는 민간 신앙과 유착된 밀교의 신앙 의식은 상층부 왕권의 성쇠에서 야기되는 사회적 격동기에도 별로 큰 영향을 받지 않고 불사조처럼 끈질기게 살아 간다. 신앙의식 가운데에서도 흑심한 가뭄에 비를 부르는 기우제 같은 거국적 의식은 maṇḍala와 Dhārani를 주조로 하고, 朝野가 공동으로 거행하였다. 또 救世의 良藥이요 호국의 경전으로 신앙되는 『금광명경』이나 『인왕경』을 소의로 하는 도량의 형성에도 고려 불교에서는 밀교적인 색채가 짙었다. 또 13세기 중엽 몽고와의 항전기에 구국의 염원을 안고 조성한 대장경판에도 신이적 가피를 기원하는 불사였으므로 상당한 분량을 밀교계의 dhārani 경전들이 점유하고 있다. 神異的 可被에 의하여 기울어가는 국운의 회복을 도모하려는 간절한 소망에서 종말에 가까울수록 더 많은 밀교적 도량이 maṇḍala 도형에 의하여 설치되고 Dhārani를 염송하는 밀교 의식은 더욱 빈도를 더해 갔다.

II. 鮮初의 밀교적 경향

1

鮮初의 불교계가 겪은 가장 혹독한 시련은 新王朝에 의한 抑佛策의 단행이었다. 억불책은 鮮初에서 처음 시행된 것은 아니고, 麗末에 이미 斥佛論이 싹텄고 부분적으로 억불책이 시행되고 있었다. 鮮初의 억불책은 경제적으로는 불교 교세의 기반이 寺社의 대폭적 革去에 의하여 田地와 노비를 대거 삭감하고 정치적으로는 度牒制에 의하여 新規僧侶의 수를 감축하는 兩面策이었다. 이면에는 불교의 세속적 세력을 억압하고 대신 유교에 의한 정치 이념을 부식하려는 의도도 숨어 있었다.

그러나 억불책은 불교의 세속권에 대한 전면적 말살이 아니고 제한적 감축이었다. 극단적인 척불론을 주장하는 新進儒學者들의 건의로 기습되었으나 억불 정책은 제한적인 革去와 削減으로 끝났다. 唯一神만의 존재를 인정하고 他神의 존재이유를 철저하게 말살했던 一神教的 獨斷論은 중국 문화 풍토에서 발생한 유교가 용납하지 않았다. 따라서 유교 이외의 타종교를 근절하는 종교화 정책은 유교를 정치 이념으로 하는 중세 국가에서 실현되지 않았다. 또 전래후 1000여 년이 지나는 동안 한국적 정신 풍토에 깊이 뿌리 박았고 고유 신앙과도 농도 짙게 습합된 신앙 형태로 토착된 불교가 세속적 정치 권력에 의한 他律的 박해에 대항하여 저항할 굳은 신앙적 저력도 가지고 있었다. 그리고 생사의 고, 노병의 고등 인간의 근원적 고통에 대하여 유교가 명확한 교리를 제시하지 못한 심리적 공허가 불교의 가르침으로 傾斜한 것도 사실이다. 더구나 鮮初의 과도기에 교체된 신왕조의 정치적 혼란에서 오는 사회적 불안과 경제적 불안정에서 오는 생활고가 겹쳐서 민심의 동요는 심했다. 그래서 지배층이건 피지배층이건 나라의 앞날과 함께 개인의 앞날을 예측할 수 없는 심리적 불안은 초월적 神異나 초자연적 異跡을 갈구하며 他力的 신앙인 미륵불이나 미타불을 찾고 밀교적 의식에 심취하기도 했다.

거센 정치적 폭풍이 밀어닥치면 지상의 고층구조물은 심대한 피해를 입지만, 지하에 뿌리 박은 기층은 별로 피해를 입지 않는다. 고려 불교에서 천태종, 화엄종, 선종 등 지고의 왕좌 주변에 근접하여 왕권의 비호를 받던 종교파들은 광대한 田地의 소유과 교세의 비대때문에 鮮初의 억불정책에 의하여 혹심한 피해를 입지만, 기층 사회의 저변을 흐르던 밀교는 어떤 외부 압력에도 살아 남는다. 오히려 鮮初의 과도기적 불안에 시달리는 민심은 상하를 막론하고 주술적 밀교 의식에 의지하려고 했다. 그래서 외적의 침략이나 역병의 만연과 같은 내우외환이나 洪水早魃같이 인력의 한계를 넘어선 천재 지변이 일어날 때 鮮初의 유생들도 밀교적 신비에 의존하려고 했다. 또 망자의 추복에 대하여는 역시 주술적 의식이 한층 영험이 있어 보인다. 그리하여, "척불론을 강조하던 유생들과 억불 군왕들까지도 내면의 사적 입장에서는 信佛하게 되었다."고 주장하는 학자도 있다.[28] 즉 外儒內佛的 이중 생활을 鮮初의 유생들은 할 수밖에 없었다는 말이다. 鮮初에 실제로 밀교적 의식에 의하여 거행되었던 여러 가지 불교 행사의 내용을 예거하여 보면, 이 시기의 밀교적 경향을 추리할 수 있다.

1. 消災祈禱

太祖 2年　2月　壬寅;命宿衛士卒 誦神衆經消災呪于殿庭.

　　　2年 10月　辛丑;以星變屢見　集僧徒於時坐所　設消災道場　上與中宮禮佛行香

　　　3年　正月　甲辰;遣世子于慈雲寺　設四大緣成法席　以禳星變　上親幸觀之.

　　　　　5月　丙午;以旱편　禱于佛宇神祠徒市.

　　　2年 10月　辛丑;以星變屢見　集僧徒於時坐所　設消災道場　上與中宮禮佛行香

　　　3年　正月　甲辰;遣世子于慈雲寺　設四大緣成法席　以禳星變　上親幸觀之.

　　　　　5月　丙午;以旱祈禱于佛宇神祠徒市.

　　　4年　4月　戊子;遣使子遣持賢聖等寺　作佛事以禳天變.

---

28) 徐閏吉, 朝鮮朝密教思想研究(佛教學報, p.114).

　　　　5月　庚申;諫官李皐等上言　請令停罷甲士諷經于闕庭
　　　　8月　己丑;遣大學士　柳珣於檜巖寺　設消災法席
　　5年　9月　丙辰;以天變地怪屢見　遣人於諸寺　設消災法席
　　　　11月　甲子;遣商議門下府事都興于光巖寺　設星變消災法席
　　6年　4月　丁未;遣判三司事李居仁干檜巖寺　三司右僕射柳珣于光巖寺　設星變
　　　　　　　　祈禳祈禳消災法席
　　　　5月　丙寅;有星出自王良星北流　設禳災法席于支天寺
　　7年　正月　庚午;設星變祈禳法席于支天寺
　　　　2月　庚辰;設天讓祈禳法席于藏義　支天　安巖　王興等四寺
　　7年　2檜　辛卯;設天變祈禳法席于支天寺　又遣寧城府院君吳思忠于藏義寺記十
　　　　　　　　二因緣法席
　　　　5月　己酉;以久旱講雲雨經於興福寺　以松木枯槁　設祈禳法席於蓮花寺
　　　　5月　戊辰;聚僧百八　設消災法席　五日而罷
　　　　6月　癸亥;雨血于永平白雲山　遣寧城君吳思忠設法席禳之
　　7年　8月　丙辰;設解擾祭於峯山　又行金剛經消災道場
　　　　8月　庚申;以天變地怪設法席于臺山上元　金剛山表訓等寺

2. 忌齋·薦會

太祖　2年　4月　甲辰;皇考桓王忌晨　令僧徒諷經闕中
　　3年　4月　戊戌;桓王忌晨上與中宮幸敬天寺　安桓王眞　仍設齋
　　　　7月　甲寅:上以薦王氏命書法華經四部分置各寺　以時披讀
　　4年　2月　戊子;上命設水陸齋於觀音堀見巖寺三和寺　每春秋以爲常爲前朝王
　　　　　　　　氏也
　　6年　3月　丁巳;幸敬天寺設華嚴法席　薦神德王后
　　7年　正月　甲寅;設水陸齋于津寬寺
　　　　8月　壬子;幸興天社觀神德王后薦會
　　7年　8月　丙辰;設神德王后大祥齋於興天社　都堂別行于興福寺
　　　　9月　甲午;設神德王后忌齋於藏義寺

3. 禱佛病愈

太祖　3年　7月　壬戌;知中樞院事黃希碩疾病　上爲之禱佛
　　　　4月　正月　戊午;銀川君趙琦背疽幾死　上命集僧內庭禱佛
　　　　2月　乙丑:放宮闕役僧五十　以趙琦病禱佛也　琦聞之感泣
　　5年　7月　丙辰;以顯妃未寧集僧徒五十於內殿禱佛

<pre>
　　　　　壬戌;以顯妃有疾集僧徒於內殿禱佛　遣使於檜巖寺亦如之
　　　　　癸卯;慶尙道海水　自蔚山至東萊　長三十里　廣二十里　亦如血　水族
　　　　　　　盡死　凡四日　人云天狗屋落海中所致　命設道場于通度寺以禳
　　　　　　　之
　　　　　戊申;設祈禱道場于佛恩寺
　　　　　己酉;設神德王后忌齋于興天寺(是目　太上王幸廣明寺別設忌齋)
　　　　　壬子;鳶爲所歐　來集于勤政殿　上集緇流　讀佛經而禱之
　　2年　3月　庚辰;太白晝見　設祈禳文豆屢設道場于賢聖寺
　　　　7月　甲申;使道流及僧徒　讀經于內殿
　　　11月　癸酉;移置仁王佛於內願堂仁王佛宦官等願佛也　留置宮中久　矣上即
　　　　　　　位　宦官等欲進其佛納不置于內願堂
太宗　元年　10月　丁巳;說水陸齋于臺山上元寺　禳天災也
　　　　　辛未;設水陸齋于津寬寺
　　2年　7月　癸未;釋京外二罪以下囚徙　市　聚巫女子司平府　者于明通寺　僧徒于
　　　　　　　演福寺　禱雨
　　3年　4月　癸酉;命文可學淸齋于松林寺禱雨
　　　　8月　丙子;遣繕工少監金桂蘭于洛山寺　設道場禳災異也
　　5年　4月　甲午;聚僧巫禳雨
　　　　5月　丙申;小雨賜祈雨法席布施白苧布二匹䌷　布百六匹
　　　　　壬寅;設禱雨精勤于演福寺
太宗　10年　6月　丁巳;聚僧巫禱雨三日而止
　　11年　5月　己卯;聚僧徒于重興寺禱雨
　　　　7月　甲戌;舍利殿祈雨行香
　　　　　戊子;命僧徒行救病精勤于演福寺　以世子之女病也　聚僧禱雨
　　16年　5月　丁未;禱雨于興福寺　聚持戒僧一百誦大雲輪請雨經　因開慶寺僧之啓
　　　　　　　也　三日而罷　賜僧徒白苧布　綿布　正布有差
　　　　　己未;柳廷顯　朴益請復行祈雨精勤　上曰祈佛而得雨與否　未可知也
　　　　　(中略)　下可止人之請　姑從之
　　　　6月　壬辰;祈雨於興天寺舍利殿　造草龍一身九頭十餘聚僧一百　設祈雨精
　　　　　　　勤　有一僧燒指　上謂有誠　賜紵　麻布　各二匹
　　18年　7月　己酉;聚僧徒於興福寺　盲人於明通寺　設祈雨精勤水陸齋
　　14年　2月　庚戌;命李灌傳旨曰觀音窟　津寬寺　臺山上元寺　巨濟見庵寺　行每年
　　　　　　　2月　15日　水陸齋　今後行於　五月十五日以爲式
　　15年　11月　己酉;命戶曹量給米豆于津寬寺　先是津寬寺啓水陸齋位田一百結　除
</pre>

> 陳損外 其所牧米豆 用於十月水陸齋. 遺在者不足於正月水陸
> 故也

18年 3月 癸丑;命同副代言成 如津寬寺 爲誠寧大君 設水陸齋忌齋

16年 7月 辛亥;命說忌晨齋於興天興福寺 上曰前此先后忌晨齋於藏義寺 然今
閉藏義洞門 輸米及往來有弊 可於城內二寺互相設行 以爲恒
式

16年 9月 丁未;世子往興德寺神懿王后忌晨燒香.

위에서 본 바와 같이 국가 규모의 불사가 消災道場을 설치하고 천재
지변의 예방을 위한 기원 의식이 있음을 알 수 있다. 消災道場은 maṇḍala
적 제단을 중심으로 구성되었고, 기원 의식은 주로 dhārani의 송주로 진행
되었음을 물론이다. 다음으로는 祈雨의식도 여러 사찰에서 불교법식으로
거행되었음도 알 수 있다. 또 왕족 중에서 이미 亡者가 된 혼령으로 追福
을 위한 천도재가 보이고 水陸齋가 여러 번 거행되었음도 알 수 있다. 이
같은 불사가 영험이 있으려면, 그 의식은 가장 신성한 장소에서 가장 청
정한 고승에 의하여 가장 엄격하고 엄숙하게 거행되어야 한다. 초월적, 초
능력적 존재의 神異를 기원하는 의식에 삿된 것이나 부정한 것이 끼어서
는 안된다. 그래서 국가적 불사는 신통력있는 밀교계의 고승에 의하여 순
수한 밀교식으로 거행되어져야 한다. maṇḍala단에서 dhārani를 집행하는 고
승이 敎宗系의 스님이더라도 消災道場에서 거행되는 기도의식은 밀교의식
절차에 따라야 하므로 敎學僧도 불사의식을 위하여는 maṇḍala의 圖型과
dhārani 神呪를 배우고 익혀야 했다. 神呪 한 구절도 송주 못하는 승려는
승려로서의 神通이 의심받는다. 그리하여 朝鮮朝 初期의 불교 승려들은
밀교화하여 갔고, 따라서 교단도 점차 밀교의 방향으로 기울어졌다.

Ⅳ 맺 음 말

　　종교가 초월적, 초경험적 궁극적인 존재를 추구하는 한, 신비주의에서 벗어날 수 없다고 본다. 초월적, 초경험적인 존재는 인간의 언어기능의 한계를 넘어선 언어도단의 자리에 있고 순수한 신앙적 체험에 의하여만 증득되기 때문이다. 그래서 교종보다는 신비적 체험을 강조하는 선종은 언어적 기능에 의한 교리 체계는 '달을 가리키는 손가락[指月]'에 지나지 않는다고 비판했다. 그런데, 초월적 존재는 상징적 抽象圖型이나 언어 이전의 음성에 의하여 현시된다. 힌두교는 이같은 상징적 抽象圖型을 maṇḍala, tantra, 언어 이전의 음성을 dhārani, mantara라고 명명했다. maṇḍala적 제단을 중심으로 dhārani神呪에 의한 신비적 의식을 통하면 현세에서 즉시에 초월적 존재와 合一하므로 即身成佛한다는 것이 밀교다. 그래서 인도 불교사에서 최후기에 발달한 밀교는 가장 신비주의적 색채가 농후한 종교가 되었다.

　　이 밀교가 중국적 윤색을 거쳐서 신라를 통하여 고려 사회에 전래되었다. 그 신비적 성격 때문에 밀교는 지배층을 형성하는 지식인들 보다는 피지배층인 서민 대중의 성향에 부응하여 주술적 밀교 신앙으로 더욱 발전해갔다. 그래서 고려초기부터 밀교는 Shamanism적 고유 신앙을 위시하여 여러 민간 신앙과 基層社會에서 습합하였으며, 특히 道詵으로부터 시작하는 풍수도참신앙과는 maṇḍala적 圖型을 매개로 하여 혼용하였다. 그리고 教宗系의 고승들도 일상적 수행 일과에서 准提神呪를 송주한 것을 미루어서 밀교신앙의 底邊層은 상당히 깊고 넓었음을 알 수 있다. 이같은 밀교적 경향은 말엽에 가까울수록 그 농도가 짙어갔다. 왕족·귀족 같은 지배층도 국운의 번영과 개인적 수복을 위하여 밀교 사찰에서 밀교 의식에 의한 기원법회를 거행했다. 그리고 미륵 신앙, 미타 신앙과도 고려 밀교는 혼용되어 일상 예불 의식에서 미타불, 미륵불이 밀교적 神呪의 誦呪

와 병행되어 염송되었다.

밀교에 있어서 麗末鮮初의 왕권교체기에 있었던 斥佛論과 抑佛策에 의한 피해는 敎宗이나 禪宗에 비하여 적었다. 밀교는 基層社會에서 서민 대중의 주술적 신앙과 밀착되어 있었기 때문이다. 겉으로는 抑佛策을 쓰면서도 鮮初의 지배층은 왕권의 영구한 보전을 위한 기원행사는 밀교사원에서 국가적 불사로 밀교적 의식에 의하여 거행되었다. 따라서 공적, 외면적으로 유교를 내세우고, 개인적, 내면적으로 불교 특히 밀교적 신앙으로 흘러갔다.

朝鮮朝 後期의 佛敎哲學

序

序

조선조 후기의 시작을 어느 시기로 하느냐 하는 데는 여러 가지 의견이 제기될 수 있다. 종교 사상사에 있어서는 흔히, 전통적 경전 해석에 의한 교단 古規에 안주하는 보수 장로층을 향하여 참신한 방법론에 의한 경전 해석을 주장하여 전통 교단을 날카롭게 비판함으로써 교계에 개혁의 신풍을 일으키는 위대한 종교적 천재나 성인의 출현이 시대를 구분짓는 이정표가 되는 예를 볼 수 있다. 종교 사상사에서는 정치적 대사건보다는 고결한 인격자의 발언과 행위가 시대구분의 결정적 구실을 한다. 그런데 조선조에는 신라조의 원효나 고려조의 지눌 같은 큰 사상가가 나타나지를 않았다. 그래서 조선조 불교사상사에서 전기와 후기의 시대 구분이 쉽지 않다는 점을 먼저 말해 두고자 한다.

여기서는 조선 왕조사에 혹심한 타격을 주어 衰運을 보이게 한 임진 난을 '便宜上' 후기의 시작으로 삼을까 한다. 고래로 호국 사상을 표방하던 한국 불교의 특색이 임진난 때 西山·四溟같은 승군장들이 출현하여 민족의 수난을 극복하는 데 공훈을 세움으로써 구체적으로 입증되었다는 세속적 의미도 중요한다. 호국 불교적 특색이 출가한 두 승려의 세속적 참여 행동에서 두드러지게 한국 불교사에 부각되었다.

그리고 선초부터 유교를 숭상하던 사대부들에 의한 불교 배척은 佛教界에 심각한 충격을 주었다. 신라나 고려의 두 왕조를 통하여 거의 천 년 동안 왕족과 귀족의 극진한 비호를 받으며 융성했던 불교계에 모진 서리가 내리친 것이다. 사대부 계급으로 독점된 권력층은 가차 없는 배불 정책을 써 나갔다. 고려조에 준귀족의 지위까지 누렸던 승려의 신분은 조선조 후기에 이르러서는 도성 출입조차 금지될 정도로 하락되었다. 그런데 배불의 이유가 王者의 권위에 도전한다는 불교 사상적 배경보다는 오히려 사찰 토지와 재산의 무조건 몰수 등 물질적 배경에서 더 많이 찾아진다는 사실은 주목된다. 그래서 서산을 위시한 조선조의 명승들은 교리나 교설의 깊은 뜻을 풀어서 불교를 변증하기보다는 당시 권력층이 숭상하던 유교와 불교가 '근원은 동일'하므로 서로 융합할 수 있다는 유불 융합의 가능성을 주장하였다. 신앙이나 신조의 차이에서 빚어지는 박해의 쓰라린 고통에 견디기보다는 유불 융합론을 주장함으로써 권력층과의 적당한 타협을 모색하였던 것 같다. 서산의 저서『三家龜鑑』은 불교와 유교 뿐 아니라 도교까지 포함하여 삼교의 공통점을 찾으려 했던 훌륭한 표본이다.

그래서 이 글에서는 우선 서산을 비롯하여 조선조 후기 고승 명승들의 저술을 살피면서 그들에 의해 주창된 佛·儒教 또는 佛·儒道 삼교의 융합론 '會通思想'에 대하여 논하고자 한다. 다음으로 새로운 방법론에 의하여 경전 주석을 시도했던 蓮潭과 仁嶽 두 講伯의 회통론에 대하여 논하고자 한다. 거의 같은 시기에 태어난 두 강백은 각자의 출생지인 호남[蓮潭]과 영남[仁嶽]을 근거지로 독자적 주석 즉 私記를 펴내 후학들을 지도

했다. 오늘날까지 불교 강원에서는 이 두 강백의 사기가 경전 주석의 지침으로 널리 사용되고 있다. '不立文字'에 의한 참선만이 證悟와 해탈의 유일한 길임을 강조하던 禪學 우세 시대에 그래도 '文字'[경전]에 나타난 부처님의 말씀의 참 뜻을 정확히 캐내 보려고 애썼던 두 강백의 진지한 학구열은 높이 평가되어야 한다.

조선조 후기의 불교 사상계에 가장 큰 파문을 일으킨 사건은 白坡·草衣 두 고승 사이에 벌어진 '禪에 관한 對論'이다. 두 선사의 제자들까지 가담된 대론은 18세기부터 19세기 말엽까지 계속되는 한국 불교 사상사에서는 稀有의 激論으로 발전되었다. 그리고 백파와 초의 두 선사는 당대의 巨儒들과도 친교가 있었기 때문에 이 대론에는 유학자들까지 개입되어 稀世의 명필인 秋史는 백파에 대한 비판을 쓴 일이 있다. 그러나 불입문자를 고집하면서 그 문자[언어]의 해석 차이로 일어난 대론이었기 때문에 그 대론은 다만 대론을 위한 대론으로 끝나는 戱論이 되고 말았다. 대론은 한동안 激論에까지 이르렀으나 그 때문에 종파로 갈라지는 일은 없었다. 그렇다고 하더라도 잠잠하던 불교계에 사상적 대론이 있었다는 사실은 괄목할 일이다. 그래서 이 대론을 좀 상세히 다루고자 한다.

I. 會通思想

여기서 '회통'란 불교와 다른 종교 주로 유교나 도교가 그 사상적 근원은 '동일'하므로 서로 융합될 수 있음을 말하려는 것이다. 각 종교가 어떻게 서로 다른가 하는 '차이'보다는, 어떻게 서로 같은가 하는 '동일'의 방향으로 논리를 전개하려는 경향을 말한다. 이 같은 경향은 학식이 높은 중국 불교의 고승들 가운데서 일찍부터 싹터 흘러왔다. 그런데 어떻게 생각하면 모든 현상에서 차이보다는 동일을 추구하려는 것은 흔히 부르는 동양종교 즉 불교·유교·도교 등 각 종교의 공통된 경향이 아닌가 한다.

인도에서 불교 경전보다 훨씬 오랜 옛날에 이루어진 성전 『리그 베다(Rg-veda)』에 이런 구절이 있다.

"하나의 진리를 哲人들은 여러 가지로 말한다."1)

이 구절에서 진리(sat)는 단수로 그리고 철인(vipra)은 복수로 나타났다. 철인으로 번역되는 원어(vipra)는 聖人·賢者·智者 등, 어떤 이치를 통달하고 悟得한 비범 인물을 가리킨다. 그러므로 최고의 이치를 오득한 현자·지자·철인들은 각기 '여러 가지로' 서로 '다르게' 오득의 경지를 말씀으로 표현하지만, 그 여러 가지 말씀은 결국 '하나의 진리'를 말한 데 지나지 않는다는 것이다. 말씀은 ─누구의 말씀이건─ 어디까지나 보다 상위에 있는 진리를 표현하는 매매 도구에 지나지 않는다. 말씀에 절대적 권위를 인정 하려하지 않는다. 모든 말씀은 '하나'를 가리키는 지표로 끝난다. 이와 같이 현자들의 여러 가지 말씀은 '하나'를 가리키고 있다는 생각은 그 후 불교에 와서는 모든 지류의 흐름이 마침내는 큰 바다에 이르듯이 모든 것[法]은 하나로 돌아간다[歸一]는 생각으로 발전하였다. 곧 모든 것은 '하나'에서 나왔고, 그 '하나'로 돌아간다는 것이다. 큰 바다에 이르는 지류의 수가 무한히 많듯이, 그 '하나'를 指標하는 말씀은 무한히 많을 수 있다. 그런데 그 무한수의 말씀을 다 합친 總和조차도 아직 그 '하나'를 가리키는 또 하나의 지표에 지나지 않는다. 말[언어]의 명시기능(Denotation)은 극단적으로 세분되어 있는 반면에, 그 '하나'를 오득한 경지는 무한의 含意量(Connotation)을 가진다. 따라서 오득의 경지는 무한의 함의량 때문에 불가사량의 다의성을 내포하게 되는 반면, 명시 기능이 극단적으로 세분된 말[언어·문자]은 極微化될 수밖에 없다. 六祖 이후 중국과 한국의 선종계를 지배하던 '불입문자'는 하나의 진리를 표현하는 여러 현자들의 다양한 언어의 明示性을 無化하고 직관적, 찰나적으로 그 '하나'와 '即化'하려는 발상에서 나왔다고 본다. 그런데 불교·유교·도교 등 삼교의 회통사상이 주로 이같은 선종계의 고승들에 의하여 주장되어 왔다(여기 대하여는 禪에 관한 大論에서 다시 논하겠다).

---

1) 리그 베다(Rg-veda) 10:Ekam sad Viprā Bashudht Vadanti

위에서 차이보다는 동일을 추구하려는 경향은 인도의 고대 성전에서 이미 그 연원을 찾을 수 있음을 알았다. 하나의 진리를 말하는 여러 성인들 가운데는 유교의 교조 孔子님도 있을 수 있고, 도교의 교조 老子님이나 莊子님도 있을 수 있다. 그러므로 그들 성인들의 말씀에서 불교의 교조 부처님의 말씀에서와 함께 공통된 '하나'를 찾을 수 있다. 그래서 불교·유교·도교의 삼교에서 공통된 사상을 찾아 삼교 회통을 주장할 수 있는 근거는 마련되었다. 그러한 경향이 조선조의 불교에 이르러 농후하게 나타난 이면에는 당시 特權層의 종교가 유교였다는 정치 상항이 다소 작용하지 않았을까 한다. 먼저 『三家龜鑑』까지 저술하여 불·유·도의 삼교 회통론을 전개한 서산(西山)의 사상부터 살피고자 한다.

1. 西山의 三教 會通論

서산보다 먼저 이미 선초에 涵虛[2]는 顯正論에서 삼교 融合論을 펴낸 일이 있다. 그는 삼교의 공통성을 지적하면서도 불교의 우위성을 드러내려는 護教的 입장도 다소 지니고 있었다.

> "老之言曰　無爲而無不爲　當有爲而無爲　釋之言曰　寂而常照　照而常寂　孔之言曰　夫易　無思也無爲也　寂然不動　感而遂通　天寂然者　未嘗無感　即寂而常照也　感通者　未嘗不寂　即照而寂也　無爲而無不爲　即寂而常感也　有爲而無所爲　即感而常寂也　據此則　三家所言　冥相符契而如出一口也"[3]

현정론 말미에서 인용한 구절이다. 삼가의 사상은 은연중 서로 부합되어 '一口'에서 나온 듯하다고 한 논조에서 그의 三家會通思想의 방향을

---

2) 涵虛:己和 호는 得通. 속성은 劉氏. 1376년 출생. 21세 출가, 無學 自超의 제자가 됨. 세종 3년(1421) 大妃의 薦度를 위해 왕실 法席을 主宰한 일도 있었으나, 그의 생애는 酷甚한 抑佛逆境에서 보냄. 58세 입적. 『涵虛堂語錄』『圓覺疏』(3卷)『般若五家解說誼』(1卷) 『顯正論』(1卷)이 있음.
3) 『韓國高僧集』(李朝時代)：佛教學研究會編 景仁文化社 刊 p.142.

읽을 수 있다. 서산은 禪旨를 설명하는 『禪家龜鑑』의 첫머리에서 "여기 '一物'이 있다."고 전지한 다음 "三敎聖人 從此句出"[4]이라 언명했다. 삼교의 이름은 각각 다르나 그 근원은 동일하다는 이론이다. 그에 의하면 삼교가 교리상의 차이는 다소 있으나, 본래 심리의 계발과 인간의 수련을 위한다는 점에서는 상통한다는 것이다. 그는 또 그 '일물'을

> "昭昭靈靈 不曾生 不曾滅 名不得 狀不得이라 하며, 古佛이 출생하기 이전에 일물은 벌써 원만상으로 있었고 부처님도 어떻게 전할 바를 몰랐는데 迦葉이 어찌 전할 수 있었겠는가."

라고 태초 이전에 이미 근원적 일물이 있었음을 말했다. 불교의 교조인 부처님도 어떻게 전할 바를 몰랐다는 '일물'이라면 일물은 부처님보다 훨씬 높은 데 있음을 알 수 있다. 부처님은 다른 현자들과 함께 그 '일물'의 일부분을 말씀한 현자 중의 한 사람에 지나지 않는다. 그리고 태초 이전에 일물이 원만상으로 있었다는 것은 위에서 말한 리그 베다의 '하나의 진리'를 방불케 한다. 그 일물을 부처님이나 공자님, 노자님같은 성인들은 각자 여러 가지로 다르게 말한 것이다. 즉 삼가의 사상은 이 일물에서 나왔다. 그래서 서산은 삼교의 성인들도 이 일물에서 나왔다고 말했다. 그는 또 동서의 벽두에서 구체적인 예증까지 들었다.

> "孔子曰 天何言哉 董仲舒曰 道之大原出於天 蔡沈曰 天者嚴其心之所自出 此即周茂叔所謂無極而太極也 書傳序曰 精一執中堯舜相傳之心法也 建中建極商湯 周武相傳之心法也 曰德曰仁曰敬曰誠 言雖殊而理則一 無非所以明此心之妙也 吁心之德其盛矣乎."[5]

선종이 말하는 '唯心'의 德 밖에 도덕·인의가 따로 있는 것이 아니고, 妙心의 덕을 발휘하는 것이 바로 堯舜의 심법을 전하는 길이라고 말

---

4) 『禪家龜鑑』:西山大師集 東國譯經院刊 1976.
5) 『儒家龜鑑』:同上

한다. 불교의 ‘心法’으로 유교의 교리를 설명하려는 것이다. 그는 또『道家
龜鑑』에서 佛教의 一心思想을 더욱 강조한다.

> “有物渾成先天地生　至大至妙至虛至靈　浩浩蕩蕩歷歷明明　方隅不可
> 定其居　劫數不能窮其壽　吾不知其名　強名曰心.”[6]

　　一心을 표현한 구절은 앞에 나온 一物의 표현 귀절을 많이 닮았다.
一心이나 一物은 ‘하나의 진리’처럼 含意量이 무한대에 가깝다. 그래서
‘名不得狀不得’이니 또는 ‘方隅不可定其居　劫數不能窮其壽　吾不知其名’이
란 표현이 나왔다. 서산은 이것을 굳이 이름 부른다면 ‘心’이라고 할 수
있다고 강변했다. 여기에는 牽強附會에 가까운 억지도 엿보인다.
　　그런데 서산보다 후대에 속하는 鞭羊 門派의 霜月[7]은 더욱 대담한
유불 이교의 회통론을 폈다. 유학자의 불교 비판을 의식하고 불교를 변호
하기 위한 회통론이다.

> “引證即質驗之義　而註語跛屑以致儒家譏斥　然儒家所稱未發氣像即吾
> 佛家如如理也　其所謂太極即吾佛家一物也　其所謂理一分殊即吾佛家一
> 心萬法也　由是而引證上下何嘗有儒釋之別耶.”

　　‘太極과 一物’과 ‘理一分殊와 一心萬法’과를 대비시킴으로써 유교와
불교의 회통을 전개했다. 유학자 李栗谷 이후 여러 유신들의 배불론·척
불론 때문에 불교계가 몹시 위축되고 있을 때 霜月은 위와 같은 유불 융
합론을 들고 나선 것이다. 서산·상월 이후에도 여러 선승들이 회통론을
주장했지만, 그 논지는 이 두 선승의 논지에서 별로 벗어나지 못하고 있
다. 그래서 선가에 의한 이교 또는 삼교의 회통사상은 끝맺어지고 다음으
로는 독창적 사관에 의해서 경전 해석학에 새로운 방법론을 도입한 인악

---

6)『道家龜鑑』:同上
7) 霜月:속성은 孫氏, 1686년 출생. 15세 출가. 北斗信仰을 시작함. 81세 입적(『東師列傳』
　　卷3)

·연담 두 강백의 회통사상으로 넘어갈까 한다.

2. 仁嶽과 蓮潭의 二敎會通論

인악8)에 관하여 당시의 영남 大儒 洪直弼(1776~1852)은 『仁嶽集』서에서 이렇게 말하고 있다.

"師曰無所癖 癖惟看書 酷好者羲易朱書 每把卷玩索殆忘此身之爲儒爲禪."9)

곧 평소 그 자신 유생인지 승려인지 분간하기 어려울 정도로 유서에 심취해 있었다는 것이다. 그는 불유 이교의 융합을 말로서가 아니라 일상 생활로 실천한 인물이었다. 어느 유학자의 물음에 대하여

"天地日月 人物山川 森羅萬象 皆心之相也 合而言之 萬法皆一心 分而言之法法上 各具心矣 至於六道輪廻則皆其業所牽 本非心之所爲也然亦不可謂悲生亦心也 佛亦心也"10)

라고 대답한 일이 있다. 불법은 一心으로 만법의 근원을 삼고 있음을 설명하고 이 일심을 분명히 깨달으면 만법의 이치를 요달할 수 있으며, 一切 所相에 의혹도 없어지고 罣碍 또한 없어진다는 것이다. 삼라 만상은 오직 일심은 所作이란 불교 유식론의 입장을 천명한 것이다. 그는 다시

"然則不必就鵠白上推鵠之所以白 就烏黑上推烏之所以黑 而一言斷之曰鵠白心也 烏黑心也 一心旣明萬法自彰 此所以有頓悟之說也 萬法皆

---

8) 仁嶽:字宜, 義沾. 속성은 李氏, 1746년 출생, 18세 출가, 1790년 思悼世子의 薦度를 위하여 수원 龍珠寺에서 佛腹藏文을 지음. 1796년 51세 입적 『華嚴私記』, 『仁嶽集』(3卷)이 있음.
9) 『仁嶽集』(3卷 2장)
10) 同上

空 歸於一心一心之稱 亦強立耳."[11]

라고 '鵠白心也 烏黑心也'의 구절에서 일심의 소작을 더욱 드러냈다. 일심 소작이란 유식론으로 유교까지를 설명하려고 했다. 일심이 周編無際하고 또 만법의 근원이 일심이라 하면, 그 일심의 서산의 '一物'과 상응하고, 더 올라가서는 리그베다의 '하나의 진리'를 상기케 한다. 현상계의 '多'가 '하나'에서 연역됐다. 어떻게 '하나'에서 '多'가 나올 수 있느냐 하고 물을 때 일심소작의 유식론을 들고 나온다.

　　인악과 동시대인인 蓮潭[12]의 회통론도 서산이나 인악의 이론과 그다지 다르지 않다. 연담은 인과응보의 교리를 설명하면서 "積善有慶하고 積不善有殃"이란 주역의 구절과 "作善有祥하며 天道는 福善禍婬"이란 書傳의 귀절을 인용하였다.[13] 또 "爲善者는 天이 報之以福하고 爲不善者는 天이 報之以禍"라고 한 공자님의 말을 인용하기로 했다. 불교 교리를 유가의 문구로 해석할 만큼 외전에 대한 그의 造詣는 깊었다. 따라서 그는 종횡 무진으로 불유 이교의 회통론을 전개할 수 있었다고 본다. 마음(心)의 영환 상주론을 염불의 공덕과 효험으로 설명했다. 곧 誦佛之口는 死後 入火에 타버리지만, 念佛之心은 死後에 超然獨露하여 생사윤회를 따르지 않는다는 것이다. 당시 염불이 상당이 성행했던 것 같다.

　　그런데 이 당시 '佛心'과 '衆生心'이 一元이냐 二元이냐 하는 문제를 놓고 연담과 黙菴[14] 사이에 격렬한 논쟁이 있었다는 사실은 주목을 끈다. 심성에 관한 논쟁은 주로 두 사람 사이에서 서신으로 왕래되었는데, 그 서신들을 한데 엮은 『心性章』이 유실되어 현존하지 않는다는 사실은 불행

---

11) 同上(3卷 5장)
12) 蓮潭:有一, 無二. 속성은 千氏, 1720년 출생. 18세 출가. 1799년 80세 입적, 『書狀私記』(1卷), 『都序私記』(1卷), 『禪要私記』(1卷), 『節要私記』(1倦), 『起信蛇足』(1卷), 『金剛蝦目』(1卷), 『圓覺經私記』(2卷), 『玄談私記』(2卷), 『大敎遺忘記』(5卷), 『諸經會要』(1卷), 『拈訟着柄』(2卷), 『林下錄』(4卷)이 있음.
13) 『林下錄』(4卷 16장)
14) 黙菴:最訥·耳食. 속성은 朴氏. 1727년 출생. 18세 출가. 1790년 74세 입적. 『華嚴科圖』, 『諸經問答盤着會要』(各 1卷), 『內外雜著』(10卷)이 있음.

한 일이다. 그러나 두 사람이 주장한 논지의 개요는 알 수 있다. 연담은 불심과 중생심은 다 원만하며 포괄적으로 동일체라고 일원론을 주장했는데, 묵암은 여기 반대하여 중생심과 불심은 동일체가 될 수 없다는 이원론을 주장했다. 묵암이나 연담은 중생심은 하나 하나를 작은 세계, 곧 소우주로 불심의 세계는 절대적 대우주로 보고 있다. 그러면서도 묵암은 迷妄과 悟得이 함께 존재하는 상대적 중생심계와 圓滿·周編·無缺한 절대적 불심계가 어떻게 동일체가 될 수 있느냐고 반문한다. 그는 불심과 중생심이 동일체가 된다는 것을 무수한 중생심의 세계, 곧 소우주가 광대무변한 불심의 세계, 곧 대우주에 '포섭'되는 관계에서 파악한 듯하다. 청정과 染汚가 공존하는 중생심의 소우주는 청정하기만한 불심의 절대 대우주에는 포섭될 수 없다는 것이다. 그는 중생심의 소우주는 어디까지나 별개로 실재하는 소우주에 어떤 찰나 불심의 절대가 돈현하다는 것이다. 절대의 불심이 상대의 중생심에 돈현하는 찰나가 바로 증오하는 성도의 순간이다. 그래서 『화엄경』은 개개심 곧 大毘盧遮那佛이라고 했다는 것이다. 그러면서 그는 중생심과 불심은 동일체가 될 수 없다는 이원론적 입장을 견지했다. 그러나 연담은 중생심의 소우주는 불심의 대우주와 별개로 실재하는 것이 아니고 불심의 절대가 '投影'되어 이루어진 假現的 존재라고 하여 '투영설'을 주장했다. 영사막에 나타난 화면이 필름을 통하여 투영된 가현인 것처럼 중생심도 절대의 불심이 투영된 가현이라는 것이다. 따라서 그는 중생심과 불심은 동일체라고 일원론을 주장했다. 연담은 "先說皆同說 後孰敢違"라고 자기 지설이 전통설을 고수한 것이라고 하며 한편 각자 자기 주장만을 고집함으로 논쟁이 계속됨을 그는 몹시 가슴아파하기도 했다.

위에서 서산과 그 문류 仁嶽과 蓮潭 등의 사상을 통하여 조선조 후기 불교계의 불교·유교의 이교 또는 불교·도교의 삼교 회통론을 대강 훑어보았다. 그런데 이같은 회통론은 당·송시대부터 중국 불교계에서 이미 종종 거론된 적이 있다. 중국에서는 불교가 쇠퇴하기 시작하여 유교나 도교보다 열세에 몰려 있었던 조선조 불교였으므로 중국 불교의 회통론이 쉽게 들어올 수 있었다. 당시 유교가 득세하고 있었다는 정치적 주변 상황이 유불 회통론의 도입을 촉진시켰다. 그런데 조선조의 고승들이 중국의 승통론을 수용할 때 아무런 비판이 앞서지 않았다는 데 문제가 있다. 복잡하고 까다로운 번역 과정을 거치지 않고 중국 승려의 회통론 원문을 다룰 수 있었던 선조의 고승들이었다. 그래서 중국 불교의 승통론은 직수입되고 그들의 회통론에 중국 승려의 원문이 그대로 인용될 수 있었다. 조선조 고승들의 회통론을 읽어 보면, 중국 승려의 회통론을 그대로 옮겨 온 것 같은 느낌을 주는 까닭도 여기 있다고 본다. 한마디로 조선조 불교의 회통론은 중국 불교의 연장에 지나지 않았다고 해도 지나친 표현은 아닐 줄 안다.

　　종교가 중생이 살고 있는 사회를 위하여 존재하므로 사회[중생]를 향하여 어떤 길이 바르게 사는 것인가를 가르치는 교설 내용에는 각 종교에 공통된 부분이 있을 줄 안다. 다시 말하여 각 종교가 가르치는 윤리적·실천 강목은 서로 비슷할 수 있다는 것이다. 그렇다고 하여 곧 융합될 수 있다고 회통론을 주장함은 성급한 나머지 논리의 비약을 가져온다. 비록 리그 베다에서 하나의 진리를 '여러 가지'로 말씀한 여러 현자들 중의 한 현자가 불교의 교조 부처님이었다고 하더라도 부처님의 가르침은 다른 현자들과 본질적으로 다른 성질의 것을 가지고 있었을 것이다. 그러므로 2500년이 지난 오늘 까지도 불교는 독자적 길을 가고 있지 않는가. 또 서로 다른 것이 있었기 때문에 하나의 종교가 아니고 '여러 가지' 종교란 복수 지칭이 아직까지 통용되고 있다. 부처님은 하나의 진리를 중생에게 쉬운 말씀을 교시하려고 언어의 명시 기능을 십분 활용하며 거의 반세기 동안 설법한 현자다. 명시 언어로써 그는 스스로 취득한 '길'을 중생에게 교설했다. 그러므로 부처님의 길은 다른 현자들의 길과는 여러 가지로 다를 수 있다. 진리는 하나일는지 모르지만 거기에 이르는 길은 얼마든지 여러 가지로 다를 수 있다. 진리는 하나일는지 모르지만 거기에 이르는 길은 얼마든지 여러 가지로 다양할 수 있다. 조선조의 고승 회통론자들은 이 차이에 대한 깊은 자각과 반대도 없었고 따라서 줄기찬 추구도 없었던

것 같다. 그들은 '여러 가지'란 복수보다는 '하나'라는 함의성이 무한한 일
물이나 일심을 내세워 중국의 회통론을 원용

Ⅱ. 二種禪과 三種禪의 對爭

1. 如來禪과 祖師禪

서산 이후 선학이 우세하게 되어 조계 선종에 교종이 포섭되면서부
터 문자[언어]를 주로 하던 교학은 불입문자의 선문 안으로 흡수되어 들
어갔다. 그리고 일부 문자를 아는 유식한 선승 가운데서 선교의 이학을
망라한 조직 체계를 수입하기 위하여 학적 분류를 시도하게 되자 이에 이
종선·삼종선하는 분종 토론이 일어나기 시작했다. 더구나 언어의 함의성
에만 무한대를 허용하는 證悟의 경지에 深淺과 優劣을 가늠하여 분류하려
고 하면 그 설정의 기준 방법 때문에 논쟁이 일어나지 않을 수 없었다.
증득한 內包의 多義와 模糊가 더욱 분류를 어렵게 만들었다. 여기서 중국
전래의 분류 해석을 고수하는 전통파와 새로운 분류 해석을 시도하는 개
혁파로 갈라져서 대론이 계속되었다.
　　선의 분류는 『능가경』의 사종선에서 그 효실을 본다.[15] 그리고 중국
당시대에 圭峯(780~841)은 『禪源諸詮集都序』에서 선종들을 '外道禪·凡夫
禪·小乘禪·大乘禪·最上乘禪' 등 5종으로 분류한 일이 있다. 외도선으로
시작한 나열 순서가 최상승선으로 끝나는 것을 보면, 천박한 데서부터 점
차 심오한 데로 옮겨가고 있음을 얼른 알 수 있다. 최상승선을 규봉은 如
來清浄禪이라고도 불렀다.[16]

---

15) "……大慧有四種　何等爲四　謂凡夫所行禪　觀察義禪　攀緣眞如禪　大慧云何　愚天所行禪
　　謂……"(7卷本　卷3, 集一切品)

　　여래청정선 줄여서 여래선이란 말이 여기서 나온다 그는 이어서 여래선은 "達磨門下 展轉相傳者 此禪也"라고 한 다음 "唯達磨所傳者 頓同佛體"라고까지 못박았다. 그렇다면 여래선은 달마 문하에서 상전해 내려오는 소위 '祖師禪'과도 일치한다고 할 수 있겠다. 그러나 여래선·조사선 등 두 선 가운데 심천과 우열을 암시한 듯한 구절이 나타난 것은 규봉보다 후대인 선사 香嚴과 仰山사이의 선문답에서였다. 도량 청소를 하다가 돌멩이가 대나무를 때리는 소리에 문득 견성한 향엄을 향하여 앙산은 "近日見處甚麼"라고 물었다. 향엄이 "無法可當情"이라 대답하고 偈 한 수를 지었다.

　　　"去年貧未是貧 今年貧始是貧 去年貧猶有卓錐之地 今年貧錐也無."

　　이를 보고 앙산은 "如來禪即師兄會 祖師禪未夢在"라고 했다고 한다. 향엄이 견성 오득한 경지가 조사선에는 이르지 못하고 여래선에 머무르고 있다는 것이다. 향엄과 앙산의 선문답에서 조사선과 여래선이란 낱말과 함께 그 심천 우열의 등급을 평론하는 듯한 암시적 표현을 찾아볼 수 있다. 언어의 명시 기능이 억지되므로 선문답은 흔히 '암시적'인 수가 많다. 뒷날 향엄은 다시 "我有一機 瞬目視伊 老人不會 別喚沙彌"란 게송을 읊었더니 앙산은 "且喜師兄會祖師禪"이라 하여 그가 조사선의 경지에 이르렀음을 인가했다고 한다. 우리나라에 와서는 고려조 慧諶(1176~1234)의 『禪門拈頌』에 향엄과 앙산의 선문답이 소개되었고, 그의 문인인 覺雲은 『禪門拈頌說話』에서 조사선과 여래선의 우열을 다음과 같이 기술한다.

　　　"此如來禪祖師禪同別如何也　如來禪者　山山水水法法眞眞也　祖師禪者　利根拔去了没巴鼻也　如經云　若見諸相非相即見如來云云者　是如來

---

16) "眞性則不垢不净 凡聖無差 禪則有淺有深 階級殊等 謂帶異計 혼上厭下而修者是外道禪 正信因果 亦以혼厭而修者 是凡夫禪悟 我空偏眞之理而修者 是小乘禪悟我 法二空所顯眞理而修者 是大乘禪 … 若頓悟自心本清净 元無煩惱 無漏智性本自具足 是最上乘禪 亦名如來清净禪 亦名一行三昧亦名眞如三昧."(『禪源諸種宗都序』)

禪也 如法眼之若見諸相非即不見如來云云者 是祖禪也.”

여래선은 약간 분별하는 흔적이 있으나, 조사선은 일절의 분별을 초탈한 경지임을 암시하는 듯하다. 그리고 『금강경』의 문구까지 임의로 고쳐가며 조사선의 우위성을 강조하고 있다. 경대로 “若見諸相非相 即見如來”의 경지는 겨우 여래선의 경지이고 ‘即’자 대신에 ‘不’자로 고친 ‘不見如來’가 조사선의 경지라는 것이다. 여래선보다 조사선이 심오하고 우수함을 강조하기 위해서는 여래[부처님]의 말씀인 경의 문구를 임의로 고치는 것쯤은 크게 문제되지 않는다. 더구나 불입문자의 선종 학문이므로 문자[경]에는 구애되지 않는다. 여래의 말씀 뿐 아니라 나아가서는 여래[부처님]의 존재가 어느 지위에 있는가 하는 근본적 물음이 대두한다.

논리 언어가 언어의 함의성과 명시성 가운데서 전자를 捨象하고 후자를 철저히 하는 데서 이루어졌다면, 선사의 선문답은 거꾸로 후자를 극단으로 사상하고 전자를 철저히 하는 비논리적 언어로 이루어졌다고 할 수 있다. 그리고 含意量이 무한한 悟得의 경지가 표현될 때, 그 내포가 가장 다의성을 지닌 정서적 언어인 시어가 선택됨은 당연하다. 그래서 고래로 선사들은 문답까지도 게송이란 시 형식을 빌어서 했다. 또 무한대의 함의성을 지닌 경지는 어떠한 파격적 과장된 표현도 허용된다. 극대화된 기상 천외의 유상 표현으로도 오히려 부족하여 가장 비논리적 표현이 거리낌 없이 구사된다. 그래서 ‘格外’의 도리라고 하는 것이다. 격외의 도리에서는 여래의 말씀뿐 아니라 여래의 존재조차 안중에 없다. 여기에 조사선에 최상의 지위를 확보하여 주기 위하여 부처님 [여래]의 지위가 격하되는 설화가 조작된다. 眞歸祖師說話가 그것이다. 설화적 존재인 진귀조사의 그림자는 이종선, 삼종성의 대론에서 공인된 증인처럼 등장한다. 진귀조사 설화는 고려 시대 眞靜의 『禪門寶藏錄』 卷上 禪敎代辯門에서 그 출처를 『達磨密錄』이라 하여 나타난다.

“唐土第二祖慧可大師問達摩　今付正法則不問釋祖　傳何人得何處　慈

悲曲說　後來成規　達摩曰　我即五天竺諸祖傳說有篇　而今爲汝說示頌曰
眞歸祖師在雪山叢木房中待釋迦　傳持祖印壬午歲　心得同時祖師旨.”

또 『三國遺事』중 신라조 梵日과 眞聖여왕과의 문답에 진귀조사설화
가 나온다.

　　“溟州　굴山梵日國師　答羅代眞聖大王　宣問禪教兩義云　我本師釋迦出
　　胎說法　各行七步云　唯我獨尊　後踰城往雪山中　因星悟道　知是法未究極
　　遊行十月尋防祖師眞歸大師　始傳得玄極之旨　是乃教外別傳…….”(『海東
　　七大錄』)

교조 부처님이 성도 후에도 아직 그 경지에 ‘究極’에 이르지 못하다
가 그를 기다리는 진귀조사를 만남으로 玄極之旨인 조사 선지를 전해 받
았다는 것이다. 부처님이 성도한 경지보다 더 깊고 높은 경지를 오득한
진귀라는 조사가 부처님과 같은 시대에 생존하고 있었으며, 부처님도 그
에게서 교외 별전인 조사선의 밀지를 전수받았다는 말이다. 물론 선이 교
보다 우위에 있음을 강변하려는 조작된 허구이다. 그런데 이 같은 허구설
이 조사선의 우위를 증거하기 위하여 서산 이후 조선 선종계에서 아무런
비판도 없이 용납되고 또 이 허구설을 근거로 선에 관한 대론이 전개되었
다는 사실은 문제된다.

2. 白坡의　三種禪

백파[17]는 그의 저서 『禪文手鏡』의 벽두에서 중국 선사 臨濟의 삼구
설을 들어

---

17) 긍선 속성은 李氏 1767년 출생. 18세에 출가. 1852년 86세로 입적. 『定慧結社文』『禪
　　文手鏡』『法寶壇經要解』『五宗綱要私紀』『禪門拈頌私記』『金剛八解鏡』등이 있음.

    “臨濟三句者　一代禪教詮旨　無不該攝　故名蘊惣三句　凡欲尋究禪門語
句者　必須先求人天眼目　五宗總要　禪門綱要爲先究此三句義相　昭然無
疑.”[18]

라고 선교의 전지를 총섭한 학설임을 지적했다. 그리고 이 삼구의에 대하
여 독자적 해석을 했다.『臨濟語錄』의 제일구 “三要印 開朱 點窄 未容擬
義 主賓分”[19]의 대의는 인장을 찍으면 인장 글씨가 그대로 나타나듯이 일
미진의 분별의식이 없으면서도 주빈은 분명하다는 것이다. 그런데 백파는
삼요는 서산의 『禪家龜鑑』대로 “照見大機・照印大用・照用同時”라 하고
제일구를 확대 해석하여 진공의 본래 면목을 말하며 묘유의 근본조화를
드러내는 조사선 도리를 가리킨다고 했다. 그리고 제이구 “妙喜[20] 豈容無
着問 구和 爭負截流機”는 분별을 벗어난 묘해에는 着・無着의 분별의식이
들어갈 여지가 없다. 분별의식을 초월한 지혜 방편은 초분별적 기능〔截
流機〕에 직결된다는 대의이다. 그는 이 제이구를 體中玄, 用中〔或은 句中〕
玄, 意中〔或은 玄中〕玄 등 삼현에 근거를 둔 여래선이라 했다. 제삼구
“看取棚頭弄傀儡　抽牽都來裏有人”은 꼭둑각시 놀음에는 반드시 그 뒤에
꼭둑각시를 조작하는 사람이 있는 것임을 뜻한다. 이것은 꼭둑각시에 얽
매이듯이 허망에 사로잡힌 하근기의 세 가지가 있는데 각각 印空・印水・
印泥와 대응되며, 제일구는 인공의 조사선이며, 제이구는 인수의 여래선,
제삼구는 하근기인 인니의 의리선이라 했다. 또 그는 중국 선종의 오가에
등급을 정하여 삼종선으로 분류했다. 임제종・운문종은 제일구의 조사선
으로 최상위에 올리고 법안종・조동종은 제이구의 여래선인 중간위에 두
고, 牛頭・荷擇・神秀 북종은 제삼구의 의리선위로 격하시켰다.

    백파의 삼종선 분류는 경전 해석에까지 그 범위가 확대된다. 그는
『금강경』의 사구게 “凡所有相 皆是虛妄 若見諸相非相 卽見如來”를 해석하

---

18)『禪文手鏡』(1葉)
19)『臨濟錄』岩波文庫 1968. p.110
20) 妙解는 妙喜로도 나타나 있다.

는데 있어서 ‘凡所有相’은 三玄中 用中玄, ‘皆是虛妄’은 體中玄, ‘若見諸相
非相’은 玄中玄이라고 독단했다. 따라서 이 사구게는 여래선 밖에 되지 않
는다는 것이다. 그는 또 "불입문자 직지인심, 견성성불"도 분류 해석했다.
곧 ‘불입문자’는 의리선인 문자를 파하는 것에 지나지 않으므로 여래선이
고, ‘직지인심, 견성성불’은 제일구인 조사선이라고 했다. 三種禪을 알기
쉽고 보기 쉽게 도해한 그의 三句圖示를 보면 선종에서 傳家의 寶刀처럼
들먹이는 ‘如來三處傳心’도 분해하여 분류 정리했다. ‘分半座’는 여래선,
‘擧拈花, 槨示雙趺’는 조사선에 해당한다고 했다. 여기서『금강경』해석이나
불입불자로 시작하는 게송과 삼처전심의 해석에서 그는 조사선에서 여래
선까지 분류, 배당하고 있으나, 의리선(義理禪)은 논외에 놓았음을 읽을 수
있다.

　　이와 같이 자파는 삼종선의 세 가지 카테고리에 선과 교의 교설을
총섭, 분류, 정리하여 조직체계를 수립하려고 했다. 도시(圖示)까지 하며
難澁한 선과 교의 교설을 일관된 체계로 묶으려고 시도한 학구적 노력은
높이 평가할만하다. 그러나 문자[言語]로 이루어진 교학에 관한 분류 정
리는 어느 정도 가능하다. 원시불교 시대부터 교학에 관한 체계화를 시도
한 학자들은 여러 사람 나와 각기 자기 종파의 소의경전을 정상으로 여러
경전들을 분류하여 체계화한 선례도 있다. 그러나 언어의 길이 끊어진
[言語道斷] 직관적 신비체험의 경지까지 우열의 등급을 매겨 분류하려고
한 것은 아무래도 무리였다. 더구나 가장 비논리적 종교언어로 된 선문답
의 다의적이고 애매한 내용을 도식화까지 하여 분류하려고 한 것은 무리
도 지나치지 않았는가 한다. 그래서 아전인수적 독단을 면할 길이 없는
해석을 하게 되었다. 그래서 근대조선의 실학자이며 대명필이면서 백파와
는 서신 왕래까지 할만큼 친교가 두터웠던 추사 김정희(金正喜)는『辯妄證
十五條』에서『禪文手鏡』을 날카롭게 비판했다. 백파는 선교의 교설뿐 아
니라 유교의 학설까지도 독단적으로 분류 해석했다고 혹평했다. 그 좋은
본보기로 朱子가 태극을 설명한 구절 ‘寂然不動 感而遂通’을 백파는 寂然
不動 感而遂通’을 백파는 寂然不動은 불교의 眞空이요. 感而遂通은 불교의

妙有라고 해석 했다는 것이다. 모든 교설을 삼종선의 카테고리에 분해하여 맞추려는 그의 독단적 방법론에서 나왔다.

3. 草衣와 優曇의 二種禪

백파의 독단론에 대하여 반론을 제기한 이가 소장파 草衣[21]와 그의 문인 優曇[22]이었다. 초의는 祖師禪·如來禪·義理禪 등 삼종선으로 선교를 분류 辯說하는 백파의 『禪門手鏡』은 불교의 근본정신을 오도할 위험성이 있다고 보았다. 조사선·여래선·의리선의 세 가지 선 사이에 근기의 심천 우열에 의한 등급별을 설정하는 백파의 설을 정면으로 논박했다. 다만 인명으로는 조사선·여래선이라 하고, 법명으로는 격외선(格外禪), 의리선이라 분류할 뿐이라고 草衣는 말한다. 그리고 그는 격외선은 조사선뿐이고, 여래선과 의리선은 같은 등급으로 보았다. 그러므로 삼구의만을 소중히 여기면서, 임제종만이 오직 조사선이 될 수 있고 기타 선종들은 조사선보다 하급이라 하여 여래선·의리선으로 격하시킨 백파의 독단을 초의는 가장 날카롭게 논란했다. 초의는 임제의 삼구의를 백파와는 다르게 해석했다. 제일구를 백파는 진공에 대한 묘유로 해석한 데 대하여 초의는 主賓 不分한 言語未出의 活句라고 해석했다. 거울에 비친 影體가 형체와 불가분인 관계에 있는 것처럼 主賓도 서로 불가분의 관계에 있다는 것이다. 제이구를 백파는 격외이기는 하나 아직 거기에 사로잡힌채 초탈 못하고 있으므로 여래선이라 했는데, 초의는 언어명상이 단절된 실상을 깨달은 경지라고 해석했다.

특히 제삼구의 해석에서 두 사람은 상반된 방향을 나타낸다. 백파는 유와 무에 집착하여 自救도 不了한 의리선이라고 한 데 대하여, 초의는 제일구나 제이구와 함께 제삼구는 '並本句'라고 주장했다. 백파에 의하여

---

21) 草衣:意洵, 俗姓은 張氏, 15세에 출가. 1866년 81세 入寂. 『草衣集』(2卷), 『東茶頌』(1卷), 『一枝菴遺稿』가 있음.
22) 優曇:洪基, 俗姓을 權氏, 1822년 出生. 1881년 60세 入寂. 『禪門證正錄』이 있음.

제삼구와 함께 격외된 의리선을 초의는 조사선이나 여래선과 동격으로 보았다. 의리선(義理禪)이란 말에서 의리란 劣等한 근기를 가리키는 것이 아니고, '義路當然之理'로 正邪를 바르게 分揀할 줄 아는 상근기를 가리킨다. 따라서 조사선도 의리를 언표하지 않았을 따름이지, 내용으로 의리를 벗어나지 않고 있다는 것이다. 조사선이 부처님의 말씀[經典·文字·義理]보다는 부처님의 마음(心)을 더 중요시하지만 그렇다고 백파같이 부처님의 말씀[文字·義理]을 아주 하근기를 위한 의리선으로 略稱할 수는 없다는 것이 초의의 반론이다. 그는 '悟心忘言'하면 교(教)가 선(禪)으로 변질하고 '滯言迷心'하면 거꾸로 선이 교로 변질한다고 했다. 선과 교의 질적 전환은 悟心과 迷心, 滯言과 忘言 사이에서 일어난다고 보았다. 그리고 선과 교 사이에 질적 차별이 없는 것같이 격외선과 의리선 사이에도 근본적 질적 차별은 없다고 한 고래의 학설을 초의는 답습한다고 했다. 따라서 그는 『금강경』의 사구게, 三處傳心 등에 대한 백파의 해석도 용납할 수 없는 독단이라고 비판했다.[23]

　　이 대론은 백파와 초의의 당대로 끝나지 않고 백파의 문인 雪竇[24]와 초의의 문인 優曇의 시대까지 연장되었다. 초의의 학설을 이어받은 우담은 『禪門證正錄』에서 백파가 '殺人刀'를 여래선에, '活人劍'을 조사선에 분류한 설을 비판하고 도대체 '殺人刀'와 '活人劍'을 분류시킨 발상부터 근본 취지에 어긋난다고 했다. '살'과 '활'은 불가분리의 관계에 있으며 兼全해야 하는 것이 조사선의 도리라는 것이다. 조사선에 대하여는 우담은 진귀조사 설화(眞歸祖師說話)를 비판 없이 받아들이고 그것을 언어 문자로 표현할 수 없으며 如來三處心傳心法도 격외선이라고 했다.

　　그러나 조사선과 여래선, 격외선과 의리선 등 이종선을 긍정하는 점에서 초의의 입장을 계승했다. 한편 설두(雪竇)는 『禪源淵流』에서 明星을 보고 오도한 天人師의 경지가 여래선이고 진귀조사(眞歸祖師)가 오도한 여래에게 전한 경지가 조사선, 육조가 신회를 '知解宗徒'라 지칭했는데 그

---

23) 草衣의 說은 『四辯漫語』에서 引用.

24) 雪竇:有炯, 俗姓은 李氏. 1824년 出生, 19세에 출가. 1889년 66세 入寂. 『楷正錄』 등이 있음.

‘지해’가 여래선이라고 하여 백파의 분류법을 계승했다. 설두도 진귀조사 설화를 그대로 인용하고 있다. 그리고 『금강경』을 해석한 백파를 따라서 그는 『화엄경』을 삼종선에 맞추어가며 분류 해석했다. 『화엄경』에서 ‘理事無碍’는 여래선의 소식이며 ‘事事無碍’가 조사선의 소식이라는 것이다. 그 후 竺源 震河[25] 가 『禪文再正錄』을 저술하여 초의와 우담의 입장을 변증했다.

結

이제까지 조선조 후기의 불교 사상 중에서 불교·유교의 이교 또는 불교·유교·도교의 삼교의 회통론과 후기 불교계에 적지 않은 파문을 던진 삼종선과 이종선 사이의 대론에 대하여 살펴보았다. 회통론의 사상적 문제점은 이미 지적한 일이 있으므로 이제부터는 주로 삼종선과 이종선 사이의 대론에 관한 문제점을 지적하여 결어로 하고자 한다. 회통론까지 종합하려고 하므로 반복된 부분이 있을는지도 모르겠다.

첫째, 조선왕조의 전반적 경향이기도 하겠지만 조선 불교가 지나치게 중국 불교에 의존해 있음을 지적하지 않을 수 없다. 중국 불교는 중앙 아시아를 거쳐서 전래된 후, 중국 풍토에서 오랜 세월 동안 변형 변질의 과정을 밟아 중국적으로 변용된 것이다. 그런데 조선 불교의 고승들은 이러한 중국 불교를 아무런 의심도 않고 따라서 비판도 없이 그대로 수용했다는 것을 회통론 말미에서 지적한 적이 있다. 조선 승려들은 경전의 주석부터 교학의 체계에 이르기까지 중국 문헌을 그대로 옮겨 왔다. 그래도 신라조나 고려조에서는 독자적 경전 주석을 한 사상가들이 더러 있었으나, 조선 왕조의 후기에 이르러서는 배불 정책에 몰려 수난기에 처해 있었다는 이유도 있었겠지만 독창적 사상 전개도 없이 일방적으로 중국 선

---

25) 竺源 震河:俗姓은 徐氏. 『禪文再正錄』이 있음.

문을 받아들여 인용하는데 그쳤다. 조사선과 여래선의 논쟁만 하더라도, 朱子를 공자보다 높이 추앙하려는 주자학파의 주자 우위 사상의 영향을 받은 임제종파가 임제 우위를 강조하기 위하여 교조까지 격하시키려는 중국 송대의 풍조가 조선조 후기 불교계에 재연된 데 불과하다.

둘째, 實事求是를 표방하는 실증학파(實證學派)가 실학(實學)의 이름으로 대두되었건만 당시의 불교 사상계에는 별로 영향을 미친 것 같지 않다. 전통을 고수한다는 의미에서 중국 선가의 선문들은 자료적 고증이나 비판도 없이 받아들였으니 말이다. 오늘날 중국선의 초조 達磨의 역사적 실재가 문제되고 있는데 『達磨密錄』에서 나왔다는 진귀조사 설화의 근거는 심히 박약하다. 더구나 성도 후의 부처님 [여래]에게 전법했다는 진귀조사 설화가 조사선의 전위를 확인하는 근거로 인용됨은 어불성설이다. 위에서도 언급한 대로, 언어(言語)의 명시 기능이 정지되고 그 함의성만이 무한대로 연장되면, 거기에는 추상적 신화적 허구가 얼마든지 탄생할 수 있다. 이 허구성을 무너뜨리지 못하고 도리어 그 허구에 발판을 두고 안주하게 되면 비판 정신은 흐려지기 마련이다.

셋째, 入此門內, 莫存知解라 하여 일체 언어 작용이 정지되는 선문이므로 타당한 논리성을 찾기는 힘들 줄 안다. 종교 언어(宗教言語) 중에서도 선문(禪門) 언어는 더욱 비논리적, 어떤 경우에는 반논리적이기도 하다. 그러나 중생을 위한 선이라면 중생이 사용하는 언어를 사용하여 중생에게 가르쳐 주어야 한다. 그래서 '眞諦'를 위한 언어적 '俗諦'가 있는 것이다. 그런데 속제는 언제나 반드시 진제를 향하여 또는 진제를 위하여 있는 것이다. 진제를 잃었을 때 속제는 비논리가 난무하는 허론으로 떨어지고 만다. 三種禪과 二種禪 사이의 대론이 진제에 이르는 방향을 읽고 허론에 끝나고 만 느낌을 주는 까닭은 여기 있다. 牧牛子는 일찍이 다음 같이 후학들을 경고한 일이 있다.

"선문어구는 집착을 깨뜨리고 근본을 드러내는 것을 귀하게 알 뿐이다. 따라서 直截悟人하는 데에만 힘써야 하며 繁辭註解나 義理를 설정하여 知解하는 것을 허용하지 않는다."

정하여 知解하는 것을 허용하지 않는다."

受難의 僧伽

불교

Ⅰ. 韓末의 불교

　신라·고려 시대를 통하여 호국 신앙으로서 국가의 보호를 받아가며 꾸준히 발전했던 불교는 조선 왕조의 건국과 함께 쇠퇴하기 시작했다. 그 것은 崇儒斥佛을 건국 이념으로 하는 조선 사회에서는 필연적인 현상이었 다. 그리하여 몇몇 불교를 숭상하는 임금이 있기는 하였으나 시대가 지나 감에 따라 불교는 점점 쇠퇴하여 갔으며 승려는 천민화되어 도성의 출입 조차 금지당하였다. 그럼에도 불구하고 조선의 불교가 근절되지 않은 것 은 궁중과 궁녀, 또는 관리의 부녀들이 불교에 깊이 귀의하여 비공식적으 로나마 조정을 움직였던 데에 큰 원인이 있었다.

이러한 부녀자들의 불심은 사회가 불안해진 조선 말기에 이르러 한층 강렬해졌고, 또한 조정의 종교 탄압 정책이 기독교나 동학에 집중되어 있었기 때문에 불교에 대해서는 거의 무관심해졌다. 이리하여 純祖 이후 4대에 걸쳐서는 사찰이나 승려 보호의 기운이 차츰 움트기 시작하였다. 그 단적인 현상으로 나타난 것이 사찰의 보수, 또는 중건의 경비를 조달하기 위해 조정에서 空名帖을 발행한 사실이었다.

공명첩이란 관에서 발급하는 관리 임명 辭令狀인데, 그 사령장에는 이름이 공란으로 되어 있었고, 벼슬 이름은 折衝將軍 行龍驤衛 副護軍·五衛將·副司果·副司勇·守門將 등 하급 무관직으로 되어 있다. 본래 이조의 일반적 경향이 무관을 천히 여겼으므로 이와 같은 무관의 직함을 공명첩에다 적어 넣은 것이다. 그리하여 지방의 부유한 사람들에게 돈을 받고 이 공명첩에 그 이름을 메워 주어 官帽 즉 감투를 쓰는 것을 허락하는 것이었다. 때로는 원하는 자가 없으면 강제로 맡겨 금전을 징수하는 경우도 있었다 한다. 이렇게 해서 얻은 감투를 벼락감투라고 한다.

이것을 파는 일은 관찰사와 군수가 맡아서 했다. 다음에 인용한 예조의 말 가운데에 공명첩을 파는 예가 많다고 한 것으로 미루어 오래된 관례인 것은 사실이지만, 어느 때에 시작된 일인지는 잘 알려지지 않고 있다. 金剛山 楡岾寺 續事蹟記에 1793년(정조 17) 공명첩 100장을 받아 靈山殿을 세우고 御室(御筆閣)을 중수했다고 씌어 있는데 이런 것이 그 선례가 된 것 같다.

또한 1863년(철종 14)에도 領議政 權敦仁은 공명첩 400장을 報恩郡 俗離山 法住寺에 내려 주어 기와를 갈아 입히는 경비를 조달케 했다.

法住寺 判下完文을 보면 대강 이런 뜻이 적혀 있다.

영의정 권돈인이 묻는 데 대해 禮曹가 대답하기를, 속리사는 본래 大刹로서 역대 왕의 御筆이 봉안되어 있고 또 純祖대왕의 胎室이 수호되고 있는 등 매우 중요한 사찰이다(胎室이 守護되고 있다는 말은 胎封이라고도 하는데, 王子가 태어나면 그 胎盤을 磁缸 또는 石函에다 넣고 엄밀히 봉해서 名山勝地의 砲彈모양이 된 봉우리에다 묻는 것을 말한다.)

   이렇게 중요한 사찰이 오래 전부터 황폐해 있다. 이제 이를 重修
했으면 좋겠으나 경비가 없다. 공명첩 7·8백 장만 발급하면 이를
중수할 수 있을 것이다. 고래로 조정에서 名山舊刹을 수선할 때 공
명첩이란 것을 지급한 예가 이미 많았다.

   이렇게 예조가 아뢰는 말을 듣고 대왕대비는 결국 공명첩 400장을
각 도로 내려보내 이 사찰을 보존하는데 대한 경비를 조달케 했다는 것이
다. 그리고 1879년(고종 16)에도 함경도 함흥군 雪峰山의 歸州寺를 중건할
것을 명령하고 內帑錢 3,500緡과 공명첩 500장을 내려보낸 일이 있었다.
귀주사는 태조 李成桂가 아직 왕권을 잡기 전에 독서하던 곳에 세워진 절
이며 석왕사와 더불어 그 규모를 자랑하던 절인데, 화재로 인해 불타고
讀書堂·御筆閣 만이 남아 있었던 것이다. 歸州寺重建紀蹟碑를 쓴 함흥
부윤 金炳地는 "실로 이는 왕령의 도우심이 미친 것이라."고 하면서 15개
월이 걸려 새로 佛龕禪院 300여 간이 마련되었다고 하고 있다.
   정부의 불교 보호는 불경의 간행면에서도 나타났다.
   1899년(광무 3) 4월에는 해인사의 대장경 4부를 찍어내어 각 사찰에
分藏케 한 것이다. 이때의 경비는 62,500금이 들었고, 應海·翫虛·海耕·
鳳城 등 여러 승려가 직접 당사자로서 일했으며, 그 밖에도 많은 사람들
이 중앙으로부터 파견되어 일대 행사로서 진행된 것 같다. 이 印經은 勅
令으로 이루어졌는데, 그 칙령은 궁내부 대신 李載純, 侍從院 奉侍 姜錫
鎬, 尙宮 최씨가 받아 전하였다.
   찍어낸 경 4부 중 1부는 해인사에, 또 1부는 通度寺에, 그리고 셋째
것은 松廣寺에, 마지막 1부는 8도 각사에 나누어 소장하게 하였다. 이 세
절은 각각 法寶·佛寶·僧寶의 특색을 지닌 곳으로 간주되었던 것이다.
   경상남도 관찰사 曺始永이 지은 印經跋文을 보면 이와 같은 인경불
사가 왕실의 기복을 목적으로 진행된 것이었음을 알 수 있다.

……생각컨대 해인사는 신라 시대에 창건된 이래 바다에 이웃한 신령한 힘의 근원으로서 또한 그 높고 푸른 숲이 유명한 사찰이다. 經板이 이 절에 보존되어 내려오기를 천여년, 일찍이 신령한 이적이 나타나기로 뛰어난 곳이며, 실로 사람들의 근기에 따라 교화가 이룩되는 곳이다. 우리 왕조의 역대 聖祖가 복을 빌고 덕을 심고자 하면 반드시 이 경을 찍어내어 그 도움을 받아 영험이 있었던 곳이다……

지금 또 칙령을 받들어(대장경) 4부를 찍어내어 함에 넣고 질로 묶어 여러 名山과 福地에다 보관케 하고 이로써 쓰教(天쓰에서 온 教란 말, 즉 佛教)를 널리 펴고 그 뜻을 높이 받들며, 음으로 구군의 창달을 돕게 하여 잠시도 쉬임없이 하고자 한다……

이조 말년에 이러한 불사의 중건 또는 중수와 인경 같은 사업이 진행된 그 취지가 주로 왕실 안의 일부 祈福植德을 바라는 사람들의 주장을 반영하고 있으며, 그것이 국운의 다복을 비는 것과 겹쳐 호국적 성격을 띠게 되었다는 사실을 지적할 수가 있을 것이다. 불교가 공적으로는 철저한 푸대접을 받으면서도 그 명맥을 유지할 수 있었던 중요한 원인의 하나는 앞서도 말한 바와 같이 이러한 왕실 내자들의 복을 비는 신앙심에 의해서 지탱되었다는 사실이라고 생각하는 것이다.

이 같은 인경은 1906년(광무 10) 봄에도 진행되었다. 內帑金 6,000원으로 해인사 대장경 판의 釘裝과 인경이 진행되었는데, 이 佛事는 淳嬪嚴氏의 뜻으로 이루어진 것이며, 尙宮 林氏가 해인사 주지 錦虛(姜大蓮)로 하여금 그 일을 감독하게 했다.

이상과 같이 정부에서 어느 정도 불교를 보호하게 됨에 따라 집권자와 승려 간에는 묘한 관계가 싹트기 시작했다. 즉 승려들은 마치 집권자들의 갖가지 行次를 위한 치다꺼리 때문에 존재하는 것같이 되어 버렸던 것이다. 양반의 행차가 있을 때마다 절에서는 술과 고기, 심지어는 기생들까지 동원해 가면서 그들을 접대해야 했다.

이 접대 업무를 직접 맡아 보던 승려를 삼보라고 했거니와 관리와 승려들의 관계는 上典과 노비의 관계 그것이었다. 그리고 이러한 행차는 예고 없이 들이닥치는 것이었으므로 이 접대 준비에 소홀함이 없도록 하기 위해서 望臺제도가 만들어질 정도였다. 즉 행차가 오는 것을 미리 알기 위해서 산봉우리 위에 망대를 두는 것이다. 그러한 관계로 '上望峯'이니 '中望峯'이니 '下望峯'이니 하는 따위의 지명이 생기기 까지 한 것이다.

최근 통도사에서 발견된 水營門傳令(慶尙道水營에서 通度寺로 내려보낸 文書, 年代는 1838년으로 되어 있다)에 의하면 양반들의 사찰에 대한 收奪은 격심한 바가 있었다. 원래 사찰에서는 權府에 대해 여러 가지 물품을 上納하기 마련이었는데 그 도가 더욱 심해 가고 있었음을 알 수 있다.

그 문서에는 다음과 같은 귀절이 있다.

> 近年以來元定別卜 月加而歲增 營責邑徵左積而右累……('元定別卜'이란 본래 정식으로 上納하던 土産物이외에 따로 바치던 일을 말한다. 그런데 그것이 근년에 와서 달마다 해마다 增加해 가고 있다는 이야기다.)

이러한 사정을 姜裕文은 다음과 같이 말하고 있다.[1]

> ……이조에 들어서서 排佛을 鐵是로 한 지 400여 년, 멋모르고 춤추는 소위 儒徒들의 무지하고도 끔직스러운 斥佛이 또한 400여 년을 거듭한 나머지라, 이 조선 불교에 무슨 힘이 있을 것이며 무슨 빛이 보였을 것이랴. 눈을 돌리매 거치른 폐허요, 귀를 기울이매 통분스러운 사실뿐이었다……소극적으로 정부를 달래고 儒徒를 化導할 生心까지 없이 오직 自侮的 苟安으로 岩穴雲頭에서 일생을 枯淡寒衲으로 보내지 않으면 俗徒悖官의 賤役苛誅 속에서 하등 저항도 없이 한갓 動鈴求物과 造麴織鞋 등사로 생전의 衣食具를 만들고 사후의 位土를 장만함으로 自甘하였으니 이것은 400년 래 被壓에 의한 타성이 수난에 대한 반동력을 잃게 하여 진실로 조선 禪敎의 慧命이 懸絲와 같이 산간에서 부자연적 존재를 僅保한 것이다. 그래서 이 시대 조선 불교도는 外的 治意識이 전연 止息되고 오직 內的 修行으로써 애오라지 自安하였다니……

---

1) 佛敎 第100號 參照

282

이상에서 본 바와 같이 한말의 불교는 고요한 것 같았으나 결국은 침체와 俗化에 빠져 들고 있었으며, 이러한 사태를 통탄한 일부 승려들은 깊숙이 산속에 숨어 세속과 절연하고 오직 불도에만 몰두하고 있었다. 그런데 이러한 불교계에 또 한번 선풍을 일으킨 것이 일본 불교의 유입이었다.

Ⅱ. 일제 영향하의 불교

1. 일본불교와의 접촉

일본 군벌의 조선 침략 의도가 점차 구체화됨에 따라 일본인 승려들의 내왕이 시작된 것은 1877년 眞宗 大谷派 本願寺의 釜山開敎로부터 시작되었다. 1877년은 江華條約이 체결된 바로 이듬해다. 日僧 奧村圓心은 일본 불교가 파견한 최초의 한국 開敎使로서 일본 승단의 거물이었다.

大谷派 혼간지에 뒤이어 1881년에는 日蓮宗이, 1895년에는 本派 本願寺가, 1897년에는 淨土宗이, 1906년에는 曹洞宗과 眞言宗이 차례로 개교사를 보내어 開敎別院 또는 布敎所를 개설했다.[2]

1895년 4월에 僧尼의 입성을 금하던 관례를 완화하라는 명령이 내렸는데, 이는 일본 日蓮宗의 승려 佐野前勵가 내한하여 내각 총리대신 金弘集에 그 禁을 해제해 줄 것을 청원한 데서부터 비롯하는 것이라고 한다.

사노는 『법화경』 1부와 『安國論(日蓮宗의경전)』 1권, 『宗祖略傳』 1권, 향로 한 개를 가지고 와 高宗에게 바치고 각 대신을 역방하여 승려의 도성 출입 금지를 해제해 줄 것을 건의하였다. 일련종은 일본의 불교 종파 중에서도 일본인의 침략적 성격에 가장 잘 맞는 종지를 가지고 있는 것으

---

2) 朝鮮總督府:施政二十五年史 參照.

로서, 소위 조선에서의 開教를 서두른 일본 불교 각 종파의 노력 중 가장 뚜렷한 것이라고 보지 않을 수 없다. 사노는 그 建白書에서 다음과 같이 쓰고 있다.

　　……귀국의 관례를 잘 알 수는 없으나 듣건대 국법에 승려의 入城을 금지하고 있다하니 놀랍고 통탄스럽습니다. 中興의 恩澤은 바야흐로 일초일목에까지 미치고 있는 이때 다만 입성 문제만이 해결을 보지 못하고 있다 함은 과연 무슨 뜻이온지. 본래 국가에서 이 禁令을 내린 것은 고려 말 승려들의 방자한 언동과 백성을 현혹하는 거짓말, 그리고 국법을 문란케 하는 망동 때문이었습니다. 그러나 수백 년간 사회의 밑바닥에서 살아오는 동안 승려들은 기가 죽었습니다. 惑民亂法이라고는 꿈에도 생각할 수 없을 만큼 기가 죽었습니다. 그럼에도 불구하고 여전히 이들은 걸식하는 천민으로 대우하고 있다 함은 매우 슬픈 일입니다. 일찍이 불교에 폐가 있다 하여 도성 출입을 금지한 것은 실로 당연한 일이었습니다. 그러나 불교의 뜻이 본래 중생을 제도함에 있는 만큼 어리석은 백성을 깨우쳤다는 면에서도 공도 결코 적지 않았습니다. 入城之禁이 비록 自業自得이라고는 하나 이미 그 때는 흔적도 없어진 지금에 와서 이 금령을 어찌 그대로 둘 수가 있겠습니까…….

　　그 解禁의 조처가 구체적으로 어느 정도였는지는 잘 알 수 없으나, 일본인 불교도들과의 접촉이 다방면으로 작용하고 있는 사실은 다른 데서도 찾아볼 수가 있다.

　　1902년(광무 6)에서 사찰과 승도를 관리하게 하기 위해 管理署라는 것을 두고 또 서울 동대문 밖에다 元興寺를 창건, 大法山 國內首寺刹이라 이름 붙이고 여러 가지 職制를 두었으나 2년도 못 되어 이를 모두 다 폐지한 일이 있다. 이것도 일본의 접촉을 통해 고려되었던 것이 아닌가 하는데, 그 직제를 보면 다음과 같았다. 즉 수사찰에 左右教正 각 1명, 大禪議 1명, 上講議 1명, 理務 5명, 都攝理 1명을 두고 전국 16개 사찰을 法山道內首寺刹로 삼았다. 그 16개 사찰이란 곧 奉恩・奉先・龍珠・麻谷・法住・松廣・金山・海印・通度・桐華・月精・楡岾・釋王・歸州・普賢・神光 등의 열 여섯이다.

이 사찰들에 다음과 같은 직책을 둔다는 것이다. 즉 道教正·副教正·禪議·講義 각 1명과 도내의 각 사찰마다 住職 1명씩을 둔다는 것이다.

이와 때를 같이하여 같은 해 7월에 '國內寺刹 現行細則(所謂大韓寺刹令)' 36개조가 발표되었는데, 이는 한말에 있어서 불교가 공인된 최초의 계기가 되었다고 하겠다. 그 가운데에는 매달 세 번씩 無遮法會를 열고 四部衆을 모아 예불·설법 포교할 것과, 학교를 설립하여 승려를 교육할 것과, 관리 등에 한 접대를 革罷할 것 등을 규정하였다.

1906년 10월 9일자 '大韓 每日新報'에는 다음과 같은 기사가 있는데, 이 내용이 전기 원흥사에 두었던 관리서와 무슨 관련이 있음은 거의 틀림없는 것이라고 생각한다.

일본 西本願寺 開教總監 大谷寶道가 參事 大內惠明을 대동 입경하였는데, 그 來意를 槪聞한즉 한국에 불교를 흥왕케 하기로 동문 밖 元興寺를 復設하여 13도 각군 사찰을 관리하고 僧職을 頒할터인데, 英親王殿下께서는 大法主가 되시고 정부 각 대관은 교인으로 入參하여 각 局·課를 설치, 정부와 흡사히 마련한다는데, 그 목적인즉 "한국인의 정신을 매수하여 일본 범위 내에 入케 함"이라. 該道師의 권리가 통감에게 倍勝하니라 하며, 持來한 紙貨가 백만원이요, 其人인즉 일본 황태자의 同婿요, 그 爵은 公爵이라더라.

1902년의 관리서 설치 시도가 여기에 다시 머리를 들기 시작한 것이 아닌가 보인다.

승려의 입성 금지가 日僧의 힘으로 해결되었다는 사실과 함께 일본 승단에 대한 한국 승려들의 호감은 점차 각 지방 사찰로 만연되었다. 한편 일본 승단에서는 그들의 강력한 정치적 진출을 배경으로 한국 사찰을 병합 관리하려는 음모를 하기 시작하였다. 그리하여 統監府에서는 11월 17일 韓國寺院 管理規則이란 것을 발표하고3) 한국 사찰을 관리코자 하는 자는 통감부의 허가를 받도록 하라는 명령을 내렸다.

이 관리 규칙이 발표된 후 한국의 각 사찰들이 실제로 어느 정도의

움직임을 보였는지 자세히 알 수 없으나 많은 한국 사찰 측에서 일본 사
찰의 관리를 청원한 사실을 일본의 불교 자료는 다음과 같이 전해 주고
있다.4)

　　　통감부의 인가를 얻은 사찰
　경북 금릉군 直指寺, 평북 박천군 深源寺, 강원 철원군 四神庵, 경기
시흥군 戀主庵
　　　인가는 얻지 못했으나 청원을 낸 사찰
　평남 안주군 大佛寺, 평남 안주군 法興寺, 충북 영변군 普賢寺, 충북
영동군 寧國寺, 전북 전주군 花巖寺, 경남 합천군 海印寺, 동소문 외
華溪寺, 경남 진주군 大源寺, 전북 용담군 天皇寺, 강원 회양군 長安
寺, 전북 전주군 鶴井寺, 동소문 외 奉國寺, 경남 동래군 梵魚寺, 전
남 구례군 華嚴寺, 경남 하동군 雙溪寺

이렇게 한국의 각 사찰이 앞을 다투어 일본 승단의 관리를 청원한
데에는, 첫째 불교 승단의 지위를 일본인들이 다소 향상시켰다는 데 대한
호의가 있었던 것, 둘째 을사 조약 이후에 뒤따른 사회 정세의 혼란에서
사찰에 대한 피해를 비교적 적게 하려는 의도가 있었다는 것 등의 이유를
들 수가 있다.
　1906년(광무 10) 2월 奉元寺의 승려 李寶潭, 華溪寺의 승려 洪月初
등이 중심이 되어 佛敎硏究會라는 것을 조직하였다. 2월 5일 內部에 제
출한 請願書에는 이렇게 씌어 있다.

　本僧들이 일본 정토종에 參會해 온 지 이미 몇 해가 되었습니다.
그런데 開敎使께서 특히 京鄕의 승려들로 하여금 불교 연구회를 창
립하고 학교를 세워 신학문상의 교육 방침을 계획하고 연구하라고
하시니 이에 청원하옵니다. 照亮하시고 허가하여 주시기를 복망합니
다.
　광무 10년 2월 5일 불교 연구회 도총무 이보담(외, 각사 9인)

---

3) 統監府令 第45號
4) 大谷派本願寺 朝鮮開敎監督部編：朝鮮開敎五十年誌 參照.

이러한 청원에 대하여 內部는 10여 일 후인 2월 17일 허가를 내려 주었다. 1906년 2월은 우리나라의 국운이 결정적으로 기울어지는 계기가 된 統監府 설치의 해이다. 당시 일본 불교도들이 얼마나 활발히 한국 불교 흡수를 위해 활약하고 있었나 하는 것을 잘 알 수 있게 한다.

이보다 2년 늦게 1908년 3월에는 각도의 사찰대표 52명이 전기한 바 있는 元興寺에 모여 총회를 열고 圓宗 宗務院이라는 것을 설립했다. 이것은 모인 장소가 원흥사라는 사실과 그 설립 시기와 그리고 그 宗名 등으로 미루어 보아 그 근본 의도가 역시 일본의 통치 세력이 일본 불교계의 요청을 받아들여 일괄적인 조직 체계를 확립하자는 데 있었던 것 같다.

설립 당시의 종무원 임원을 보면, 해인사 주지인 李晦光이 大宗正이 되고 대종정 밑에 총무·교무·학무·서무·인사·감사·재무 등의 각 부의 부장과 고등강사를 두고 있었다. 즉 총무 부장 金玄菴·교무 부장 陣震應(불참)·학무 부장 金寶輪·서무 부장 金石翁·인사 부장 李晦明(영명사 주지)·감사 부장 朴普峯·재무부장 徐鶴菴·고등 강사 朴漢永 등이었다.

'원종'이라는 명칭은 과거 불교사상에서 일찍이 宗名으로서 채택된 바 없는 독특한 칭호다. 『李朝佛教』의 저자 高橋亨은 직접 대종정 이회광으로부터 들은 바라 하여 "禪教兼修 宗門임을 표방한 것"이라고 전하고 있는데, 이 이름까지도 일본인들의 강요로 되었으리라고는 생각지 않는다. 李能和는 『조선불교통사』에서 "於此可知圓宗之立 初無所依據者也"라고 하고 있는데, 그 말은 종파의 이름으로서는 근거가 없다는 뜻으로 해석해야 타당할 것이다. 선교가 분리되지 않는다는 뜻을 밝히고자 한 그 뜻은 이해되어야 할 것이다.

그러나 이회광이 매우 친일적인 색채를 드러냈던 것은 사실이며, 1910년 8월 22일 한일 합방 조약이 체결된 뒤의 그의 거동은 확실히 비난을 피할 도리가 없는 일이었다. 그는 원종 종무원을 설립할 때 一進會長 李容九를 자주 만났고, 또 그의 권고로 일본 曹洞宗의 승려 武田範之를 고문으로 추대했다고 하며, 합방 이후에는 일본의 어떤 불교 종파와 연합을 할 생각을 가지고 다께다의 의견을 들어 조동종과의 연합을 획책했다.

그는 원종 종무원을 대표해서 전국 72개 사찰의 위임장을 가지고 일본으로 가 조동종의 管長 石川素童과 만났다. 그는 한국 불교와 조동종과의 연합이 필요한 이유를 여러 가지로 설명했으나 이시까와의 반응은 시원치 않았다. 이시까와는 조동종이 필요에 따라 한국 불교를 원조할 수는 있지만 곧 연합을 한다는 것은 시기상조라는 것이었다. 그는 연합이 아니라 한국 불교의 조동종에 대한 附屬이라면 받아들일 수 있다고 했다. '부속'이라는 말을 그대로 받아들일 수 없었던 이회광은 다시 토의한 끝에 1910년 10월 6일 원종 종무원의 이름으로 조동종과 하나의 조약을 맺었는데, 그 전문은 다음과 같이 매우 굴욕적인 것이었다.

1. 조선 전체의 圓宗寺院衆은 조동종과 완전히 그리고 영구토록 연합동맹하여 불교를 확장할 사.

2. 조동종 종무원은 조선 원종 종무원 설립인가를 得함에 달성의 노를 취할 사.

3. 조선 원종 종무원은 조동종의 포교에 대하여 상당한 편리를 圖할 사.

4. 조선 원종 종무원은 종무원으로부터 고문을 위촉할 사.

5. 조선 원종 종무원은 조동종 종무원으로부터 포교사 약간 명을 초빙하여 각 首寺에 배치하여 일반 포교 및 청년 승려의 교육을 촉탁하고 또는 조동종 종무원이 필요로 인하여 포교사를 파견하는 시는 조선 원종 종무원의 지정하는 다른 首寺 또는 사원에 숙사를 정하여 일반 포교 및 청년 승려 교육에 종사케 할 사.

6. 본 締盟은 쌍방의 의견이 불합하면 폐지·변경 혹은 개정을 기할 사.

7. 위 계약은 원종 종무원 인가일부터 실행함.

　　明治 44년 10월 6일

　　　　　　조선 원종 대표자 이회광
　　　　　　조동종 종무원 대표자 弘津悅三

여기에 실린 내용을 통해 이회광이 의도하는 것은 표면상 일본 조동종 포교사들의 조선에서의 포교 활동을 허용하고 조선의 청년 승려의 교육을 그들에게 위촉한다는 데에 있다.

이회광은 이 조약에 대한 찬성 날인을 받고자 분주히 각 사찰을 찾아 다녔다. 처음에는 이를 반대하는 이가 별로 없는 것 같았으나 처음에 그 말만 듣고 전문을 읽어 보지 않았던 각 사찰의 승려들은 全文 7조를 직접 보고 이를 규탄하기 시작하였다. 陣震應·金鍾來 등이 앞장서서 이 조약의 부당성을 규탄하기 시작하였다.

이리하여 1911년 1월 15일 이에 반대하는 전남 지리산 일대의 승려들이 송광사에 모여 '원종에 대하여 臨濟宗을 내세우고 그 종무원을 우선 송광사에 두기로'결의했다. 최초의 管長으로 仙巖寺 주지 金擎雲이 피선되었으나 너무 연로하였기 때문에 韓龍雲이 임시 관장 대리가 되었다. 그는 광주에 임제종 포교당을 설치하였으며, 1912년 윤5월 5일에는 雙溪寺에서 임제종 제2차 총회를 열고 '임제종지를 널리 선양'하기로 결정, 임제종 대표 5명 중의 한 사람이 되었다. 대표 5명은 韓龍雲·金鶴傘·張基林·金鍾來·任晩聖 등이었는데, 이들은 梵魚寺로 가서 그곳 승려들을 임제종에 포섭하여 종무원을 범어사로 옮겼다. 그때 범어사 주지는 吳惺月이었다.

임제종지를 표방하고 원종에 대립한 사람들 가운데에는 앞서 이회광 등이 원종 종무원의 임원으로 추대했던 진진응·朴漢永 등도 들어 있었다. 그들이 원종을 조동종과 연합하는 데 반대한 이유는 "본래 조선의 승려는 임제종파에 속해 있었는데, 이제 만약 조동종과 연합한다면 改宗易祖하는 결과가 된다."는 것이다.

이 조동종과의 연합을 꾀하는 이회광 등의 그룹은 대부분 북부 지방의 사찰과 관련이 있었고, 임제종지를 주장하여 이에 맞선 사람들은 남부 지방의 사찰과 관련이 있었으므로 이는 일종의 지역적 파벌 싸움과 같은 성격을 드러냈다. 그러나 1911년에 조선 총독부는 寺刹令 7조를 반포하여 30本寺를 정하고,[5] 종래의 습관에 따라 '선교 양종'이란 이름으로 종지를 통일하고, 그 시행을 감독했으므로 이 싸움은 크게 발전하지 않고 유야무야해지고 말았다.

2. 사찰령 반포를 전후한 조선불교의 실세

1911년 6월 3일 반포된 전문 7조의 사찰령은 다음과 같다.

제1조 사찰을 병합·이전하거나 또는 폐지하고자 할 때에는 조선 총독의 허가를 받아야 한다. 그 基址나 또는 명칭을 변경코자 할 때에도 마찬가지이다.

제2조 사찰의 基址와 伽藍은 지방 장관의 허가를 받음이 없이 傳法·布教·法要執行 및 僧尼止住 이외의 목적에 사용하거나 또는 사용케 할 수 없다.

제3조 사찰의 本末關係, 僧規法式, 기타의 필요한 寺法은 각 본사에서 정하여 조선 총독의 허가를 받아야 한다.

제4조 사찰에는 주지를 두어야 한다. 주지는 그 사찰에 속하는 일체의 재산을 관리하여 寺務와 法要執行의 책에 임하여 사찰을 대표한다.

제5조 사찰에 속하는 토지·삼림·건물·불상·石物·고문서·고서화 기타의 귀중품은 조선 총독의 허가를 받지 아니하면 이를 처분할 수 없다.

제6조 前條의 규정에 위반하는 자는 2년 이하의 징역이나 또는 5백원 이하의 벌금에 처한다.

제7조 본령에 위반하는 것 외에 사찰에 관하여 필요한 사항은 조선 총독이 정한다.

附 則 본령을 시행하는 기일은 조선 총독이 정한다.

그리고 동년 7월 8일에 반포된 동 사찰령 시행 규칙 8조는 30본사를 정하고 각 도 주지를 두어 다음 해부터 정식으로 이 30본사의 주지들이 本末寺法을 정해 조선 총독의 승인을 얻어 이를 시행하도록 했다.

이때 정해진 30본사와 그 주지 및 그 말사의 수와 사찰령이 반포된 뒤 5년 만인 1916년 12월말에 조사한 우리나라 전국의 사찰과 寺院 및 승

---

5) 朝鮮總督府令 第84號

려의 수를 각 도별로 보면 다음과 같다.

30 本 寺

도 별	사 찰 명	주 지	말사수
경기도	봉은사(奉恩寺)	나청호(羅晴湖)	78
경기도	봉선사(奉先寺)	홍월초(洪月初)	27
경기도	용주사(龍珠寺)	강대련(姜大蓮)	49
경기도	전등사(傳燈寺)	국창환(鞠昌煥)	40
충 북	법주사(法住寺)	이남파(李南坡)	41
충 남	마곡사(麻谷寺)	김만우(金萬愚)	124
경 북	동화사(桐華寺)	김남파(金南坡)	56
경 북	은해사(銀海寺)	박회응(朴晦應)	32
경 북	고운사(孤雲寺)	이동오(李東旿)	46
경 북	금룡사(金龍寺)	김혜옹(金慧翁)	50
경 북	기림사(祇林寺)	김만응(金萬應)	17
경 남	해인사(海印寺)	이회광(李晦光)	76
경 남	통도사(通度寺)	김구하(金九河)	70
경 남	범어사(梵魚寺)	오성월(吳惺月)	43
전 북	위봉사(威鳳寺)	곽법경(郭法鏡)	52
전 북	보석사(寶石寺)	박철허(朴徹虛)	34
전 남	대흥사(大興寺)	백취운(白翠雲)	45
전 남	백양사(白羊寺)	김환응(金幻應:후에 宋宗憲)	53
전 남	송광사(松廣寺)	이설월(李雪月)	34
전 남	선암사(仙巖寺)	김청호(金淸昊)	22
강 원	건봉사(乾鳳寺)	이설파(李雪坡)	28
강 원	유점사(楡岾寺)	김금담(金錦潭:후에 金東宣)	61
강 원	월정사(月精寺)	김혜명(金慧溟:후에 洪莆龍)	43
황 해	패엽사(貝葉寺)	강구봉(姜九峯)	35
황 해	성불사(成佛寺)	신호산(申湖山:후에 金抱應 및 金禪隱)	37
평 남	영명사(永明寺)	최향운(崔香雲:후에 李晦明 및 姜龍船)	17
평 남	법흥사(法興寺)	한장호(韓漳浩)	33
평 북	보현사(普賢寺)	박보봉(朴普峯)	113
함 남	석왕사(釋王寺)	고화응(高和應)	49
함 남	귀주사(歸州寺)	전남명(田南溟)	56

각 도별 사원 및 승려의 수

(1916년 말)

		사　찰　수		승	니	계	사원	관리자수
		1915년말	1916년말현재	(僧)	(尼)		(祠院)	
경	기	205	205	1,178	443	2,031	12	12
충	북	45	45	141	53	234	2	2
충	남	78	78	331	270	757	3	3
전	북	118	118	325	72	633	1	1
전	남	65	65	856	87	1,073	2	2
경	북	235	242	1,359	90	1,926	9	13
경	남	168	168	1,383	104	1,823	5	5
황	해	57	65	136	27	285	3	6
평	남	50	50	59	5	164	1	1
평	북	130	130	148	7	415	2	2
강	원	132	132	702	142	1,108	3	3
함	남	86	82	266	120	554	1	1
함	북	32	32	36	—	100	—	—
총	계	1,401	1,412	6,920	1,420	11,153	44	51

3. 사찰령에 대한 반응

　총독부 사찰령에 대한 각 사찰의 반응은 매우 좋았다. 각 사찰의 주
지들은 이를 무조건 감수하고 사찰령 제3조에 의거해 30본산에서는 각도
寺法을 제정, 1912·1913년 양년 사이에 총독의 인가를 받았다. 1912년 2
월 11일자「대한매일신보」에 의하면 승려들은 총독의 '善政에 感泣'하고 있
었던 것이다.
　당시 어떤 승려는 총독을 만나고 나와서 말하기를 "평생 동안 중노
릇한 보람을 오늘에야 느꼈다."고 했다는데, 얼마나 그들이 모멸과 천대에
서 살았으면 그런 말을 했을까 이해가 안가는 것도 아니나 그러면 그럴

수록 한국불교는 본연의 자세에서 밀어져가고 있었다고 해도 과언이 아니다. 이리하여 사찰령 실시 후 조선 불교는 親日 일로를 달려갔다.

30본산이 제정한 本末寺法은 천편일률적이었는데 전문 100여조에 달하는 사법에는 恒例法式日로 일본의 신화적 개국 기념일인 紀元節를 넣은 것은 물론, 報恩法式日이라 하여 일본의 천황 考明·神武에 대한 제삿날을 포함시키고 있었다. 또 포교의 목적을 달하기 위하여 '天皇陛下聖壽萬歲의 尊牌를 本尊 앞에 奉安하여 매일 祝讚을 勤히 함'을 정하고 있었다.[6]

權相老가 주관한 「朝鮮佛敎月報」나 朴漢永이 주관한 「海東佛報」나 모두 사찰령이나 사법을 환영하는 논조가 지나칠 정도로 열광적이며 친일적인 데 우리는 아연 경악을 금치 못한다. 미사여구의 나열로 엮어진 그와 같은 글들이 이제 우리에게는 너무나 지나치게 굴욕적인 것이기 때문에 그 인용을 삼가하고자 한다.

4. 불교개혁운동

이상과 같이 사찰령 공포 이후 한국 불교가 친일적으로 전환되어 가자 일부 뜻있는 소장 불교인들은 이러한 불교의 타락상을 통탄하고 불교의 개혁 운동을 벌이기 시작하였다. 그 대표적인 것이 韓龍雲의 佛敎維新論이다.

1879년 洪城에서 태어난 한용운은 일찍이 동학 운동에 참가했다가 피신하여 佛門에 귀의하였다. 그는 1910년 百潭寺에 머물면서 『朝鮮佛敎維新論』을 탈고, 1913년에 이를 간행하여 그의 독특한 불교 혁신책을 공개하였다. 그 안에 실린 그의 일부 주장은 앞서 1910년 3월 中樞院 의장 金允植 앞으로 獻議되었었고, 다시 寺內正毅 앞으로 建白된 바 있었다. 이에 대하여 어떤 구체적인 답변이나 결정은 내려지지 않았지만, 불교계

---

6) 寺法 第70條

안에서 일어났던 새로운 기운으로서 그 주장은 여러 가지 의미에서 획기적이고 이색적인 것이었다고 아니할 수 없을 것이다.

한용운은 그의 『조선불교유신론』에서 불교의 유신은 우선 파괴로부터 시작하여야 한다고 강조하고 승려의 교육문제, 참선문제, 念佛堂 폐지문제, 포교문제, 사원의 위치문제, 佛家에서 숭배하는 조각과 회화문제, 의식문제, 승려의 자활노동문제, 승니의 혼인문제 등에 관한 의견을 피력하고 있다. 이제 간단히 그 주장의 요점만을 정리해 보면 다음과 같다.

① 승려의 교육 문제 승려 교육의 급선무를 세가지로 보고, 첫째 일반 보통 교육의 실시, 둘째 스승으로서의 교육 실시, 셋째 외국 유학을 들고 있다.

② 참선문제 그는 당시 조선불교의 참선이 '명의상의 참선'에 불과하다고 하고 각 사찰에 있는 禪室의 재산을 다 모아 하나나 두개의 대규모 禪學館을 세우고 禪理에 밝은 사람 몇 사람을 모셔다가 참선을 지도하게 하되, 여기에 들어오고자 하는 자에게는 僧俗을 막론하고 시험을 쳐서 합격된 자만을 넣도록 한다. 그리하여 시간을 정하여 산만하지 않게 하고, 매달 聽講, 또는 토론을 해서 그 능력을 키우도록 한다. 한편 각 사찰에서 집무하는 승려들에게는 각 사찰에서 집무의 여가에 한 두 시간씩 참선을 하도록 한다는 것이다.

③ 염불당의 폐지 문제 조선의 소위 念佛이라는 것은 呼佛에 불과하며, 그 알맹이가 빈 것이어서 가짜 염불이라고 한다. 眞念佛은 "부처님의 마음을 염하여 그 마음을 내 마음으로 삼고, 부처님의 공부를 염하여 나도 역시 그것을 공부하고, 부처님의 행을 염하여 나도 역시 이를 행하여, 한마디 말, 한순간의 침묵, 움직일 때나 고요히 앉아 있을 때나 이를 염하지 않음이 없고, 그 참 본질과 방편을 잘 분간해서 내 것으로 삼으면 이것이 참염불이다."고 주장하고 이렇지 못한 정신 하의 염불당은 차라리 폐지하는 편이 좋다는 의견이다.

④ 포교의 문제 그의 주장은 조선불교의 세력이 부진한 원인을 포교할 만한 인재가 없다는 것으로 돌린다. "현재 조선 사람 중의 3천분의 1

이 승려인데, 다시 말하면 3천명 중의 한 사람이 승려란 말이다. 그런데 그 승려가 어떤 사람들이냐. 빈천한 환경에서 헤어나지 못하고 미신에 빠져 있으며 나태하고 불교의 진상이 무엇인지 모르는 사람들이다. 소위 신도란 소수의 여인 뿐이니 포교가 어떻게 되겠는가 하는 것이다. 한용운은 포교사의 자격으로 첫째는 열성, 둘째는 인내, 셋째는 자애를 들고 있다. 또 포교 방법이 한 가지가 아니니, 말로만 하는 것이 아니라 신문·잡지로써 하고, 또 경의 번역·보급으로써 하고, 또는 자선 사업으로써 해야 할 것이라고 주장한다.

⑤ 사원의 위치 문제 사원이 산중에 들어 있는 것은 어떤 사상을 대표하느냐 하면, 無進步的 사상·無冒險的 사상·無救世的 사상·無競爭的 사상을 대표한다. 그러므로 전국의 사찰 중 몇몇 기념할 만한 것만을 남겨 두고 나머지는 전부 각 도시로 진출해서 포교·교육 등을 실시해야 할 것이라고 주장한다.

⑥ 불가에서 숭배하는 彫塑와 회화 절간의 그림이나 조각이 미신적인 假相인데 그에 대한 숭배가 너무나 심하다는 것이다. 羅漢獨聖者가 그렇고 七星·十王·神衆 등이 다 그러하다는 것이다. 불교는 미신을 떠나는 것인데, 어떻게 미신이 많은지 모르겠다고 한다.

⑦ 의식의 문제 조선 불교의 백 가지 의식이 다 매우 비열하고 번거로워 부끄러울 정도이므로 한 간단한 의식을 정하고 행하면 된다는 것이다. 禮佛은 매일 한번씩 하되 정중히 할 것, 그는 의식 진행 절차까지를 상세히 말하고 있다.

⑧ 자활노동의 문제 조선 승려가 지금까지 살아온 생활의 방법이 두 가지가 있었다고 한다. 즉 하나는 '속여서 먹고 사는 생활(欺取生活)이요,' 또 하나는 '개걸생활(丐乞生活)'의 두 가지다. 그의 비판은 보통이 아니다. 맹렬한 자가 비판을 한 뒤 그는 먼저 조림업(과수·차·통나무·도토리 등의 재배)을 공동영업의 방법으로 착수해야 한다고 강조한다.

⑨ 승니의 혼인문제 그는 僧尼에게도 혼인과 생산이 허락되어야 한다고 주장했다. 승니 嫁娶의 禁이 현실에 맞지 않는다는 이유로 그가 내

세운 네 가지는, 첫째 윤리에 해롭고, 둘째 국가에 해로우며, 셋째 포교에 해롭고, 넷째 풍기상 해롭다는 것이었다.

한 용운은 그 밖에도 사원의 조직에 관한 여러 가지 주장을 내세운 글을 남겨 놓고 있다. 이러한 글들은 그 당시의 사원 조직이 어떠하였는가 하는 것을 알게 하는 좋은 자료인데, 한 용운의 성격이 반영되어 다소 과격한 표현은 있지만, 다른 방증들이 있으므로 사실에 어긋나는 일은 없다고 생각한다.

이제 사원조직에 관한 그의 주장들을 전기한 제주장에 계속하여 열거하면 다음과 같다.

⑩ 사원의 住職선거에 관하여 지금까지 주직이 선거되어 본 예가 없으니, 그런 형태의 주직을 한용운은 첫째 돌아가면서 하는 로테이션 주직(輪回住職이라함), 둘째 依賴住職, 셋째 武斷住職으로 구분하였다. '의뢰주직'이란 행정관이나 지방토호에게 예속 아부하며 여우가 호랑이 위세를 빌리는 듯이 하여 남을 괴롭히고 그 절의 알맹이만 골라 빼먹는 주지라 한다. '무단주직'이란 중론에 의하지 않고 독재를 행하되 따지면 완력을 휘둘러 약육강식하는 것을 말한다. 이 후자 둘은 주로 孤庵獨寺에 많다고 한다. 이런 폐단을 없애기 위해 투표를 실시, 3분의 2의 지지로 주직을 선정토록 해야 한다는 것이다.

⑪ 승려의 단체에 관하여 요새 불교 유신에 뜻을 둔 사람들이 걸핏하면 하는 이야기가 승려에게 제일 결핍된 것이 단체 사상(단체정신이란 뜻)이라고들 하는데 과연 그렇다는 것이다. 그는 단체를 '形團體'와 '心團體'로 나누어 말하고, 불교 단체는 '심단체'라야 하지만 그렇지 않음을 통탄하고 있다. 아마 이 둘은 각각 '게젤샤프트(Gesellschaft : 利益社會)'와 '게마인샤프트(Gemeinschaft : 共同社會)'를 가리켜 한 이야기인 것 같다.

그는 세상에서 제일 보기 싫고 가증스러운 사람이 방관자라고 하면서 그런 방관자가 이 시대의 조선 승려들 중에 많았음을 암시하고 있다. 그러한 방관자에는 첫째, 배고프면 먹고 피곤하면 자고, 무어가 무언지 모르는 '渾沌派'가 있는데, 조선 승려의 10분의 5는 모두 이 파에 속하는 것이라고 한다. 둘째는 '爲我派', 즉 이기주의자들이다. '자기 분을 지켜 몸조심을 하고 재산을 모으고자 돈의 노예가 되어 있는 자'를 말하다. 셋째는 센티멘털리스트, '嗚呼派'다. '한숨과 통곡, 눈물을 유일한 사업으로 삼는 자들'이라고 한다. 승려들 중에 '정이 있으되 지혜가 없는 자', '지혜가 있으되 용기가 없는자' 이런 자들이 이에 해당된다는 것이다. 넷째는 '항상 사람들 뒤에 숨어서 냉정하게 또는 열띤 어조로 사람을 비평하는 자'를 말하는데, 이들 '笑罵派'라고 한다. '승려 중에 무식한 자가 스스로 안다고 자처하고 자기보다 난 자를 싫어하고 자기 보다 못한 자를 무시하며, 자기 자신은 일처리를 못하고, 또 사람을 시켜서도 일을 하게 하려 하나 그 사람이 혹시 실수를 하면, 이를 보고 비웃고 욕지거리하는' 그런 부류의 사람을 말한다. 다섯째는 '暴棄派'라 부를 수 있는 사람들이다. '자기는 아무 것도 할 일이 없다고 생각하여 항상 다른 사람에게만 무엇을 기대하고 자기 자신이 해야 할 일을 생각지 않는 자'란 말이다. 승려 중에는 높은 경지에 들었다 하는 자들 중에 그런 사람이 있고 斷見外道가 그 주인공들이라고 한다. 여섯째는 '待時派', 시기를 기다리는 자를 말한다.

⑫ **사원의 統轄에 관하여** 한용운은 사원의 통할에 두 가지 방법 즉 혼합 통할과 구분 통할의 방법이 있다고 말하고 본래 이상적인 방법은 전자이지만 우리 나라 승단의 형편으로는 이 양자를 잘 절충 조화시켜야 한다고 주장했다.

한용운의 이상과 같은 패기에 찬 유신책은 그후 5·6년이 지난 뒤 젊은 불교 청년들의 행동 지침이 되었으며, 용기를 북돋아 주게 된 사실을 알 수 있다. 그 당시에 무슨 구체적 성과는 이루지 못했다 할지라도 한용운의 이와 같은 주장에는 확실히 예언자적인 기백이 넘쳐 있었다.

5. 불교진흥운동

1914년 1월 13일 30본산의 주지들은, 서울에서 제3회 총회를 열어 高等佛教講塾을 설립하기로 결의하고 박한영을 강사로 임명하기로 했다.

각 본사에서는 유학생 1·2명을 서울로 보내 청강토록 한 것이다. 그러나 이 불교 강숙은 1년도 못되어 해산되고 말았다.

그리고 이 해에 조선 승려로서 일본에 유학하는 사람이 13명이나 되었는데, 그 중에는 건봉사의 李智光, 용주사의 金晶海, 장안사의 李混惺, 쌍계사의 鄭胱震 등 도쿄의 조동종 대학에 입학한 자가 있었고, 해인사의 曺學乳와 같이 眞言宗의 豊山大學에 들어가는 자, 또 玉泉寺의 李鍾天과 같이 도오요오대학에 들어간 자, 범어사의 金道源과 같이 日本大學에 들어 간 자가 있었고, 그 밖에 임제종 대학에 들어간 자가 많았다. 나중에 임제종 대학에 간 사람들 중에서는 많은 탈락자가 생겼다.

한편 이해 11월 25일에는 서울에 佛敎振興會라는 것이 생겼다. 30본산의 주지들이 그 발기인이 되고 해인사 주지 이회광이 그 대표자가 되었고 간사는 30여 명이었다.

그 중에는 역사가 張志淵·李能和 등의 이름이 보이며, 앞서 불교 연구회를 조직한 발기인 중의 한 사람인 李寶潭의 이름이 보인다.

이해에 7,000명의 승니들과 수백의 신자들은 義捐金 및 곡물을 모아 불사리를 봉안하기 위해 覺皇寺를 개축했다. 12월에 그 공사가 끝나 사리 봉안식이 거행되었는데, 동대문 밖의 원흥사로부터 문안으로 들어오는 행렬은 불교 중흥의 기운이 트는 듯 자못 성황을 이루었다 한다.

1915년 2월 25일에는 30본산 연합 사무소를 각황사에 두고 대본산 용주사의 주지 강대련이 그 30본산 연합의 위원장이 되었다. 이를테면 불교 진흥회와 이 본산연합과는 동시에 병행적으로 일을 해 온 것이다.

이해 7월 3일에 불교 진흥회는 無遮大會를 장충단에서 열고 조선 왕조 500년 이래의 모든 죄없이 죽어간 사람들의 명복을 비는 행사를 열었다. 이 해에 불교 진흥회는 관인 종교 단체로서 法人으로 인가되었다.

한편 조선총독 寺內正毅는 해인사 소장의 대장경 3부를 인경할 것을 명했는데, 이는 앞서 이조 역대 왕실이 명복을 빌기 위해 하던 구습을 모방한 것이다. 3월 15일에 일을 시작해서 8월에 일이 끝났는데, 3부 중 1부는 일본 京都의 泉湧寺에 봉납하여 明治天皇의 명복을 빌게 하고, 1부는

298

조선 총독부 참사실에, 또 다른 1부는 경복궁 박물관에 보관하게 했다.

조선 불교의 진흥을 위한 가장 주목할 만한 움직임은 불교 잡지의 발간과 불교 교육기관의 설립이다.

맨처음에 불교 잡지로서 그 선을 보이게 된 것은 權相老가 주관이 되어 편집 발행한 '朝鮮佛教月報'가 있다. 그 첫 호는 1912년 2월 25일에 나왔는데, 그때로부터 이듬해 8월 25일에 나온 제19호를 끝으로 이 잡지는 없어지고 몇 달 쉬었다가 1913년 11월 20일 '海東佛報'란 이름으로 제호를 바꾸고 朴漢永이 편집인이 되어 다음해 6월까지 8호를 발간했다. 그때부터 약 8개월의 공백이 있은 뒤 李能和는 불교 진흥회의 기관지로서 '佛教振興會月報'를 1915년 3월 15일 부터 9호를 낸 것이다. 이 '불교 진흥회 월보'는 같은해 12월호까지 낸 뒤 폐간되고, '朝鮮佛教界'란 이름으로 계승되어 3호가 나왔다(1916년 6월까지). 그후 몇 달이 지난 뒤 다시 1917년 3월부터 '朝鮮佛教叢報'라는 것이 계속되었다. 이 세 잡지는 모두 '조선 불교통사'의 저자 이 능화의 힘으로 나온 것이며, 그 점에 있어서도 이 능화의 공로는 지대한 바가 있다고 할 것이다.

權相老가 주관한 '조선불교월보'와 박한영이 주관한 '해동불보'는 모두 '불교진흥회' 설립 이전의 것이나, 그 안에서 필자들은 조선 불교의 유신을 바라는 희망과 방안에 관하여 적지 않은 관심을 보여 주었다. 권 상로는 직접 몇 호에 걸쳐 '조선불교 개혁론'을 써 다방면에 걸친 불교 개혁의 필요성을 역설하였다. 그는 연로한 講伯・禪師들이 새로운 개혁 운동에 대해 몰이해함을 은근히 못마땅히 여기는 취지를 비쳤다. 그는 특히 교육의 개혁에 관하여 언급하면서 "四集 몇 권만 배웠다 해도 모든 학문에 통하는 학자인 양 대우하고, 大教 몇 科만 외고 배웠다 해도 巨匠인 양 받들어 모시며 마치 제2의 부처님이라도 모시는 듯하니, 부끄러움을 모르고 이름만 내는 자가 아니냐."라고 "한철 동안 선방에 들어갔다 나와서는 다 깨달은 양 안하무인격이 되니 이래 가지고 어떻게 올바른 교육이 되겠느냐" 하였다.

이 잡지들은 대체로 50내지 80면의 소책자로 엮어졌는데, 불교 교리의 해설, 불교사, 그리고 현실적인 문제를 다룬 논설과 그 밖에 자료로서 祖師들의 문장, 주지임명에 관한 官報 초록, 불교계의 소식 등을 싣고 있었다.

'불교 진흥회 월보'의 내용도 전기 두 잡지와 대동소이하였다. 이 당시의 불교잡지의 필자는 매우 제한되어 있었고, 대체로 편집인이 혼자서 이름을 바꾸어가며 집필한 흔적이 농후하다. 가장 대표적인 예는 '불교 진흥회 월보' 제1호이다. 발간사로부터 두 편의 논설, 교리에 관한 두 개의 기사, 史傳에 관한 두 개의 기사, 문예 및 雜文에 이르기까지 모두가 이능화의 글이며 다만 두 가지 기사만이 딴 사람의 것이다.

불교 진흥운동의 구체적 방법의 하나는 포교사의 양성과 포교의 확대로 나타났다. 불교 진흥의 규칙 제2조에 의하면

事理를 雙融하고 道俗이 일치하여 불교를 진흥할 방법을 연구 실행케 함.

이라고 그 목적을 제시하고 그 방법을 제4조에 다음과 같이 말하고 있다.

京城 30본산의 연합출장 각황사 포교당 내에는 포교사 양성소를 설치하고 인재를 배양하며 포교의 방법은 조선 종래 慣法에만 한하지 아니하고 內地(日本 本土란 말) 각종의 現行美規를 채용하여 參互 개량을 勵務하며 각지 대본산 출장 포교소에 이를 모범하여 隨意實行하여 포교방법이 일치 확장케함

이러한 목적과 방법에 따라서 불교 진흥회는 포교사 양성소를 설치하고, 30본산에서는 그 주지들이 그 본말사의 승려들 가운데서 '불교 전문과를 졸업하고 信願이 원대하고 戒行이 청결하여 인민의 표준이 될 만한 자, 30세 이상'의 사람을 한 사람씩 이 양성소로 보내도록 하며, 또 진흥회 자체에서는 승려의 포교서와 일반 신도에게 필요한 布教書를 편찬·간행토록 하기로 하였다.[7]

이와 같은 모든 결의는 30대 본산 주지 회의의 결의를 통해 뒷받침 받고 있었던 것이다.

불교 진흥회 조직 당시의 30본산 산하 교육 및 포교 상황을 보면 다음과 같았다.

강 당 수	55	學人 수	860
학 교 수	26	생도 수	817
포 교 당 수	41	신도 수	93,011

그리고 이 때까지 각 본산에서 실시해 온 승려 교육의 과목은 네 등급으로 나뉘어지고 있었는데, 그 내용은 다음과 같았다.

| 제1 沙彌科 | 제3 四集科 |
| 제2 四教科 | 제4 大教科 |

이능화는 선암사의 錦峯과 화엄사의 震應의 말을 근거로 이와 같은 과목이 설정된 내력을 다음과 같이 말하였다.

제4대 교과목이 시작된 것은 이조 세종6년 僧科에서 비롯하는 것 인데, 그때에는 선·교가 판연히 구분되어 있었던 것이다. 明宗 21년 에 승과가 폐지된 후, 선·교가 비로소 和會하게 되고 다시 清虛休 靜, 浮休善修, 碧巖覺性 등이 선·교 양종의 승려를 총섭하게 되면서 부터 선·교 양종을 따로 가르지 않게 된 것이다. 그때 이 대사들이 선·교를 兼修하도록 제정한 것이 이 사집·사교·대교의 과목인 것 이다.

1915년 제4차 30본산 주지회의에서는 중앙의 포교사 양성소로서 佛

---

7) 佛教振興會施行細則 第2條

教中央學林을 설립하기로 결의했다.

이에 앞서 1906년(공무 10)에 불교 연구회가 설립되었을 때 홍월초·이보담 등은 우리나라 불교 일반 교육 기관으로서는 최초인 明進學校를 설립하였는데, 거기서는 청년 승려들에게 보통학문을 가르쳤다. 이 불교 연구회를 모태로 하여 이 회광의 원종 종무원이 나타났던 것인데, 그때에 명진 학교는 불교 사범 학교로 개칭되었다. 여기서는 주로 연설이니 측량이니 이런 학과가 교수되었다.

그 후 원종 종무원이 또 선·교 양종 본산 주지 회의소로 바뀌고 이 회광이 원장이 되었을 때 能仁 普通學校를 설립했다. 고등 불교 강숙이 생긴 것은 그 후의 일이다. 재정적 뒷받침의 부족은 이 학교들을 유지할 수 없게 하여 능인학교는 간신히 제1회 졸업생 14명을 낸 뒤 폐교되었다. 불교 중앙 학림이 설립되게 된 것은 총독부가 北廟를 빌려 주었기 때문이다.

이 시기 즉 1910년대의 조선 불교 개혁 운동은 요컨대 일본 통치자들의 불교 정책을 따라, 일본 불교계의 동향에 눈을 뜬 각 본산 주지들과 일부 居士들이 중심이 되어서 진행된 것이라고 볼 수 있다. 그들의 심경은 무엇보다도 이조 500년의 抑佛정책에서 그들을 자유롭게 해 준 일본 통치자들에 대한 감사의 염으로 차 있었고, 그들의 민족적 의식은 소멸되었다고는 못할 망정 親日 무드 속에서 마비되었다고 할 수 있는 그러한 상태에 있었다. 그들의 모든 개혁 운동은 따라서 다분히 일본 불교의 모방으로 흘러가지 않을 수 없었다고 보인다. 그것은 민족 의식이 투철했던 한용운의 경우에도 예외는 아니었다.

Ⅲ. 3·1운동 이후의 불교

1. 3·1운동과 불교계의 동향

민족의 자발적 봉기였던 3·1운동은 자발적이기 때문에 종교의 구별 없이 누구나 자발적으로 그 봉기에 참여하였다. 따라서 불교계의 젊은 승려들 가운데도 민족 독립의 구호를 외치며 이 운동에 적극적으로 참여하는 인사들이 많았다. 33인 중에도 상당히 중요한 위치를 차지하였던 한용운을 비롯하여 33인 중의 한 사람인 白龍城, 그리고 당시 佛教中央學林(東國大學校의 前身인 惠化專門學校의 前身)의 재학생들이 불교계의 주동적 인물로 등장하였다.

> 조국의 광복을 위하여 결연히 나선 우리는 아무 罣碍도 없고 怖畏도 없다. 군 등은 우리 뜻을 동포에게 널리 알려 독립 완성에 매진하라. 특히, 군 등은 西山·四溟의 法孫임을 굳이 기억하여 불교 청년의 역량을 잘 발휘하라……

이것은 끝까지 굽힐 줄 모르고 일제에 저항하던 한용운이 3·1운동 전날 밤, 중앙학림 재학생 申尙玩·白性郁·김상헌·金大容·吳澤彦·金奉信·金法麟과 중앙학교의 재학생 朴玟悟 등 젊은이들에게 준 비통한 격려사의 마지막 귀절이다. 이미 다음날 일을 역사적 거사의 주동 인물들과 모든 사전 준비를 완료한 한용운은 불교계의 주동 인물들을 모아 놓고 그 동안에 있었던 경과를 보고한 다음, 치밀한 운동 방안까지 지시 하였다.

한용운을 중심으로 굳게 뭉친 젊은 승려들은 통도사·해인사·범어사 등지로 각기 흩어져 3월 1일 서울거사를 전후한 지방 사원의 봉기를 꾀하였다. 그리고, 승려 연합 대회에서 한국 독립 문제에 관한 다음과 같은 선언서를 발표하였다.

吾等 7천인 한국 승려는 2천만 동포와 함께 세계만국에 대하여 오
등의 한국에 在한 일본의 통치를 절대 배척하여 대한의 독립을 주장
함을 선언하노라……(中略)
　불교 종지가 평등과 자비에 있은즉, 차에 반하는 자는 모두 불법
의 적이라. 일본이 불법을 존숭하노라고 자칭함에도 불구하고, 전세
기의 유물인 침략주의·군국주의에 탐닉하여……(下略)

한편 국내의 3·1 봉기가 일제의 탄압에 못이겨 실패한 후, 중국 上
海에 임시 정부가 수립되었을 때 일부 젊은 승려들은 일제 군경의 눈을
피해 가며 상해와 서울 사이를 왕래하는 모험까지 감행하였다. 그리고 상
해 임시 정부와 만주 방면에 있는 독립 군관 학교의 유지와 운영을 위한
자금도 비밀리에 갹출하고 또 임시 정부에 불교 대표를 파송하는 등 한용
운을 중심으로 한 젊은 승려들의 독립운동은 눈부신 바가 있었다. 그러나
한용운은 33인 중의 한 사람으로 일본 경찰에 체포되었고, 김상헌·金尙
昊·김법린·許永鎬 등 31명도 투옥되었다가 실형을 받았다. 특히 한용운
은 끝까지 굽히자 않고 일본인 검사에게 '독립선언이유서'까지 작성하여
보일 만큼 그의 기개는 도도하였다.
　그는 독립 운동의 동기, 독립 선언의 이유 등으로 항목을 나누어 가
며, 그의 민족 독립의 당연성과 필연성을 독특한 필치로 엮어 나갔다. 또
작은 항목으로 우리 민족의 실력, 세계대세의 변천, 민족 자결의 조건, 민
족의 自存性, 祖國思想, 자유주의 등 그의 독립 선언의 이유서는 당시로서
유례를 찾을 수 없을 만큼 당당한 논리적 명문이었다.
　그러나 승려이며 불교 교단의 대표로서 33인에 열거된 한용운의 논
문이나 사상에서 오직 민족과 조국의 광복을 염원하는 열렬한 애국자의
면모는 찾을 수 있으나 불교 성직자로서 내면의 세계를 추구하는 종교인
의 모습은 거의 찾을 수 없다. 물론 독립 선언의 이유서이기 때문에 종교
적 색채보다는 정치적 색채가 더 농후할 수는 있다. 1879년에 태어나서
해방 전해인 1944년, 조국의 광복을 보지 못하고 돌아 갈 때까지 악랄한
일본 제국주의에 대항하여 마지막까지 야합을 거부하고 저항을 계속하였

던 그의 일생은 문자 그대로 고독한 비극의 일생이었다. 그런데 그의 비극이 나라를 위한 **殉國者**의 비극인가 아니면 종교를 위한 **殉教者**의 비극인가 하는 물음은 일제하 36년을 겪어 온 한국 불교사 전체의 문제라고 생각한다.

2. 친일승 李晦光의 妄動

1920년 전후, 그러니까 3·1 운동의 흥분이 아직 다 가시지 않고 있을 무렵, 해인사 주지 이회광은 일본승려 後藤瑞岩와 어울려서 한국과 일본의 융화를 표방하고 한국불교를 일본 臨濟宗에 부속시키려는 망동을 감행하였다. 이 사정을 「동아일보」는 다음과 같이 보도하였다.[8]

> ……합천 해인사 주지요 일찍이 30본산 연합회 위원장을 지낸 이회광 등은 1917년 11월 이래, 조선 불교를 개혁한다고 일본의 승려 고또오와 결탁하여 일본에 들어가서 요로의 官을 찾아보고 日鮮 융화를 도모한다는 명칭 아래 조선 전국에 있는 불교를 일본 妙心寺 臨濟宗에 전부 부속케 하려는 운동중……(下略)

이에 대해 이회광은 다음과 같이 주장하고 나섰다.

> ……불교는 다른 종교와 같이 사회에 대한 자선사업 같은 것이 없고, 이를 세상에서 환영치도 않소. 또 조선의 인정과 풍속을 알기는 조선의 僧이 낫고 포교 방법은 일본승이 나으니까 포교는 조선사람에 시키고 그 포교 방법은 일본의 것을 써야겠소……

아무튼 스스로 일본까지 건너간 이회광은 일본 불교계를 시찰한 후 일본고관들에게 다음과 같이 피력해[9] 그들의 동의까지 얻은 후 귀국했다.

---

8) 東亞日報 1920년 6월 24자 參照.
9) 上揭新聞 1920년 5월 25일자 參照.

　　……조선 불교의 형편이 그대로 두어서는 진흥치 못할 터이니 조
선 불교의 宗名을 개칭하여 사찰의 재산을 정리할 것을……(下略)

　그리고 귀국한 이회광은 경상남북도 주지들을 大邱에 모아 놓고 다
음과 같이 종명 개칭을 주장하고 그 설복에 열중하였다.10)

　　……우리 조선의 불교를 개혁하기 위하여 불가불 종명을 개칭하고
종무원을 설립하고 사찰재산을 정리하여야 되므로, 30본산에 통문을
보내어 종명 개칭 신청서와 이유서를 連名해 가지고 총독부에 제출
할 것……

　그러나 예기치 않던 심한 반발이 전국 각 사찰에서 터져나왔다. 같
은 주지층에서는 한국 불교의 종명 개칭은 이회광이 한국 불교계 전체를
지배하려는 음흉한 야심에서 나온 술책이라고 하며 그 반대 기세는 대단
하였다. 이회광의 야심에 못지 않는 야심가인 수원 용주사 주지 姜大蓮은
선두에서 이회광의 종명 개칭 서명 운동에 반기를 들었다. 이회광과 강대
련은 총독부 종교과를 드나들며 서로 자기 주장의 정당성을 역설하고, 한
편으로는 주지들 중에서 자파 세력을 규합하는 데 바빴다.
　그러나 이회광의 종명 개칭을 순수한 종교적·민족적 입장에서 비판
하고 성토한 것은 신진 젊은 승려들이었다. 3·1운동의 정신을 이어받은
민족적 양심에 비추어 보더라도 이 같은 친일적 행위는 용서할 수 없었
다. 당시 지성적인 젊은 승려로 알려진 都鎭鎬는 이회광이 책동하는 불교
종명 개칭문제에 대하여 분개하며 다음과 같이 말하였다.11)

　오늘날 우리 불교에 이와 같은 사건이 일어나서 세상에서 알게 된

---

10) 上揭新聞 同日字 參照.
11) 上揭新聞 同日字 參照.

것은 참으로 부끄러운 일이다. 이 사건이 일어날 당시부터 우리는 이회광의 인격을 인정치 않고 또 그의 행하는 일이 正路를 가는 것을 보지 못하였다. 지금부터 10년 전에 그가 조선 불교를 일본의 曹洞宗에 연합하려 할 때, 한용운과 朴漢永 양씨가 붓끝으로 맹렬히 반대하였다.……(中略)……신성한 조선 불교의 역사적 빛을 잃게 하고 기어이 일본 불교에 병합 하려는 행동은 법리상으로나 공론상으로나 되지 못할 일이요. 지금 이때, 일본 정부나 또는 조선 총독부에서 압력으로 그렇게 시킨다고 하더라도 우리는 우리 몇천 명의 불교 청년 일동을 희생시키더라도 기어이 반대할 터이다……이회광이 처음에는 불교의 교육 사업을 진흥한다 칭하고 경상 남북도의 8본산을 모아가지고 승낙을 얻었으나, ……(中略)……그의 운동이 조선 불교를 위함이 아님을 깨달은 8본산 주지들이 모두 반대하여 그의 운동은 와해가 되었다……

그리고 당시 일본에서 공부하던 유학생들도 이회광의 망동에 대하여 신랄한 비판을 가하였다. 특히 재일 유학생들은 이회광과 제휴하고 있는 일본 妙心寺파의 승려들에게 날카로운 경고를 하였다.

이리하여 이회광의 종명 개칭운동은 주지들의 맹렬한 반대와 청년들의 성토바람에 뜻을 이루지 못하고 좌절되었다. 위에서도 지적한 것처럼, 이회광이 한국 불교를 일본 불교에 예속시키려는 시도는 이것이 처음이 아니다. 그는 기회만 있으면 팽창하는 일본 세력을 믿고 한·일 불교의 연합을 입버릇처럼 주창하였다. 첫번째 시도를 한일 합방 체결 후 겨우 49일 만에 감행할 만큼 그의 친일 근성은 천부의 소질을 띠었다. 3·1운동의 여운이 아직 가시기도 전에 한국 불교를 일본 임제종에 부속시키려고 한 그의 말을 보더라도 그의 사람됨은 넉넉히 짐작이 갈 것이다. 그래도 일본의 세력을 믿고 망동하는 이회광의 계책을 보기 좋게 좌절시킨 사실을 볼 때, 역시 1600년을 내려온 불교가 낡고 늙었어도 아직 생생하게 살아 있음을 알 수 있다. 그리고 눈에는 보이지 않지만, 지하로 줄기차게 흐르는 민족의 저항정신을 느낄 수 있다. 그것은 불교의 진리와 더불어 불멸의 존재처럼 보여진다.

3. 維新會의 운동

　　3·1운동 이후, 이 땅에는 '아는 것이 힘'이란 슬로건을 외치며 일반 민중의 무지와 무식을 계몽하여 깨우치는 운동이 활발하게 전개되었다. 불교계에서도 이 추세를 타고 교단 안팎으로 계몽 운동에 힘썼다. 우선 교단 안으로는 젊은 승려들 가운데서 유능한 인재를 골라 해외 유학을 보냈다. 여기서 해외란, 주로 당시 이 땅을 통치 지배하던 일본을 가리킨다. 그런데 젊은 승려들의 일본 유학은 사찰령 선포 직후부터 일본 불교단의 호의로 실천되고 있었다. 3·1운동 이전의 일본 유학은 자발적이라기보다는 총독부와 일본 승단의 주선으로 이루어지는 수가 많았다. 1914년에는 해인사 파견 유학생 曺學乳를 비롯하여 14명의 젊은 승려들이 국내 각 사찰에서 일본 臨濟宗대학, 曺洞宗대학 등에 유학갔었다. 그러나 3·1운동 이후에는 나날이 변천하여 가는 세계의 움직임과 여러 가지 文物의 근대적 발전에 불교 교단도 적극으로 동조하여야 한다는 시대 의식과 사명감에서 젊은 인재에게 신학문을 익히도록 해외 유학을 권장하였다

　　그리고 밀어닥치는 근대화의 물결을 타고 불교 교단 안에서도 불교의 근대화·대중화·도시화를 부르짖으며 도시 한가운데다 포교당을 세우고 대중 포교에 나섰다. 이리하여, 지금까지 깊은 산속에만 갇혀 있던 불교가 스스로 도시의 대중 속으로 진출하는 현상이 일어났다. 각 본산마다 적어도 한 개 이상의 포교당을 의무적으로 설치하고 불교의 대중포교에 나서야만 했다. 산속에 숨어 있던 불교가 도시로 진출하고 또 포교도 근대화된 방법으로 시도하려면 먼저 근대화 교육을 받은 인재가 있어야 했다. 그래서 한국 불교 교단은 3·1운동 이후 인재 양성에 앞장서게 되었다. 절박한 시대적 요청이 있었기 때문이다. 포교의 근대화와 근대화 교육은 동시에 추진하여야 하는 중대 사업이었다.

　　그런데 3·4년씩 해외에서 근대 교육을 받고 돌아온 젊은 승려들이 한국 불교 근대화 운동을 전개하려고 할 때 부딪친 첫번째 장벽은 바로

그들을 해외까지 유학보냈던 본사와 말사의 주지들이었다. 당시 일본 총독의 관권을 배경으로 불교계를 주름잡던 주지들의 낡은 전근대적 사고방식과 친일적인 태도는 근대적 안목과 자각을 갖춘 젊은 승려들의 눈에는 가장 먼저 제거하여야 할 잡초 같은 존재로 보였다. 또 주지들의 지각 없는 친일적 횡포와 비종교인적 행위를 못마땅하게 여기고 있던 비주지 승려들도 젊은 승려들의 불교 혁신 운동에 적극적으로 가담하였다. 이들 비주지 승려들은 비록 해외 유학의 기회는 갖지 못하였으나, 모든 정세를 감안할 때, 젊은 승려들의 혁신 운동이 반드시 있어야 할 정당한 운동임을 알고 있었다.

주지들의 횡포와 이를 저지하려는 혁신 운동의 노골적 정면 충돌은 사찰령 선포 이후 10년, 3·1운동 다음해인 1920년 서울 覺皇寺에서 조선 불교 청년회를 결성하는 시각부터 시작되었다. 이해 6월 20일 젊은 승려 약 100명이 모여 조선 불교 청년회의 창립 총회를 열었다. 그리고 같은해 12월에는 불교 청년회의 지방 위원과 간부들이 한 자리에 모여 維新協議會를 조직하고 8개 사항을 30본산 연합 사무소에 건의하였다.

1. 조선 불교는 만사를 공의에 부할 것.
2. 30본산 연합諸規를 수정할 것.
3. 조선사찰의 재정을 통일할 것.
4. 불교교육의 주의와 제도를 혁신할 것.
5. 포교방법을 개신할 것.
6. 종래의 의식을 개신할 것.
7. 서울에 弘敎院을 건설할 것.
8. 인쇄소를 설치할 것.

그리고 다음해 1921년 12월 20일에는 불교 청년회의 간부들에 의하여 새로 불교유신회의 창립을 보게 되었다. 이 유신회는 1913년에 『조선불교유신론』이란 방대한 논문을 발표한 일이 있는 한용운의 이론과 지도로 모든 사업은 추진되고 있었다. 그러니까 한용운은 그의 불교 유신론의 의도를 젊은 청년 승려들로 조직된 유신회를 통하여 구현하고자 하였던 것이다.   이 동안의 경위를 일본인 학자 高橋亨은 다음과 같이 서술하고 있다.[12]

  사찰령의 시행은 어느 면에서 조선 불교를 갱생케 하는 작용도 있었으나 또 한편으로는 조선 불교 사찰 전래의 관습을 파괴하는 경향이 많았다. 즉 사찰령은 일본 사찰의 住職制度를 그대로 조선에 응용한 것이기 때문에 사찰령에 의한 주지는 종전의 주지에 비해 그 권한이 굉장히 커지게 되었다. 전래 조선 사찰 특히 큰 사찰에서는 山中公事라는 公議制度가 있어서 온갖 일은 山中長老와 役僧들의 공론을 거친 뒤에 결정되었다. 따라서 주지와 소수 역승들의 專橫營利는 있을 수가 없었다. 그런데 사찰령은 갑자기 本山 주지들의 신분을 거의 奏任官 대우로 올려 정월에는 총독 관저로 引見을 받으며 공식연회에서는 종교계 요인으로 등 우대를 받서 초대되는 등 우대를 받게 되는 까닭에, 저들 新住持들은 자연 교만을 부리게 되었다. ……(中略)……이에 재래의 공의 제도는 일변하여 專斷制·專橫制로 되고 주지와 일반 승려 사이에는 커다란 溝渠가 생기게 되었다.……(中略)……처음에는 중망에 의하여 피선, 3년의 임기를 마쳤으나, 그 다음부터는 적극적인 주지 운동으로 당선되어 경험에 의한 가지가지의 영리 방법을 알게 됨에 이르러 폐단은 너무 많아졌다. 이에 조선 불교계에는 주지에 대한 불평을 중심으로 신·구 사상의 부조화가 생겨났다. 1921년, 이들 불평 그룹은 신인 승려와 결탁, 경성에 불교 청년회를 조직하여 현행 제도의 혁신을 부르짖고 드디어는 사찰령의 철폐까지를 주장하기에 이르렀다. 또 이들은 불교 유신회라는 단체를 만들어 1,200여 명의 승려 연서로서 총독부에 건백서를 제출하였다. 이에 대하여 현재 주지 일파에서는 음으로 양으로 방어 수단을 강구, 1년에 걸친 분쟁 끝에 조선 불교계는 결국 혼돈과 추태를 연출하고 말았다.……

  좀 장황한 느낌이 있으나 일본인 불교 학자로서 어느 정도 제삼자

---

12) 高橋亨:李朝佛教 947面 參照.

적 입장을 고수할 수 있었고, 따라서 당시의 한국 불교계를 냉정히 관찰할 수 있었다는 점에서 참고되는 점이 많다. 위에 인용한 글 가운데서 일본인 다까하시는 총독부가 시행한 사찰령에 대하여 비판적임을 알 수 있고, 유신회의 과격분자들이 사찰령 철폐까지 들고 나왔다는 사실까지 들추어냈다.

그리고 유신회가 발족한 다음해(1922년) 1월7일, 각황사에서 총회를 열고 다음 두 가지 사항을 결의하였다.[13]

첫째, 조선 사찰령 폐지에 대하여 조선 총독에게 제출한 건백서에 대하여 아무 소식이 없으므로 다시 7인 위원을 선정하여 일주일 안으로 총독에게 질문할 일……
둘째, 30본산 연합 사무소인 각황사는 전조선 불교 신도의 공동 소유물이다.……그런데 일개 교무원의 유지비에 쓰기 위하여 4·5명의 주지들만 모여 가지고 각황사를 저당하여 2만원의 빚을 내었다는 풍설이 사실인 듯……이를 세상에 널리 공포할 일이다.

또 이 사찰령 철폐에 대하여 '佛靑運動'에는 다음과 같은 것이 적혀 있다.

1922년 1월 5일부터 1월 7일까지 200여 대중이 회집하여 政敎分離를 결의하고 2,270명이 연서한 건의서를 당국에 제출하였다.

여기서 정교 분리란 단적으로 말하여 일본 총독정치는 불교에 간섭하지 말라는 뜻이다. 그러니까 사찰령 철폐를 다른 말로 표현한 데 불과하다. 그러니까 사찰령을 폐지하고 불교계의 모든 일을 불교계가 자주적으로 의논하여 자치적으로 수행하여 나가겠다는 것이다. 불교계의 자주 독립을 정교 분리란 애매한 구호로 바꿔 놓았다고 볼 수도 있다.

---

13) 前揭新聞 1922년 1월 9일자 參照.

　　유신회는 안으로는 본산과 말사의 주지에게 대항하여 혁신의 이름으로 치열하게 싸웠을 뿐 아니라, 밖으로는 주지들을 득세하도록 한 총독의 불교 탄압정책에 대항하여 날카로운 비판의 화살을 던졌다.[14)

　　……시대마다(信教와 布教의) 자유가 있었으므로 교화상에 큰 공헌이 있었으나, 총독부에서 조선을 통치하게 된 후로 사찰령을 발포하여 30본산 제도를 만들었는데, 그 후로 본산 주지 사이에는 각각 같은 권리를 믿고 서로 지위를 다투기에 골몰할 뿐 아니라, 본산 주지는 末寺주지를 압박하여 부질없이 서로 다투고 서로 미워하고 원망하는 폐단이 생겼으며, 이에 따라서 불교의 사업이라는 것은 말도 할 수 없이 황폐되었은즉, 당국에서는 속히 본산과 말사의 제도를 폐지하고 금후부터는 각 사찰에 자유를 주어 경성에 통일기관을 두고 모든 일을 해 나가도록 하여 주기 바란다.……

　　그러나 젊은 승려와 여기 동조한 2,000여 명의 연서 건의문 한 장으로 흔들려서 사찰령을 철거할 만큼 유약한 총독이 아니었다. 1921년의 불교승단의 통계를 보면, 비구승이 6,200여이고 비구니승이 1,300여, 합쳐서 7,500여를 헤아리고 있다. 따라서 2,000여 명의 연서를 얻었다면 상당한 다수 승려들이 유신회가 주장하는 사찰령 폐지운동에 가담한 것이 된다. 물론 이 가운데에는 승적이 없는 일반 신도들도 얼마간은 끼어 있을 것이다.

　　그런데 위에서 일본인 학자가 지적하였듯이, 이 유신회 운동을 가장 미워한 층은 총독부 당국보다는 같은 불교 교단에 속하여 있는 주지급 관료 승려들이었다. 사찰령 폐지는 곧 자신들의 死活問題와 직결된다고 생각한 주지들은 유신회에서 '정교 분리론'을 총독부에 건의하였다는 정보를 듣고 혈안이 되어 방어 수단을 모의 강구하였다. '정교 분리론'이 곧 사찰령 폐지를 의미함을 잘 알고 있는 주지들은 수단과 방법을 가리지 않고 총독부에 건의문 묵살운동을 전개하였다. 따라서 주지들의 편에 서 있던

---

14) 上揭新聞 1922년 4월 21일자 參照.

총독부 당국은 유신회의 건의문에 대하여 아주 미온적이었다. 어떻게 보면, 총독부는 본산 주지들의 연합 사무소와 젊은 승려들로 조직된 유신회 사이에 분쟁이 일어나 주기를 내심으로 바라고 있었는지 모른다. 주지층과 젊은 승려층 사이의 분쟁은 곧 전체 불교계에 혼란을 가져왔다. 이 혼란을 틈타서 총독은 손쉽게 한국 불교계를 지배할 수 있었다. 여하튼 칼자루를 쥐고 있던 총독부가 거의 1년 동안 방관하는 태도를 견지하였기 때문에 불교계의 혼란과 분규는 극도에 다다랐다.

그러다가 1922년 3월 26일, 드디어 전무후무한 사건이 터지고 말았다. 가장 과격하였던 젊은 승려 100여 명이 서울에 모여 참고 참았던 울분을 터뜨리고 말았다. 그들은 당시 가장 악질적 친일 관권 주지로 알려졌던 용주사 주지 姜大蓮을 호되게 성토하였을 뿐 아니라, 그의 등에 북을 얽어매고 치면서 종로로 끌고 다니며 심한 모욕을 주었다. 유명한 鳴鼓事件이다. 당시 '동아일보'는 이 사건을 다음과 같이 보도하고 있다.[15]

> 3월 26일 오전 11시 20분경, 시내 茶屋町(茶洞) 24번지에 유하고 있는 수원 龍珠寺 주지 강대련에게, 요사이 경성에 개최 중인 불교 유신회 총회에 참석하기 위하여 각 지방으로부터 올라온 金尙昊·鄭孟逸외 100여 명은 불교계 대악마 강대련 鳴鼓逐出이라는 깃발을 들고 침입하여, 그의 등에 小鼓를 지운 후, 시내 남대문통 一町目근처로 끌어내어 등에 지운 북을 치고 소리를 지르며 종로 네거리를 지나 동대문으로 향하고자 하였는데 사방에서 모여든 군중은 2·3백명에 달하여 현장은 매우 복잡하였으며, 이 급보를 접한 종로 경찰서에서는 즉시 10여 명의 경관이 출동하여 군중을 해산하는 동시에 그 사건의 주모자 다섯 사람을 인치하고 사실을 조사 중이며, 다시 姜大蓮과 그의 동지 李混惺도 종로서에 인치되고 사건의 경과를 조사 중이다.
>
> 積滯된 감정인가. 유신회 측 姜信昌씨 談 —강대련씨 사건에 대하여 시내 수송동에 있는 覺皇寺를 찾아간즉, 유신 회원인 강신창씨는

---

15) 上揭新聞 1922년 3월 27일자 參照.

말하되 "강대련으로 말하면 조선 불교계의 큰 악마올시다. 그의 행동
으로 말하면 한편으로는 관청을 속이고, 한편으로는 도제를 속여가며
자기의 사욕만 도모하는 악마올시다.……"

이 사건으로 주모자 강신창·김 상호·鄭孟逸 등은 각각 징역 6개월
이란 옥고를 치러야 했다. 그리고 이후 유신회에 대한 관권의 탄압도 심
하여졌다. 오죽하였으면, 명고사건 같은 한심한 사건을 일으킬 만큼 주지
층과 유신회 사이가 악화되었겠는가. 그러나 명고사건으로 일이 수습되지
는 못하였다. 도리어 이 사건 때문에 승단의 분열과 혼란은 더욱더 심하
여갔다.

4. 教務院시대

정확하게 불러서 '재단법인 조선불교 중앙 교무원'은 처음에는 전체
불교계를 통괄하는 행정적 중앙 기구로 발족을 보았다. 불교에 관계된 모
든 사업, 즉 포교·역경·徒弟養成·사회 사업 등 전체 규모의 사업을 이
교무원에서 관장하고 추진하려는 것이다. 교무원은 1922년 6월, 기부행위
에 의한 전국 사찰 소유 수익 재산의 10분의 1에 해당하는 약 60만원으로
재단 법인을 조직하고, 12월에 정식으로 재단 법인 중앙 교무원의 인가를
얻었다.

그러나 사찰 소유 수익 재산의 10분의 1을 기부 행위로 징수하는 과
정에서 적지 않은 파란을 겪어야 하였다. 특히 가장 富刹로 알려진 양산
통도사, 동래 범어사 등이 재단 법인 교무원 설립에 반기를 들고 나섰다.
그들은 참가를 거부하는 이유를 다음과 같이 말하였다.[16]

재단 법인 교무원은 몇 개 승려의 야심에서 생긴 어용 기관이므로

---

16) 上揭新聞 1922년 12월 25일자 參照.

참가할 수 없다.……(中略)……더구나 조선 불교 대회를 무시하고 (총독부)학무 당국과 경관의 입회 아래 재단 법인을 조직하였다. 그러나 그 재단 법인을 조직한 교무원 당국자가 인격이 있어 일을 하여 나갈 여망이 있으면 일반 교도를 무시한 죄를 용서할 수 있으나, 그 간부들은 10여 년 동안 사사로운 권리만 경쟁하고 사기·질투·음란을 일삼던 자가 있는지라 우리와 연대 책임이 있는 일을 우리의 방청까지 금지하고 한 것은 인정할 수 없다.

그들이 당시 강대련 일파가 주동하던 교무원 설립을 반대한 이유는 그것이 전적으로 총독부 학무국 종교과의 비호를 받고 설치되었으므로 자칫하면 총독부의 어용 기관으로 타락할 위험성이 내포되어 있다는 것이다. 노골적 표현은 삼가고 있지만 강대련 같은 야심 있고 비종교적 인간이 종교의 탈을 쓰고 책동하는 일이므로 충분히 친일적 어용 기관으로 타락할 징조는 농후하다. 과연 후일 이 교무원은 총독부의 어용기관으로 만주 사변·중일 전쟁·대동아 전쟁 기간을 통하여 충실하게 주구적 구실을 다하였다.

여하튼 재단법인 교무원을 반대하고 나선 사찰들은 따로 '불교 총무원'을 독립 기관으로 설립하였다. 물론 교무원과 총무원 사이가 원만하여질 리가 없었다. 교무원과 총무원은 서로 한 치의 양보도 없이 팽팽하게 맞섰다. 심지어 30본산 연합으로 건축한 각황사에 어느 편이 자기 간판을 붙이느냐 하는 간판 사건까지 일어났다. 서로 자기들만이 전체 불교계를 대표하고 있다는 주장을 앞세우고 각황사의 점유를 노렸다.

1923년 6월 18일에는 교무원 측이 소유권을 주장하며 법원에 고소를 제기한 사태까지 일어났다. 불교계가 가장 굳게 단합하여, 밖으로는 총독부 종교과의 집요한 간섭을 막아야 하고 안으로는 역경·도제 양성·포교 등 중대한 사업을 근대적 방법에 의하여 적극적으로 추진시켜야 할 시기이건만, 이토록 본산들끼리 서로 분열되어 노골적으로 중상과 모함을 일삼고 있었으니 불교의 현재뿐 아니라 그 앞날이 심히 한탄스러웠다.

게다가 각 본사·말사 주지들 비행과 선거 문제를 둘러싸고 여러 가지 추악한 사건들이 속출하였다. 한번 주지에 선출되면 거의 만능의 행세를 자행하니, 뜻있고 눈있는 젊은 승려들이 가만히 보고만 있을 수 없었다. 그래서 도처 사찰에서 주지 배척 운동이 신진 젊은 승려를 중심으로 맹렬히 일어나고 주지들은 또 자기의 직위 보전을 위하여 갖은 술책을 다하여 이에 대항하니, 분규가 일어나고 있는 사찰의 소란의 여파는 전체 불교계의 동요를 일으킬 만큼 파문이 컸다.

그런데 1923년 말에는 중앙 교무원에서 고문으로 일본인 승려를 초빙하여 불교계에 또 때아닌 회오리바람을 일으켰다. 교무원으로서는 총독부 종교과와 관계를 더욱 긴밀히 하기 위한 계책이었으나, 교무원이 노출한 친일적 처사는 곧 교계의 반발을 샀으며, 朴漢永은 비분에 찬 비판문을 교계에 발표하기에 이르렀다.

근일 조선불교 중앙 교무원에서 재단 법인을 완성하기 위하여 일본 임제종 妙心派의 승려를 邀聘한 결과에 11월 12일 경북도청 내에서 교무원 대표자와 화동하고 관하 각 본산 주지를 초치하는 통첩을 발하였더라.

오호라, 교무원 30본산 주지 연합 사무소와 후신으로 주지 위치, 즉 세력을 굳게 하기 위하여 공정한 여론으로 중심된 조선 불교 총무원(즉, 신파)에 대립적으로 설치되어 미명을 帶한 재단 법인을 성립한다 하나 기실은 狐假虎威에 불과함이다.……(中略)……중앙 교무원의 제군은 아무쪼록 內德을 반성할 줄 不知하고 傍磎曲逕을 尋覓한 바, 즉 일본 승려로 고문을 邀聘하게 됨이라. 아무리 전조선 불교도를 무시하고 일반 사회의 주목을 불구한들 일신 또 일신하는 현시대에 誰를 기만하며 누가 受欺할 자이냐……(中略)

……여러 천년 이래 全球無缺하던 우리 불교가 여러분 농락 중에 빠져서 지금부터 敎體를 보유하기 불능하다 하면 한강수를 만회한들 그의 악덕을 어찌 다 洗練하며, 南山松을 積燒한들 그의 業毒을 어찌 다 滅盡할까. 조선불교 유신회의 先聲은 이에 止하거니와 만일 회개를 不見하는 장래에 本地風光의 棒唱도 猶在하리라.

그의 비판문은 시종 격한 논조였다.

돌이켜 보면 1919년 3·1운동 이후 아직 세정이 어수선할 시기에는 한국 불교계도 여러 가지 내분과 外患으로 평탄하지를 못하였다.

그러다가 1924년에 이르러 조선 불교계도 어느 정도 평온을 얻은 것 같다. 우선 총무원과 교무원의 분열도 수습되어 교무원 쪽으로 통합된 것 같고 신진과 보수의 알력과 적대행위도 다소나마 누그러졌다. 그렇다고 젊은 신진 세력이 아주 꺾여 버린 것은 아니었다.

5. 조선불교 禪敎兩宗의 승려대회

1927·8년을 전후하여 白性郁·金法麟 등 유럽 유학에서 돌아온 가장 참신한 지성인들이 유신회와 청년회 운동에 가담하여 선도적 역할을 하게 되자, 불교계에는 다시 새 바람이 일기 시작하여 긴장되었다. 다시 30세 전후의 이들 젊은 청년 승려들은 한동안 총독부의 압력과 노장 주지들의 미움을 받아서 침체에 빠져 있던 불교 청년회와 유신회 운동에 생기를 불어넣어 주고, 또 불교의 자주독립을 위하여 정교 분리론을 다시 투쟁 목표로 결정하고 총독부와 주지들에 대항하는 전선을 펴려고 하였다. 그리고 이번에는 투쟁 방법도 전체 불교계의 규모로 조직을 넓히는 방향으로 나갔다.

그런데 1928년 1월 불교 청년과 유신 운동의 요구조건에 그만한 이유가 있다고 고려한 총독부 당국에서 자진하여 각 본산마다 주지의 專橫을 견제하는 기관으로 公議制度인 評議員會를 부활시켰다.

이리하여 사찰령 선포 이후 총독의 관권을 배경으로 횡포를 감행하던 주지들의 권한은 어느 정도 제재를 받게 되었다. 그러나 이 정도로 만족하여 후퇴할 젊은 세력들은 아니었다. 그들은 1928년 11월 14일 서울에 있던 유지 승려 대표 위원들을 각황사에 모이게 한 다음 소위 조선 불교 승려 대회 발기인회 기성을 토의하고, 11월 30일에는 같은 장소에서 승려 대회 발기인회를 개최, 발기 준비위원 총 106인 중 45인이 출석하여 宗憲

제정, 중앙 교무원 헌장 제정, 승니법 규정, 교육에 관한 근본 방침, 포교의 근본책, 재정에 대한 근본책, 사회 사업에 대한 문제, 불교 청년 운동 옹호책 등 가장 중대하고 시급한 근본 문제를 근본적으로 토의하려고 하였다. 그리고 1929년 1월 3일 각황사에서 조선 불교 선·교 양종 승려대회가 역사적인 막을 올렸다. 이 대회에서 백성욱은 취지 설명을 하였다. 그 내용은 다음과 같다.[17]

> 금번 대회의 근본 목적으로 말하면 종헌 기타 법규를 제정하여 지리산만한 현하 교계를 통일 쇄신하여 그 장래 발전을 획책하려 함이다. 종래로 승려에게 도덕적 규율이 없었던 것은 아니나 새 시대에 적응할 만한 조직적 헌장이 없었으며, 국가의 공재 보관상 사찰에 대한 법령은 있었으나 승려 자체를 대동 단결하는 內規가 없었으므로 조선불교의 유신을 절규한 지 이미 오래입니다. 그러나 아직 그 원대한 이상을 실현치 못한 것으로 생각합니다. 이러한 의미에서 금번 대회의 사명과 의의가 가장 중대하고 심각한 것으로 느낍니다. 이 조선 불교의 신기원적 회합에서 제정할 법규는 教主釋尊의 대정신을 발휘하겠다는 佛前誓約이라 하겠습니다.

당시 불교 교단은 자체를 규제하는 근대화된 종헌을 얼마나 필요로 하고 있었는지를 취지문에서 알 수 있다. 그래서 불교 교단의 독립을 위하여서도 이 같은 자율적 규제가 타율적 사찰령보다 우위에서 교단을 규제하여야 한다고 역설하고 있다. 문면에 노출되어 있지는 않지만 정교 분리를 주장하던 그들의 숨은 의도를 분명히 읽을 수 있다.

그리고 종헌을 통과시킨 대회는 教正會法과 宗會法 등 여러가지 문제를 토의한 다음 교정선거에 들어갔다. 제1대 교정 일곱 승려는 金幻翁·徐海曇·方漢岩·金擎雲·박한영·李龍虛·金東宣 등이었다.　그리고 교무원의 삼부장에는 서무에 李混惺, 교무에 宋宗憲, 재무에 黃耕雲 등이 선출되었다.

---

17) 佛教 5·6호 參照

1930년 3월 23일에는 중앙 교무원에서 불교 선·교 양종의 종회가 열렸다. 李 鍾郁이 의장으로 사회를 한 이 종회에서 총원 60명 중 43명이 모여서 僧尼法·敎育法·布敎法 등을 통과시켰다. 전 조선 불교의 최고 의결 기관인 종회가 비로소 그 기능을 발휘한 셈이다.

그리고 외국 유학에서 갓 돌아온 젊은 불교 지성인들은 이 같은 어려운 일을 성취시킨 여세를 몰아 1931년에는 서울에서 조선 불교 청년 총동맹(朝鮮佛敎靑年總同盟)을 조직 결성하는 데까지 밀고 나갔다. 불타 정신의 체험, 합리 종정의 확립, 대중 불교의 실현의 세 가지 강령을 표방하고 「불청 운동」이란 기관지까지 발행하였다.

한편 1931년에는 1930년 중앙 불교 전문 학교의 인가를 얻은 후 제1회 졸업생들이 二九五八會를 조직하여 청년 운동에 호응하였다. 이구오팔은 佛紀에서 나온 칭호이다. 그리고 1930년 일부 과격한 젊은이들은 한용운을 중심으로 卍黨을 조직하여 겉으로는 불교의 혁신 운동을 한다고 이름하면서 실은 민족의 독립 운동을 은밀히 추진하다가 일제의 법망에 걸린 사건도 일어났다.

여하튼 1932년 일제는 한일 합방의 원흉 伊藤博文을 추모하는 博文寺를 건립함을 계기로 가증스런 군국주의적 식민 정책을 표면화시켰다. 따라서 일본 총독의 정책도 점점 끈으로 물건을 묶듯이 한국인의 정신·문화 일체를 꼼짝 못하게 묶어 나갔다. 그러니까 그 당시 불교 총동맹의 저항 운동은 일제의 극심한 탄압에 대항하기 때문에 과격하지 않을 수 없었다. 그리고 그때의 저항 운동이 한국 불교가 일제의 탄압 정책에 대항하여 저항한 마지막 저항이 아닌가 한다. 1931년 만주 침략으로 군국주의의 마수를 천하에 노정한 일제는 그들의 정책에 순응하는 이외의 일체 행동, 문화 행동까지도 허용하지 않았다. 빼앗긴 들에는 문화의 꽃도 제대로 필 수 없었다.

그러므로 이 같은 환경에서 과격하였던 불교 청년들이 추진하던 선·교 양종 종회나 불교총동맹도 오래 가지 못하고 지하로 숨을 수 밖에 없었다. 다만 총독이 점점 강압적으로 나오면 나올수록, 어용 기관인 교무원만은 더욱 어용성을 발휘하여 총독부의 모든 정책에 순순히 따라갔을 뿐이다.

6. 白龍城의 建白文과 禪學院

한국 불교 교단에서 혁신과 보수의 대립은 주로 사찰령 선포 이후 주지직에 앉은 보수진들과 근대적 교육을 받은 젊은 승려들 사이에서 벌어졌다는 말은 앞에서도 여러번 되풀이 하였다. 그런데 이 혁신과 보수의 요란한 분쟁에 직접 개입하지 않고 다만 전통적 禪理만 찾아 깊은 산속 선방에서 조용히 참선에만 정진하는 수도승들이 많이 있었다는 엄연한 사실을 잊어서는 안된다. 이 같은 수도승들의 깨끗한 눈에는 주지 자리에서 물질 생활의 풍요에 안일을 좇고 있는 주지들이나, 또 주지들의 豪奢를 비난하는 젊은 개화승들이 모두 세속적 영예나 재물에 마음이 어두워 버린, 따라서 부처님이 가리킨 정도에서 벌써 어긋나간 無明衆生으로만 비쳤다. 게다가 호사를 누리는 주지들이나 주지를 혹독하게 비난하는 젊은 유학승들이 대부분 "독신을 지키라"는 계율을 어기고 帶妻한 승려들임을 알고 있기 때문에 순결을 무엇보다 아끼는 수도승들은 더욱 이들의 싸움을 멀리하고 오직 고요한 선방에 깊이 앉아 버렸다. 이 수도승들도 그저 앉아서 구경만 하려다 보니 이제는 불교 교단의 타락과 부패가 극도에 달하여 가만히 있을 수만은 없었다. 그래서 이들 수도승을 대표하여 백 용성은 1926년 총독부에 犯戒 금지에 관한 진정서를 제출하기에 이르렀다.

이 진정서에서는 127명의 청신한 승려들이 연서하여 동조의 뜻을 밝혔는데, 그 내용은 대략 다음과 같다.

> 我佛 세존이 출세 이래로 佛子大衆이 각각 法輪을 전하여 3천년이 近하도록 비구의 帶妻·食肉의 설을 불문하였더니, 근자 無恥魔屬의 輩가 心을 五欲에 染하고 佛의 정법을 멸하여 감히 대처육식을 행하며 청정한 사원을 마굴로 화하여 參禪·念佛·看經을 전폐하니, 諸天이 洽淚하고 土地神祇가 皆 發怒케 하는도다.……(中略)……

出家佛子라 하면 佛祖의 계율을 준수함이 당연한 事이라. 비구의 四分律에 경계지엄함은 천하대중의 공지하는 바이라. 佛者 중에 在家佛子가 무하다 하면 비구의 蓄妻를 논할 것이 무하거니와, 이미 在家의 佛子가 有하고 출가의 불자가 유할진댄, 蓄妻取肉은 심히 불가함이니 伏願 특히 明鑑을 垂하소서……

아마 그들은 몇 차례 중앙 교무원에 건의하여 보았으나 아무런 반응도 없기 때문에 하는 수 없이 불교 감독 기관인 총독부에 건백서를 제출하였다고 생각한다. 한편 진정서의 제출을 '동아일보'는 다음과 같이 보도하고 있다.[18]

……새로운 종교가 들어오고 문물이 발전됨에 따라 조선의 승려들도 차차로 敎旨에서 벗어난 일을 하기 시작하며, 이즘에는 남녀 승려들이 세속 사람과 어울려서 도회 살림을 하며 또는 좋은 비단옷과 맛있는 육식을 마음껏 하며 남자 승려들은 장가를 들어 정욕 생활을 하는 등 더우기 작첩까지 하는 중들도 생기고, 여승들은 시집을 가며 또는 남자들과 성적 생활까지 하게 되었으며, 그것도 부족한지 아주 펼쳐놓고 그와 같은 생활을 해보겠다는 생각으로 취처식육하는 것을 크게 선전하는 승려들까지 많게 되었다. 이는 불교 교지에 어긋나는 일로 조선 불교를 망하게 할 장본이라 하여 수일 전에 동래 범어사 白龍城 등 127명의 연서로, 전조선 4천의 승려 생활을 위하여, 불교의 장래를 위하여 취처 식육 등의 생활을 금하여 달라는 뜻의 장문 진정서를 총독부 당국에 제출하였다.

그리고 같은 해 9월 백용성은 다시 법계 금지에 관한 건백서를 총독부에 제출하였다. 몇 달이 경과하여도 총독부에서마저 아무런 시책이 없으므로 안타깝게 기다리다 못하여 다시 건백서를 제출한 것 같다. 두번째 건백서의 내용은 첫번째보다 더 과격하며 구체적이었다.

그리고 이 건백서에 호응하던 수도승들은 두번째 건백서의 결론대

---

18) 前揭新聞 1926년 5월 19일자 參照.

로 대처승과 순수 비구승을 엄연히 구별하여 순수 비구 수도승들이 마음 놓고 수도 할 수 있고 교무원에 예속되지 않는 청정 사원을 별도로 설립하였다(1926년). 이것이 禪理參究院이다. 그리고 1934년에는 재단 법인 중앙 교무원과 대등하게 재단법인 선리 참구원으로 정식인가를 얻었다. 지금 안국동 禪學院의 전신이다.

그런 다음 이번에는 수도승들도 같은 길을 걷는 도반들을 규합하여 나날이 타락하여 가고 또 자기들에게 전진할 수 있는 청정 사원을 양보하지 않는 교무원과 총독부 처사에 항의를 제기하기 위하여 선리 참구원에서 1931년 전국 수좌 대회를 열었다. 이 수좌 대회는 당시 재단법인 선리 참구원의 이사였던 滿空·漢岩·寂音·惺月·南泉 같은 고령 衲子들이 지도하고 있었다. 이 수좌 대회에서는 중앙 교무원에 제출할 강경한 결의문까지 채택하였다. 참선에만 정진하는 청정한 납자들이 걷는 길이 바로 부처님의 길이므로 아내를 얻고 고기를 먹는 대처승들은 깨끗한 道場을 이이상 더럽히지 말고 나가 달라는 것이었다. 아마 한국 불교 현대사에서 소위 대처승이니 비구승이니 하는 분규의 시초는 벌써 1920년대에 있었다고 생각한다.

IV. 일제말엽의 불교

여기서 일제 말엽은 그 기한을 1931년부터 1945년 일제가 패망할 때까지를 삼고자 한다. 1931년을 上限으로 한 까닭은 일제의 군인 총독 宇垣一成가 제7대 총독으로 왔고, 또 이 해 가을에 일제의 대륙 침략의 전초전인 만주 사변이 일어나면서 한국에 대한 총독 정책이 군사 일변도로 경화하기 시작하였기 때문이다. 그러나 일제 말엽의 전반기인 1937년 중일 전쟁이 일어나기까지는 그래도 식민지 한국에 대한 탄압 정책의 마수가 아주 노골적으로 밖으로 드러나지는 않았다. 이 해 2월에 총독부 학무국에서 모든 한국인 학교에 일본어 사용을 강제한 일이 있을 뿐이었다.

그러나 그때까지는 한국말도 병행하여 가르칠 수는 있었다. 그래서 1937 년까지 한국 불교계도 심한 압박을 받음이 없이 혁신 운동을 계속하여 전개할 수 있었다. 불교 전문학교 제1회 졸업생으로 조직된 이구오팔회의 탄생도 1931년이었고, 조선 불교 청년 동맹도 역시 같은 해에 결성을 보아 불교계에 새로운 바람을 일으키고 있었다. 주지급 보수 세력과 현대 교육을 받은 혁신 세력 사이의 대립도 이 시기에 다시 격화되었다. 일제 하 한국 불교사에서 과거를 고집하는 보수 세력과 미래의 꿈만 고집하는 혁신 세력 사이의 조직적 이론적 대결은 이때가 마지막이 아닌가 한다. 그래도 이 시기에는 일제의 불교 정책을 비판할 수 있는 글과 말이 최소 한도로 묵인되었다. 그래서 송만공 선사가 일본인 총독 면전에서 일제 불교정책을 통박할 수도 있었다(1937년 2월 27일).

그러나 1937년 7월 중일전쟁이 일어남을 계기로 총독부의 군국주의 정책은 가속도로 강화되어 갔다. 일제 총독 당국은 불교 교무원을 향하여 전시에 한국 불교가 일본의 은혜에 보답하는 길을 암시하였다. 그러자 교무원에 웅크리고 앉아 혁신 세력의 눈치만 지켜보며 기회만 노리던 친일 승려들은 절호의 기회를 놓칠세라 서로가 경쟁이나 하듯 중일 전쟁이 일어나던 같은 7월에 국위선양 무운장구 기원제를 올렸다. 중앙 교무원인 각황사는 물론, 지방 본산에서도 꼭같이 낯간지러운 무운장구 기원제를 올렸다. 여기서 무운장구란 日本皇軍의 무운장구를 가리킨다. 아무리 친일 행위가 하고 싶더라도 중일 전쟁이 일어난 해(1937년)는 넘겨야 그나마 최소한도의 체면은 지킬 수 있으련만, 그렇지 못하였던 것이 당시 한국 불교 교단에 잠재하고 있던 친일파 승려들이었다. 무운장구 기원이니 애국 헌납이니 또는 조선 불교호국단 조직이니 하는 친일 행위를 통하여 총독부와 유대가 강화됨으로써 그들은 반항 세력인 혁신 세력을 보기좋게 꺾을 수 있으리라고 생각하였다. 그들에게는 언제나 밖에서 어떤 다른 세력을 업고 들어와 불교 교단 안에서 활개를 치는 습성이 있었다. 어디까지나 自力이 위대함을 강조한 禪理는 까맣게 잊은 경거망동이었다. 이 해 12월에는 북지 황군장병 위문단 출발에 열을 올리던 중 다난했던 1937년도 저물었다.

　1938년 2월, 일제는 조선 육군 특별 지원병 제도 창설을 봄과 동시 일본 천황의 赤子로서 한국 청년에게도 비로소 군문에 들어갈 자격을 주었다고 선전하였다. 물론 명색만이 지원병이지 반 강제·반 권유의 모병이었다. 그리고 이해 3월에는 한국인 중등학교에서 조선어 과목의 교수를 강제로 폐지하였다. 우리는 우리 사상을 우리말로 말하는 자유마저 박탈당한 것이다. 일제의 탄압 정책에 정비례하여 친일 승려들은 중앙 교무원을 무대로 점점 더 심하게 지각 없이 날뛰었다. 동아일보나 불교지에 '각 본사 북지황군 위문헌성' '여승등 銃後赤誠' '출장군인 불식 위령제' 같은 기사가 실린 것은 1938·9년 무렵이다.

　다음 해 1940년에 접어들자 일제는 창씨제도를 시행하여 우리의 성을 바꾸려고 하였고, 이해 8월에는 우리 민족의 유일한 입과 눈인 '조선일보'와 '동아일보'를 강제로 폐간 처분하였다. 따라서 우리는 일제가 어디서 무슨 짓을 하더라도 알 도리가 없게 되었다. 완전히 암흑의 사회였다. 암흑 사회에서는 어떤 불의나 부정도 아무 거리낌 없이 날뛸 수 있는 것이다. 1940년부터 1945년 8월까지의 기간, 한국인은 이 같은 암흑 속에서 전전긍긍하며 불안 속에서 연명하였다.

　이와 같은 정세에서도 1935년에 월간으로 발간을 본 불교계의 '佛教時報'만은 한글로 인쇄되어 나왔으나 폐간의 비운도 겪지 않고 그대로 계속하여 나왔다. 그것은 철저하게 친일을 표방했기 때문이다. 가령 4월호 1면에 실린 權相老의 '승려 지원병에 대하여'란 글을 보더라도,

　　조선에는 아직 징병령이 시행되지 못하였으므로 병역의 의무를 행하려는 자 ─없지 아니 하나 그 길을 얻지 못하여 壯志를 품고 嗟歎하는 자를 위하여 부득이 지원병 제도가 생기었는데 금반 제3회의 모집에는 지원병 수가 6만을 초과케 되고 그 중에는 청년 승려로서 지원하는 자도 있어……(下略)

　이렇게 지원병 제도를 극찬했을 뿐만 아니라, 그의 역사적 해박한

지식을 총동원 하여 여러 호국 승려의 사적 고증까지 들면서 청년 승려의 심정을 자극하였다. 그리고 5월호에서는 편집인 겸 발행인인 金泰洽의 성이 金山으로 바뀌었고, 사설도 '興亞維新'과 '自肅自戒'의 제목으로 친일적 귀절만 나열하였다. 이쯤 되면 총독부가 폐간은 커녕 도리어 자금을 보태 주며 육성하는 것이 총독 시책 수행상 편리했을 것이다. 또 1941년 신년호에는 '동아질서 건설의 新春, 皇恩 세계만방 普天下에 光被'라고 긴 제목을 붙인 사설란에 일본 천황의 宮城 사진까지 실었다. 다시 9월호에서는 '금속회수 애국운동과 각 사원의 철물헌납 종용'이란 사설로 국방상 중요 자원을 확보하기 위하여 佛器·향로·종 등 이외의 불구는 의식을 개량하여서라도 헌납하는 열성을 가지라고 충고하였다. 그러다가 12월호에는 '불교도로서 군용 비행기 헌납에 관한 결의와 실천'이란 가장 적극적이고 대담한 친일적 애국심을 발휘한 사설까지 나타났다.

드디어 1941년 12월, 일본은 무모하게도 미국과 영국에 선전포고를 감행하였다. 중일전쟁에 그만큼 아첨을 일삼은 친일 승려들이 제2차대전에서 어떠하였으리라는 것은 말하지 않아도 짐작이 갈 것이다. '불교시보'도 1942년 1월호에, 그러니까 소위 대동아 전쟁 다음해의 사설란에다 어김 없이 일본천황의 궁성사진을 실었고, 제호 '佛敎時報'아래에는 '信仰報國'·'內鮮一體'란 구호까지 큰 활자로 부각시켰다.

이제 남은 절차는 일본 불교와 한국 불교를 한데 묶어서 소위 황도 불교를 만드는 것 밖에 없었다. 과연 1942년 12월호에는 '皇道佛敎 선양과 포교사 양성의 급무'란 사설이 나왔고, 수양 강화란을 통하여 가나야마 편집인은 황도 불교 本義를 논술하였다. 다만 시세에 아부하는 친일 정신에만 투철하고, 아무런 자각도 正見도 없는 그들의 나갈 방향은 판연한 것이어서 황도불교를 드높이 외쳤다 하여 그들을 새삼스레 비판할 의의조차 느끼지 않으나, 여기 반드시 뒷날 다시 이런 불미스러움이 일어나지 않도록 후학을 경고하는 뜻에서도 소개하여야 할 인물과 저서가 있다. 이 저서는 한국청년들을 강제 징병하던 다음 해, 그러니까 1943년에 발간되었다. 저서의 이름은 '臨戰의 조선 불교', 저자는 安東相老 즉 한국의 불교학계를 주름잡던 석학 권상로이다. 불교학계와 한국 사학계에 남긴 그의 학문적 업적에 대하여는 더 말하지 않겠다. 다만 분명히 그가 남긴 저서에 의하여 그 인간의 일면을 냉정히 비판 하려는 것이다. 여기 그 저서의 목차만을 몇 가지 추려보면 다음과 같다.

'緒言' '成佛은 戰勝이다' '戒는 戰鬪訓이다' '持戒는 국방이다' '불타의 經國訓' '임전의 역할'

어찌하여 성불은 전승이며, 지계는 국방이 되는지 내용을 읽어 봐도 이해가 안 간다. 아무리 좋게 해석하여도 구차스런 억설 밖에는 안된다. 그렇다면 그 석학이 왜 그토록 구차스런 억설을 저서로 남겨야 하였는가. 붓대를 꺾고 한용운처럼 모든 울분을 안으로 새기며 인욕의 길을 닦았더라면 하는 아쉬움이 앞선다.

불교적 침묵과 민족적 저항으로 고달프고 외로운 일생을 보낸 한용운은 1944년에 他界하였다. 한용운과 권상로의 두 인간상은 한국 현대 불교상에서 평행 선상에 위치한 두 巨峰이다. 그러나 이 두 거봉의 형태나 모양은 서로 완전히 이질적이다. 한편은 흙이 많아서 부수어지기 쉬우나 한편은 단단한 화강석으로 되어서 좀처럼 부수어지지 않을 느낌을 준다.

이 밖에도 한국 현대사의 불교계의 판도를 바꿔놓은 거봉들이 있다. 끝까지 세속적 영달을 위하여 汚染의 현실과 야합하여 불교계에 逆風을 일으킨 이회강·강대련 같은 추악한 봉우리가 있는가 하면, 일생을 고요한 涅槃의 길에서 조용히 아무도 모르게 마친 거룩한 봉우리도 있다.

日帝의 佛教政策

寺刹令을 中心으로

序
Ⅰ. 日本宗派의 朝鮮寺刹管理
Ⅱ. 圓宗 宗務院
Ⅲ. 寺刹令
Ⅳ. 寺刹令 施行과 佛教教團의 동향
結

序

　1910년 일본은 '한·일합병'을 책략한 다음, 한국을 식민지로 손아귀에 넣고 통치하기 위하여 여러 가지 종교 탄압을 감행하는 한편, 종교를 통치 정책에 이용하기도 했다.

　이 인용문은 일본인 종교 학자의 '조선 황민화 정책과 종교'라는 논설의 서두에서 발췌한 것이다.[1] 일제는 1910년 소위 한·일 합병을 실현할 때까지 군사적, 정치적으로 적극적 정책을 감행하면서, 한편으로는 종교 특히 불교의 포교를 통한 소극적 침략 방법도 잊지 않았다. 기독교 선

---

1) 中濃教篤, '朝鮮 皇民化政策과 宗教'('現代', 岩波書店刊, 1972. 2, p.186).

328

교사를 앞장세웠던 18세기 서양식 식민 정책을 연상케 한다. 한반도에 일인 불교 포교사가 상륙한 것은 노일·청일전쟁보다 앞서는 1877년경부터였다. 1877년은 강화도조약이 체결된 1876년 다음 해다. 조약에 의하여 한국 땅에 거주가 허용된 일본 거주민들의 신앙을 위한다는 구실로 주로 정토진종 本願寺派가 처음 한국 개교를 시작했다. 일본측 자료 '조선개교 50년지'는,

> …주민들의 생활 보호 및 경제 운용의 기관 설치와 함께 위안 기관으로서의 종교가 매우 필요하게 되었다. 본원사는 비록 종교와 정치가 분리되어 있다고는 하나 양자가 서로 상보하므로써 국운을 진전, 發揚하고 국민의 활동을 도모하는 것을 신조로 하고 있다. 명치 유신 정부가 유신 대업을 완성하여 점차 중국, 한국 등 여러 외국을 향하여 발전을 도모함에 따라……2)

라고 개교 초창기의 상황을 말해주고 있다. '일인 거주민들의 위안 기관'으로서 본원사의 포교당 설치를 말하면서도 '유신 대업을 완성하여 점차 중국·한국 등 여러 외국을 향하여 발전을 도모'한다고 한 표현에서 종교에 의한 침략 의도를 분명히 읽을 수 있다.

다음 해, 1878년 12월 유능한 포교사로 알려진 奧村園心은 釜山에 본원사 별원을 준공하였다. 오촌은 정치적 야심도 품은 일인 승려로서 풍운아의 일생을 보낸 한말의 호승 이동인도 몇 차례 만난 적이 있다. 그는 포교 20년이 되던 1898년 10월 本願寺 大谷派 본산에 제출하는 '光州開敎'에 관한 보고서에서 다음과 같이 그의 포부를 피력했다.

> 나라와 법이 떨어질 수 없듯이 일본과 한국은 唇齒와 같이 서로 불가분의 관계에 놓여 있다. 생각컨대, 동방의 형세 날로 악화되고, 바야흐로 한국의 상태는 형언하기 어려운 지경에 있다. 이 때, 우리

---

2) 三寶學會, 韓國佛敎近最百年史 資料(以下 資料集), 4卷, 日本佛敎 p.4
3) 資料集 4卷, 日本佛敎, p.15.

의 王法爲本 忠君愛國의 교로 한국인들을 유도 계발함은 실로 우리
교의 본지다.3)

한국과 일본이 '唇齒의 관계'에 놓여 있다고 하면서, '형언하기 어려
운 지경'에 빠진 한국민들을 유도하기 위하여 '왕법위본 충군애국'의 교인
불교를 포교함은 불교의 본지라고 까지 강변하는 오촌의 보고 내용에서
당시 본원사파의 숨은 의도를 충분히 짐작할 수 있다. 더구나 동 보고서
에서,

> …奉命歸國한 본인은 당국 대신과 要路 지명 인사들을 방문, 의견을
> 묻고 보호를 청하여 諸公의 찬성을 얻었다. 처음에는 함북에 들어가
> 러시아 국경까지 포교의 폭을 넓히려고 했으나, 近衛, 小笠原 제공은
> 이에 반대하고 전라·경상 사이를 택하도록 지시하여 당국 대신들도
> 찬성했다.4)

고 한국개교의 경위와 배후를 말하고 있다. 근위, 소립원같은 정계의 거물
과 당국의 대신까지 동원되어 그의 한국개교를 지원한 것을 보면, 1898년
이 바로 청일전쟁 이후이고 노일전쟁 이전이라는 사실을 감안할 때, 일제
의 군사적 침략과 불교 포교사의 派韓 사이에는 문자 그대로 불가분의 역
학관계가 있었음을 알고도 남음이 있다.

이 같이 일제는 무력적 침략과 병행하여 한국민의 민족 정신을 마비
시켜, 한일합병의 당위성을 고취하려는 책략을 1870년대부터 꾸미고, 오촌
같은 일인 승려를 앞잡이로 내세워 실천에 옮기고 있었다. 일본에서 가장
국수주의적 색채가 농후한 日蓮宗系의 신흥종파인 國柱會의 田中智學의
持論은, 한국을 무단침략하려는 일제의 야망에 일본불교가 어떻게 적극적
으로 호응했는가 함을 보여 주고 있다. 이제 전중지학의 한국정벌 정당론
을 소개하고자 한다.

---

4) 上同, p.17.

  …지금 한국을 정벌하지 않으면 장래 러시아와 시끄러워진다. 그
것을 미리 막고 동양평화를 수립하기 위하여는 한국을 정복하여야
한다. 일본에는 정복할 이유가 있다. 한국에는 정복될 인과가 있다.…
…5)

  日蓮聖人은 바로 세계통일군의 大元師다. 그리고 대일본제국은 바
로 그 大本營이다. 그리고 일본국민은 그 天兵이다.6)

  그러므로 한일합병은 '한국을 죽이려는 합병이 아니고, 도리어 한국
을 살리려는 합병이다.'라는 그럴듯한 논리가 전개될 수 있다. '한국을 살
리기 위함'이라는 美名下에 한일 합병이란 치욕의 역사적 사건은 이 같은
일제의 침략 정책과 그 침략정책을 종교적 聖戰의 이름으로 정당화하려는
일본 불교의 지지를 얻어 1910년에 이루어졌다. 그리고 그 다음 해 1911
년 6월 종교 탄압의 악법인 '寺刹令'을 반포했다. 7조로 이루어진 이 사찰
령과 그 시행령은 탄압과 회유의 양면으로 한국 불교를 손아귀에 넣고 그
들의 통치 목적에 이용하는 데 구실을 했다.
  본 논문에서는 이 같은 악법이 제정, 반포되기 이전의 한국 불교계의 동
향과 악법 반포 직후의 한국 불교계의 반응에 대하여 논술하고자 한다. 일본
통치하의 한국 불교계가 이 악법을 주지직 보존의 목적으로 이용하려는 친일
승려들과 정교 분리의 구호를 외치며 악법 철폐를 주장하며 일제에 항거하던
승려들로 양분되어 1945년 해방까지 대립이 계속되어 왔다. 또, 해방후 소위
대처 비구의 분쟁도 그 근원은 사찰령에 까지 거슬러 올라가야 한다. 그리고
불교사찰을 규제하는 현행 법령도 이 사찰령에 기준하고 제정시행되고 있다.
위와 같은 여러 가지 문제를 생각할 때 '사찰령'에 대한 학문적 구명이 요청
된다고 본다.

---

5) 中濃教篤, 前揭 '現代', p.188.
6) 上同, p.189.

Ⅰ. 日本宗派의 朝鮮寺刹 管理

1911년에 제정 반포된 사찰령을 다루기 위하여는 먼저 한말인 1902년(광무 6년)에 발포된 사찰령을 검토하지 않을 수 없다. 그 까닭은 총독부 사찰령이 광무 6년 사찰령에 근거하고 있다고 보기 때문이다. 총 36개 조에 이르는 사찰령은 오랫 동안 유교 사상에 經國策의 근간을 두었던 조선 왕조에서 소외되었던 불교계가 밖으로는 지방 토호들의 난폭한 착취에 의한 황폐7)와 안으로는 僧規 문란에 의한 무질서 때문에 자율적으로 개혁할 능력을 상실하였다고 보고, 정부에 의하여 제정 발포된 것이다. 따라서, 전국 사찰을 정부 주도의 管理署가 총관리하는 체제로 제정될 수밖에 없었다. 또 이 사찰령 제정 과정에는 1895년 일인승 佐野前勵의 강력한 상서도 일부 주효하였다. 당시의 총리 대신 金弘集에 의하여 '僧尼都城入城禁止令'8) 이 완화된 후, 1899년 전국 사찰을 총괄할 기구의 설치 필요성을 감지한 정부는 동대문 밖에 元興寺를 창건했다. 그리고 승직으로 都攝理 1인, 內山攝理 1인을 두어 불교 교단의 총 종무소로 삼았다. 동시에 여기에는 일인 승려의 의견도 작용하여 사찰령은 명종 이전 선교 양종으로 총괄하던 때와 유사하다고 하나 오히려 본말사 제도를 시행하던 일본 불교 사찰령의 영향을 짙게 받은 것 같다.

광무 6년 사찰령은 제 19조에서 최고위 승직인 左敎正 이하 모든 승직의 辭令書는 관리서가 발급한다고 명문화하였다. 인사권은 정부가 장악하고 있음을 말한다. 그리고, 좌, 우교정 이하 도교정의 사무 한계는 사원과 승려에 관한 사항에만 국한하고, 기타 행정상의 사무는 상부 기관인 관리서의 지휘 감독에 따르도록 되어 있다(제21조). 더구나 제24조에서 승

---

7) 高橋亨, 李朝佛教, p.878.
8) 上揭書, p.866.

려 신분을 증명하는 도첩에 관리서의 인장을 찍게 함으로써 승려 신분의 정부 관리를 명시하고 있다. 그리고 제3조에서 사원의 불교 법회는 불교 관계에만 한정하고 '정계의 득실에 관한 일체의 발언은 엄금'한다고 규정하였다. 한말 정부가 말할 수 없이 부패하였다 해도 불교계에서는 여기에 대하여는 발언을 하지 말라는 것이다. 또 승려신분을 증명하는 도첩을 정부관리가 발부하는 사찰령하에서 승려로서 감히 반정부 항의에 선뜻 나설 용기있는 승려도 별로 없었다. 오히려 그 동안 소외되었던 승단을 위하여 정부가 사찰령을 제정하여 교단의 질서를 잡아두려고 노력한 처사에 감사할 뿐이었다. 사찰령 자체가 어느 만큼 악법이냐 하는 것은 차라리 부차적 문제다. 종래의 승직은 사찰내의 자체내 법에 의하여 이루어졌으므로 대외적으로는 아무런 권위나 구속력도 없었다. 그러나 사찰령 반포 이후 승려의 신분이 국법으로 정하여짐에 따라 관권에 의하여 전국의 사찰과 승려가 통제를 받게 되었다. 관권에 의한 통제가 종교단체에 미치는 영향에 대하여 당시 승려들은 자각하지 못하였다. 관권이 방임하지 않고 종단에 개입하여 통제하여 주는 정부의 태도를 그들은 오히려 환영할 뿐이었다.

그러나 한말의 정부는 부패할대로 부패하여 아무리 훌륭한 법령을 제정 공포한다 하여도 간신의 손에 들어가면 악용되기 마련이었다. 운영과정에서 가장 훌륭한 법도 가장 악독한 법으로 탈바꿈할 수 있는 것이다. 본 법령도 도첩의 암거래에 의하여 관리서의 末端汚吏의 私腹은 채워졌으나 사찰령은 유명 무실한 법령이 되고 말았다. 사찰령이 시행된지 2년 후인 1904년, 예기한 효과를 거두지 못함을 알아차린 정부는 관리서를 폐지하였다. 그 소관 사무는 내무관방으로 옮겨졌다.

한편 문서에서도 말하였지만 그 동안 한반도 전교를 위하여 일본에서 여러 종파 승려가 경쟁이나 하듯이 포교당을 세웠다. 그러던 중 1906년 2월 일본 통감부가 설치된 후, 한반도에 대한 전교 활동은 한층 더 활발하였다. 1906년 10월 본원사(本派)용산 총감부가 설치되었다. 용산 총감부는 일본에 있는 조선 개교 총감부의 일부를 현지로 옮겨 온 것이었다.

이제 소위 조선 개교가 본격적 궤도에 올랐다고 할 수 있다. 그리고 일본 거류민만을 위하여 포교한다고 하던 당초의 변명은 꼬리를 감추고, 점차 한국 사람들을 포교의 대상으로 삼게 되었다. 이리하여 한국을 침략하려던 일본 제국주의 정책과 보조를 맞추며 일본 불교는 종교에 의한 정신적 침투에 착수하였다. 그리하여 1906년 10월 16일 '대한매일신보'는 개교 총감의 내한을 비판하는 논설을 게재하였다.

> …盖以歷史觀之하건대, 距今 천년전에 한국 문화가 先進於日本하니 當其時하여는 한인이 處傳道之位하고 일본이 居受教之席이라. 단 한국은 이조 500년에 숭유 억불하므로 불교가 大衰하고, 일본은 숭배 불교하여 家家有佛像하고 人人誦佛音하여 遂爲其國之宗教라. 年前에 일본 승려가 渡韓하여 始施淨土宗教會于京城內하니 自王公貴人으로 以至一般紳士가 다수 其贊成하였고, 繼而施設其大教會於各地方하여 全國聞教之徒가 靡然從之하더니 금번 寶谷大師가 以開教總監으로 來韓 하니 其位는 公爵이오 勢力家也라. 伊藤統監은 정치상 통감이오. 寶谷總監은 宗教上 總監이라. 大抵 國之爲國은 以其有政治權也오 以其有宗教權也어늘 今玆 兩大權이 悉入於他手라. 以政治力으로 縛人之手足하고 以宗教力으로 奪韓人之精神하니 한국이 更何餘地有哉아.

일본의 무력적 한반도 침략에 불교가 앞장 서서 종교에 의한 민족정신의 회유를 꾀하였다는 논조가 신랄하다. 公爵 지위를 가진 寶谷이란 일본 승려가 개교 총감으로 내한하여 정치력으로 한인의 수족을 묶고 있는 일본의 무력적 제국주의 정책에 호응하여 종교력으로 한국인의 정신을 빼앗고 있다고 규탄한 논조는 날카롭다.

그런데 동 논설은 일본 불교의 강압적 포교 수법의 반동으로 기독교 신도가 점증한다고 지적하여 다음 같이 쓰고 있다.

> …日本이 欲以佛教로 收攬韓人이나 或不能達其目的者가 有하니 年來에 한국에 기독교가 頗有發達之機더니 數年間 愈益增進함은 緣此韓人이 被日人壓制之甚故로 轉向西教하여 欲得其自由生活이니 然則 此

334

國內西敎之興은 實日人이 所致也라. 今又 擴張佛敎하여 廣誘韓人하는
방침이 비록 西敎門路를 方渴코저 함이나 기실은 反動力이 되어 西
敎의 興旺을 增益함이라. 敎界경쟁이 於是乎生하였으니, 其結局의 여
하튼 將拭目觀하리라.

당시 일인 세력에 힘입은 불교의 강압적 팽창이 도리어 반동으로 기
독교도의 흥왕을 초래하였다는 지적은 1906년대 민심의 귀추를 보는 듯하
여 주목할 만하다.

그러나 당시 무자각 상태에 놓여 있던 한국 불교는 계획적인 일본 불교
의 회유와 강점에 거의 무방비였다. 일본 정부도 음으로 양으로 정치적
보호 정책과 함께 불교의 보호책에도 손을 썼다. 일본 불교 종파가 조선
개교에 성공하고 있음을 본 총독부는 1906년 11월 부령 45호로 '종교의
선포에 관한 규칙'을 발포하며 부령 제4조에서,

불교 종파의 관리자 또는 포교자와 기타 일본 신민으로서 한국 사
원 관리의 위촉에 응하려고 할 때는 필요한 서류를 첨부하여 그 사
원 소재지의 소관 이사관을 경유하여 통감부의 인가를 얻어야 한다.

는 한국 사원 보호 병합 규칙을 명시하였다. 이 관리 규정이 발표되자 일
본 종파는 서로 앞을 다투어 한국 사원관리를 통감부에 신청하였다. 大谷
派 本源寺는 直指寺, 博川 深源寺, 鐵原 四神庵, 果川 戀主庵 등에 대하여
는 이미 관리 인가를 얻었고, 安州 大佛寺, 法興寺, 寧邊 普賢寺, 忠北 寧
國寺, 全北 花岩寺, 陜川 海印寺, 東小門外 華溪寺, 晋川 大原寺, 龍潭 天皇
寺, 淮陽 長安寺, 全州 鶴井寺, 東小門外 奉國寺, 東來 梵魚寺, 求禮 華嚴
寺, 河東 雙溪寺 등을 관리하겠다고 통감부에 요청하였다.[9] 海印寺, 梵魚
寺, 華嚴寺, 雙溪寺 같은 대찰까지 관리를 요청한 일본 불교 종파의 권세
를 짐작할 수 있다. 그러나 各 종파가 경쟁하며 한국 사원의 획득에 혈안

---

9) 資料集 4卷, 日本佛敎, p.22.

이 되어 있는 양상을 목격한 같은 일본 조동종의 怪僧 武田範之까지도 한탄하며 다음과 같이 서술하였다. 이 괴승은 한국 승려의 '도성 출입 금지령'을 해금하는 데 배후역할을 한 權僧 佐野와 함께 불교 근대사에는 적지 않은 影響을 미친 인물이다.[10]

> …통감부가 한국 사원 관리 규정을 발포후 일본의 각 종파는 한국 사찰의 관리권 획득을 위하여 온갖 추태를 다 보이고 있다. 경성에 있는 내가 곰곰히 생각하여 본다. 일본 승려들이 도대체 조선의 장래를 염려하여 왔는가, 아니면 조선 사찰을 약탈하려 왔는가.

그런데 조선 사찰의 승려들 가운데 몰지각한 무리들은 자진하여 일본 불교의 보호를 청원하는 사례가 있었다. 그 까닭을 '조선 불교'를 저술한 高橋亨은 이렇게 말하고 있다.[11]

> ㉠조선 승려들은 천시받는 환경에서 벗어나고 관가나 선비들의 虐待를 면하기 위하여는 일본 사원의 보호를 받는 것이 최선의 방편이라 생각하였다.
> ㉡당시 사방에서 봉기하는 의병들 때문에 산중에 위치한 조선 사원은 적지 않은 피해를 입고 있었다. 그래서 유력한 일본 사원의 말사가 되면 일본군대의 보호를 받을 수 있다고 생각하였다.
> ㉢따라서 조선 사찰의 승려는 일본 각 종파에 청원하여 그 말사의 證文을 얻어 일본 某寺 別院末寺의 간판을 寺門에 달았다.

일본의 한국 무력 침략과 병합을 합리화하였던 어용 학자의 말이므로 그 신빙도는 극히 의심된다. 아마 '일부' 자각없는 승려들이 일본 승려들에게 아첨하기 위하여 그럴듯한 이유를 열거하였다는 것을 상상할 수 있다. 한 나라의 국기가 흔들리고 외세가 침략의 기운을 노출할 때에는 어디서나 흔히 있는 아부 군상이다. 이와 같이 자각없는 승려의 무리가

---

10) 高橋亨, 李朝佛教, pp.889~899.
11) 上同, p.919.

'일부'라고 하였는데, 문제는 그 '일부'가 어느 범위에 그치는가 하는 데 있다.

　　1907년 일본 종파인 정토종이 개교의 부속 사업으로 조선 젊은이들을 위한 교육기관을 조선내 굴지의 사찰인 통도사와 결탁하여 설립하고 사립 명진 학교라 명명하였다.[12] 경영은 통도사의 승려와 정토종의 개교사가 공동으로 하게 되어 있었다. 특히 생도 중에서 성적이 우수한 자는 일본에 유학시키기로 하였다. 일본 불교에 의한 식민 정책의 마수가 드디어 노출된 것이다. 통도사같은 거찰이 일본 불교와 결탁 야합한 것을 보면 그 '일부'의 범위는 좁지 않을 듯하다.

Ⅱ. 圓宗 宗務院

　　1908년 3월 6일 각 도 대표 승려 52명이 동대문 밖 원흥사에 모여 원종 종무원을 설립하였다. 그리고 李晦光을 추대하여 대종정으로 하였다. 그런데 각 도 대표 52명이라 하였는데, 대표자격이나 이회광 대종정 추대의 경위에 대하여는 소상히 알 수 없다. 다만 원종 종무원은 1906년에 조직된 불교 연구회의 발전적 해체에 따라 설치된 것이라 한다.[13] 원흥사는 광무 6년(1902)에 반포된 사찰령에 따라 관리서가 있던 절이다. 원종 종무원에는 이회광을 비롯하여 金玄庵, 陣震應, 金寶輪, 金之淳, 金石翁, 姜大蓮, 李晦明, 金九河, 朴普峰, 羅晴湖 등 한말부터 일제 시대까지 활약하던 쟁쟁한 승려들이 간부로 일했었다. 그리고 원종 종무원에서 '圓宗'의 명칭에 관하여는 52명 대표 승려의 공의에 의하여 성립된 종무원이므로 원융무애의 뜻으로 원종이라 하였다는 설과 '宗鏡錄'에 연유하여 원종이라 하

---

12) 資料集 2卷, 敎育, p.4.
13) 高橋亨, 李朝佛敎, pp.919~930.

였다는 두 설이 있다.14)

　　그런데 조선 승려 대표 52명이 모여 설치된 종무원에 일본의 怪僧 武田範之를 顧問으로 추대하였다는 경위는 주목을 끈다. 여기에는 李完用 內閣의 발족과 함께 세도를 부리던 '一進會' 회장 李容九의 중개가 주효하였다고 한다. 이용구는 조선 불교의 장래는 반드시 일본 불교의 원조가 있어야 할 것이라 예측하고, 일본 조동종 승 무전범지를 이회광 대종정에게 추천하여 顧問職에 앉도록 하였다.15) 고문직에 앉은 무전은 곧 평소 품고 있던 조동종과의 병합을 진행시키고 있었다. 우선 이회광을 회유하는 데 성공한 무전은 일본 종파중 조선에 진출하여 적지 않은 세력을 부식한 정토종과 진종 별원과 원종 종무원 사이를 이간시키는 공작을 벌였다. 위에서 무전이 진종 별원과 정토종이 조선 사찰 관리권 획득에 혈안이 되고 있는 것을 보고, '그들은 도대체 조선의 장래를 위하여 왔는가, 아니면 조선 사찰을 획득하려 왔는가'라고 비난하는 배후에는 정토종과 진종이 조동종보다 사찰 획득에 적극적으로 나섰다는 데 대한 반감도 더러 섞여 있었다고 볼 수 있다. 그런데 원종 종무원 대종정인 이회광도 선을 종지로 하는 조선 불교는 진종이나 정토종과는 도저히 융화될 수 없다고 생각했고, 이를 눈치챈 무전은 곧 선종인 조동종과의 합병을 추진시키려고 서둘렀다. 때마침 일본 정토종파의 포교사 한 사람이 성급하게 한국의 거찰인 통도사를 일본 정토종의 말사로 삼으려 기도하다가 통도사 승려들과 마찰을 일으켜 쫓겨난 사건이 있었다. 그리하여 조선 승려들은 정토종을 멀리하게 되었다.

　　그러던 중 원종 종무원이 설치된지 2년 후, 즉 1910년 8월 일제의 무력탄압에 의하여 한·일 합병이 이루어지자 시세를 재빠르게 탄 이회광과 그 일파는 장차 조선 불교는 일본 불교와 연합하지 않고서는 그 존립이 위태하다고 예측하여 연합의 시기만을 노리고 있었다. 이와 같이 합병

---

14) 上同, pp.916~930.

15) 上同, pp.930~940.

의 시운이 저절로 무르익어 갈 때, 종무원 고문이던 무전은 즉각 이회광과 그 일파에게 일본 선종인 조동종과의 연합을 설득하며 나섰다. 이리하여 이회광과 그 파들도 조선 불교와 연합할 수 있는 일본종파는 조동종 밖에 없다고 단정하여 교섭 대표로 이회광이 일본으로 건너가게 되었다. 이회광의 도일과 때를 같이 하여 武田範之는 顧問職을 사퇴하고 한·일불교 연합의 막후 인물로 그의 수완을 발휘하였다. 당시의 조동종 관장 石川素童은 이회광의 제의를 듣더니 쾌히 승락하지 않고 이견을 제출하였다. 高橋亨의 '李朝佛教'는 그 경위를 이렇게 적고 있다. 한 마디로 조동종 관장은 '대등의 입장'에서 연합할 수 없다는 것이다. 조동종에 비하여 조선 불교의 자격이 미약하다는 이유다. 그러나 필요할 때 조선 불교를 응원할 수는 있다고 말했다. 그러나 이미 시작한 교섭이라 이회광은 연합이 아니면 그 밖의 어떤 후원도 받아들이지 않겠다고 고집하였다. 그래서 조동종은 일년간만 유예를 두고 본 종의 부속으로 있으면 연합도 윤허하겠다고 제의하였다. 그러나 이회광은 '나는 귀종과 연합의 위임은 받아왔으나 부속의 위임은 받아오지 않았다'고 거절하였다. 그래서 조동종은 한국 불교와 조동종의 연합을 승락하였다. 연합의 조인은 10월 6일에 있었으니, 이는 곧 동년 8월 22일 한·일합병의 조인이 있은지 꼭 45일만이었다.[16] 나라의 병합이 있은지 45일만에 불교의 병합도 일어난 것이다. 이회광은 연합을 고집하고 있었다고 하지만 조인된 조문의 내용은 연합이 아니고, 역시 부속의 관계를 벗어나지 못하고 있다.

一. 조선 전체의 圓宗 寺院衆과 曹洞宗은 완전하고 영구한 연합 동맹을 맺고 불교를 擴張한다.

一. 조동종 종무원은 조선 원종 종무원 설립 인가를 담임한다.

一. 조선 원종 종무원은 조동종의 포교에 대하여 상당한 편리를 준다.

一. 조선 원종 종무원은 조동종 종무원에서 고문을 초빙한다.

---

16) 上同, pp.930~940.

一. 조선 원종 종무원은 조동종 종무원에서 포교사 약간 명을 초빙하여 각 首寺에 배치하고, 일반 포교와 청년 승려의 교육을 촉탁한다. 또 조동종 종무원의 필요에 따라 포교사를 파견할 때 조선 원종 종무원은 조동종 종무원이 지정한 지역의 수사나 사원에 숙사를 정하고 일반포교와 청년 승려의 교육에 종사케 한다.

一. 본 연합은 의견이 합하지 않을 때는 폐지, 변경 또는 개정한다.

一. 우 계약은 원종 종무원이 인가하는 날부터 실시한다.[17]

제 2항, '조선 원종 종무원 설립 인가를 담임한다.'는 것은 은연중 원종 종무원이 조동종에 부속함을 의미한다. 또 제 3항은, '조선 원종 종무원은 조동종 종무원에서 고문을 초빙한다.'고 하면서도 조동종 종무원이 원종 종무원에 고문을 초빙한다는 명문은 없다. 대등한 입장에서 연합 조건이 체결되었다고 볼 수는 없다. 조동종은 대등한 연합은 할 수 없다던 최초의 태도를 그대로 고수한 것이다.

7개 조 연합조약을 가지고 귀국한 이회광은 강력한 저항에 부딪쳤다. 처음 각 도 대표들을 찾아 다니며 대등한 입장에서 연합 조약이 체결되었다고 설득하여 찬성 날인을 얻을 때, 그는 7개 항목 전부를 공개하는 것을 꺼렸다. 그 자신도 7개 조를 공개하면 찬성은 얻기 어렵다고 생각하였던 것 같다. 그런데 七개 조 전문이 원종 종무원 서기의 손에서 통도사 승려에게 누설되었다. 전문을 읽어 본 조선 승려들은 7개 조는 조선 불교를 일본 조동종으로 개종하려는 악조건이라고 판단하였다. 일부 과격한 승려들은 조선불교를 일본 조동종에 팔아넘기는 매종 행위라고 이회광을 규탄하였다. 태고 이래 연면히 이어 온 임제 계통의 법맥이 갑자기 조동종으로 개정 됨은 종지를 근본적으로 전멸하는 반종적 행위라고 하여, 7개 조에 반대하는 세력이 등장했다. 白羊寺의 朴漢永, 華嚴寺의 陣震應, 梵魚寺의 韓龍雲, 吳惺月 등 청년승은 임제종을 표방하며 이회광의 연합

---

17) 上同, pp.930~940.

에 대항하여 격렬한 반대 운동을 전개하였다. 한·일 합병의 직후라 민족적 적대 감정도 가세하여 반대 운동은 요원의 불길처럼 퍼져 나갔다. 송광사, 쌍계사, 범어사 등에 돌아가면서 임제종 사무소를 두고 초대 종정에 仙巖寺의 金擎雲을 선출하였으나 老軀가 되어 범어사의 청년승 한용운이 직무를 대행하게 되었다. 이리하여 조선 불교계에는 이회광의 연합파와 한용운의 임제종파의 두 파 사이에 격렬한 논쟁이 벌어졌다. 합병이 조인된지 반년도 못되어 일본 조동종이 개재된 조선 불교계의 싸움을 총독부는 주시하지 않을 수 없었다. 이미 일본 조동종에서 특파된 若生國榮은 총독부에 조동종과 연합 조인을 마친 조선 불교 원종 종무원 설립인가 청원서를 접수시켰다. 그러나 총독부는 이 인가 청원에 대한 가부의 결정을 미루고 있었다. 그것은 가부 결정이 내려진 후 야기될 조선 불교계의 반발을 예상하였기 때문일 것이다.

그러다가 조선 총독부는 다음 해인 1911년 6월에 조선 불교를 통제하는 '사찰령'을 발포하면서, 조선 불교는 '禪敎兼修'를 종지로 한다는 총독부의 공식 태도를 보였다. 그렇다면 총독부는 조동종과 연합 조인한 조선 원종 종무원의 설립인가 청원을 부결한 셈이 된다. 여기에는 합병 직후 제반 사정을 고려한 총독부의 정치적 배려가 있었음을 알 수 있다. 여기서 총독부가 조동종과 조선 원종 종무원의 연합을 인가하지 않았던 까닭을 몇 가지 들어가며 검토하여 보자.

첫째, 일본 불교계의 내막을 소상히 알고 있는 총독부로서 가장 큰 종파인 진종이나 정토종들이 이미 조선 개교에 종사하고 있고, 두 종파도 조선 불교와의 연합을 암암리에 추진시키고 있음을 알고 있었기 때문이었다. 따라서 조동종파의 연합만 윤허하였다가는 일본 국내에서 편파적인 처사를 하였다는 비난을 예상하지 않을 수 없었던 것이다. 아직 확고하게 정착하지 못한 총독부는 무엇보다도 일본 국내의 여론이 두려웠다.

둘째, 한일 합병 이후 도처에서 일어나는 민족적 저항 운동에 고심하고 있는 총독부는 조선 원종 종무원에 가세하였을 때, 다분

히 민족주의 색채가 짙은 젊은 승려들의 강경한 반발 세력도
무시할 수 없다.

세째, 조동종과 원종 종무원의 연합을 막후에서 조종하던 조동종의
怪僧 武田範之가 한일 합병 직후 신병으로 귀국하여 곧 죽었
다는 사실도 조동종과 원종의 연합이 성공하지 못하게 된 이
유의 하나로 간주할 수 있다.

대개 이와 같은 이유로 조동종이 청원한 원종 종무원의 설립 인가를
보류하였다고 생각한다. 그 대신 총독부는 위에서 언급 한대로 조선 불교
는 선교 쌍수의 종지를 특징으로 하는 독자적 불교 종파로 간주한 듯하
다. 그리고 일제의 식민 통치 목적에 이용할 수 있도록 사찰령을 제정하
여 조선 불교를 총독의 손아귀에 넣으려고 한 것이다. 사찰령 발포 후 총
독부는 조선 불교가 '단일종'임을 명시하고 다시 원종이니, 임제종이니 하
는 종파적 활동을 방지하려고 하였다. 특히 이회광의 원종에 항거하여 일
어난 임제종의 젊은 청년 승려들은 사찰령 발포 후에도 여전히 임제종을
표방하므로 총독부는 임제종파 젊은 승려의 본거지인 범어사가 위치한 경
남 지사에게 다음과 같은 통첩을 띄워 임제종의 종파 운동을 방지할 것을
촉구하였다.[18]

조선 사찰의 종지칭호는 수백년 전부터 선교 쌍수의 종으로 결정되어
총독부도 그 칭호를 따르기로 하였다. 그렇건만 귀관내 사찰에서 제출하는
공문 서류에 조선 임제종이라고 자칭하는 일이 종종 있다. 이와 같이 각
자 자기 마음대로 종지 칭호를 사칭하면 일반 승려들에게 종지에 대한 논
쟁을 일으킬 염려가 있고, 나아가서는 분파를 조장할 우려가 있다. 따라서
이후 종명의 사칭이 없도록 각별히 유의하여 적절한 조치가 있기를 요망
한다.

총독부는 사찰령 발포를 계기로 원종과 임제종의 분종을 단일종화

---

18) 上同, pp.929.

하여 조선 불교계를 지배하려고 하였다. 사찰령 시행이 어느 정도 잘 되어 간다고 본 일인 어용학자 고교형은 총독부에 의한 사찰령 시행은 조선 불교의 종교적 부활을 위하여 가장 시의에 알맞는 종교 정책이라 찬양하면서 일본 불교 종파의 조선 불교 연합에 대하여 총독부의 입장을 변호하는 소론을 폈다.[19]

> …그러나 일본 불교의 다수 종파간에 벌어지는 대립의 폐단을 조선 불교에 그대로 옮겨와서 단일 종파로 통일이 가능한 조선 불교에 고의로 혼란을 조성할 위험이 있다. 또 조선 불교의 부활은 일본 승려의 손에 의하기보다는 조선 승려에 위임하는 편이 용이함은 더 말할 것도 없다. 만일 조선 땅에 고래 불교가 없었더라면 일본 승려의 손에 의하여 開拓될 수도 있으나, 이 나라는 신라, 고려, 이조 등 국초부터 불교국이었다. 지금도 그 종자는 충분히 유산으로 남아 있다. 그런데 어찌 언어, 풍속, 습관, 신심의 양식을 달리하는 일본 승려의 손을 빌어서 조선 불교부활을 꾀할 필요가 있을까. 일본 불교는 마땅히 조선 불교와 나란히 나아가면서 그 종지만을 조선인에게 포교하여야 한다. 그러나 조선 불교는 4백 여년동안 사회권 밖에 소외되었기 때문에 승려의 교양이나 포교에 있어서 일본 승려로부터 배울 점이 많다. 조선 불교도는 일본 불교도에게서 배운다는 겸양의 자세를 가져주기 바란다.

그리고 그는 이 논설을 '이것은 조선 불교의 과거와 현재와 미래를 위한 총결론'이라고 끝맺었다. 조선 총독부가 조동종과 원종의 연합을 인가하지 않은 이유를 고교형의 글에서 읽을 수 있다. 위에서 필자가 지적한 이유 가운데 '첫째'가 고교형이 서술한 이유보다 선행되는 근원적 이유가 되지 않을까 한다.

---

19) 上同, pp.888~889.

Ⅲ. 寺 剎 令

　1910년 10월 조선 총독부 개청식에서 사내 총독은 시정 연설을 하였다. 그 가운데서 종교에 관한 부분만 추려본다.[20]

　…조선의 종교는 예수교가 비교적 널리 행하여지고 있다. 예수교가 처음으로 한국에 들어왔을 때, 조선 정치가 크게 문란하였으므로 그들 선교사는 마음대로 포교할 수 있었다. 信教의 자유에는 예나 지금이나 조금도 변함이 없고 장차도 이 취지에는 변함이 없을 것이다. 그러나 조선이 일본 통치하에 들어간 이후는 정치가 문란했던 시대와는 그 취지를 달리하지 않을 수 없다. 즉 정치상 필요한 취체는 어쩔 수 없이 하게 될 것이다. 따라서 이에 대하여 불필요한 논의를 일으키지 않도록 주의하기 바란다.

　초대 총독 사내는 무단 정치를 하기 위하여는 종교의 자유는 제한될 수 밖에 없다는 뜻을 표명한 것이다. 특히 당시 서양 선교사의 포교로 점차 활기를 띠고 있는 기독교를 민감하게 의식한 것 같다.

　사내 총독은 당시 이회광 일파와 그 반대파 사이에 분쟁이 있다는 것을 기화로 불교계에 우선 손을 폈다. 그래서 나온 것이 한·일 합병 다음 해인 1911년 6월 3일 제정된 사찰령 7조다.

　제1조, 사찰을 병합 이전커나 또는 폐지하고자 하는 때는 조선 총독의 허가를 받음이 가함. 그 基址나 명칭을 변경코자 할 때도 위와 같음.
　제2조, 사찰의 기지나 가람은 지방 장관의 허가를 받지 않으면 전법, 포교, 법요 집행 내지 僧尼 止住의 목적 이외에 이를 사용하

---

20) 資料集 4卷, 其他, p.25.

거나 사용케 하지 못함.

제3조, 사찰의 본말 관계, 승규 법식, 기지 필요한 사법을 각 본사에
서 정하고 조선 총독의 허가를 얻어야 함.

제4조, 사찰에는 주지를 둠.

주지는 그 절에 속하는 일체의 재산을 관리하고, 사무와 법요
집행의 책임을 지며 사찰을 대표함.

제5조, 사찰에 속하는 토지, 삼림, 건물, 불상, 석물, 고문서, 고서화,
기타의 귀중품은 조선 총독의 허가를 얻지 않고서는 이를 처
분할 수 없음.

제6조, 전조의 규정을 위반한 자는 2년 이하의 징역 또는 5백원 이
하의 벌금에 처함.

제7조, 본령에 규정된 것 이외에 사찰에 관하여 필요한 사항은 조선
총독이 이를 정함.

그리고 동년 9월 1일부터 시행된 사찰령은 사법과 함께 조선 사찰의
퇴폐를 방지하고 조선 불법의 종교적 부활을 도모하기 위한 훌륭한 법령
임에도 불구하고, 변화를 싫어하는 조선인은 사찰령을 조선사찰의 권리를
박탈하고 승려를 속박하려는 악법이라고 비방하는 자가 더러 있다고 하면
서, 사찰령 시행과 때를 같이 하여 다음과 같은 취지문을 총독부는 각 도
장관 앞으로 보냈다.[21]

본년 6월 제령 7호로 사찰령을 제정 공포함은 조선 사찰의 퇴폐를
방지하고, 그 유지 존속을 보증하기 위하여 어느 정도의 단속은 불
가피하다는 취지에서 비롯된 것이다. 그런데 종종 지방을 배회하면서
여러 가지 誣說을 유포하며 심하게는 사찰령은 조선 사회의 권리를
박탈하고 승려를 박멸하려 한다며 조선 승려들에게 위구심을 안겨다
준다. 그래서 이 기회에 일본 사원의 말사가 되는 것이 유리하다고

---

21) 高橋亨, 李朝佛教, p.887.

꾀어, 재산 관리를 위탁하는 계약서를 강요하는가 하면, 주지 임명문서를 교부하는 사례가 종종 일어나고 있다. 이것은 조선승려들을 오도할 뿐 아니라, 사찰령 시행상 장애가 적지 않다. 그러므로 각 지방 장관은 조선승려들에게 사찰령의 취지를 충분히 이해시키고, 무설에 현혹되어 경거망동하지 않도록 유의하여 주기 바란다.

이 취지문은 사찰령 발포 후 적지 않은 반대 여론이 들끓고 있었음을 짐작케 한다. 더구나 '사찰령은 조선 사찰의 권리를 박탈하고 조선 승려를 박멸하려'고 한다는 험악한 말까지 유포되고 있었다. 그래서 사찰령을 제정, 발포, 시행하려던 총독부는 이와 같은 반대 여론을 무설이라 단정하고 조선승려들은 현혹되어 경솔한 망동을 하지 말기를 각 장관에게 시달하고 있다.

그렇다면 일본 총독부가 제정, 공포, 시행한 사찰령 7조는 정말 그들의 취지대로 '조선 사찰의 퇴폐를 방지하고, 조선 불법의 종교적 부활'을 위한 훌륭한 법인지, 아니면 반대론 같이 '조선 사찰의 권리를 박탈하고 조선 승려를 박멸'하려고 하는 지독한 악법인가 하는 것을 사찰령 7조와 그 시행 규칙을 조목별로 따져가며 가늠하여 볼까 한다.

여기서 잠깐 한국 불교사에 있어서 국가 국력과 불교 교단은 어떠한 역학 관계에 있었는가에 대하여 살펴 보자. 한마디로 '유한한' 국가 권력에 '무한을 지향'하는 불교 교단은 항상 예속적 관계에 있었다고 말할 수 있다. '국왕과 대신을 가까이 하지 말라.'고 되풀이 하던 인도 불교를 수용하고 변용한 중국 불교사에도 국가 권력의 탄압에 항거하여 저항한 거승도 있었다.[22] 그는 '사문도 조정의 신하들과 함께 朝宗의 式에 참가하라.'는 왕명에 대항하여, 가사는 조신의 관복은 아니라고 주장하며, 인도의 불교 교단처럼 불교 교단을 국가 권력과는 다른 차원에 두려고 노력하였다. 그는 불교를 종교의 차원에서 자각한 종교인이었다. 그러나 그 후 불교 교단이 융성하고 肥大하여 감에 따라 불교 교단이 국가 권력의 통치 권외

---

22) 中村元, 東洋人의 思惟方法 卷1, 中國編, p.516.

에 있다는 사실을 국가 권력이 용납할 리 없었다. 국가 권력에서 초연하려는 교단의 자세는 권력의 탄압에 의하여 허물어지기 시작하였다. 그 동안 중국 불교사에는 몇 차례의 廢佛政策이 권력에 의하여 감행되었다. 여기에는 사원의 광대한 토지와 법당에 안치된 불상과 기타 佛具와 佛器에 사용되는 금이나 동에 대한 경제적 고려도 개입되었다. 이리하여 불교 교단은 점차 국가 권력의 지휘와 감독을 받는 '예속적 지위'에 떨어지고 말았다. 중국 국가 권력의 예속적 불교 교단에 하사한 관직이 바로 '僧官'이었다. 승관은 교단 내에서 국가 권력을 대행하는 관직이었다. 승관 제도는 행정제도와 마찬가지로 중앙에 전국의 교단을 통제하는 중앙 기관이 있었고, 지방에 각각 상응하는 말단 승관직이 설치되었다. 그리고 모든 승관직은 승려중에서 국가가 임명하였다. 불교 교단이 국가 권력의 통제하에 놓이게 될 때부터 불교계는 제왕을 신성시하는 사상과 타협하지 않을 수 없었다. '제왕은 여래, 보살'이라 부르며 숭배하는 예배의식이 교단에 도입되었다.

　이와 같이 중국 풍토에 수용되어 변용을 거쳐 상당히 굴절된 불교가 한반도에 전래되었다. 그러니까 국가 권력에 대한 불교 교단의 예속적 지위를 당연한 것으로 받아들였다. 따라서 불교의 예속을 나타내는 승관 제도도 아무런 자각없이 받아들였다. 그리고 전래초기의 한국 불교는 중국 불교의 연장이었다. 그 후 신라, 고려시대에 이르는 동안 불교 교단은 국가 권력의 통제하에 승관을 두고 왕을 여래의 화신으로 숭배하는 의식을 아무런 저항없이 거행하여 왔다. 왕족과 귀족들을 위하여 왕권과 권력의 長久를 기원하는 代價로 王相의 비호를 얻어 불교는 상당히 융성하였다. 그리하여 고려시대에 이르러 불교는 준 국교적 대우를 받았으며, 승려도 준 귀족의 권세를 누릴 수 있었다. 그러다가 이조 시대의 배불 정책은 교단을 예속의 지위에서 소외의 무관심 지대로 몰아넣었다. 굴욕의 시대에 교단은 오직 존속을 위한 자구지책에 여념이 없었다. 그러다가 한말에 '승니의 도성 출입 금지'를 완화하는 정부 정책에 승려들은 감격하였다. 또 광무 6년 정부가 사찰 통제를 위하여 사찰령을 발포할 그 관리서의 책임자에 승관 아닌 속인 관리를 임명하여도 교단은 피동적으로 그저 받아들이는 입장에 있었다.[23] 광무 사찰령이 국가 권력의 지휘 감독하에 전국 사찰을 통제하는 관제 법령임은 물론이다. 일본 총독부가 한일 합병 다음 해인 1911년 제정, 발포, 시행한 사찰령 7조와 그 시행규칙은 광무 6년 사찰령에 기초하고 초안되어 이루어진 것임은 전술한 바 있다. 그렇다면 사찰령 7조와 시행 규칙이 일본 총독부가 조선 불교 교단을 통제하기 위한 관제 법령임은 부언을 필요로 하지 않는다. 그러므로 그 사찰령 7조가 총독부와 취지대로 '조선 사찰의 퇴폐를 방지하고 조선 불법의 종교적 부활'을 위한 훌륭한 법인지, 아니면, 반대론같이 '조선 사찰의 권리를 박탈하고 조선 승려를 박멸'하려는 악법인가 하는 것은 우선, 그것이 제정된 과정을 더듬어 볼 때 막연히나마 그 윤곽이 드러났다고 볼 수 있다. 그리고 사찰령 7조와 시행규칙이 어느 만큼 악법인가 하는 것을 법령의 조항을 따져가며 밝혀 보자.

불교 교단은 엄연히 종교적 신앙 집단이므로 적어도 본산의 주지 선출과 종교 포교를 위한 사찰 재산의 처분은 사찰 자체가 자율적으로 행하는 것이 합리적이다. 한 사찰을 대표하고 사찰을 관리하며 운영하는 최고 책임자인 주지는 마땅히 당해 사찰에서 선출 추대하는 것이 근대 종교 사회의 상도이다. 관공소에는 선출, 추대된 주지의 명단을 통고함으로써 끝나야 한다. 그럼에도 불구하고 사찰령 제 4조에서, '사찰에 속하는 일체의 재산을 관리하여 사무와 법요 집행의 책임을 지고 사찰을 대표'하는 주지의 취직은 시행 규칙 제 2조에서, '본산은 조선 총독에게 신청하여 인가를 얻어야 한다'고 규정하였다. 그리고 30본산 이외의 사찰주지는 지방장관에게 신청하여 인가를 얻어야 하게 되어 있다. 따라서 30본산 주지의 임명장은 조선총독의 명의로 발부되었다. 즉 사찰의 재산을 관리하고 사무 일체를 관장하는 권한을 가진 주지의 인사권은 조선 총독의 손에 달려 있다는 말이다. 사찰에서의 주지 선거는 단지 요식 절차일 뿐 조선을 지배하

---

23) 施政 25年史, p.271.

는 총독이 지목하는 승려가 주지직에 오르게 마련이다. 본산 주지들의 친일적 아첨극은 이 같이 하여 시작되었다. 일제 통치시대의 친일승은 거의 본산주지들 가운데서 나타났다는 사실이 사찰령에 숨은 의도의 일면을 알 수 있게 해 준다. 아부하는 피임명 주지들을 임명권자인 조선 총독이 마음대로 조종하기는 쉽다.

더구나 사찰령 제 5조에서, '사찰에 속한 모든 토지, 삼림, 건물, 불상, 석물, 고문서, 고서화, 기타의 귀중품은 조선 총독의 허가를 얻지 아니하면 이를 처분할 수 없음.'이라고 규정하였으므로 목적 사업을 위하여 토지나 삼림 등을 처분하여야 할 사례가 자주 발생하는 주지들은 더욱 더 처분허가자인 총독에게 아첨할 기회가 많아진다.

다음으로 사찰령 제 3조에서, '사찰령의 본말 관계 승규, 법식, 기지의 필요한 사법은 각 본사에서 정하여 조선 총독의 인가를 얻어야 함.'이라 규정하여 놓고 꼭두각시가 되어버린 사찰 주지를 교묘히 조종하여 사법, 법식 등을 총독의 의향에 따라 만들게 하였다. 시행 규칙 제 41조에서, '본사에서 거행하는 법식을 나누어 恒例式과 隨時式의 2종으로 함.'이라 정하고, 제 42조에 항례식 기일을 다음과 같이 명시하고 있다.

四方拜	1월 1일	紀元節	2월 11일
天長節	11월 3일	新嘗祭	11월 23일

이상은 祝釐法式일이라 함.

元 始 祭	1월 3일	孝明天皇祭	1월 30일
春季皇靈祭	춘분일	神武天皇祭	4월 3일
秋季皇靈祭	추분일	神 嘗 祭	10월 17일

이상은 報恩法式일이라 함.

이와 같이 일본의 축제일과 역대 천황제일을 법식에 넣어 거행케 하고 있다. 그리고 불교 본연의 법식은 위와 같은 일본 축제일을 열거한 다음에,

佛涅槃會	음	2월 15일
佛誕日會	음	4월 8일

　　　　佛成道會　　　　음 12월　8일

이라 하고, 報本法式일이라 하였다. 그리고,

　　　　開山祝忌　　　　大師忌

　　　　祖 師 忌　　　　歷代祖師忌

를 尊祖法式일이라 정하고,

　　　　結制會式　　　　解制會式

을 安居法式일로 정하였다.

　　시행 규칙 제 42조에서 일본 총독이 중시하는 법식이 무엇임을 읽을 수 있고, 또 조선 승려를 황민화하려는 그의 저의를 알 수 있다. 나아가서 제 9장 포교, 제 69조에서, '포교는 종지를 거양하며 중생을 선도하여 사은에 보답할 신념을 수선함을 목적으로 함.'이라 하고, 제 70조는, '전 조의 목적을 달성하기 위하여 〈天皇陛下聖壽萬歲의 尊牌〉를 본존 앞에 봉안하여 매일 祝讚을 함'이라고 규정하였다. 조선 승려는 매일 예불할 때마다 본존불 앞에 봉안된 일본 天皇陛下 聖壽萬歲를 축찬하여야 한다는 법령이다. 조선 승려가 '일본국 천황폐하 성수만세'를 예불 때마다 축찬하여야 한다면, 첫째 진심으로 일본인으로 화하여 축찬하든지, 둘째 관권의 강압에 못이겨 허위로 축찬하는 체 하든지, 셋째 예불은 하지만 축찬은 거부하든지 하는 세 가지 길 뿐이다. 그러나 첫째의 경우, 민족혼을 팔아넘긴 사이비 조선인이므로 조선 승려라 할 수 없고, 둘째의 경우, 종교인의 양심을 배신한 행위이므로 역시 조선승려라 할 수 없고, 셋째의 경우, 천황폐하성수만세의 축찬을 거부하게 되면 총독이 조종하는 주지에 의하여 승려의 자격을 박탈당할 것이므로 역시 조선 승려가 될 수 없다. 사찰령이 '조선 승려를 박멸할 것이다.'라는 반론은 적중하였다고 할 수 있다.

　　어느 시대, 어디서나 악법은 반드시 엄청난 후유증을 남기는 법이다. 더구나 식민지에서 무단 통치를 위한 악법은 때로는 치유 불능의 병신을 남기는 무서운 후유증을 수반한다. 사찰령의 악법이 한국 불교계와 한국 사회에 남긴 후유증에 대하여는 다음 장에서 논술하기로 하고 타종교에 대한 일본 총독부의 규제 상황를 일별하기로 하자. 우선 유교에 대하여는 신중을 기한 인상을 준다. 합병을 전후하여 항일 의병에 유림 출신이 많이 가담하고 있다는 사실을 일제는 의식한 것이 아닌가 한다. 그러나 지방 향교의 토지, 삼림, 재산이 막대함을 인지한 총독부가 수수방관할 이치는 없다. 조선 총독부령 제70호 經學院規程 제 1조에서, '경학원은 조선 총독부의 감독하에 속하여 경학을 연구하며, 風教德化를 裨補함을 목적함.'이라 정하고 재래의 성균관을 경학원으로 개명한 다음, 제 15조에서, '토지, 건물, 국채, 증권, 은행예금 등의 기본 재산은 조선 총독의 인가를 얻지 아니하면 이를 처분할 수 없다.'고 규제하였다.

　　한국의 모든 종교를 관리, 감독하는 총독부 내무국 제 1과 社寺系를 植民政策에 유효 적절하게 종단을 분리, 장악하기 위하여 위와 같이 한국에서 가장 오랜 불교와 유교에 독 묻은 칼을 썼다. 식민 통치에 불교와 유교를 악용하였다는 말이다. 그래서 승려로서 정치를 담론하거나 정론하거나 정사에 가입하는 것을 엄금하였다. 한·일 합병 직후, 소위 '정치를 담론'한다는 말은 일본의 무단 침략을 규탄하거나 비판함을 뜻하였을 것이다. 또 당시의 '政社'라면 아마 항일 투쟁하는 애국 단체였을 것이다. 따라서 일본 통치에 반항하는 불순 승려로 낙인찍히면 승려의 자격증인 도첩을 박탈당하는 가혹한 벌을 받았다. 벌칙에 불조에 대한 不敬, 僧紀紊亂, 轉宗轉流 등의 항목은 응당 열거될 만한 벌목이다. 그러나 정치에 관한 담론과 정사의 가입까지를 중벌로 다루는 저의는 명약관화하다. 지배하는 것은 오직 총독 뿐이고 한국인은 그저 총독 지배에 순순히 피지배적 위치에서 복종하라는 뜻이다. 또 1914년 일본 총독부 내무국은 포교 규칙을 제정 공포하였다. 이 포교 규칙의 제 1조는, '본령에서 종교라 함은 신도, 불교 내지 기독교를 가리킨다.'고 종교에 기독교를 포함시키고 있다. 당시 주로 외국인 선교사에 의하여 포교 운영되던 기독교 단체이므로 외국인의 신분이란 점을 고려하여 사찰령이나 經學院令 같은 악법은 아직 나오지 않았다. 기독교 단체에 대한 악랄한 규제는 중일 전쟁 이후의 일이었다. 1919년 3·1절 독립운동이 있은 그 때부터 기독교 교회를 점차 외국 선교사의 손에서부터 한국인이나 일본인의 손으로 옮겨오려는 공작이 벌어졌다.

포교 규칙 제 2조는, '종교 선포에 종사하고자 하는 자는 포교자가 될 자격을 증명할 문서나 이력서를 첨부하여 조선 총독에게 신고하여야 한다.'고 정하고, '단 포교 관리자를 둔 교파·종파와 조선 사찰에 속한 자는 생략할 수 있다.'고 하였다. 그러니까 사찰령에 의하여 이미 규제된 조선 사찰은 어용 주지의 임명권을 총독이 장악하고 있기 때문에 주지가 관리 감독하는 포교사까지 직접 손댈 필요를 느끼지 않았다. 단 유교나 신도에 관하여는 더 말할 것도 없다. 황도화의 본거인 신사에는 일본에서 관리자를 派送하고 있다. 따라서 이 규칙은 기독교 계의 교회나 성당의 목사나 신부를 의식하고 제정하였다고 생각된다. 그런데 제 4조에서, '조선총독은 포교의 방법, 포교 관리자의 권한과 포교자 감독의 방법, 또 포교 관리자를 부적당하다고 인식할 때, 그 변경을 명할 수 있다.'고 관권의 한계를 명시하였다. 그것도 총독이 일방적으로 '부적당하다고 인식할 때'라고 하여 부적당의 한계도 명문화되지 않고 막연한 데다가 총독이 '인식할 때'라고 하였으니 지상에 이와 견줄 종교 탄압법이 또 있다고는 상상할 수도 없다.

사찰법으로 불교를, 경학원법으로 유교를, 포교 규칙으로 기독교를 뜻대로 주무를 수 있게 된 총독은 조선의 새 종교를 앞장세워 소위 황민화 정책을 착착 진행시키려고 하였다. 정치 권력에 의하여 한국인의 주권을 박탈하고, 종교에 의하여 한국인의 정신을 빼앗아 갔다는 통탄이 수긍이 가고도 남음이 있다. 관제의 악법으로 총독의 꼭두각시가 되어버린 종교 교단에서 가장 신성하고 가장 근원적인 신앙의 자유를 찾을 수 있다고 기대할 수는 없다.

Ⅳ. 寺刹令 施行과 佛敎敎團의 動向

시정 25년사에서 총독부는 사찰령과 그 시행규칙 반포 후의 한국 불교계를 다음과 같이 말하고 있다.

1911년 6월 제정 실시된 사찰령과 그 시행 규칙은 한국 불교를 빈 사상태에서 소생케 하였다. (중략) 뿐만 아니라 총독부는 합방 당시 의 諭告에 있어서 信敎의 자유와 아울러 유·불·기독교를 막론하고 모두 평등하게 취급한다는 취지를 선언하였다. 사찰령은 실제에 있어서 불교의 존립과 아울러 보호에 완전을 기한 것이다. 따라서 오랫 동안 퇴폐가 극심하였던 사찰은 새로 주지를 두어 사법을 제정하고 재산 보호 방법을 확립하는 등 그 면목을 일신하였다. 수 백 년 동 안 억압되어 온 승려는 처음으로 一視同仁의 정화 혜택에 기쁨을 감 추지 못하고 굴복 상태를 벗어나 이제는 타 종교자와 대등하게 포교 의 임무에 당하고 있다. 그리고 점차로 각자의 직책를 자각하고 있 다.

'사찰령은 불교의 존립과 아울러 보호에 완전을 기한 것이다.'라고 한 구절과 '수 백년 동안 억압되어 온 승니는 처음으로 일시동인의 정화 혜택에 기쁨을 감추지 못하고'라 한 구절은 조작치고도 지나친 느낌을 준 다. 관제 사찰령에 의하여 한국 불교가 일본 총독의 관권하에 예속됨은 종교적 신앙의 자유를 박탈하는 정치적 강압이건만, 그들은 관제 사찰령 에 의하여 '한국 불교는 소생하였다'고 강변한다. 일제는 억압된 조선 왕 조하의 불교를 보호 육성한다는 종교 정책을 표방한다. 조선왕조가 붕괴 되었으므로 승려들은 우선 사대부 계급으로부터 멸시와 모욕을 면할 수 있었다. 그러나 이리를 몰고 호랑이를 불러들인 셈이다. 억압된 불교를 보 호 육성한다는 미명하에 불교를 어용화하여 통치 목적에 이용하려는 것이 일제의 속셈이었다. 그러나 음흉한 일제의 속셈을 알지 못한 일부 승려들은 왕조의 억압에서 벗어난 것만을 기뻐하며 사찰령에 찬사를 보냈다. 모든 일을 식민 통치의 방법으로 몰고 가는 것이 일제의 무단 정치였다. 그러나 나라의 주권은 빼앗겨도 사찰령에 의하여 불교는 조선 왕조의 억압에서 벗어났다고 속단한 자각없는 일부 승려들은 사찰령을 반포한 일본 총독의 처사를 찬미하고 일본 천황의 성은에 감격하였다. 1912년 11월 25일, 조선 불교 월보에 香嚴・金之淳이란 승려는 일본 천황의 성은에 감격한다고 글을 썼다.[24]

> ……近古以來 조선불교계에 宗風頹綱하고 규율이 失紀한지라……仰瞻佛祖컨대 感淚가 自不覺縱橫이나 然而內顧에 道德力・慈悲力이 박약하여 不能整頹綱이요,……何幸 明治 44년 9월 1일에 사찰령이 시행되어, 此乃 明治天皇께옵서 我 朝鮮民族이 塗炭에 陷함을 진흥케 하시니 寔是 一視同人하여 如保赤子하시는 隆恩鴻澤에 우리 朝鮮臣民이 涵泳한 바이로다. 遂乃 사찰령을 기인하여 대정 원년 9월부터 각 本山法을 조선 총독 각하가 今上階下의 聖旨를 對揚하여 漸次認可하시니, 我 佛祖의 戒律을 重編하여 叢林에 嘉獻을 更定하였도다. 此로 從하여 僧侶의 不軌不律하던 非行도 可以糾正이요, 瀨散無檢束하던 악습도 亦 可以策勵하리라.……

전등사 주지였던 승려 金之淳은 합병한지 2년만에 벌써 일본 명치 천황이 '我 朝鮮民族이 塗炭에 陷함을 진흥케 하시니 寔是 一視同人하여 如保赤子하신다.'고 친일적 발언을 서슴치 않고 하였다. 굴욕의 한・일 합병을 도탄에 빠진 조선 민족을 如保赤子하신 명치 천황의 성은으로 찬미하였으니 매국적 행위도 이 보다 더 심한 예는 드물 것이라고 본다.

그해 초 총독부를 방문한 6개 본사 주지들에게 다과를 베푸는 자리에서 일본 총독은,

> 주지는 사찰을 대표한 자이니 법률을 遵奉하여 사원을 보관하며

---

24) 朝鮮佛教月報, 10號, pp.2~4.

> 승려를 지도하여 학문, 도덕을 연구케 하며, 불교 진리를 일반에 보
> 급케 하여 사람들로 하여금 淳良한 성품을 化成케 하여 정부가 하는
> 일에 지장이 없도록 하여주기 바람.[25]

이란 훈유를 하였다. 요지는 총독의 식민 통치에 지장이 없도록 조선 민
족의 성품을 순량하게 만들어 달라는 것이다. 그런데 총독의 이 같은 훈
유에 대한 불교계의 반응이 주목을 끈다.

> 진실로 총독부에서 우리들에게 위탁하며 희망하는 바가 若是其重
> 大하도다. 此訓이 어찌 당면한 6개사 주지에게만 止하며 個本寺 주지
> 에게만 止하며, 900여개의 본말사 주지에게만 止하리오. 6천여 승려
> 동포에게 개개히 보급한 명훈이로다.
> 　政令으로 以하며 문자로 以하며 훈유로 以하며 諄諄히 我 승려로
> 하여금 자기도 上等人格을 成하며 敎法도 上等地位를 進하며 사람들
> 도 上等風化로 인도하기를 희망하거늘 尙且 屈蟄하고 壓勒하던 舊時
> 代로 看做하고 鼾睡가 未醒하여……何時에나 인민을 교화하여 정부
> 에서 우리들의 희망하는 바를 보답할른지 嗟乎嗟乎라.[26]

고승들의 總督謁見이 있은 그 해 2월 25일 조선 불교 월보 창간호에
蓮邦頭陀 崔就墟란 분은,

> ……大哉라, 天皇陛下之聖德이시여. 善哉라, 總督閣下之明政이시여,
> 當今國土를 유신하시며 정치를 유신하시는 중 民業을 유신하시며 도
> 덕을 유신하시는 중 我大雄代의 세계를 공익케 하시며 인민을 普利
> 케 하시는 至道至理가 屈壓而未仲超殘百年한 종교를 一制一令으로
> 하여금 我 승려의 정신을 환기하사……

라고 노골적인 친일적 언사를 弄하였다. 무단 침략에 의한 한·일

---

25) 資料集, p.28.
26) 朝鮮佛敎月報 2卷 p.4.

합병을 일본 천황폐하의 성덕으로 받아들이는 그의 미자각을 의심하지 않을 수 없다. 사찰령을 총독의 明政으로 돌리는 그의 '無明'에 놀라지 않을 수 없다. 이 같은 글을 실은 잡지 조선 불교 월보는 사찰령 시행 반년만에 창간되었다. 불과 1년 6개월, 19호를 종간호로 끝났지만 불교계에서 월간 잡지를 발행하기는 이것이 시초다.

그런데 합병 직후 아직 민족적 저항 기운이 짙게 감돌고 있을 때 유독 불교계의 일부 승려가 친일적 발언을 서슴치 않고 하였을까. 여기에서 몇 가지 이유를 들어 살펴 볼까 한다.

첫째, 수백 년 동안 정권에 의하여 억압되었던 심리적 반동으로 조선 왕조를 무너뜨린 세력에 —그것이 외세라 하더라도— 야합할 가능성은 있었다. 조선왕조에서 불교가 어떻게 억압받았고 승려가 어떤 대우를 받았는가 하는 사실을 안다면 다소의 동정은 간다. 그러나 자각을 주창하는 불교의 승려라는 점에서는 비판의 여지가 있다. 그리고 종교는 어디까지나 유한한 인류 사회 조직체인 국가보다 차원이 높은 무한을 지향하고 있다는 자각이 결여되어 있음을 지적하지 않을 수 없다. 또 言必稱 '호국불교'를 내세우는데 그렇다면 '호국'할때 '국'이 구체적으로 어느 나라를 가리키는가 라고 묻고 싶다.

둘째, 타율적이건 자율적이건 불교가 사회 참여에 무관심하였던 것을 이유로 들고자 한다. 조선 왕조 사회에서 타율적으로 소외되었던 불교 교단은 사회와는 격리된 폐쇄집단이었다. 따라서 사회 참여가 불가능하였던 이유도 있다. 사회 참여가 불가능하였던 불교교단은 합병 직후 일어난 민족적 저항 운동의 정세에 어두웠다. 어떻게 보면 다수 승려들은 당시의 국제 정세는 물론 국내 정세에 어두웠던 것 같다. 1912년 2월 13일 '대한 매일 신보'에서 '승려의 현상'을 다음 같이 말하고 있다.

舊韓時代에는 승려를 七賤의 —로 지목하여 —毫의 獎勵 혹은 지도가 없이 白雲 衣鉢로 自馴自栖하였으니 자연 識見이 固陋할지오 經論이 박약할지라……

합병 직후 승려의 자질을 점칠 수 있는 글이다. 따라서 이회광같은 친일 승려가 총독부의 세력을 등에 지고 친일의 방향으로 불교 운동을 획책하면 다수 승려들은 자각없이 추종하게 되어 있었다. 조동종과의 연합에 실패한 이회광은 이후에도 몇 차례 일본의 특정 종파와의 연합을 시도하였다. 그는 마지막까지 친일 승려로서 한국 불교계에 적지 않은 파문을 던졌다.

이상에서 열거한 두 가지 이유로 당시 다수의 자각없는 승려들은 일본의 식민 통치목적을 위한 사찰령 시행에 쉽게 동조하였다고 본다. 자각 없는 승려들 중에는 사찰령 시행 이후 승려의 지위가 갑자기 향상됨에 도취되어 승려의 신분을 망각하는 일이 더러 있었다.

1911년 사찰령 시행 이후 승려의 지위가 향상하여 일약 중생을 교도하는 종교가가 되었다. 따라서 일반인들이 승려를 보는 눈도 전시대와는 달라졌다. 그런데 일부 승려들은 신분이 향상하자 갑자기 명함에 이름 뿐 아니라 법계를 명기하였다. 그리고 속인들의 옷으로 갈아 입으며 속인의 모자, 구두까지 신고 인력거나 자동차로 서울 시내를 질주하였다. 그래서 恭遜忍辱을 종지로 하여야 할 출가자의 길에서 어긋나기 때문에 사람들의 빈축을 샀다.[27]

이 글은 일본측의 자료에 의한 것이다. 당시 승려들의 동태를 읽을 수 있다. 또 1913년 2월 조선 불교 월보는 총독부 과장 渡邊 彰을 방문한 감상문에서 승려들의 동태를 지적하고 있다.

……三數 년전(1910년)만 하더라도 총독부 내에 조선승려의 足跡을 볼 수 없었다. 그런데 올 해에 이르러 고승 등이 당당한 모습으로 인력거를 타고 총독부를 드나든다. 그러나 아직도 총독부 내에서 조선 고승의 圓音을 듣지 못함은 유감이다.

---

27) 高橋亨, 李朝佛教, p.917.

이제 대개 사찰령 시행 이후의 한국 불교계에서 주도적 친일 승려와 그 친일 승려를 추종하던 무자각 승려들의 동향을 알았다. 어떤 집단에 외부의 압력에 의한 衝擊이 가하여지면 대체로 세 가지 방향으로 반응이 나타나는 법이다. 그 충격과 재빨리 호응하여 그 파장과 동조하는 부류와 속도는 원만하지만 서서히 그 충격 파장과 동조하는 부류와 그 충격과 정면으로 도전하는 저항 부류 등 세 가지 반응이다. 즉 외부 세력에 직각적으로 아부·아첨하는 사람들과 주위의 눈치를 보다가 천천히 아첨하는 사람들 그리고 외부 세력에 대응 저항하는 사람들을 말한다. 위에서는 주로 일본 식민 통치 세력과 야합하고 그 세력에 아부·아첨한 친일 승려와 지각없이 친일승려가 하는 일에 추종한 승려들에 관하여 논술하였다. 이제부터 일본 무단통치에 가장 완강하게 저항한 승려에 관하여 살펴 보자. 거센 바람에 모든 나무가 한 쪽으로 기울어져도 끝끝내 기울지 않는 나무 한 그루 쯤은 있는 법이다.

우선 최초로 유학갔던 젊은 승려 金智玄의 글을 옮겨 보겠다. 1913년에 벌써 일본 경도에 유학갔었다면, 아마 초창기의 해외유학생으로 선발된 유능한 젊은 승려였을 것이다.

> ……嗚呼 諸君이여, 白日이 中天에 到함을 知耶否아, 尙히 曉蒙을 覺破치 않고 半生半死함과 十里霧中에 彷徨함 如히 급급한 시대를 허송하니 기히 本人의 獨嘆할 바리요. 諸君을 대하여 言고자 함에 흉중에 사조가 鬱勃하여 語寒不出이로소이다. 제군은 玆에 一大活眼을 開轉하여 세계의 情勢를 通觀하시오. 日進月盛하는 활동력이 如何한가. 諸君은 이와 같이 紛雜多事한 競爭道裡에 我等 불교 사회에도 하등의 활동이 有耶否아. 제군은 何時를 持하여 何許人을 의뢰하는고
> ……

'불교청년 제군에게 懇告한다'는 제목의 글 두서이다. 젊은 기개가 엿보인다. '白日이 中天에 到함을 知耶否아'라고 한 것을 보면, 그의 눈에 한국 불교는 아직 깊은 睡眠중에 있었던 것 같다. 그래서 '半生半死'라고

358

혹평한 것이다.

> 天運도 人의 運動力을 대하여 幇助하는 자에 불과하고 彌勒佛 출
> 현도 시간이 極遠하니 我等의 待할 바 아니오. 白髮老德은 過去家에
> 用事한지라. 其百年이 不遠하니 更히 활동력이 不當하도다. 然즉 我
> 等의 의뢰한 희망이 何에 在할고, 제군 심사 하시오. 아무리 思慮하
> 여도 我等 청년의 自信自由한 활동력 즉 원동력이 在하도다.
> 불자된 重任을 盡하여 朝鮮佛敎 革舊就新하기 可할 시대이라. 快哉
> 라, 제군의 전도에 희망하기 可할 前道라. 然이나 이와 같이 유쾌한
> 前程에 山海와 如한 장애를 知耶否아. 中道에 畏縮하여 避止한 者,
> 총히 장애를 인하여 踰越할 능력이 無한 者이라. 嗚呼라, 我等 前程
> 에 如何한 장애인고…… 28)

위 글에 천황폐하의 성은이니 총독의 명정이니 하는 구절이 눈에 띠
지 않는다. 그리고, 백발노덕을 향한 공격의 화살이 날카롭다. 세대의 隔
差에서 오는 비판인 줄 안다. 이 때부터 한국 불교계에는 구세대와 신세
대 사이에 의견 충돌이 자주 일어났다. '유쾌한 前程에 山海같은 障碍'중
에는 아마 舊世代의 頑迷도 들어 있을 줄 안다. 金智玄 승려뿐 아니라.
당시의 논설에는 불교는 '睡眠중에 있다' '老德은 枯木이다', 또는 '今日은
活動의 時代' 등의 공통 표어가 자주 눈에 띈다. 친일 승려중에 노덕이 많
았다는 사실과 반일 저항 승려중에 젊은 지식 승려가 많았다는 사실이 신
구 세대간의 마찰을 가열시켰을는지도 모르겠다. 여하튼 젊은 승려들 사
이에는 주변의 민족적 저항 기운을 민감하게 의식하고 또, 신앙의 자유를
침해하는 사찰령이 악법임을 인지하고 총독 정치와 사찰령 시행에 완강하
게 저항하려는 싹이 움트고 있었다.

이 같이 움트는 싹을 가속도로 성장시켜 사회적으로 노출시킨 인물
이 바로 정열적 승려 韓龍雲이었다. 그는 끝끝내 어떠한 비 바람에도 꺾
이지 않는 오직 하나의 거목이었다. 사찰령이 시행되던 1911년 그의 나이

---

28) 東亞日報, 1921年 2月 16일 사설.

32세, 그는 젊은 나이에 벌써 사찰령은 선진 세계에 그 전례를 찾을 수 없는 악법임을 알고 있었다. 또 그는 사찰령이 일제의 무단 통치를 위하여 불교계를 규제와 회유의 양면으로 억압하는 악랄한 종교정책임을 간파하였다. 그래서 그는 불교계와 민족의 앞날을 위하여 이 악법은 단연코 철폐하여야 한다고 생각하였다. 그는 이전부터 구상하고 있던 '불교유신론'을 저술하여 세상에 공표하였다. 1600년의 오랜 잠을 깨우기 위하여는 극단적이고 자극적인 언사가 아니고서는 불가능하였다. 그는 연대는 좀 나중이지만 화석처럼 굳어버린 불교 교단을 향하여 동아일보에 다음 같은 글을 실은 적이 있다.

　　우리는 불교를 위해 구구히 변명코자 하지는 않는다. 그러나 활동적 종교를 적멸의 종교라 함은 불가한 것을 절실히 느껴야 할 것이다. 생명이 있는 종교를 오해하여 實人生과 교섭이 없는 죽은 종교라 함을 통분히 생각하여 이 글을 쓰는 바이다.……(中略)……불교는 사찰 안에만 존재하는 것인가. 아니다. 불교는 경전에만 존재하는 것인가. 또한 아니다. 불교는 실로 각 사람의 정신적 생명에 존재하여 그 자각에 존재하는 것이 아닌가.……(중략)……우리는 불교가 참으로 그 큰 뜻에 입각하여 민중과 접하여 민중으로부터 화하기에 바란다. 불교가 민중과 더불어 화하는 길은,
　　첫째, 그 교리를 민중화하고 그 경전을 민중화해야 한다.
　　둘째, 그 제도를 민중화해야 하고 그 재산을 민중화해야 한다.

　냉철한 이성도 지녔지만 넘치는 정열 때문에 격하기 쉬운 그는 태고적 잠에 깊이 빠져 있는 불교 승단의 진상을 보고 가만히 있을 수 없었다. 언제나 방관자가 되기를 거부하는 한용운이었다. 1913년 그는 불교유신론에서 과격한 논조를 펴나갔다. 그는 유신론의 서론에서 유신의 당위성을 강조한다.

　　오늘의 세계는 과거의 세계도 아니고, 그렇다고 미래의 세계도 아니고, 오로지 오늘의 세계다. 그렇거늘 어찌 천만 년 전 일을 연구하

고자 하며, 또 천만 년 후 일을 연구하고자 하는가. 요새 모든 일에 있어서 유신을 부르짖지 않음이 없다.……(중략)……그런데 유독 조선 불교만이 유신을 외면하고 있으니 무슨 징조인지 모르겠다. 유신할 것이 없다는 것인지 유신할 만한 것이 못 된다는 것인지 아무리 생각해도 그 까닭을 모르겠다.

그는 우선 불교의 현실을 모질게 강타한다. 그리고 설혹 유신에 뜻 있는 자도 일의 성패를 천운에 돌리거나 다른 사람에게 돌리는 나쁜 폐단을 없애야 한다고 강조한다. 불교 교리의 '민중화'와 제도·재산의 민중화를 강조하는 까닭은 당시 사찰령에 묶여 모든 제도나 재산이 관영화 되어 있었기 때문이다. 관권이 그것도 일본 총독의 관권이 좌우하는 불교 교단의 현실을 의식하고, 그는 민중화를 강조한 것이다. 불교 유신론의 구상은 사찰령 반포 이전에 이루어진 것이므로 유신론 내용에 사찰령에 관하여 비판하는 분명한 표현은 보이지 않는다. 그러나 유신론이 공표된 것은 1913년 5월 25일 즉 사찰령 시행 2년 후의 일이므로 논조에 사찰령의 악법을 의식하고 있음을 읽을 수 있다.

유신론에서 그는 성격의 일면을 엿보이게 하는 무서운 표현을 서슴치 않고 감행하였다.

유신자는 무엇이냐. 파괴의 아들이다. 파괴자는 무엇이냐. 유신의 어머니다. 천하에 어머니 없는 아들이 없고 파괴없는 유신은 없다. 파괴한다는 것은 아주 깨뜨려 없애자는 것이 아니고, 낡은 습관을 새로운 세대에 맞게 함이니 이름이 파괴이지 실은 파괴가 아니다. 그러므로 훌륭하게 유신하는 자는 또 훌륭하게 파괴하는 자이며, 완만히 파괴하는 자는 완만히 유신하는 자이고, 빨리 파괴하는 자는 빨리 유신하는 자이며, 크게 파괴하는 자는 크게, 또 작게 파괴하는 자는 작게 유신하는 자이다. 따라서 유신의 정도는 파괴의 정도에 비례한다. 그러므로 유신자가 손대야 할 첫 사업은 바로 파괴이다.

1919년 3·1 독립운동 이후, 민족적 자각을 위한 계몽 운동이 요원의 불처럼 일어 날 때, 불교계는 '무기력한 단체'로 사회의 비판을 받았다. 1920년 5월 9일~10일 이틀 동안 동아일보에 그는 '멸망이냐, 부활이냐'의 제목으로 불교의 무력을 논란하는 글을 실었다. 또 동아일보는 5월 21일 '조선 불교 책임자 제씨에게'란 불교 개혁안도 게재하였다. 그러다가 1921년 한용운의 불교 유신회에서 이름을 딴 '불교유신회'가 창설되었다. 불교 유신론에 이념의 기반을 둔 청년 불교 단체임은 더 말할 필요도 없다. '교리의 민중화와 제도의 민주화'를 위한 구체적 실천운동이 불교청년에 의하여 전개된 것이다. 불교유신회의 창설을 격려하는 동아일보의 사설은,

> 재래의 불교는 권력자와 합하여 망하였으며 부호와 합하여 망하였도다. 원래 불교는 계급에 반항하여 평등의 진리를 선양한 것이 아닌가. 此가 권력과 합하여 그 생명의 대부분을 失하였으며 원래 불교는 소유욕을 부인하고 우주적 생명을 취하므로써 골자화하지 아니하였는가. 부호와 합하여 안일의 탐욕에 그 생명의 태반을 失하였도다. 이제 불교가 실로 진흥하고자 할진대 권력계급과의 관계를 단절하고 민중의 신앙에 立하여야 할지며……(후략)

그 불교계의 현재와 장래를 말하고 있다. 다음 해 드디어 불교 유신회는 '사찰령 폐지'를 행동 목표로 삼고 일본 총독부에 대항하고 나섰다. 동아일보 사설은 '사찰령폐지 운동'을 격려하였다.[29]

> ……(전략)……과거 寺內時代에 발포된 사찰령의 내용을 일관하면 사찰의 병합, 이전, 폐지, 명칭변경에 일일이 조선 총독의 인가를 受하게 하였으며, 사찰의 住持就識도 조선총독의 인가를 受하라 하였으며, 사찰에 속한 부동산의 처분도 조선 총독의 인가를 受하라 하였도다. 이로 말하면 조선 총독은 불교의 羅馬法王이라. 불교계에는 하등의 자유가 無하며 그 간섭이 가혹한 것도 사실이니, 이러한 종교에 관한 법령은 세계에 空有할 것이라. 勿論 재래의 불교 신도의 자

---

29) 上同, 1922年 4月 25日 사설.

각정도가 低劣한 것도 그 원인이 될 것이나 현금에 至하여는 斯界의 有爲有識의 청년이 年加歲增하여 그 불편을 叫呼하며 그 자유발전을 切願하는 이상에는 과거의 관료적 사찰령을 폐지하고 그 요구에 응하는 것이 선량한 방책이 아닌가. 불교나 기독교가 공히 세계 종교라, 그러면 그 待遇方法과 取締法令을 동일하게 하는 것이 정당하도다. 기독교는 구미인의 관계된 바라 하여 관용한 방침을 취하고 불교는 약자의 집합이라 하여 그 자유를 속박하는 것은 도리어 위정 당국자의 치욕이며 信敎自由의 방해라. 이러한 점에서 吾人은 불교유신회의 권리와 자유를 위하여 활동하는 것을 정당하다 하고 겸하여 당국자의 一考를 促하노라.

한용운을 중심으로 불교유신회가 사찰령 폐지 운동을 전개하고 있을 때, 사찰령을 지지하는 주로 본산 주지 중심의 구세력은 여전히 일본 총독의 권력을 등에 지고 총독의 종교 정책에 순응하여 불교계에 군림하여 왔다. 이리하여 청년 불교와 구세대 불교 사이에는 심한 갈등이 일어나게 되었다. 두 세대의 갈등은 사찰령의 찬반을 놓고 격렬히 맞섰다. 사찰령은 조선 불교계에 심한 분열을 가져왔다. 악법은 관계된 모든 사람들에게 불화와 분열의 불씨를 안겨다 준다. 1911년 일본 총독의 종교 정책의 일환으로 발표된 악법, 사찰령은 결과적으로 한국 불교계에 일본 총독의 혜택을 입은 본산 주지를 主軸으로 하는 친일 승군과 세계 정세에 눈뜨고 시대의식에 민감한 혁신적 불교 청년 중심의 사찰령 폐지파와 어느 시대 어는 사회에서나 흔히 볼 수 있는 기회주의 부류가 농후한 무사 안일 승려 군 등 세 가지 분파를 형성하였다. 그리고 이 분파 작용은 1920년대, 1930년대로 접어들면서 가열되었다. 그러나 1930년대 후반기, 즉 일제의 대륙 침략 전쟁과 1940년대 제2차 세계 대전에 접어들면서 일본의 무단 침략 정책이 노골화하여 감에 따라 친일 승려들은 득세하고 일제의 전쟁 목적에 적극적으로 야합하여 법당에서 일본군의 무운 장구를 기원하는 풍경을 보게 되었다. 이쯤되면 기회만 엿보던 무사 안일파 들은 일거에 친일 승려파들에 아부하고 아첨하게 마련이다. 반면 민족의 앞날을 걱정하고 사찰령의 폐지를 주창하던 청년 승려들은 어두운 역경에서 쓰라린 인욕의 나날을 보낼 수밖에 없었다. 그러나 사찰령 반포 이후 1920년, 1930년, 1940년대의 친일과 항일의 역사는 후일 다시 상세히 다루기로 하겠다.

結

　　　사찰령 시행이 이미 서문에서 '여러 가지 종교 탄압을 감행하는 한편 종교를 통치 정책에 이용하기로 했다.'고 밝힌대로 총독의 통치 목적에 어떻게 이용되는가 하는 것은 위의 논술에서 대개 드러났다고 생각한다. 일본 식민 정책 수립자들이 볼 때, 1910년 한·일 합병 당시의 한국 불교계는 수백년 계속된 불교 탄압 때문에 거의 무방비 상태에 있었고 또 승려들은 국제 정세에 어두웠고, 종교인다운 사명감에 투철하지 못한 정신적 허탈에 빠져 있었다. 따라서 승려의 지위를 향상시켜 준다는 한 마디에 손쉽게 넘어 올 수 있는 것이 한국 불교라고 보았을런지 모른다. 그래서 합병된 지 일년도 못되어 한국 불교의 인사와 사원 영리를 총독이 관장하는 악법을 제정, 발포, 시행하였다. 그런데 그들의 판단은 적중한 것 같았다. 사찰령이 시행되자 곧 사방에서 지각없는 한국 승려들의 환영사와 함께 아부, 아첨의 글월이 총독부에 답지하여 왔으니 말이다. 불교는 전래 이후 왕권이나 권력에 의지하여 왕권과 함께 흥망 성쇠를 같이 하여 온 경향이 농후하였다. 따라서 조선왕조에서 소외되었던 서러운 처지에 놓여 있다가 일본 총독에 의한 권력의 비호의 손이 내려지자, 권력 비호의 뒤에 감추어진 술책을 따지려고도 하지 않고 곧 사찰령을 받아들이려고 하였다.

　　　그러나 당시의 승려 전체가 무자각하였다고 볼 수는 없다. 일찍이 일본 무단 침략의 마수를 알아차린 현명한 승려도 있었다. 한용운 중심의 불교유신회는 사찰령을 세계에 그 유례를 찾을 수 없는 종교 탄압법이라 규탄하며, 이 악법의 폐지를 공표하며 적극적 운동을 전개하였다. 1920년대 초반기의 일이다. 여기서 사찰령을 지지하는 본산 주지 중심의 구세대와 폐지를 주창하는 젊은 불교청년 사이에 갈등이 일어났다. 일본인측 자료는 다음과 같이 말하고 있다.

> …종전 조선 사찰 특히 대찰에서는 山中公事라는 공의 제도가 있어, 모든 것은 산중 장노와 청년승들의 공론이 결정하였다. 따라서 주지나 소수파의 전횡은 있을 수 없었다. 그런데 사찰령 발포 후, 본산 주지 신분이 상당히 높아짐에 따라서 新正에 총독관저에서 요인 대우를 받게 되므로 그들은 교만하여지기 시작하였다. 거기다가 사내 모든 사무 처리를 총독이 주지에게 일임하게 되어 공의제는 없어지고 주지에 의한 전횡이 일어났다. 때때로 사중 재산 처리를 부정하게 하는 사례가 일어나 주지와 일반 승려 사이에는 불화가 빈번하였다.……(중략)……동일승려가 일차, 이차 주지직을 연임함에 이르러, 주지와 그에 아부하는 소수파 승려에 의한 전횡은 더욱 심해갔다. 드디어 젊은 승려들에 의한 주지의 비행 규탄과 함께 사찰령 폐지 운동이 일어나게 되었다.…(후략)[30]

그런데, 총독통치 초기에 사찰령을 입안한 주모자가 누구며, 어떤 동기와 어떤 전례에 의거하여 사찰령 7조와 시행령을 제정하였는가 하는 것은 일본측 자료의 미 입수와 미비로 구명하지 못하였음은 유감이다. 또 사찰령 같은 악법 제정 과정에 일본 승단의 관여가 어느 만큼 있었는가, 그리고 사찰령 반포 후 일본 종교계 특히 불교계에 의한 반향을 알 수 없는 것도 미흡한 점이다. 이후 자료를 조사하여 보충할까 한다. 또 한 가지 대만 식민 통치시의 종교 정책과 영국이나 프랑스가 식민통치시 어떻게 원주민의 종교를 규제하였는가 하는 자료도 미비하여 비교가 이루어지지 않았음을 고백한다. 여기 이 소론은 한국 불교 최근 백년사 서술을 위한 일부분 즉 '사찰령' 부분임을 後記한다는 맺음말로 끝낼까 한다.

---

30) 高橋亨, 李朝佛教, p.942.

韓龍雲의 政教分離論에 대하여

序

　　자유란 것은 고래로 자유의 주체인 인간이 천부의 자유를 빼앗기지 않으려고 노력하고, 일단 빼앗겼으면 회복하려고 노력하는 막중한 책임을 다할 때, 인간과 함께 존재한다는 이상한 성질을 지니고 있다. 인간이 나약하거나 안이함에 빠져서 노력하는 책임을 등한히 할 때, 자유는 주체인 인간의 곁을 떠나서 타인의 손으로 넘어간다. 즉 가장 소중한 자유는 주체의 무관심과 무책임 때문에 남에게 빼앗기게 되는 것이다. 그런데 자유는 공기나 물처럼 일단 빼앗기게 되면 죽음 같은 고통을 수반한다. 그래서 그 자유를 도로 찾기 위하여 인간은 목숨을 건 투쟁을 펴나가는 것이다. 인류사를 훑어보면 선질보다는 악질 세력이 지배했던 시대가 더 길었던 것처럼, 자유의 시대보다는 자유를 잃어버린 시대가 더 길었다. 그래서 인류의 정신사는 빼앗긴 자유의 회복을 위한 투쟁사였고 또 자유는 인류사의 유실물이었다.

자유를 잃은 인간 존재는 인격적 주체성을 잃은 노예적 신분으로 전락된다. 일제 식민지 시대를 어둡게 살았던 萬海 韓龍雲은 자유와 함께 나라를 빼앗기고 노예 신분으로 전락된 심경을 다음과 같이 읊었다.[1]

(전략)나는 갈고 심을 땅이 없으므로 추수가 없습니다. 저녁거리가 없어서 조나 감자를 꾸러 이웃에 갔더니 주인은 "거지는 인격이 없다.…너를 도와 주는 것은 죄악이다"고 말하였습니다. 그 말을 듣고 돌아 나올 때 쏟아지는 눈물 속에서 당신을 보았습니다.〈'님의 침묵'에서〉

만해는 자유를 잃은 존재를 '인격 없는 거지'로 비유했고, 인격 없는 사람은 '생명 없는 존재'라는 과격한 표현을 썼다. 그는 이어서 자유가 없으므로 民籍도 없고 인권도 없는 자에게는 정조가 없으므로 칼을 잡은 '장군이 능욕하려 했다'고 울분을 토했다. 그는 다시 "그를 항거한 뒤에 남에게 대한 격분이 스스로의 슬픔으로 화하는 찰나에 당신을 보았습니다. 아, 아 온갖 윤리·도덕·법률은 칼과 황금을 제사지내는 연기인 줄을 알았습니다."[2]라고 저항의 의지와 격분의 감정을 말했고 '격분 뒤를 따르는 슬픔'을 나타냈다.

이같은 자유 중에서도 신교의 자유는 기본적인 깊은 곳에서 뿌리를 접하고 있으므로 가장 중요한 자유이다. 이 자유는 특정 종교를 신앙하는 사람만을 위한 국한 된 자유가 아니고 시민 전반의 자유와 밀착된 자유다. 또 신교의 자유는 언론·집회·결사 등의 자유와 상보 상조하는 밀접한 관계에 있으므로 신교의 자유가 외부 세력에 의해 침해되면 동시에 모든 자유도 침해받는다.

그런데 일제는 한일 합방 다음해, '寺刹令'이란 악법을 제정·시행하여 한국 불교에서 신교의 자유를 박탈하고 불교 교단을 일본 총독관리

---

1) 님의 침묵, 한용운전집 Ⅰ, p.58.
2) 님의 침묵, 상동. '당신을 보았습니다'라는 제목의 시는 영원의 사람을 받을까, 인간 역사 의 첫 페이지에 잉크칠을 할까, 술을 마실까 망설일 때에 당신을 보았습니다로 끝난다.

하에 예속시켰다. 20세기 초, 무단 정치 권력이 타국의 종교에 간섭한 악독한 전례다. 그러나 신교의 자유를 수호할 의지가 허약했던 당시의 한국 승려들은 사찰령에 순응하거나 아니면 기껏해야 방관하는 정도로 그쳤다. 이 때, "사찰령으로 말미암아 특수한 정치적 간섭을 받는 조선 불교는 식민 정책의 희생물로 밖에 볼 수 없다."3)고 주장하여, 정치와 종교의 분리론을 전개한 분이 만해 한용운이었다. 그는 사찰령을 정치 권력이 종교에 간섭함으로써 신교의 자유를 억압한 유례 없는 악법으로 규정하고 정교의 분리론을 주장했다. 당시 서구적 신지식을 갖추었던 만해는 종교 신앙이란 기본 자유는 정치와 종교의 분리에서 이루어질 수 있음을 간파한 선구자였다. 1930년대에 만해가 한국 불교와 불교계의 문제에 관하여 발표한 여러 논설들은 정교 분리론이 중심 논조였다. 그는 정·교 분리론을 강력히 주장하면서, 신교의 자유를 박탈한 일제의 악법에 대하여 강경한 반대 의사를 표명했고, 이 반대의사의 깊은 저변에는 한국 민족의 자주 독립을 회복하기 위하여 일제의 무단 정치와 대결하는 불굴의 저항의지가 짙게 깔려 있었다.

Ⅰ. 度 牒 制

한국 불교사에서, 정치 권력을 잡은 왕조와 교단은 대립되는 긴장 관계에 있었다기 보다는 상호가 세속적 이익을 위하여 호혜적 유착관계에 있었다고 보는 견해가 유력하다. 교단은 교세의 발전을 위하여 왕권의 비호에 의지하려는 경향이 강하였고 왕조는 왕실과 권력의 안정을 기도하여 주는 불교에 신비한 주술적 영험을 기대했다. 그래서 불교 교단은 기성 정치 질서나 정치 권력을 정당화하고 옹호하므로써 왕권에접근하려고 했

---

3) 上揭書 Ⅱ, p.134. '政·教를 分離하라.'

다. 따라서 왕권을 멀리하라는 원시 교단의 계율4)은 한국 불교 교단에서는 구속력이 없었다. 또 '출가한 사문은 王者에게 경배하지 않는다'5)고 왕권에 도전한 예도 한국 불교사에서는 일어난 기록이 없다.

원래 인도의 원시 불교 교단에서는 국왕을 신성화하거나 또는 神的 권위를 지닌 존재로 생각하지 않았다. 원시 교단은 오히려 국왕은 선거에 의하여 그 권위가 주어진다는 '국왕 선거설' 또는 '계약설' 같은 사상을 가지고 있었다. 즉, 사람들은 본래 이기적이고 서로 이해가 엇갈리면 싸움하기 일쑤다. 이 같은 싸움을 방치해 두면 사회의 안녕·질서가 유지되지 못하므로 유능한 인물을 대표로 선출하여 그에게 각자의 권리의 일부를 위임하여 사람들의 방종을 구속하는 권위를 부여했다는 것이다.6) 그리고 선출된 대표를 위하여 농업생산의 일부를 조세로 거출했다. 그러므로 선출된 대표인 '국왕'은 사회안정을 유지하고 외적의 침입으로부터 주민을 수호하는 직분을 수행하는 '有給 雇傭者'에 지나지 않았다. 국왕의 권력은 사회 질서를 유지하기 위하여 임시적으로 위임된 방편에 속한다. 따라서 권력을 남용하여 선거민의 권리를 침해하는 경우에는 雇傭계약을 파기할 수도 있다.

그러나 이 같은 국왕의 유급 고용설이 국왕의 권위를 '天子'로 신성시하는 중국이나 한국에서는 통용되지 않았다. 인도에서 발생한 불교가 중국을 거쳐서 한반도까지 전래되는 과정에서 수많은 경전과 함께 여러 가지 불교 사상과 문화도 도입되었으나 국왕의 '유급 고용 계약설'같은 것은 끝내 도입되지 않았다. 어떤 방법으로 권력을 장악하였건 일단 권좌에 앉은 국왕의 권위는 신성시되어 온 것이 중국의 왕권신성설이다. 한국의 역대 왕권은 중국의 신성설을 그대로 답습하여 백성 위에 군림했다. 이같은 왕조의 질서를 불교 교단은 정당화하였으며 그 왕권을 가까이 하여 왔다는 것이다.

---

4) 善見律毘婆沙 T24권 p.786.

5) 沙門不敬王者論 1권, 東晋慧遠著, 세속을 버린 사문(출가 승려)은 임금에게 경배할 필요가 없다는 것을 논술한 저서.

6) 장아함경 제22, 世紀總本緣品 제12.

　　그러나 교단 세력이 비대하여 대사회적 영향이 커져서 위험 수위에 이르렀다고 사료되면 왕권은 가차없이 탄압 정책을 펴서 교단을 정비하므로 교단의 권세를 위축시켰다. 준 국교적 대우를 받았던 고래 불교의 교단은 병역·부역·조세 등의 면제 혜택까지 받게 되어 출가하여 승려가 되는 사람들의 수가 증가 추세에 있었다. 그래서 왕권은 승려의 자격을 엄격히 규제하므로써 승려의 수를 정리하고 교단 세력을 견제할 필요성을 느꼈다. 승려 자격을 규제·심사하고 합격된 자에게 승려 신분증이 주어지는 것이 度牒制다. 그리고 이 도첩제는 중국 제도를 모방한 제도이며 고려조에서 조선조까지 이어왔다. 그러므로 도첩제는 정치 권력이 불교 교단에 간섭하여 교단의 인사·행정까지를 관리하는 제도였다. 그래도 고려 불교 교단에서는 승려출신의 왕사·국사가 배출되어 어느 정도 교단 행정의 결정권이 승단 자체에 있었으나, 처음부터 배불 정책을 펴 나갔던 조선조에서는 왕권이 교단을 향하여 명령하고 시달만 하는 관주도형 정책이 시행되었다. 교리와 주장 때문에 갈라진 종파의 廢合도 관 주도하에서 타율적으로 이루어지기도 했다. 나중에는 승려의 신분이 극도로 하락되어 '승려의 도성 출입이 금지'[7]되는 데까지 이르렀다.

　　經國大典 度僧條는 다음과 같이 승려의 자격과 신분을 규제하고 있다.

　　　승려가 되는 자는 3개월 내에 선종이나 교종에 신고하여 誦經을 시험하고 예조에 보고하면 왕이 啓聞하고 丁錢을 징수한 후 도첩을 출급한다.

　　여기서 선종과 교종은 강제로 폐합되어 존치된 양종임을 이미 말한 바 있다. 조선조 초기에 10여 개의 종파를 양 종파로 축소하고 소속된 사찰의 수를 대폭적으로 감소한 불교 정책은 다분히 사원에 소속된 토지 등 재산을 국고로 환수하려는 의도에서 수립되었다는 학설이 유력하다.[8]

---

7) 英朝 25년 司憲府의 청에 의하여 尼僧의 도성출입이 금지되었다. 高橋亨저, 李朝佛敎, p743.
8) E.O. Reischauer & J·K. Fairbank East Asia; The great Tradition, p.427.

위의 인용문에서 승려의 자격은 첫째, "삼개월 내에 신고한 다음 송경을 시험한다"고 했다. 선종이면 '傳燈錄', '拈頌', 교종이면 '華嚴經', '十地論' 등이 시험과목이었다. 양 종에서 3년마다 각각 30인을 선발했으나 군역이나 부역에 동원될 인력이 부족할 때에는 3년마다 시행하는 시험을 폐지하고 승려가 되는 길을 금하는 예가 허다했다. 둘째, "禮曹에 보고하면 왕이 啓聞한다"고 했는데, 오늘의 문교부와 문공부에 해당하는 예조에는 사원과 승려에 관한 행정 사무를 관장하는 별도 부서가 있었다. 출가하여 초세속적 수도에 전념하려는 승려의 자격이 세속적 사무를 관장하는 세속 관리의 손에 의하여 규제되어진다는 이 조문은 왕권 정치가 어느 정도 불교 교단에 깊이 관여했는가를 보여주는 좋은 본보기이다. 도첩을 出給할 때 '丁錢'을 징수했다는 조항도 주목을 끈다. 정전의 금액이 정해졌다고 하나 실제로는 몇 배 또는 몇 십배의 뇌물수수가 공공연히 이루어졌다고 한다. 그렇더라도 승려 자격을 결정하는 권한이 관의 수중에 있으므로 약자인 승단은 모든 악조건을 감수할 수밖에 없는 처지에 있었다. 또 同 도첩제는,

> 각 사찰의 주지는 양종에서 수인에 대하여 천망을 評考하여 예조
> 에 보고하면 吏曹에 移文하여 최종의 결정을 하고 임명·파견한다.

고 사찰의 대표자인 주지를 관부가 임명·관리함을 명문화했다. 이어서 寺社條는,

> 무릇 寺社는 새로 창건하지 못하며 다만 옛 터에 중수하는 것은
> 선·교 양종에 신고하여 예조에 보고하면 왕에게 稟啓한다.

고 신행과 포교 장소인 사찰 창건의 자유도 전적으로 관부의 재가를 얻어야 한다. 대개 신교의 자유란 것은 첫째, 특정 종교의 신앙 행위의 자유가 보장되어야 하며 둘째, 그 종교 신행을 위한 結社의 자유가 수반될 때

성립된다. 기도나 예불, 독경, 포교 같은 행위가 허용되지 않는 상황에서 신교의 자유란 알맹이 없는 빈 껍질에 지나지 않는다. 그리고 신행과 포교를 위한 결사의 자유가 보장되지 않고, 관권이 결사의 형태와 결사의 절차, 심지어는 결사의 대표자까지를 '임명·파견한다'면 신교의 자유는 근본적으로 무너지고 만다. 그러나 조선조의 불교 교단은 왕권의 관리하에 예속된 지위에 있으면서도 신교의 자유를 수호하려는 강력한 저항의지도 나타낸 일 없이 역사가 망각한 소외된 음지에서 가냘픈 法燈을 지켜왔다.

1902년 칙령에 의하여 관내부에 소속하는 관리서를 두고 새로 제정·반포한 36조의 사찰령이나 1911년 일제가 한일 합방한 다음 해 제정·반포한 7조의 사찰령은 모든 사찰과 승려에 관한 행정을 관권의 통제하에 두려는 정치적 목적에 있어서는 조선조의 도첩제와 별로 차이가 없다.

Ⅱ. 寺刹令 7條와 시행규칙

1910년 10월, 그러니까 한일 합방부터 두달 후에 있는 시정 연설에서 日人 寺內 총독은 신교의 자유에 대하여 다음과 같은 발언을 했다.

> ……신교의 자유에는 예나 지금이나 조금도 변함이 없고 장차도 이 취지에는 변함이 없을 것이다. 그러나 조선이 일본 통치하에 들어간 이후는 정치가 문란했던 시대와는 그 취지를 달리하지 않을 수 없다. 즉, 정치상 필요한 취지는 어쩔 수 없이 하게 될 것이다. 따라서 이에 대하여 不必要한 논의는 일으키지 않도록 주의하기 바란다.[9]

초대 총독인 寺內는 일본 헌법 29조에서 허용된 신교의 자유를 본받

---

9) 한국 불교 최근백년사 자료집 제4권 일본불교.

았다. 그 28조는 信敎의 자유에 대하여, "일본 신민은 안녕·질서를 방해하지 않고 신민된 의무를 위배하지 않음에 한하여 신교의 자유를 가짐"이라고 규정했다. 명치 유신 이후 서구적 근대화 바람을 타고 새로 제정한 일본 헌법은 '신교의 자유'라는 기본적 자유를 허용하면서도, 안녕·질서를 방해하지 않고 신민된 의무를 위배하지 않음에 한한다"는 제한 조건을 전제했다. 그것은 '안녕·질서의 방해'라는 어귀는 법률 용어로는 상당히 애매모호하다. 정치적 필요에 따라 집권자가 자의로 안녕·질서의 정도와 한계를 정할 수도 있다. 다음으로 '신민된 의무를 위배하지 않는 한'이란 규제도 법적인 명문 규정으로는 불분명하다.

원래 신교의 자유는 헌법 조문에서 아무런 유보나 제한 조문도 없이 한 마디로, "모든 종교에 대한 신앙은 자유다"라고만 言表되면 가장 이상적이다. 유보 조항이나 제한 규제가 전제되면 신교의 자유는 그만큼 '부자유스럽다.' 그리고 종교의 탄압과 신교의 자유에 대한 핍박은 대개의 경우, 이 같은 유보 조항에 법적 근거를 두고 자행된다. 日人 총독인 寺內는 한술 더 떠서, "정치상 필요한 취제는 어쩔 수 없이 하겠다"고 강압적 표현을 썼다. 여기서 '정치적 필요'란 말이 日人 총독이 피식민지인 한국을 통치하기 위한 정치적 필요라면 너무나 지나친 일방적 규제다. 더구나, "이에 대하여 불필요한 논의는 일으키지 않도록 주의하기 바란다."고 심리적 위협까지 주고 있으니 寺內의 의중은 분명히 읽을 수 있다. 한 마디로 신교의 자유는 허사에 지나지 않고, 한국이 일본의 통치하에 놓여있는 한, 이 땅에 있는 모든 종교 교단에 대하여는 안녕 질서의 유지를 위한다는 치안유지적 명목으로 철저하게 탄압할 터이니 여기에 대하여 불평하거나 반대할 생각은 추호도 가지지 말라는 위협적 경고다.

다음 해 寺內는 '朝鮮寺刹의 퇴폐를 방지하고 朝鮮佛敎의 종교적 부활'을 위한다는 구실을 앞세우고 '寺刹令'[10]을 제정 공포했다. 그리고 종교 교단을 탄압하려는 것이 寺內의 기본적 종교 정책이었으므로 사찰령을

---

10) p.76, 사찰령 참조

제정 공포한 의도도 이같은 정책 노선에서 벗어나지 않았다.

우선, 信教의 자유는 신앙 행위를 위한 결사가 자율적으로 이루어져야 한다. 신앙은 인간의 내면적 자각과 깊이 관련되어 있기 때문이다. 따라서 불교 교단의 인사 행정과 재무 행정 등 모든 행정, 관리 사무는 자율적으로 외부의 간섭 없이 처리되어져야 한다. 여기서 외부의 간섭이란 정치적 개입을 가리킨다. 세속적 통치수단을 위한 人倫的 有限 조직의 일부가 정치 기구라면, 인간의 내면적, 정신적 생활 신조가 이상적으로 구현되는 초세속적 무한을 지향하는 것이 종교 집단이다. 그래서 종교에 관한 정치적 간섭은 세속적 사무에 한하는 부분으로 극소화 하면 가장 이상적으로 간주된다. 종교 교단이 위치한 영역은 '성역'으로 간주되어 피신해 도망온 현행범도 교단 책임자의 허가 없이는 체포하지 못하는 사례까지 있다.

그러나 종교 교단이 승가를 성역으로 인정하기는 커녕 교단 권위를 완전히 정치 권력하에 두려는 발상에서 나온 사찰령이므로 승가를 세속적 집단으로만 다루려고 하였다. 그래서 한 사찰을 대표하고 관리·운영하는 최고 책임자인 주지는 그 사찰의 재적 승려들에 의하여 선출되고 관공소에는 보고하는 정도로 끝나는 것이 당연하건만, 사찰령 제4조에서, "사찰에 속하는 일체의 재산을 관리하여 寺務와 法要집행의 책임을 지고 사찰을 대표한다"고 명문화 되어 있는 주지직의 就職은 시행규칙 제2조에서, "본산은 조선 총독에게 신청하여 인가를 얻어야 한다"고 규정했다. 그리고 30본산 외의 지방 사찰 주지는 지방 장관에게 신고하여 인가를 얻게 되어 있다. 즉 본산 주지의 임명장은 조선 총독부의 명의로 발부되고 지방 사찰의 주지는 지방 장관의 명의로 발부되는 것이다. 본산 사찰 자체에서 제아무리 훌륭한 사람을 주지로 선출하고자 하더라도 총독의 의중의 인물이 아니면 총독이 그 인가를 거부할 수 있는 규정이다.

그러므로 주지직에 앉으려면 우선 일본 총독의 호감을 얻어야 한다. 본산 주지들의 친일적 아첨은 이같은 상황에서 시작되었다. 일제 통치 시대의 친일승은 거의 본산 주지들 가운데서 나왔다는 사실이 이것을 증명하여 준다. 사찰령 제5조는, "사찰에 속하는 모든 토지, 삼림, 건물, 불상, 石物, 古文書, 古書畵 등 귀중품은 조선 총독의 허가 없이는 처분할 수 없게 되었으므로 조선 총독은 주지의 인사권뿐 아니라 사찰의 토지, 삼림 등 일체 재산의 처분권을 관장하고 있다. 따라서 신교 행위나 사찰 발전을 위한 사업 목적으로 토지, 삼림을 처분할 경우에도 사찰 주지는 먼저 총독의 인가를 얻어야 한다. 한 마디로 사찰령은 信敎의 자유와 이에 수반되는 신행 행위의 자유와 신행을 위한 결사의 자유까지 일인 총독에 예속시킨 '신교의 부자유'를 목적으로 한 악법이었다고 할 수 있다.

또, 신교의 자유는 국가적 축제나 의식을 종교 행사로 강요할 수 없다. 그런데 사찰령은 제3조에서, "本末關係 僧規, 法式, 기타의 각종 寺法은 각 본사에서 정하여 조선 총독의 인가를 얻어야 한다"고 규정하였다. 사원의 內規인 僧規, 法式, 寺法 등까지도 본사에서 정하여지기는 하나 최종적으로 '총독의 인가를 얻어야 한다'는 것이다. 승규·법식·사법까지 총독의 의향에 부응하도록 조정할 수 있으므로 총독은 시행규칙 41조에서 본사가 거행하는 법식을 恒例式과 隨時式의 두 종류로 나누고 제42조에서 항례식을 다음과 같이 명시하고 있다.

四方拜	1月 1日
紀元節	2月 11日
天長節	11月 3日
新嘗祭	1月 3日
元始祭	1月 3日
神武天皇祭	4月 3日

이상에 열거한 절과 제는 모두 일본국가의 축제일이고 일본천황의 재일이다. 이어서 佛敎法會를 열거하고 있다.

涅槃會	음	2月 15日

誕日會　　음　　4月　8日
成道會　　음　12月　8日

　　총독의 강요에 의하여 제정된 국가의식은 먼저 열거하고 불교 본연의 제정된 의식과 법요는 뒤를 따른다. 일본 국가적 차원의 축제 행사를 종교 법식으로 규정한 것은 총독 권력의 일방적 처사다. 더구나 시행규칙 70조는, "天皇階下聖壽萬歲의 尊牌를 本尊佛앞에 奉安하여 禮佛時 祝讚하라"고 규정했다. 한국 승려나 신도는 예불 때마다 본존불앞에 봉안된 일본 天皇階下 聖壽萬歲를 祝讚해야 한다는 법규다.

　　일본인 가운데서도 신격화된 天皇階下를 경배함을 신민의 의무로 강요하는 "皇國臣民 정책에 대하여 저항하며 인간의 평등을 주장하는 민주주의 사상가들이 소수나마 論陣을 펴고 있을 때였다. 이 같은 천황폐하 萬歲를 예불 때마다 축찬하라고, 한국인들 그것도 승려들에게 강요한 사내총독의 武斷정치는 다른 강대국의 신민 정책에서도 그 유례를 찾기 힘들다고 생각한다.

　　그 후 4반세기가 지났을 때 일본 총독부는 시정 25년사를 펴내면서 사찰령과 그 시행 규칙 반포 후의 한국불교계를 다음과 같이 말하고 있다.[11]

　　"1911년 6월 제정 실시된 사찰령과 시행규칙은 한국 불교를 頻死상태에서 소생케 했다.(중략) 오랫동안 퇴폐가 극심했던 사찰은 새로 주지를 두어 사법을 제정하고 재산 보호 방법을 확립하는 등 그 면목을 일신했다. 수 백년래 억압되어 온 승려는 처음으로 一視同仁의 정화 혜택에 기쁨을 감추지 못하고 굴복 상태에서 벗어나 이제는 타 종교와 균등하게 포교의 임무에 당하고 있다. 그리고 점차로 각자의 직책을 자각하고 있다."

　　官製 사찰령에 의하여 한국 불교는 일본 총독의 관권하에 예속되어 신교의 자유를 박탈당하고 있음에도 불구하고 한국 불교는 '信敎의 자유

---

11) 三寶學會刊, 한국 불교 최근백년사 자료집.

를 누렸으며 또 소생하였다'고 강변했다. 조선 왕조에서는 억압받아 '오랫동안 퇴폐가 극심했던 불교'가 일본 총독의 사찰령에 의해 '일시동인이 정화 혜택의 기쁨을 감추지 못하고 굴복 상태에서 벗어났다'고 사찰령의 성과를 과대평가했다. 조선조에서 탄압받던 불교를 소생시키고 보호 육성한다는 미명하에 한국 불교 교단을 어용화하여 식민 통치 목적에 이용하려는 것이 일제의 속셈이었다.[12] 그러나 나라의 주권을 빼앗겨도 사찰령에 의하여 불교는 조선 왕조의 억압에서 벗어났다고 속단한 일부 몰지각한 승려들은 사찰령을 환영하고, 그 사찰령을 제정 반포한 일본 총독을 찬미했으며 나아가서는 그 같은 총독을 파견하여 한반도를 통치하게 한 일본 천황의 성은에 감격했다.

> 大哉라, 천황폐하의 聖法이여, 善哉라 총독각하의 明政이시어, 지금 우리 국토를 유신하시며 정치를 유신하시는 중, ……세계를 공익케 하시며, 인민을 善利케 하시는 종교를 一制一令으로 우리 승려 정신을 환기하사……[13]

라고 노골적으로 친일적 언사를 弄한 승려도 있었다. 무단 침략에 의한 한일 합방을 일본 천황의 성덕으로 칭송할만큼 자각 없는 승려도 있었고 사찰령의 제정 반포를 총독의 明政으로 인식했던 무지한 승려도 있었다. 이 같은 글을 실은 '朝鮮月報'는 사찰령 시행후 반년 만에 발간된 최초의 불교계 잡지였다.

그러나 전체 불교 교단이 사찰령의 요법을 환영하고 또 악법을 제정 시행하는 일인총독의 종교 정책을 칭송할 만큼 한국 불교도 몽매하지는 않았다. 1921년 2월 16일자 동아일보의 사설은 당시의 불교계에 다음과 같이 맹격을 가하고 있다.

---

12) 徐景洙, 일본의 한국불교정책, 불교학보, 19집.
13) 조선불교월보 2권,

……미륵불의 출현도 시간이 極遠하니 我等이 待할 바가 아니오, 白髮老德은 過去家에 用事한지라 其白年이 不遠하니 更히 활동력이 不當하도다. 然즉 我等의 의뢰할 희망이 何에 在할꼬. 제군 심사하시오. 아무리 사려하여도 我等 靑年의 自信自由한 활동력 즉, 원동력이 在하도다……(하략)

이 글에서는 천황폐하의 성은이니 또는 총독의 명정이니 하는 낯뜨거운 귀절은 눈에 띄지 않는다. 이 글이 1921년 초 즉, 3·1운동 직후에 발표되었다는 시대적 배경도 고려해야 한다. 여하튼 이 때부터 구 세대와 신 세대 사이에 심한 마찰이 일어났다. 구 세대를 '睡眠中에 있는 枯木'으로 비유하는 논설들이 주로 젊은 세대로부터 나왔다. 젊은 세대 사이에는 민족적 저항을 민감하게 의식하고 또, 신앙의 자유를 박탈한 사찰령은 악법이라고 하며 사찰령 시행에 대하여 완강하게 저항하려는 기운이 싹텄다. 이 같은 기운을 가속화시켜 불교 청년 운동으로 수렴·전개한 지도적 인물이 만해 한용운이었다. 그는 사찰령이 악법임을 일찍이 간파한 선구자였고 신교의 자유와 정·교 분리의 당위성을 체계 있는 논설에 의하여 공박한 최초의 사상가이기도 했다.

Ⅲ. 만해의 政·教분리론

만해는 일찍부터 사찰령이 한국 불교를 탄압하고 신교의 자유를 박탈하는 악법임을 알고 있었다. 그는 사찰령이 법적 규제와 유화적 회유의 양면책으로 신교의 자유를 억압하려는 종교 정책임을 간파했다. 그래서 그는 이 악법의 철폐를 주장하며 일제에 저항할 것을 결심했다. 그는 우선 사찰령이 악법임을 이해시키는 전 단계로서 승려들의 몽매함을 계몽하는 유신 운동을 전개했다. 그는 1921년 2월 16일 동아일보에 다음과 같은 논설을 실었다.

우리는 불교를 위해 구구히 변명코자 하지는 않는다. 그러나 활동적 종교를 寂滅의 종교라 함은 불가한 것을 절실히 느껴야 할 것이다. 생명있는 종교를 오해하여 實人生과 교섭이 없는 죽은 종교라 함을 통분히 생각하며 이 글을 쓰는 바이다. (중략) 불교는 사찰 안에만 존재하는 것인가. 아니다. 불교는 경전에만 존재하는 것인가. 또한 아니다. 불교는 실로 각 사람의 자각에 존재한다. (중략) 불교가 민중과 더불어 화하는 길은 첫째, 그 교리를 민중화 하고 그 경전을 민중화 하여야 한다. 둘째, 그 제도를 민중화 하고 그 재산을 민중화 하여야 한다.

태고적 깊은 잠에 잠긴 불교 승단을 향한 날카로운 경종이었다. 사찰령에 묶여 官營化되었기 때문에 만해는 민중화를 강조했다. 다음 해 (1922년) 4월 청년 승려들을 규합하여 불교 유신회를 창설할 때 권력이나 재벌과 야합함으로써 타락의 길을 걷고 있던 교단을 다음과 같이 비판했다.

재래의 불교는 권력자와 합하여 망하였으며 부호와 합하여 망하였도다. 원래 불교는 계급에 반항하여 평등의 진리를 선양한 것이 아닌가. 그러나 권력에 합하여 그 생명의 대부분을 失하였으며,…… 부호와 합하여 안일의 탐욕에 그 생명의 태반을 失하였도다.(후략)

그는 총독과 친근하고, 일본 영사와 가까워진 당시 주지급 승려들의 타락상을 규탄하였다. 부호의 안방을 드나들면서 안일에 빠진 일부 노장 승려들을 꼬집었다. 그러나 이 때까지는 만해도 사찰령 악법의 철폐를 직설적으로 주장하는 논설은 피하다가 1922년 4월 25일 동아일보에서 사찰령 폐지를 정면으로 거론했다.

(전략)과거 寺內시대에 발표된 사찰령의 내용을 일관하면 사찰의 병합, 이전, 폐지, 명칭 변경에 일일이 조선 총독의 인가를 受하게 하

였으며, 사찰의 주지 취직도 조선 총독의 인가를 受하게 하였으며, 사찰의 부동산의 처분도 조선 총독의 인가를 受하게 하였도다. 이로 말하면 조선 총독은 불교의 로마 법왕이다. 불교계에는 하등의 자유가 無하여 그 간섭이 가혹한 것도 사실이다. 이러한 종교에 관한 법령은 세계에 空有할 것이다. (중략) 斯界의 有爲有職의 청년이 年加歲增하여, 그 불편을 호소하며 그 자유 발전을 切願하는 이상에는 과거의 관료적 사찰령을 폐지하고, 그 요구에 응하는 것이 선량한 방책이 아닌가. 불교나 기독교가 공히 세계 종교라. 그러면 그 대우 방법과 取締法令을 동일하게 하는 것이 정당하도다. 기독교는 구미인의 관계된 바라 하여 관용한 방침을 취하고 불교는 약자의 집합이라 하여 그 자유를 속박하는 것은 도리어 위정 당국자의 치욕이며 신교 자유의 방해라. 이러한 점에서 吾人은 불교 유신회의 권리와 자유를 위하여 활동하는 것을 정당하다 하고 겸하여 당국자의 一考를 促하노라 14)

만해는 寺內를 '불교계의 로마 법왕'이라고까지 혹평하고, 사찰령은 세계에 전무후무한 신교 자유의 탄압법이라고 했다. 더구나 같은 세계 종교인 불교와 기독교를 차별하여 열강인 구미의 종교임을 지나치게 의식하여 '기독교를 관용하고 약자의 집합이라 하여 불교의 자유를 속박'하는 처사에 대하여는 위정 당국의 치욕적인 자세라고까지 지탄하였다. 조선 총독은 정치적 총독일 뿐 불교계에까지 군림하는 '로마 법왕'은 될 수 없다는 것이 만해의 지론이다. 즉 정치와 종교는 엄연히 분리해야 한다는 것이다. 만해의 정·교 분리론은 사찰령 철폐를 주장하던 1922년경부터 서서히 싹트기 시작했다. 그러다가 1931년에 당시의 불교계 기관지인 '佛教'에 '정·교를 분리하라'는 제목으로 그의 주장을 논설 형식으로 피력했다.15)

정치와 종교는 서로 보조할 수 있는 것이요, 서로 간섭할 수 없는

---

14) 동아일보 1922년 4월 25일(삼보학회간, 上揭書, 4권 참조).
15) 한용운전집, 신구문화사간, 2권, p.134.

> 것이다. 정치는 국가를 본위로 하는 사무적 행위니 인민의 표현 행
> 위를 관리하는 것이요, 종교는 지역과 족벌을 초월하여 인생의 영계
> 즉 정신을 순화하여 표현 행위의 근본을 함양하며, 안심입명의 태도
> 를 개척하느니, 종교는 그 성질에 있어서 시간과 공간을 초월하여
> 전 인류의 정신계를 영도하느니, 지역적이요, 단명적인 인위적 제도
> 즉 정치로써 종교를 간섭한다는 것은 薰蕕의 同器와 같아서 도저
> 히 조화를 얻을 수 없을 뿐 아니라 도리어 사람에게 불행한 결과를
> 줄 뿐일 것이다.

라고 종교와 정치의 관계를 분명히 밝히고 있다. 그는, "정치와 종교는 서
로 보조할 수는 있어도 서로 간섭할 수는 없다"고 단언했다. 그 까닭은
정치는 '국가를 본위로 하는 사무적 행위'이고, 종교는 '시간과 공간을 초
월하여 전인류의 정신계를 영도'하기 때문이라는 것이다. 따라서 '지역과
족벌을 초월'한 종교에 간섭할 수 없다고 했다. "향기 좋은 풀과 냄새나는
풀을 한 그릇에 담을 수 없듯이 정치는 종교에 간섭하면 조화를 얻을 수
없을 뿐 아니라 도리어 사람에게 불행한 결과를 줄 뿐"이라고 주장했다.
그러므로 종교와 정치는 분리해야 한다는 것이다.

　　종교와 정치의 관계를 역사적 과정에서 훑어보면, 나라에 따라 다소
의 차이는 있으나 대개의 경우 정교 일치 또는 정교 결합에서부터 정교
분리의 방향으로 옮겨가고 있음을 알 수 있다. 동서의 고대 국가는 정교
일치였다. 그러나 근대화의 추세는 점차 종교와 정치를 분리하는 방향으
로 진행되고 있다. 정교 분리는 추상적으로 말하면, 정치는 국민의 세속
적, 현세적 생활에만 관여하고, 인간의 내면적 신앙은 관련된 그 신앙 단
체의 자주성에 맡기라는 것이다. 그래서 현대 국가는 특정 종교에게 '국교
적 지위'를 주는 것을 가능한 한 피하는 방향으로 헌법을 제정한다. 심지
어 '신앙하지 않는 자유'까지를 거론하며 신교 자유의 범위를 넓혀가고
있다. 현재 공산 국가에서는 신앙하지 않는 자유가 黨略에 의하여 악용되
고 있는 것도 사실이다. 그렇다고 하여 신앙의 자유와 함께 신앙하지 않
는 자유를 보장하지 않을 수 없는 것이 오늘의 기본 인권에 관계된 과제
다. 그러나 아직도 영국 등 국교를 인정하는 나라가 있고, 중동 지역의 이

슬람 국가들은 대개 이슬람을 국교로 지정하고 있음을 본다. 국교를 헌법
으로 인정하는 경우 정치는 특정 종교만을 우대하게 되므로 信敎의 자유
라는 기본 인권은 침해될 우려가 있다. 실제로 이슬람을 국교로 인정하는
중동의 여러 나라들 중에는 이슬람 이외의 종교에 대한 자국민의 신앙을
법적으로 억제하고 있는 사례도 있다. 정치와 종교가 분리되지 않는 나라
에서 신교의 자유가 보장되지 않는 본보기라 할 수 있겠다.

그래서 위에 인용한 논설의 결론 부분을 만해는 다음과 같이 맺고
있다.

> ……종교성은 만유 특유의 존재요, 종교의 행사는 표현 동작의 필
> 연적 현상이니, 이것이 어찌 인위적 제도로 좌우할 바이리요. 종교는
> 신성 불가침이라 정치와 종교는 근본적으로 그 성질이 다른 것이니,
> 종교는 정치를 간섭하지 않고, 정치는 종교를 간섭하지 못하는 것이
> 니, 정·교 분립의 의미에서 각국의 헌법은 종교의 자유를 허하였으
> 니, 그 대략을 들면 다음과 같다.16)

종교는 '신성 불가침'한 것이니 '인위적 제도인 정치'에 의하여 좌우
될 수도 없다. 만해는 위 논설의 정당성을 뒷받침하기 위하여 세계 각국
의 헌법을 예증하고 있다. 1987년 9월 17일에 제정 공포된 미국 헌법은,

> 제1로 의회는 종교 설립에 관한 법률과 종교의 자유 신앙을 금지
> 하는 법률을 제정할 수 없음.

이라고 하여, 정치와 종교의 완전 분리를 규정하고 있다. 종교 신앙
행위를 위한 교단이나 승단의 설립에 관하여 금지하는 법률의 제정을 부
인하고 있다. 종교의 신앙 자유는 인간의 기본적 인권에 속하므로 모든
신앙 행위와 신앙 결사가 자율적으로 이루어져야 한다는 것이다. 정치가

---

16) 上揭書, p.135.

특정 종교 단체만을 비호하여 지나치게 밀착되면 서로가 타락을 조장할 위험이 있다. 고려 왕조와 고려 불교 교단의 관계가 좋은 전례를 보여주고 있다.

만해는 미국 밖에도 20여개 각국의 헌법을 예거하면서 정치와 종교의 관계를 논했다. 그리고,

> 이상 각국 헌법 중의 종교에 관한 조문으로 보면 다소의 제한이 없는 것은 아니나, 원칙적으로 보아 어느 나라의 헌법이든지 종교의 자유를 허한 이상 원칙적 해석으로 보아 물론 종교의 부산물인 종교적 의식·교역(敎役)·포교·재산까지라도 자유를 허한 것이다.

라고 정·교 분리론의 타당성을 논술했다. 그리고 정치가 타국 침략의 목적으로 종교를 이용하는 악례를 들었다.

> 그럼에도 불구하고 정치는 왕왕 종교를 간섭하고 이용하느니, 만국이 교통됨으로부터 정치는 종교로 하여금 제국주의 실행의 전위대 혹은 침략정책의 보조기관을 삼는 일이 적지 않다. 예를 들면 국제적 교통의 초에 구미 각국에서 종교의 포교를 구실로 선교사를 파견하여 국정을 정찰하고, 종교적 분규를 이용하여 침탈의 자료로 삼으며, 혹은 침탈한 식민지의 동화작용을 진전하기 위하여 그 지방의 고유한 종교를 이용하기 위하여 종교옹호의 구실로 종종의 간섭을 가하게 되니, 그 전례가 결단코 적지 않을 것이다.[17]

그는 구라파 제국들이 18·19세기 동양과 아프리카 등을 침략하여 식민지화 할 때 선교사들을 파견하여 동화 정책을 썼음을 환기하고, 그 부족의 고유한 종교를 이용하기 위하여, 종교 옹호의 구실로 종종의 간섭을 가하게 되었음을 지적하고 있다. 일본 총독부가 한국 불교를 옹호한다는 구실로 사찰령을 제정했음은 바로 이와 같은 사례의 한 가지라고 그는

---

17) 上揭書, p.142.

암시하고 있다.

만해는 당시 [1930년대] 불교계의 인물로서는 남의 추종을 허락하지 않을 만큼 동서 고금의 해박한 지식을 갖고 있었고 또 예리하고도 논리적 필봉을 구사할 수 있었다. 그는 한국 불교교단이 위축되어 종교 본연의 사명을 다하지 못하고 부패하여 타락의 일로를 걷고 있음을 개탄하면서 그를 규명한 결과, 교단이 일본 총독부가 제정한 악법 사찰령에 묶여 있기 때문임을 알았다. 그 밖의 여러 가지 원인도 작용하고 있었지만, 사찰령에 의하여 일본 총독이 직접적으로 불교 교단 전반에 깊이 간섭하고 있어서 정치와 종교의 분리가 확연히 이루어지지 않은데서 교단의 위축과 부패가 가장 심하게 조장됨을 그는 보았다. 더구나 3·1운동 시 33인의 한 사람으로 가장 적극적으로 독립 운동에 앞장선 그의 독립적 기개는 사찰령이 불교 교단의 타락을 부채질하고, 드디어는 불교를 말살하려는 악법임을 간파하고는 가만히 좌시할 수 없었다. 그는 이 악법의 폐지를 위하여 뜻있는 청년 스님들을 계몽하여 불교 유신회를 조직하였고, 한편 당시의 언론 매체를 통하여 사찰령이 세계 종교사에 유례없는 악법임을 여러가지 근거와 자료를 제시하여 논박하였다. 그는 우선 신교의 자유는 기본적인 인권임을 주창한 다음, 이 신교의 자유는 정교의 분리와 表裏의 관계에 있음을 표명했다. 신교의 자유는 정교의 분리가 시행되지 않으면 현실적으로 그 자유가 보장되기 어렵다. 정교의 분리가 어느 정도 철저하게 시행되면 그만큼 신교의 자유는 보장된다. 그래서 정교의 분리를 논증하면서 만해는 신교의 자유를 억압하는 사찰령 폐지를 주장했다. 그는 이미 언급한 政·敎분리의 논술을 다음과 같이 계속하고 있다.

종교는 자체에 있어서 신성할 뿐 아니라 그 목적은 전인류의 행복과 평화를 달성함에 있는 것이다. 그러한 종교로서 인류 평화의 적이 되는 침략 정책의 실현에 보조적 전위대가 된다면 실로 종교로서의 치욕이 이에서 더 할 수가 없는 것이다. 종교는 마땅히 자체의 신성을 스스로 존경하여 이러한 치욕에 빠지지 말지며, 정치는 삼가 종교의 신성한 자유를 철저히 옹호하기 위하여 일체의 간섭을 하지

384

말지라.

조선 불교는 조선 사찰령으로 말미암아 특수한 간섭을 받게 되는 것도 정책의 희생으로 밖에 볼 수 없는 것이다. 특수 사정을 가진 조선에서 예외의 정치적 간섭을 받게 되는 불교가 특수 감정을 가진 조선 민중에게 선포하여 대중불교를 건설하기에는 너무도 발전성이 적은 것이다.[18]

그리고 그는 사찰령의 전문을 예거한 후 철폐 요구를 강경히 주장했다.

여러 가지로 폐해를 더하여 조선 불교는 다른 종교와 일반 사회로부터 '관제 불교'라는 지칭을 받게 되는 동시에 특수 감정을 지닌 조선 대중으로부터 점점 疎隔하게 될 우려가 있으니, 이것이 조선 불교의 큰 불행이 아니고 무엇이냐.

그의 논조는 志士風의 비분강개조로 가열되고 있다. 사찰령의 지배를 받고 있는 한국 불교는 일본 총독의 관제 어용 불교라는 불명예스런 지칭까지 받고 있다는 것이다.

그러고 보면, 사찰령은 이론에 있어서 정·교분리의 원칙에 위반되고, 현실에 있어서 조선 불교의 장애물이 되는 것이니, 어떠한 의미로든지 사찰령은 존속할 필요가 없는 것이다. 상식이 부족한 승려, 그 중에서도 주지층에서는 정·교분리라든지 사찰령 철폐요구를 운운하게 되면, 그것을 정치적 반항운동으로 오인하여 無用의 疑懼를 가지고 무조건 부인하여 일상 담론하는 때에도 거의 그 존재를 모를 만큼 침묵을 지키느니, 가히 噴飯을 금치 못할 일이다.'[19]

정·교분리는 신교의 자유를 위한 기본 원칙임을 알고 있는 만해는,

---

18) 上揭書, p.143.
19) 上揭書, p.144.

"사찰령 같은 악법은 신교의 자유를 억압할 뿐 아니라 조선 불교의 현실적 장애물이므로 어떠한 의미로든지 존속할 필요가 없다"고 강조했다. 그리고 기본 교양이 부족한 상식 없는 승려, 특히 친일적 경향이 짙은 주지층에서는 사찰령을 시행하고 주관하는 일본 총독의 비위를 거스릴까봐 정·교 분리라든지 사찰령 철폐라는 말만 하여도 일본 총독 정치에 반항하는 운동으로 오인하여 무조건 부인하고 일상적 화제에서도 사찰령에 대하여는 그 존재를 모를만큼 침묵을 지키니, 통탄할 만큼 가소로운 일이라고 당시의 무자각 주지층을 맹렬히 비난한다. 그리고 그는,

> 모든 역사는 회복할 수 없느니 구태여 과거는 추구조차 않거니와 모든 종교는 마땅히 정치의 기반(羈絆)을 받지 않는 동시에 따라서 정치를 의뢰치 말아서 순화·정화하여 종교의 신성을 확보할지며, 조선불교는 특별히 각성하여 정·교분리에 노력할지어다.

라고, 당시로서는 논리적이고 체계적인 대논문을 발표했다. 그는 결론 부분에서까지도, "종교는 마땅히 정치의 기반에서 벗어나야 하며, 정치에 의뢰치 말아야 하며, 종교의 신성성을 확보하여 정·교분리에 노력할 것"을 후학들에게 간곡히 당부했다.

사찰령

제1조, 사찰을 병합 이전커나 또는 폐지코자 할 시는 조선 총독의 허가를 受함이 가함. 그 基址나 또는 명칭 변경코자 하는 시도 亦同함.

제2조, 사찰의 기지와 가람은 지방 장관의 허가를 受함이 아니면 전법, 포교, 법요집행과 僧尼止住의 목적 이외에 사용되거나 또는 사용케 함을 得치 못함.

제3조, 사찰의 本末관계, 僧規法式, 기타의 필요한 寺法은 각 본사에서 정하여 조선 총독의 인가를 수함이 가함.

제4조, 사찰에는 주지를 置함을 要함. 주지는 그 사찰에 속하는 일체의 재산을 관리하여 사무와 법요 집행의 책임에 임하여 사찰을 대표함.

제5조, 사찰에 속하는 토지, 산림, 건물, 불상, 石物, 古文書, 古書畵, 기타의 귀중품은 조선 총독의 허가를 수치 않으면 此를 처분함을 不得함.

제6조, 前條의 규정에 위반한 자는 2년 이하의 징역이나 우는 5백원 이하의 벌금에 처함.

제7조, 본령에 규정하는 것 외에 사찰에 관하여 필요한 사항은 조선총독이 정함.

(부 칙)

　　본령을 시행하는 기일은 조선총독이 정함.

사찰령 시행 규칙

제1조, 주지를 정할 방법과 주지의 교체 절차와 그 임기중 사망커나 기타의 사고로 인하여 缺員이 생한 경우에 寺務 취급 방법은 寺法 중에 차를 규정함.

제2조, 좌에 揭한 사찰 주지의 취직에 대해서는 조선 총독에 신청하여 인가를 수함이 가함(30本寺 名은 略함).

제3조, 전조 이외의 사찰 주지의 취직에 대해서는 지방 장관에게 신청하여 인가를 수함이 가함.

제4조, 전조 인가의 신청서에는 주지가 될 자의 신분, 연령 및 수행 이력서를 첨부함이 가함.

제5조, 주지의 임기는 3년으로 함. 단, 임기가 만료한 후 재임함도 무방함.

제6조, 주지가 범죄 기타 부정한 행위가 有한 시나 직무를 怠한 시는 그

취직의 인가를 취소함을 득함.

제7조, 전조에 의하여 인가를 취소한 바가 된 자는 寺法에 정한 바에 의
하여 일체 사무를 인계하고 1주간 이내에 그 사찰을 퇴거함이 가함.

제8조, 주지는 사찰에 속하는 토지, 삼림, 건물, 불상, 石物, 古文書, 古書
畵, 범종, 經卷, 불기, 불구, 기타 귀중품 목록서를 作하여, 주지가 취직
한 후 5개월 이내에 차를 조선 총독에게 差出함이 가함. 전항의 재산
에 증감이동이 유한 시는 5개월 이내에 차를 조선 총독에게 신고함이
가함.

제9조, 제7조를 신고 않는 자는 50원 이하의 벌금이나 우는 구류에 처함.
제6조의 규정에 위반한 자도 亦同함.

(부칙)

본령은 사찰령을 시행하는 날로부터 시행함.

각 본사에서는 본령을 시행한 5월 이내에 寺法의 인가를 신청함.

<h2 style="text-align:center">結</h2>

종교와 국가·교단과 정치의 관계에 대하여 비상한 관심을 쏟았고
또 예리한 통찰을 시도했던 만해는 일본 총독 정치와 한국 불교 교단이란
현실적이고 구체적 상황에서 종교와 국가의 관계를 압축하여 관찰하면서
날카로운 비평을 가했었다. 여기서 종교와 국가라 할 때, 종교는 그가 속
해 있는 한국 불교이지만, 국가는 그가 속해 있는 한국의 국가가 아니고
일본 국가라는 것이 당시의 현실이었다. 그리고 교단과 정치라 하여도 교
단은 물론 그가 속해 있는 한국 불교 교단이지만 정치는 일제의 총독 정
치였다. 그래서 만해는 일제의 총독 정치에 대하여 저항해야 하는 민족적
부담과 일제총독에 의하여 강요된 사찰령에 대하여 그 철폐를 주장하는

불교 승려로서의 부담 등 이중의 부담을 안고 어두운 시대를 살아왔다. 그는 1919년에 있었던 민족적 저항 운동에서도 선도적 인물로서 일선에서 활약했고 끝까지 절개를 굽히지 않는 애국 지사풍의 종교인이었다. 그는 항시 한국 민족의 독립을 마음 속 깊이 염원하며 일제 식민통치에 대한 저항 의지를 간직하고 있었고, 한편 1천 6백 여년의 역사를 가진 한국 불교 교단의 전통을 말살하므로써 민족 문화 전통의 단절을 도모할 목적이 숨어 있는 사찰령의 철폐를 주장하는 호교적 저항 의식도 함께 가지고 있었다.

만해에게 있어서 사찰령 폐지를 위한 저항은 민족 독립을 위한 저항과 일치한다는 지적은 이미 언급한 바 있다. 만해가 사찰령 폐지 등을 전개함에 있어서 가장 뼈아프게 느낀 것은 사찰령을 아무런 거부의식도 없이 받아들이는 한국 교단의 무자각이었다. 자각을 본지로 하는 불교가 무자각의 승려들에 의하여 지탱되고 있는 상황은 심히 걱정된다고까지 했다. 사찰령의 혜택으로 세속적 권세를 누리고 있는 일부 본산 주지층의 친일적 아첨상은 그의 표현대로 한다면 '噴飯을 야기할'만큼 한심했다. 그래서 만해는 '불교유신론'을 부르짖으면서 무자각·미자각 증세에서 헤매는 승려들의 계몽 운동도 함께 추진했던 것이다.

사찰령 철폐의 타당성을 '신교의 자유'라는 기본적 인권에서 도출하여 한국 승려들의 몽매를 계몽하려고 했다. 그는 사찰령 반포 이전에 벌써 불교의 전반적 혁신을 주장하는 '불교유신론'[20]을 발표한 적이 있다. "유신이란 무엇인가 파괴의 자손이요, 파괴란 무엇인가 유신의 어머니다."라는 과격한 문귀까지 사용한 유신론은 당시의 불교계를 전면적으로 대수술하려는 개혁 의지를 담고 있었다. 사찰령 반포 이전에 발표되었던 유신론에서 구체적으로 '신교의 자유'를 주장하는 문구는 없으나 서양의 칸트, 데카르트 같은 철인의 학설을 인용하여 그의 논리를 전개한 사실을 미루어 볼 때, 기본적 인권에 관한 신사상도 어느 정도 흡수하고 있었음을 알

---

20) 上揭書, p.145.

수 있다. 서구의 신사상을 흡수하여 소화하고 불교를 위한 계몽적 논설에 신사상을 도입한 당대의 선구자적 위치에 만해는 서 있었다.

정교 분리론을 발표한 후에도 만해는 1931년 10월초 잡지 「불교」에서 다시 사찰령을 혹독하게 비판했고, 1937년 6월초 「불교」에서는 '주지 선거에 대하여'라는 논설에서 사찰령에 의한 주지 선거의 관건 개입에 대하여 날카로운 추궁을 했다. 일제 총독이 반포한 사찰령에 대하여 만해는 1944년 그의 파란곡절 많은 생애를 마칠 때까지 그 철폐를 주장하였다.

鏡虛연구

1

     모든 종교사를 훑어 볼 때, 한 위대한 종교적 천재의 인격적 감화가 그 종교의 진로에 거의 절대적 영향을 끼치고 있음을 쉽게 발견할 수 있다. 불교의 교조 부처님의 심오한 '지혜의 말씀'과 그의 청정한 '인격적 행위'가 초기 불교 교단 형성에 절대적 영향을 끼쳤고, 교단이 나아가야할 방향도 거의 결정하여 주었음을 우리는 알고 있다. 그리고 부처님 이후에도 불교사에는 여러 종교적 천재가 밤하늘의 거성처럼 출현하여 불교사의 방향에 결정적 영향을 끼치는 한편, 어둠에서 방황하는 중생들에게 밝은 길을 보여주었다. 멀리 인도에는 馬鳴, 龍樹, 提婆, 無着, 世親, 陳那 같은 위인들이, 그리고 중국에는 羅什, 智顗, 玄奘, 慧能, 臨濟, 馬祖 같은 거인들이, 또 우리 한국 땅에는 元曉, 義湘, 普照 같은 인물들이 나타나 인도 불교사와 중국 불교사 그리고 한국 불교사에 적극적인 방향 제시를 하였다.

     따라서 종교사 연구에는 한 특정 인물의 연구가 수반되어야 한다. 한 시대에 신풍을 일으킨 종교적 인물의 사상과 행장은 그 시대사에 가장 직접적으로 반영되기 때문이다. 어찌 보면, 종교적 천재의 '실존적 정립'이 선행되어야 그 종교시대사의 특징도 선명하게 드러난다고 할 수 있다. 그러므로 한 종교적 인물을 '어떻게 정립하느냐'하는 문제는 곧, 그 종교와 그 종교 시대를 '어떻게 보느냐'하는 문제와 직결된다. 대개 유명한 불교

학자가 한번쯤 반드시 불교의 교조 부처님의 사상과 행장을 정리하여 '부처님의 전기'에 손을 대는 까닭도 여기 있다. 교조에 대한 '실존적 정립'이 선행되어야 불교 전체에 대한 학문적 입장도 정립되는 것이다. 부처님의 전기를 어떻게 서술하느냐 하는 입장은 곧 불교를 어떻게 보느냐 하는 입장을 설명하여 준다. 대승 소승의 분열과 여러가지 宗派의 형성도 부처님의 사상과 행위에서 어느 편을 더 강조하는가, 또는 부처님의 말씀과 사상가운데서 어느 것을 더욱 중하게 보는가 하는 상이한 입장에 기인한다.

그런데 우리 한국 불교계에서는 이 방면에 대한 연구가 활발하지 않는 것 같다. 한국 불교 사상 불멸의 공적을 남긴 종교적 천재들에 관한 '정립'이 확고하게 되어 있지 않다. 단편적으로 奇行이나 異蹟은 더러 입에서 입으로 전해지고 있으나 한 인물의 전기를 정리, 편찬하여 그 인물을 정립하는 작업은 아직 소홀한 느낌을 준다. 더구나 그 인물의 연대가 옛날에 속하지 않고 아주 최근에 속하는 경우, 부분적으로 일화는 많이 구전되어 있을 뿐, 정리된 편찬기록은 거의 찾을 수 없다. 그러므로 그 인물을 친견한 증언자가 생존하여 있는 동안은 그래도 그의 면모가 구전되지만, 증언자가 없으면 동시에 그 인물의 면모도 사라지고 만다. 그 인물이나 불교사를 위하여 슬픈 사실이다. 더구나 그 인물이 생존시나 생존 후 차지한 종교적 비중이 크면 클수록 이같은 슬픈 사실이 가져다주는 손실은 크다.

나는 이 짧은 글에서, 이같은 슬픈 사실이 초래하는 손실을 가장 크게 입은 최근의 종교적 천재로서 경허 스님을 들고자 한다. 언필칭, 경허 스님하면 최근 한국 선종의 중흥조라고 까지 높이 추앙하면서도 아직 그에 관한 傳記的 자료조차 정리되지 않고 있다. 가장 최근의 인물이므로 구전에 의하여 그의 禪風과 奇行은 많이 남아 있다. 더구나 지금 한국 선종계에서 지도적 지위에 있는 선사들이 모두 경허 스님이라는 거봉에서 뻗어나온 인맥들이라는 점에서 그에 관한 이야기는 아직 선방에서 생생하게 구전되고 있다. 어찌 보면 오늘의 한국 선풍은 경허 스님에서 시작되

었고, 그 유풍이 아직 살아남아 한국의 여러 선방을 지배하고 있다 하여
도 지나친 표현은 아니라고 본다.

그런데 또, 경허 스님이란 거봉을 연원하는 산맥에 따라 그 거봉을
보는 시각을 달리하는 데에도 문제가 있다. 어느 산맥에서 뒤돌아 볼 때,
경허란 거봉에는 하늘을 찌를듯이 우뚝 솟은 바위만 있고, 또 다른 산맥
에서 볼 때 바위는 없고 울창한 나무숲만 수려하다. 즉, 경허의 위대한 立
像에 접한 후학들의 눈에는 그 전체가 보이지 않고 거봉의 일면만 보게
되었다. 거봉의 陽地에서 볼 때, 경허 스님은 언제나 밝고 쾌활한 얼굴을
짓고 있었고, 陰地에서 본 경허 스님은 언제나 심각하고 어두웠을 것이다.
경허 스님도 역시 하나의 살아있는 육체를 지니고 있었기 때문에 태양을
면한 밝은 면과 태양을 등진 어두운 그림자를 함께 가지고 있었다. 그래
서 경허 스님에게는 때론 태양을 닮은 반야의 지혜가 번뜩였고, 또 때로
는 범인은 도저히 이해할 수 없는 不思議한 어두운 수수께끼가 있었다.

그리하여 오늘 한국 선종계에는 이 위대한 중흥조에 대하여 철저하
게 상반된 견해를 서로 고집하고 있다. 양지와 그림자 만큼이나 상반된
견해의 차이를 나타내고 있다. 이같이 상반된 견해는 때로 선종계 뿐 아
니라 불교 승단 전체에까지 혼란을 일으키는 무질서를 자아낼 때가 있었
다. 따라서 교단의 질서를 잡고 선풍의 확립을 위하여도 경허 스님의 ‘실
존적 정립’은 급선무라 생각한다. 그런데 아직 그에 관한 자료 수집과 정
리마저 미비하다는 것은 정말 슬픈 사실이다. 내가 여기서 경허 스님에
관한 ‘실존적 정립’을 감히 시도하여 보는 것도 이 슬픈 사실을 다소라도
減하여 보자는데 있다. ‘시도’라는 낱말에 이 글을 읽는 분들은 유의하여
주기 바란다.

2

경허 스님은 1849년 전주에 사는 송씨 가문에서 가난하게 태어났다. 1849년이면 19세기 중엽, 이조의 왕업은 終幕에 접어들어 최후의 안간힘을 쓰고 있을 때다. 왕조의 무력과 몰락은 庶政의 무질서를 초래했고, 서정의 무질서에서 가장 혹독한 피해를 입는 것은 권좌의 주변에서 棲息하는 왕족 귀족이나 권력의 유효 거리에서 혈안이 되어 있는 양반 계급은 아니다. 피해자들은 권좌를 하늘의 별처럼 우러러 보고, 권력을 공포의 대상으로 느끼고 떨며 사는 서민층이다. 정치의 무질서와 경제의 파정은 서민층의 생활에 심각한 위협을 주었다. 서민들에게 있어서 살아간다는 일은 뼈를 깎는 고통이었다. 죽지못해 사는 '산송장'의 비참한 삶이었다. 이같은 고난과 역경의 시기를 타고 경허스님은 이 고통의 나라에 태어났다. 前途는 암담하지만 왕조의 몰락은 明若觀火한 전환기에 위대한 종교인은 태어난 것이다.

게다가 경허 스님은 태어나자 마자 집안의 기둥인 아버지를 잃었다. 비참한 처지에 또 비극이 겹친 셈이다. 아홉 살 때, 어머니를 따라 서울에 오던 길에 또 과천 청계사에서 桂虛스님을 은사로 수계하고 삭발하였다. 서울에 오던 길에 어찌하여 청계사에 들렀으며 또 어찌하여 청계사에서 출가하게 되었는지를 상세히 말해주는 기록은 아직 없다. 또 계허 스님에 관하여도 그가 곧 퇴속하였다는 정도 뿐이다. 어떤 스님인지, 또는 어떻게 어린 경허 스님을 지도하였는지 알 길이 없다. 다만, 어린 경허 스님은 남달리 거대한 체구로 나무하고 물길으며 스님을 정성껏 봉양하였으리라는 추측은 가능하다.

14세 때 일이다. 어떤 선비가 청계사에 와서 한 여름을 지내게 되었다. 그 선비는 여가에 책을 읽는데, 어린 경허 스님은 읽는 소리만 듣고도 그 뜻을 척척 풀어나가서 그 선비를 놀라게 하였다. 이때 퇴속하던 계허

스님은 어린 경허 스님을 계룡산 東鶴寺에 계시는 萬化 滿伯에게 부탁했
다. 이 만백 밑에서 처음 경허 스님은 경을 배우게 되었다. 남이 한 시간
하면 열 시간을 계속하고, 남이 하루 하면 열흘 노력하는 매진으로 그의
공부는 월등하게 진보를 보았다. 그리하여 나이 20세 때 벌써 그의 천재
적 명성은 불교계 안팎에 널리 퍼졌다.

　　23세 때, 경허 스님은 동학사 강원의 젊은 강사로서 그의 이름을 듣
고 운집하는 학인들을 가르쳤다. 천부의 소질을 가진 그의 講經은 모든
학인들을 놀라게 하였다. 그의 종교적 천재성은 이때 벌써 싹트기 시작하
였다. 후학을 가르치는 강사 생활을 7, 8년 계속하다가 31세 되던 여름
갑자기 환속한 옛 은사가 보고 싶어 스승을 찾아 길을 떠나게 되었다. 도
중 때 아닌 폭풍을 만나 급히 가까운 마을 집으로 뛰어들어갔다. 그런데
집집마다 대문을 꽉 잠그고 열어주지 않는다. 여러 집 대문을 두드려봤으
나 아무도 폭풍을 피하여 들어오는 경허 스님에게 문을 열어주지 않는다.
마을은 마치 죽은 듯이 고요하기만 하다. 마침 축 늘어진 송장 같은 것을
업고 대문으로 나오는 사람을 만났다. 까닭을 물었더니, 지금 마을에는 악
성 전염병이 휩쓸어 거의 전 마을의 인명을 다 앗아간다는 것이다. 걸리
면 곧 그 자리에서 급사하는 지독한 전염병이라는 기막힌 대답이다. 이
말을 전해 들은 순간 경허스님은 전신이 오싹하며 소름이 끼치는 것을
느꼈다. 등에는 식은 땀이 흘러 더욱 심한 오한을 유발하였다. 하는 수 없
이 얼른 마을을 떠나 큰 나무 밑에서 폭풍우를 피할 때, 경허 스님은 비
로소 헤어날 수 없는 불안에 떨었다. 이제 자기도 죽게 되었다는 죽음의
예감이 휘몰아쳐 왔다. 틀림없이 자기에게도 그 지독한 전염병이 옮았다
는 불길한 예감이 머리를 떠나지 않는다. 그렇게 생각하니 갑자기 오한은
심하여 가고 고열이 나는 것 같다. 이제 곧 죽는다는 죽음의 그림자가 시
시각각 그의 곁으로 다가온다. 열은 더 오르고 오한은 더욱 심하여간다.
죽음을 목전에 두고 그는 그가 암송하였던 경전 구절을 소리 높이 되풀
이 하였으나 죽음이 주는 불안은 오히려 더하여 갔다. 죽음과 삶이 如一
하다는 구절을 머리로는 이해하고 학인들에게도 자신있게 가르쳐 주었으

나, 죽음을 눈앞에 둔 이 순간 그 구절이 아무 힘도 없음을 알았다.

그는 그동안 많은 경전을 읽었고 어려운 뜻을 이해하였고 또 후학들에게 다 깨달은 듯이 가르쳐도 보았다. 그 가운데는 禪旨의 奧義와 해탈의 경지까지 읊은 絶句도 있었다. 젊은 강사인 경허 스님은 어쩐지 그 선지의 묘의와 해탈의 경지까지 다 아는 것 같았다. 그래서 자신있는 소리로 학인들에게 가르쳐주지 않았던가. 그런데 죽음을 목전에 두고 대결하는 이 순간, 선지와 해탈의 경지를 안다는 '앎'이 이다지 무력할 줄은 몰랐다. 그저 불안하기만 하다. 그 앎이 죽음의 불안을 조금도 없애주지 못하고 있을 줄은 정말 몰랐다.

밤새, 비바람 속에서 죽음의 불안과 싸우다가 날이 새면서 비가 멎고, 그도 아직 죽지 않고 살아 있음을 알았다. 그의 심신은 낡은 헝겊처럼 축 늘어졌다. 아직 살아있는 육체를 손톱으로 꼬집어 보면서 그는 깊은 명상에 잠겼다. 도대체 그가 경전을 통하여 알았던 앎이란 무엇인가. 젊은 강사로 이름을 사방에 떨치던 그가 죽음의 순간에 그토록 심한 불안에 떨다니, 그의 명상은 깊이를 모르고 아래로 가라앉았다. 길이 막힌 '아포리아'에 부딪친 것이다.

그때, 그의 앎이란 '머리'로 이해하는 앎임을 그는 알았다. 머리로 알았다는 선지의 묘의나 해탈의 경지가 머리에 머물고 있는 한, 관념의 환상이지 엄연한 현실은 아니다. 현실이라는 바위에 부딪치자 그 환상은 여지없이 부서지고 만다. 머리로 이해한 선지가 현실적 죽음의 벽에 부딪칠 때 부서지는 것은 너무나 당연하다.

현실에 사는 '행'으로 체득할 때, 즉 현실적 행을 통한 체험에 의하여 증언될 때, 선은 현실에 사는 活句를 생동하는 것이다. 머리의 세계에서 이해한 선은 무덤처럼 굳어버린 死句의 탈을 벗지 못한다. 그럴듯하게 動活하며 강설할 때는 스스로 깨친 듯하나, 현실의 벽에 부딪치면 미로에서 불안에 떨기 마련이다. 이것이 사구의 운명이다.

젊은 경허 스님의 머리도 이같은 사구의 禪으로 가득 차 있었다. 사구가 죽음을 보고 무엇을 말할 수 있겠는가. 그는 깊은 명상에서 깨어나

지금까지의 공부가 아무 쓸모없는 쓰레기 같은 사구의 무덤임을 통찰하였다. 스승을 찾아보고 동학사로 되돌아 온 그는 운집한 학인들을 모두 해산시킨 다음, 방문을 안으로 잠그고 철저한 활구와의 대결에 매진했다. 실로 처절한 싸움이었다. 睡魔를 쫓기 위하여 턱 밑에 송곳 끝을 세우고 정진하였다 한다. 목숨을 건 불퇴전의 돌진이었다. 어떻게 보면, 종교적 천재가 건 인생의 대도박일런지도 모르겠다. 한국 불교 선지의 중흥조는 이 같은 험로를 밟고 탄생되었다. 종교적 천재는 반드시 고난이 겹치는 역경을 뚫고 그의 진면목을 나타낸다. 그믐밤이 어둡기 때문에 새벽의 밝음은 더욱 빛나는 것이다.

3

死句의 무덤에서 活句의 무대로 전환하는 경허 스님의 나이가 31세(한국식)라는 사실에 주목하고 싶다. 30세를 전후하는 고개가 한 인생의 걸어 갈 방향을 결정하는 중요한 동기가 된다고 생각한다. 한 인생이 영원을 지향하는 열반의 길을 택하는가, 아니면 凡俗한 세속의 길을 택하는가 하는 결심의 단계도 30세 전후에 온다.

옛날 위대한 종교적 천재들이 위대한 결심을 단행한 것도 바로 30세 전후이다. 부처님이 호화스런 세속적 영예를 버리고 출가 사문의 길에 오른 것은 29세 때였다. 그리고 위대한 정진 끝에 35세 때 부처님은 大悟의 별을 보았다. 열반의 길은 여기서 시작되었다. 또 기독교의 교조 예수님이 황야에 나가 새로운 계시를 받은 나이도 꼭 30세, 그는 33세의 젊은 나이에 십자가의 비극을 겪었다.

이 30세 전후의 기록들은 그저 한갓 우연의 일치라고 가볍게 넘길 수는 없다고 생각한다. 공자님이 30세를 ‘금’이라 한 것도 이 나이에 이르면 한 길을 결정하여 스스로 나갈 길을 ‘정립’한다는 뜻이라고 본다. 경허 스님의 일생에서 가장 무서운 전환기가 31세에 왔다는 사실도 동시에 깊은 의의를 품고 있다고 생각하는 것이다.

각설하고, 죽음과 삶의 문제와 목숨을 걸고 대결하는 경허 스님의 태도는 누가 보아도 기인의 행위였다. 옷에 때가 나뭇껍질같이 들어 앉아도 빨래하는 일이 없고, 또 머리는 자라는 대로 두었으니 세수 한 번도 안한 그의 형상은 상상만 하여도 괴기의 상을 벗어날 수 없다. 책없이는 한시도 못살던 그가 책이란 책은 모조리 묶어서 멀리 치워버렸고 글씨 쓰는 일도 없을 뿐 아니라, 몇 달 가도 한 마디 말도 없다. 글씨나 말의 한계가 사구의 범위에 있음을 그는 벌써 알고 있었다. 하도 옷이 더러워 누가 새옷을 주면, 갈아 입을 때 헌옷에서 우글거리던 이를 그대로 모두 새옷에 옮긴 다음 입었다고 한다. 자기와 인연 맺은 생물을 한 마리도 죽일 수 없다는 철저한 계행의 발로다.

그도 인간이기 때문에 밀어닥치는 잠을 막을 수 없었다. 그래서 꾸벅 졸다가는 턱 밑에 놓인 날카로운 송곳 끝에 찔려 피를 흘리고는 다시 잠에서 깨어났다. 그의 턱 밑에는 송곳 자국이 수없이 그려져 있었다. 그러나 한 번 각오하고 시작한 싸움이 이만한 일로 중지될 리 없다. 머리로 이해한 사구의 무덤이 살아있는 활구로 질적 전환하는 과정이 물건 흥정하는 식으로 쉽게 될 턱이 없다. 종교적 질적 전환은 막대한 희생을 요구하는 수가 많다.

질적 전환의 체험을 가져본 적이 없는 종교적 신앙이라면 그것은 너무나 안이한 自愛의 신앙이다. 나의 행복만을 무한히 염원하는 신앙이라면, 양적 연장이지 질적 전환은 아니다. 질적 전환은 우선 적어도 어떤 형식이건 자기 부정이 前正에 나타나야 한다. 철저한 자기 부정이 앞설 때, 질적 전환은 그 만큼 투명하여지고 순수하여지는 것이다. 그래서 종교적 질적 전환은 막대한 희생을 요구하는 수가 많다는 것이다.

그런데 종교적 질적 전환은 어느 찰나에 문득 이루어진다. 양적 연장은 시간과 예불의 길이에 비례하여 점차 형성되지만, 질적 전환은 어느 순간에 즉각적으로 이룩된다. 물론 즉각적으로 이루어지기까지 질적 전환이 내면 세계에서 경과하는 고행의 시간은 양적으로 측량할 수 없을 만큼 길 때가 있다.

드디어 경허 스님에게도 질적 전환을 신호하는 찰나가 도래했다. 어느 날, 한 나그네가 절 앞을 지나가다 이야기하는 소리를 들었다. "소가 되어도 콧구멍 없는 소가 되면 어떻소."라고. 이 음성 한 마디에 그의 얽힌 疑團은 눈녹듯 녹아버렸다. 이제 그는 종교적 심오한 이치를 證悟한 것이다. 사구의 무덤은 없어지고 활구의 생동하는 모습이 나타난 것이다. 이때 그는 한 수 읊었다.

> 忽聞人語　無鼻孔
> 頓覺三千是我家
> 六月鷰岩山下路
> 野人無事太平歌

4

이제 젊은 경허 스님 앞에는 별천지가 전개되었다. 질적 전환의 찰나 이전에는 전연 체험한 적이 없는 별천지가 전개되었다. 강사 시기에는 한 가지 생각 일으킬 때마다 반드시 그 생각과 모순되는 생각이 길을 막아 마음에 걸렸고, 또 한 가지 행동 옮길 때마다 반드시 그 행동을 거역하는 행동이 길을 막아 역시 마음에 걸렸다. 그러므로 생각하거나 행동할 때 아무런 걸림없이 완전한 자유의 입장에서 생각할 수 있고 행동할 수 없었다. 그의 사유 주변을 구름같이 싸고 있던 懷疑의 어둠이 활짝 개인 것이다.

그런데 종교적 질적 전환이 이루어진 찰나 별천지가 그의 앞에 전개되었다고 하여 갑자기 푸른 하늘이 빨갛게 되거나 강물이 거꾸로 흐르는 것은 아니다. 자연 질서가 전도되는 것은 아니란 말이다. 여전히 하늘은 푸르며 강물은 아래로 흐르고 있다. '到得還來無別事 盧山煙雨淅江潮'의 시구는 이 사실을 잘 설명하여 준다.

종교적 질적 전환은 경허 스님 자신의 '내면 세계'에서 문득 일어난 역사적 사건이지 경허 스님 밖에서 일어난 사건은 아니다. 그의 내면 세계에서는 질적 전환을 통하여 의식의 전도가 일어났다. 상식적 의식의 기반은 허물어지고 새로운 차원에서 그의 의식구조는 재구성되었다. 의식구조가 재구성되었기 때문에 질적 전환 이전의 천지가 무너지고 별천지가 그의 눈앞에 전개된 것이다. 객관적 자연 질서는 질적 전환 이전이나 이후나 여전하지만 받아들이는 경허 스님의 의식 구조가 180도로 달라졌기 때문에 '별천지'로 그의 無意識에 투영되어 있다는 것이다.

이제 경허 스님은 좁은 골방에서 학인들을 앞에 놓고 문자 해석에 일상적 만족을 느껴오던 강사는 아니었다. 즉, '머리'로만 이해하고 아는 지식으로 자만하며 나날을 보내던 젊은 강사가 아니며 사구의 무덤에서 죽음의 불안에 떨고 있던 젊은 강사도 아니다. 어떤 현실이 닥쳐와도 그것을 그대로 태연히 받아들일 수 있는 내면적 자세가 확립되었다. 죽음의 벽이 목전을 가로 막아도 유유히 미소까지 지어가며 받아들일 수 있는 '道人의 風貌'이다. 죽음의 벽 앞에서 처참하게 허물어지던 그의 인생은 죽고 새로운 경허가 태어난 것이다. 겉으로는 질적 전환 이전의 경허 즉, 어제의 경허와 질적 전환 이후의 경허 즉, 오늘의 경허 사이에는 추호도 다름이 없다. 자연질서에 변함이 없는 것처럼 그의 육체적 자연에도 이상이 없다는 것이다. 목이 마르면 물을 마시고 싶고 배가 고프면 먹고 싶은 자연인 경허는 변함이 없다는 말이다. 자연인 경허는 상식인이 상식의 수준에서 얼마든지 대할 수 있는 상식인이었다.

그러나 질적 전환을 일으킨 경허 스님의 내면 세계는 主客未分前으로 환원되었다. 주객 미분전의 태고적 寂照가 재현된 세계였다. 그리고, 주객 미분의 거울에는 자연 질서가 있는 그대로 여실하게 반조된다. 주객의 분열 때문에 자연 질서가 아집과 아상의 프리즘을 통하는 동안 왜곡되고 전도되어 혼란을 일으키는 것이다. 주객 미분전의 태고적 적조에는 '제행무상'이 무상 그대로 받아들여진다. 죽음까지도 어차피 한 번은 반드시 죽게 되는 무상의 법임을 달관하고 당연히 받아들일 줄 안다. 언젠가는 반드시 한 번은 죽어야 할 몸이므로 언제라도 죽음이 오면, '이제야 오는 구나'하며 태연히 죽음을 받아들여 죽을 수 있는 '각오가 되어 있다'는 말이다. '각오가 되어 있다'는 윤리적 결단은 문자 그대로 깨치고 깨쳤다는 전제가 앞서야 된다. 즉 깨치고 깨쳤기 때문에 覺悟가 생긴다는 말이다.

확고한 각오는 아무것도 두려워하지 않는다. 죽음까지도 태연히 받아들여 죽을 수 있는 각오가 무엇을 또 두려워 하겠는가.

5

상식의 수준을 벗어난 경허 스님의 내면 세계는 때때로 상식 이전의 기행으로 나타날 때가 있다. 기상천외의 기행 이적이 가는 곳마다 경허 스님의 주변에는 뒤따른다. 상식인의 상식수준으로는 도저히 판단할 수 없는 醜行이 뒤따를 때도 있다. 상식의 세계에서는 상상할 수조차 없는 추행이 속출한다. 상식 이전이라 하기보다는 '초상식'이라고 부르는 것이 온당할런지 모르겠다.

초상식적 眞의 언행이 상식적 정상 세계에서 사용되는 度量衡器로 측정될 수는 없다. 정상이 아니라고 하여 곧 비정상으로 처리하는 상식적 방법은 경허스님의 경우 피하는 것이 좋을 듯하다. 비정상이라기 보다는 '초정상'이기 때문이다. 그의 對常識 세계적 언행을 판단할 기준은 아무도 모르고 있다.

그러나 그의 초상식적, 초정상적 언행은 항시 상식과 정상의 테두리 안에서 안주하고 있는 상식인과 정상인들의 근거를 근본적으로 때려부수는 落雷 같은 위력을 가지고 있었다. 그는 상식의 오막살이에서 안주하여 제한된 판단을 되풀이하는 후학들의 정상적 사유의 방향을 초상식 초정상의 낙뢰적 전격적 충돌의 위력에 의하여 전환시키는 것이었다.

그래서 그의 주변에는 많은 기행과 이적으로 점철되어 있다. 이같은 기행은 오랜 세월을 두고 구전되는 동안 더욱 신비화되어 경허 스님을 神仙의 位에까지 올려 놓았다. 그러나 경허 스님은 어디까지나 인간이었지 신선은 아니었다. 또 자연인 경허 스님은 자연 질서를 따라 살려고 하였지 신선으로 살려고 하지는 않았다. 그리고 이같은 신선적 전설 때문에 경허 스님의 이미지는 잘못 전승되어 왔다. 잘못된 전승때문에 경허 스님은 오늘까지도 적지 않은 피해를 입고 있다.

이제 여기 경허 스님을 둘러싼, 초상식 초정상적 구전 몇 가지를 소개하여 볼까 한다. 구전이므로 그 신빙성의 정도는 알 수 없다.

이런 일이 있었다고 한다.

충청도 어느 고을을 젊은 상좌와 함께 지나가게 되었다. 당시 경허 스님은 天藏庵에 계셨다. 경허 스님은 이 천장암에 여러 해 묵고 있었다. 고을 어귀를 지나는데 한 젊은 아낙네가 물동이를 머리에 이고 오고 있었다. 그 아낙네가 바로 경허 스님의 곁을 스치고 지나가려고 할 때였다. 갑자기 경허 스님은 不問曲直하고 그 아낙네의 양쪽을 잡고 입을 맞추었다. 아무래도 기상천외의 蔓行이라고 할 수 밖에 없다. 불의의 습격에 놀란 아낙네는 뒤로 자빠지면서 사람을 부르기 위해 고함을 쳤다. 물동이가 땅에 떨어져 박살이 난 것 쯤은 그다지 큰 문제가 못된다.

젊은 여자의 비명를 듣고 동네에서 장정들이 모여들기 시작하였다. 혼비백산한 젊은 상좌는 겁에 질려서 걸음아 나 살려라고 도망쳤다. 나타난 장정들은 어처구니 없는 사건의 경위를 알고서는 다짜고짜로 경허 스님의 몸 전체에 손질 발길질은 물론 몽둥이까지 동원하여 후려갈겼다. 한참 때리다 보니 경허 스님은 축 늘어져 죽은 듯이 뻗어 있었다. 그제서야 장정들은 그 아낙네를 부축하여 데리고 동네로 돌아갔다.

도망치다가 멀리서 이 광경을 보고 있던 젊은 상좌는 그제서야 되돌아 왔다. 쓰러져 있는 경허 스님을 불러보았으나 대답이 없다. 필경 돌아갔다고 생각한 상좌가 막 울음을 터뜨리려고 하는데, 그때까지 송장처럼 가만히 있던 경허 스님은 자리에서 부시시 일어나서 옷에 묻은 먼지를 털고 있었다.

놀란 상좌가 "도대체 어찌하여 그같은 일을 저지르고 얻어맞으십니까."라고 물었다. 이 때 경허 스님은 태연히 "남의 이쁜 아낙네와 입맞추었는데 그만큼도 안 맞으면 되는가."라고 대답하더라는 것이다. 이 때 이 상좌가 바로 滿空 스님의 젊은 시절이었다고 한다.

이 기행을 어떻게 해석할런지. 한마디로 '미쳤다'고 상식인들은 못 박아 버릴런지 모른다. 상식인의 상식안으로 볼 때 미친 짓임은 너무나 당연하다. 초정상적 행위가 상식의 차원에서 狂態로 나타남은 어찌할 도리가 없다. 그러나 입맞춤의 대가로 얻어 맞고 태연히 '그 만큼도 맞지 않겠는가'라고 대답한 경허 스님의 언행에는 무엇인가 비상한 데가 있다. 그러니까 맞을 것을 예상하고 입을 맞추었다는 말이 된다.

그는 때때로 지독한 자학의 길을 스스로 택하는 일이 있었다.

충청도 어느 고을의 장날이었다. 마침 밖에 나왔던 길에 경허 스님도 장바닥에 나타나게 되었다. 한동안 주막집만 찾아 막걸리만 들이키던 경허 스님은 어지간히 취기가 돌자, 젊은 패거리들이 모인 가게 앞에 왔다. 그리고 젊은 패거리들을 불러 모으게 하였다. 이상한 스님이 부르므로 젊은 패거리들은 호기심 반, 재미 반하여 스님이 부르는 장소에 모였다. 장소는 바로 스님이 서 있는 둘레였다.

젊은 패거리들이 스님의 둘레를 쌓고 있을 때, 그는 주머니를 뒤지더니 있는 돈을 다 털어 그들에게 나눠 주었다. 그리고 아주 엄숙한 말로 "여러분! 여러 분은 그저 돈받은 만큼 나를 때려주시오."라고 하였다. 이 말을 들은 젊은 패거리는 물론 구경꾼들까지 하도 어이가 없어 벌어진 입을 다물지 못하였다. 미친 중이 아닌가 하고 유심히 쳐다 보았으나 눈이 너무 날카롭고 반짝인다. 그렇다면 도대체 돈을 주고 매를 사는 이 스님은 어떤 분인가. 그들은 저희들까지 몇 마디 주고 받더니 스님에게 까닭을 물었다. "왜, 돈 주고 매를 사느냐?"고.

그러나 스님은 얼굴에 약간 미소를 띠며 "까닭은 묻지 말고 여러분은 그저 나를 힘껏 때려 주오."라고 재촉만 거듭하였다. 때리더라도 아주 쓰러지도록 때려 달라는 것이 스님의 부탁이었다. 돈을 받은 젊은 패거리 중에서 가장 어리석은 자가 먼저 스님의 뺨을 보기 좋게 후려 갈겼다. 그제서야 가만히 서 있던 다른 자들도 손과 발에 힘을 주어 스님이 고꾸라 쓰러질때까지 연속적으로 내려쳤다. 오래 돼서 죽은 듯이 고요한 것을 보게 되었을 때 젊은 패거리들은 도무지 알 수 없다는 표정들을 지으며 그 자리를 떠났다.

이럭저럭 장도 파장이 될 무렵이 가까워도 쓰러진 스님은 제 정신을 찾지 못하고 쓰러져 있었다. 그 때 마침 평소부터 스님을 잘 알고 있던 사람이 쓰러진 스님을 보더니 얼른 냉수를 떠다가 스님의 얼굴을 씻어 주었다. 그제서야 스님도 깊은 잠에서 깨어난 듯이 기지개를 펴며 자리에서 일어났다. 그리고 "어허 참 잘 맞았다."고 혼자 중얼거리며 그 자리를 떠났다.

원래 경허 스님은 六尺 장신에 건장한 체구를 가지고 있었다. 그렇지 않으면 정말 죽었을런지 모른다. 그런데 이같은 자학의 길을 택하는 까닭은 어디 있을까. 인도의 여러 종파에서 독특한 고행을 하고 있는 줄을 알고 있다. 그것도 지독한 자학의 길이다. 못을 바둑판처럼 박은 위에 앉는다든지, 높은 나무 위에 정좌하고 앉는다든지, 혹은 한쪽 발을 들고 서 있는 등 고행 방법은 여러 가지 있다. 그러나 두들겨 맞는 고행은 처음 들었다. 아마 이것은 경허 스님만이 하고 있는 독특한 자학의 길인 것 같다.

그러나, 경허 스님 자신은 이같은 행위를 자학이라고 생각한 적은 없다. 즉 스스로 의식적으로 자학의 길을 시험하여 보겠다고 마음먹고 한 것은 아니라는 말이다. 다만 경허 스님이 이같은 비정상적 행위를 보고 그가 자학의 길을 택하였다고 이름을 붙인 것뿐이다.

옛날 위대한 종교적 성인들 가운데는 인류의 고통을 정말 알기 위하여 스스로 자학의 길을 걸어간 사람도 있었다. 인류의 고통을 홀로 짊어지고 살아간 성인도 있었다. 또 어떤 고승은 자기와의 인연을 맺기 위하여 사람들이 자기를 때려 줄 것을 구걸하였다는 것을 들었다. 자기의 몸에 손이 닿거나 발이 닿은 사람은 곧 자기와 깊은 인연을 맺게 된다는 것이다. 따라서 아주 아프게 때린 사람일수록 그만큼 깊게 자기와 인연을 맺는 셈이 된다. 경허 스님이 이같은 종교적 성인이나 고승들의 행적을 본받아 자학의 길을 택하였다는 기록은 없다. 경허 스님도 남과 인연을 맺기 위한다는 의도나 또는 인류의 고통을 짊어진다는 생각이 있어서 매를 맞았다고 하는 기록이 없다는 말이다. 오히려 경허 스님의 입장에서 순수하게 말한다면 성인들이나 고승들을 본받는다는 생각이 없었다고 함이 합리적일 것 같다. 더욱 철저하게 표현한다면, 경허 스님이 어떤 목적을 위하여 무엇을 한다는 생각을 일으킨다는 것은 벌써 하나의 망상이고 아상이다. 따라서, 경원하여야 할 악덕이다. 그렇다면 '왜, 경허 스님은 자학의 길을 걸었는가'하는 질문은 다시 제기된다. 여기에 대한 답변을 순수하게 경허 스님의 입장에서 시도한다면, 한마디 밖에 없다. '어쩐지 매맞고 싶으니까'라는 한마디 뿐이다. 아마 비윤리적 비상식적인 말이라고 날카롭게 비판할 사람도 있을 줄 안다.

그러나 초윤리의 차원에서 윤리의 차원을 비판하고 초상식의 입장에서 상식의 입장을 무너뜨리는 것이 선의 궁극적 경지라면, '그저 어쩐지 매맞고 싶으니까'라는 한마디밖에 경허 스님의 처지를 설명하여 줄 말은 없다. 상식의 차원에서 상식의 성을 굳게 쌓고, 상식의 성문을 꽉 닫고 이것만을 고수하려 드는 상식인들의 눈에는 어쩌면 戱畵 한 포기를 구경하는 심경일런지 모른다. 애꾸눈의 마을에서는 두 눈 가진 사람이 도리어 漫畵的 존재가 된다.

6

경허 스님을 신비의 제단에 올려 놓은 전설은 여러 가지 있다. 어디까지가 정말이고 어디까지가 허위인지 분간할 수 없을 만큼 신선술의 술사로 경허 스님은 둔갑을 한다. 경허 스님을 도인의 지위에까지 올려놓기 위한 조작도 있을 것이다. 그러나 지나친 조작은 그의 영상을 뿔난 귀신으로 만들어 버린 느낌을 준다. 이렇게 되면 경허 스님을 도인의 지위에 올린 것이 아니라 귀신의 지위로 하락시킨 셈이 된다. 불과 반세기 전 인물을 조작된 구전으로 왜곡시켰다면 그 죄도 크다고 본다.

여기 경허 스님을 신선과 도인의 중간적 존재로 만든 이야기가 있다.

경허 스님을 전라도 松廣寺에서 證師로 모실 일이 생겼다. 당시 경허 스님의 명성은 방방곡곡에 날리고 있었다. 특히 도가 높은 선사로서 큰 불사가 있으면 반드시 스님을 법사, 증사로 모시곤 하였다.

송광사에서는 證師壇을 호화롭게 장엄한 후, 경허 스님이 오시기만 기다렸다. 그런데 송광사에 나타난 스님은 벌써 얼큰히 취하여 있었다. 사중 대중들과 이웃 寺庵子에서 모여왔기 때문에 법당은 초만원을 이루고 있었다. 법당 문을 열고 들어선 경허 스님은 다짜 고짜로 증사단을 찾아가더니 공양주를 불렀다. 그리고 돼지 다리, 술병을 바랑에서 끄집어 내더니 얼른 삶고 데우라는 분부이다. 계율을 엄히 지키는 사중에서는 도저히 있을 수 없는 일이다.

좌중은 술렁대기 시작하였다. 그리고 추태를 더 볼 수 없어 대중들은 도망치다시피 자리를 떴다. 물론 사중에서는 대중 공사가 벌어졌다. 미친 주정뱅이는 곧 쫓아내자는 강경파가 우세하였다. 그러나 노장스님들의 간곡한 만류로 우선 사태를 두고 보기로 결의하였다.

다음 날, 점안식을 개최하는데 잔뜩 술에 취한 경허 스님은 점안식은 아랑곳도 안하고 주장자에 의지하여 냇가에 있는 소반 바위에 올라 앉더니 눈을 감고 명상 삼매에 들어갔다. 그때 바위 주변에 난데 없이 큰 호랑이들이 모여들기 시작하였다. 가까이에서 주정뱅이를 구경하던 사람들은 얼른 도망쳐 먼 발치에서 손에 땀을 흘리며 호랑이 밥이 될 주정뱅이의 말로를 구경하였다. 그 중 두 마리는 경허스님이 앉은 바위 위까지 어슬렁 어슬렁 기어갔다. 이제는 꼼짝 없이 죽었다고 생각한 대중들은 차라리 잘 된 일이라고 기뻐하기까지 하였다. 그런데 경허 스님의 곁에 가까이 간 두 마리 호랑이는 스님에게 달려드는 것이 아니고 도리어 업드려 절을 하는 것이었다. 그래도 스님은 여전히 삼매경에 들고 있었다. 두 마리를 따라 바위 아래 있는 호랑이들도 함께 쭈그리고 앉아 마치 무슨 설법을 듣는 자세를 취하고 있었다. 사람들의 눈은 놀라움과 신기함에 차 있었다. 정말 기이한 일이었다.

이윽고 경허 스님은 눈을 뜨고 주위를 한번 훑어보더니, "이제는 다 물러 가서 해탈의 길에 오르라."고 우렁찬 목소리로 호령하니, 모였던 호랑이들은 일어나서 다 산중으로 사라졌다. 그제서야 경허 스님은 증사단에 올라 無上戒法을 설하였다는 것이다.

호랑이와의 묵언중 대화의 眞否는 정말 알 길이 없다. 그러나 요즘 선방에서는 경허 스님에 대한 이야기가 나오면 서서히 이 이적에 관한 이야기가 먼저 나온다. 이 구전 때문에 경허 스님이 법력이 높은 도인으로 후학의 추앙을 받는 것까지는 좋으나, 도술을 쓰는 술사로 낙하되는 위험성은 언제나 남아 있음을 알아야 한다.

韓國佛教百年史

서론

대개 불교사라 하면 얼른 신라, 고려, 이조 등 옛 시대를 상상하며 옛 것만을 다루는 일로 생각하는 수가 많다. 주로 역사를 옛 것에 대한 자랑거리나 이야기거리로 여기려는 경향 때문이라고 본다. 그러므로 근대 현대하고 시간이 오늘에 가까워 짐에 따라 불교사에 대한 관심도 점점 희박하고 따라서 역사학적 연구 업적도 드물다.

또 불교사는 일반사와 성격을 달리하고 종교사 특유의 史觀도 가미되어서 현대의 방향으로 가까와 지려는 경향보다는 고대와 원시의 방향으로 멀어지려는 복고적 경향이 농후하다. 그리고 불교에는 부처님의 살아계실 때를 가장 완전한 정법시대로 삼고, 그후 시간이 흘러갈수록 오백

년 단위로 부처님의 진리가 타락하여 드디어 末法에 이른다는 사관이 있다. 즉, 부처님의 시대에 가까워질수록 부처님의 말씀은 진면목에 가깝고, 멀어질수록 진면목은 흐려지고 혼탁한 타락의 시대에 가까와 진다는 말이다. 따라서, 정법이 살았던 옛날을 그리워 하며 항상 복고하려는 종교적 신앙은 현대를 경원하고 무시하는 현실 부정적 사고 방식을 싹트게 할 위험성을 품고 있다. 그리고 현실의 고통을 벗어 나고 현실을 구제하는 길을 '되돌아가는 回歸'에서 찾으려고 한다.[1]

이 같이 특수한 종교 사관이 지배하고 있는 한 불교사도 고대의 방향에서 정법적 의미를 찾으려고 하는 경향이 짙어간다. 한국 불교사 연구가 거의 신라, 고려의 황금시대 만을 구가하려는 까닭도 여기에서 그 일단을 찾을 수 있다. 말법의 역사, 타락의 역사는 연구의 의미가 없다고 보기 때문이다.

한국 불교사가 현대사를 경원한 까닭은 한 가지 더 있다. 한국 불교사학계는 일제때 일본 학자에 의하여 과학적 방법을 도입할 수 있었고 일본 학자에 의하여 한국 불교사학은 근대적 학문방법의 성립을 보았다고 하여도 지나친 표현은 아닐 줄 안다. 당시 일본 사학계는 역사적 사실만을 중시하고 존중하던 19세기적 역사학파가 지배하였던 때였으므로 한국 불교사를 연구하던 일인 역사학자의 경향도 이 방법을 따르고 있었다. 객관적 사실을 사적으로 확정시키는 역사학 방법은 연구의 방향을 신라나 고려 등 고대나 중세기 불교사에 기울어지게 하였다. 따라서, 일인에게서 역사학을 배웠고 그 아래서 한국 불교사를 연구하였던 한국인 불교사학자의 연구대상 시대가 신라, 고려시대로 멀리 올라가는 일은 당연하다고 할 수 있겠다. 그러므로 일제때 주어진 현실의 암담한 사실을 직시하면서도 그대로 고발할 용기가 없었던 한국인 불교학자들은 일인학자의 방법론을 그대로 답습하므로 교묘하게 난세에 처신하였다.

이 같은 상황에서 일제때부터 오늘까지 한국 불교사는 현대를 외면한 채 고대나 중세사에만 치중하여 왔다. 일반 사학계와 마찬가지로 불교

---

1) Mircea Eliade; The Etenal Return 참조.

사학계에도 아직 일제시대의 식민지사관의 殘影이 남아있다.

그러나 현대를 외면한 역사학이란 엄격한 의미에서 오래갈 수 없는 법이다. 고대사에 열중하여 고대의 사실만 다루고 있는 학자라 하여도 그가 처하여 있는 시간은 오늘이다. 즉 현대이다. 다시 말하여 오늘 살고 있는 모든 역사가의 실존 시간은 현대라는 말이다. 신라사를 연구하고 신라불교에 열중한다고 하여 아무도 그 역사가를 신라인으로 보지는 않는다.

또, 객관적 史實을 아주 객관적으로 다룬다고 하는 과학적 학문 입장에 서 있다고 하더라도, 사실의 선택과 해석에 있어서 오늘을 사는 그 역사가의 주관이 전연 去勢된다고 추리할 수는 없다. 역사가마다 동일 시대의 동일 사건을 놓고 사관을 서로 달리하는 까닭도 여기에 있다. 시간이 단절된 眞空管안에 서식한다고 하더라도 그 진공관이 놓여 있는 때와 곳은 바로 오늘이고 바로 여기다. 그런 의미에서 "모든 역사는 현대사에서 시작한다."[2]는 B. Croce의 말도 수긍이 간다.

필자가 한국 불교 백년사에 학문적 관심을 쏟게 된 이유가 여기 있다. 많은 불교사학자가 연구의 대상 시대를 주로 신라나 백제, 고려나 이조에만 국한하고 있는데 심한 반발을 느꼈기 때문이다. 더구나, 이상한 말법사상에 현혹되어 부처님 말씀의 영원한 뜻을 의곡되게 하는 오해는 지양되어야 한다고 본다. 더구나 부처님의 말씀을 현대에 사는 현대인에게 부처님을 대신하여 辨證할 사명을 가질 불교도들의 입장에서 이 불교 현대사의 연구는 반드시 필요한 작업이라고 확신한다. 부처님의 말씀을 어떻게 현대를 위하여 변증하느냐 하는 것을 불교 현대사는 다루어야 하고, 또 불교 현대사는 그 변증의 길을 바로 향도하는 지침이 되어야 한다. 과거의 종교사는 복고와 회귀의 방향으로 化石의 길을 지향하였지만, 오늘의 종교사는 내일을 향하는 창조와 발전의 방향으로 창조의 길을 지향하여야 한다.

그러나, 불교 백년사에 관심을 쏟기 시작하면서부터 자료 수집에 착안하여 여러 방면으로 노력하였으나 애로는 예상을 넘었다. 우선, 선종

---

2) Benedetto Croce(1866~1952), 이탈리아 哲學者, 歷史學者.

이 주류를 이루고 있는 不立文字사상은 모든 기록된 문서 자료에 대한 경시풍조를 빚어냈고, 이 경시 풍조는 자연히 문서 자료에 대한 관리 소홀을 자아냈다. 즉 귀중한 문서 자료들이 장판지로 전락되지 않으면 불쏘시개로 아궁이에 들어가는 사례가 여기 저기서 발견되었다. 게다가, 소위 대처·비구의 분쟁은 사찰 관리권의 이양을 평화적으로 하지 못하고 점령과 피점령의 수라장을 이루었다. 이 같은 사태는 모든 기록 문서를 말살, 소실하는데 안성 마춤이었다. 절을 나가는 대처승은 자료 한뭉치를 들고 나가선 휴지처럼 처리하였고, 또 남아있는 문서들은 깨끗이 청소하는 비구승의 빗자루에 쓸려 아궁이로 들어갔다.

아주 옛 것을 그렇게 억세게도 보존하기를 애쓰는 사람들이 어찌하여 오늘에 가까운 백년 동안의 문서 자료에 대하여는 그렇게도 무관심한지 이해할 수 없다. 여기에도 역시 복고 사상이 깃들어 있는지 모르겠다. 여하튼, 험난한 길을 걸으면서도 백년사의 자료는 그럭저럭 미비한 대로 모아보았다. 이제 분석과 정리작업이 남았다. 그동안 모은 기록, 문서자료와 口頭자료들을 분석 정리하여 이 글을 엮어나가 볼까 한다. 이 방면에 뜻을 둔 同學이나 후학들이 많이 나와 주기를 바란다.

일반사와 마찬가지로 불교사의 시대 구분도 일률적으로 확정짓기는 어렵다. 더구나 근대사는 시간적으로 근대에 일어난 사건들을 다루기 때문에 구분짓는 일은 한층 더 어렵게 된다. 우선, 구분 기준을 무엇으로 정하느냐 하는 것부터 문제다. 순수한 護敎的입장에서 구분짓느냐, 아니면 급격히 변천하는 정치나 사회 변동의 구분에 기준을 두고 따르느냐. 18세기 중엽부터 너무나 굵직한 사건들이 많이 일어났다. 왕조를 뒤엎는가하면 외국과 싸우고, 또 외래 종교인 천주교를 박해하는가하면 신흥 종교인 동학교의 교조는 혹세무민의 죄목으로 처형되기도 했다. 또 나라는 중국과 일본, 러시아와 일본이 전쟁하는 처참한 싸움터로 화하기도 하였다. 이 나라를 지배하였던 일제의 武斷政治는 1945년 2차 대전의 끝남과 함께 끝났으나 그 후 남북으로 갈라진 동족끼리의 비극적 싸움이 벌어졌다.

  이 같이 주로 '역사적' 사건만하더라도 그동안 연속적으로 일어났다. 굵직한 사건들은 기존 체제를 근본적으로 엎어 버리기도하고 사회 질서를 무너뜨렸기 때문에 역사적이란 형용사가 알맞다.

  그런데 이 같은 급격한 기존 체제의 붕괴나 기존 질서의 파괴에 직면하였을 때, 불교 교단은 어떻게 대응하였는가. 비록 불교 교단이 복고적 꿈에서 기존질서를 보수하려고 하더라도 보수할 힘조차 없을 뿐더러 역사의 바퀴는 교단의 보수세력을 무시하면서 굴러갔다. 그렇다고 기존체제에 대항하는 반체제운동이나 반질서 운동에 앞장 설 만큼 과격한 혁신 세력으로 대두되어 역사의 방향을 다소라도 변경시켜 본 적도 없는 것이 그동안의 불교 교단이었다. 불교 교단은 한마디로 표면상으로는 회오리치며 밀어 닥치는 거센 바람을 산넘어 마을에 부는 바람정도로 대수롭지 않게 받아들이며 복고적 자세를 유지하여 왔다고 요약할 수 있다. 밀어 닥치는 반체제의 바람에 대항하여 싸울 자신이 없으면, 차라리 모르는 체 조용히 후퇴하여 가만히 있는 것이 현명할런지 모른다.

  그래서 부패한 왕조의 폭정에 대항하여 일어난 민중의 궐기인 동학혁명의 파도가 밀어 닥쳐도 불교 교단은 무거운 침묵을 지켜왔고, 또 일제 말엽의 종교 탄압 정책하에서 불교 교단은 순교의 기록조차 없이 고요히 살아왔다. 물론 '파괴는 건설의 어머니'라고 과격한 구호를 외치며 불교 維新運動을 전개한 韓龍雲 같은 인물도 있었으나, 이 같은 혁신운동도 한용운과 극히 소수의 인물들의 운동 범위에서 물거품 처럼 사라졌다. 종단 전체가 이 운동에 호응하여 궐기하는 거대한 추진 세력을 형성하지 못하였다는 말이다. 오히려 이 같은 혁신 세력의 진출을 저지하는 반동 세력이 일제 총독부를 등에 업고 종단을 손아귀에 넣는데 성공하였다.

  교단의 자발적 운동이 사회로 번져 역사적 사건을 일으킨 사실은 거의 없고, 도리어 교단은 언제나 외부의 정치적 사회적 변동에 반응하는 수동적 자세에 있었다.

  따라서 불교사의 시대구분은 교단 내부의 사건보다는 외부의 역사적 사건에 구분의 기준을 둘 수 밖에 없다. 그리고 교단 외부의 일반사적 사건에 시대 구분의 기준을 두기 때문에 어쩌면 일반사와의 관계는 밀접하여질 수 있고, 따라서 외부 사회와의 상호 관계도 함께 다룰 수 있을런지 모르겠다.

대개 불교 근대사의 始點을 어느 특정한 연대에 두려는 생각은 없다. 다만, 18세기 중엽을 전후하여 교단에 가장 충격을 준 사건이 일어난 연대를 시점으로 할까 한다. 그런 의미에서 '승니의 도성 출입을 허용'한 사건이 불교 근대사에서 가장 충격적 사건이므로 그 경위와 결과를 이 논문의 시작으로 삼을까 한다. 더구나 이 '출입허용'이 당시 한반도 진출이 활발했던 일인 승려의 막후 교섭과 압력에 의하였다는 기록은 주목을 끈다.

그 후 급진적 개화 정책의 반동으로 일어난 壬午軍亂(1882년)을 거쳐 이 년후인 1884년, 소위 開化黨派에 의한 甲申政變이 기울어지는 왕조를 더욱 심하게 흔들어 놓았다. 개화파의 주동 인물 중에 유명한 승려 李東仁이 끼어 있었던 사실은 여러모로 주목의 대상이 될 수 있다. 1894년 동학 혁명과 함께 일어난 청일 전쟁, 또 10년 후의 노일 전쟁을 거치는 동안 일제의 검은 야심을 점점 노골화 하였다. 드디어 1910년 일본 제국은 한국을 일본에 합방이란 이름으로 예속시켰다. 여기까지를 불교 근대사의 제1기로 구분하고자 한다.

합방후, 寺刹令으로 전국 사찰을 손아귀에 넣은 일본 총독 정치는 교묘한 종교 정책으로 불교계 인물들을 하나씩 포섭하고, 사찰의 지배권을 도식하여 들어갔다. 그러나 1919년 3·1운동을 계기로 요원의 불꽃같이 일어난 민중 반항 운동의 파도는 한용운 중심의 불교 유신운동을 유발하였다. 1920년에 시작한 불교 청년 운동은 상당히 과격한 구호를 외치며 사찰령 철폐를 부르짖었고, 불교계의 혁신에 앞장섰다. 그러나 가장 진취적 기상을 띤 불교청년운동도 1932년 중일 전쟁의 발발을 고비로 일본 무단 정치의 칼 아래 시들어 버렸다.

1932년 이후 1945년 해방까지의 불교사는 가장 어둡고 쓰라린 암흑의 역사다. 차마 글로 세상에 발표하고 싶은 용기가 나지 않는다. 더구나 일제 총독에 아부하며 권세를 부리던 친일승들의 기록은 차라리 없어 주었으면 하고 바라는 마음이다. 그러나 •엄연한 사실이기 때문에 백일하에 고발할 수밖에 없다. 그러면서도 한편 고고하게 외로이 수도의 길을 걸었던 고승들의 자취는 그믐밤의 별처럼 반짝이고 있다. 여기까지를 근대사의 제2기에 포함시키고자 한다.

8·15해방은 이 땅에 자유와 독립의 기쁨을 가져다 줌과 동시에 혼란과 고통도 함께 가져다 주었다. 자유와 해방이 민족 자체의 자주적 투쟁에 의하여 얻어진 것이 아니고, 제2차 대전에서 일본 제국이 연합국에 항복한 결과 주어진 것이었기 때문에 미국과 소련의 개입이 초래되어 혼란은 한층 더 심하였다.

해방 직후, 주변 사회 조건은 불교 종단 내부에까지 직접적 또는 간접적 여러가지 양상으로 영향을 끼쳤다. 특히, 친일파 승려의 처리를 놓고 온건론을 주장하는 보수파와 과격론을 주장하는 혁신파 사이의 대립은 좌익과 우익의 격돌이 심각하던 당시의 사회풍조에 자극되어 더욱 격화되었다.

1948년 최초의 선거인 5·10선거에는 20명 가까운 유능한 승려들이 정계 진출을 위하여 출마하였다. 20명의 후보자들이 거의 불교계의 지도급 인물들이었다는 점에서 종단에 미치는 인적 손실은 컸고, 따라서 종단 내부에는 적지않은 파동이 일어났다. 다음으로 1949년 6월 공포된 '농지 개혁법'은 정비 과정에 있는 불교 종단에 커다란 타격을 주었다. 토지 수입에만 의존하던 종단으로서는 경제적 기반을 완전히 잃은 셈이다. 토지 분배에 의한 종단의 상처가 아물기도 전에 6·25전쟁은 다시 한번 불교계를 모질게 강타하였다.

6·25전쟁도 끝나고 1954년 5월 당시 이승만 대통령은 '불교 정화에 관한 유시'를 발표하였다. 이 제1호 유시의 발표를 계기로 불교 종단 안팎에는 거센 회오리바람이 불기 시작하였다. 소위 불교계의 정화 파동이다. 이때부터 불교계의 정화와 반정화 투쟁은 세속적 법정 투쟁까지 일으킬 만큼 서로 한치의 양보도 없이 극렬화하였다. 4·19 이후의 대법원 난입

과 割腹사건은 정화 투쟁이 얼마나 극렬한가를 말하여 주고 있다. 여기까지를 제3기에 포함하고자 한다.

1961년 5·16혁명 이후, '교단 내분을 자율적으로 해결하라'는 최고회의 박정희 의장의 담화를 계기로 문교부는 종단내의 문제에 적극적으로 개입하기 시작하였다. 소위 佛敎再建委員會가 통합 종단의 산파 역할을 하였다. 그러나 종단 내분은 자율적으로 해결하여지지 않았다. '승려자격'을 규정하는 조항에서 비구측과 대처측은 서로 정반대되는 이론을 펴나갔기 때문에 타협이 없는 평행선을 유지하였다. 그리하여 이 평행선을 깨뜨리기 위하여 문교부 당국은 비상한 방안을 강구하여 종헌을 통과시키고, 종회까지 구성할 수 있게 작용하였다. 그러나 대처측은 이 비상 처사에 반발하여 다시 그 무효를 법정에 고발하기에 이르렀다. 5·16 혁명부터 여기까지를 제4기로 구분하고자 한다.

위에서 시도한 시대 구분이 가장 타당한 구분이라고 고집하려는 뜻은 없다. 어디까지나 '시도'라는 점을 알아주기 바란다. 이밖에도 여러 가지 구분방법이 있을 것을 예상한다. 가령, 선종의 흐름을 기준으로 하게 되면, 유명한 鏡虛 선사같은 인물을 큰 봉우리로 삼고, 경허 이전과 경허 이후로 크게 구분지을 수도 있을 것이다. 또 敎宗 인맥을 기준으로 한다면, 陣震應, 朴漢永 같은 대 강사들의 출현을 시대 구분의 이정표로 삼지 않을 수 없을 것이다.

그러나 불교 전반의 역사를 문제삼고 있기 때문에 교단 내부 보다는 외부의 정치, 사회적 사건에 구분의 기준을 두려는 것이다. 그리고 불교 전반의 역사이므로 본산을 관할하던 일제때의 교무원이나 해방 후의 총무원 등을 중심으로 한 외적인 행정 관계사만 다루는 것이 아니라, 선종사, 교리사같은 내면 사상사까지 함께 다루어야 한다. 여기에 특수 종교사인 불교사가 다루기 어려운 점이 있다.

그러나 본 논문에서는 '승니도성출입'부터 소위 '한일합방 직전'까지만을 다루려고 한다. 일제 무단 정치하의 불교, 해방 후의 불교 등에 관한 연구는 다음 기회로 미루었다. 현대에 가까워질수록 사료도 복잡하여지고, 또 교단 외부의 정치, 경제, 사회, 문화적 변동이 급격하기 때문이다.

그런데, 불교 최근대사와 현대사를 '백년사'의 이름으로 묶은 것은 그만한 과학적 근거가 있어서가 아니다. 막연히 19세기 중엽부터 20세기 중엽까지를 시한 대상으로 잡으려 하니 그래도 가장 근사한 용어로 백년사가 머리에 떠 올랐을 뿐이다. 그러므로 보다 적절한 말이 발견되면 서슴치 않고 바꿀 예정이다. 편의상 적절한 말이 발견될 때까지 써 가는 것뿐임을 밝혀둔다.

I. 양반체제의 붕괴와 불교교단

1. 僧尼의 사회적 신분

이씨 왕조의 배불 정책은 말기에 이르러 왕조의 쇠퇴와 더불어 얼마간 늦추어진 느낌을 주었다. 외래 종교인 천주교와 신흥종교인 동학교를 탄압하기에 바빴던 조정은 불교에 대하여는 무관심에 가까운 정책을 폈다. 천주교나 동학교에 비하면 불교는 그다지 해로움이 없다고 보았던 것 같다.[1]

그러나 수백 년을 내려온 배불정책은 지체높은 양반 계급에게 불교 승려에 대한 멸시감을 심어놓았다. 즉, 사회적 신분에서 승려의 지위를 형편없이 낮추었다는 말이다. 聖職者의 대우를 받아야 하는 승려의 사회적 지위를 정상적 사회 구성에서 소외된 賤民과 동일시하는 경향까지 있었다. 그래서 양반이 사는 都城안으로 출입을 금하는 천민층에 승려도 포함시켰다.

純祖 15년(1815) 1월,당시의 영의정 金載瓚은 '巫覡尼僧의 도성 출입을 금지'한다는 上啓文을 순조에게 올려서 윤허를 얻은 일이 있다. 여기서

---

1) 高橋亨, 李朝佛教 p.849 以下.

巫覡은 무당을 가리키고 尼僧은 여승인 비구니와 비구를 가리키고 있다. 그러므로 당시의 세도가 김재찬은 무당과 승려의 사회적 신분을 동등하게 다루고 있음을 알 수 있다. 그는 상계문에서 옛날의 승려 도성 출입 금지령이 해이해져 여승과 남승들이 도성 안에 출입하면서 아녀자들의 신앙적 요청에 응하고 있음을 보고, 보다 엄숙한 금지령으로 다스릴 것을 말하고 있다.[2]

이씨 왕조가 배불의 칼을 휘둘러 왔지만, 천여 년의 역사를 가지고 일반 서민층에 뿌리박은 불교의 뿌리는 쉽사리 뽑아지지는 않았다. 특히, 연약한 아녀자들의 불안한 마음에는 불교가 더없는 신앙의 대상으로 살아 있었다. 아녀자들 가운데는 미천한 서민도 있지만 지체 높은 사대부의 妻妾들도 상당히 끼어 있었다. 따라서 성 안에 사는 상류층 아녀자의 신자들과 접촉하여야 하므로 성 밖에 있는 사원에서 승려들은 도성으로 출입하지 않을 수 없었다. 그러므로 성 안에 사는 사대부의 처첩 가운데 불교 신자가 있는 한 승려의 도성 출입을 완전히 금하기는 어려웠다. 당시의 풍습에 따라 양반집 아녀자들은 좀처럼 성 밖으로 나갈 수 없었기 때문이다. 이씨 왕조의 排佛의 칼 아래에서도 생명을 이어온 불교의 일면을 엿볼 수 있다.

그러나 불교가 아녀자들의 기복 신앙의 대상으로 변질되었다는 점에서 불교의 장래는 문제되지 않을 수 없다.

2. 사원의 황폐

이씨 왕조에서 불교는 배불정책 때문에 혹독한 고난의 길을 걸어야 하였는데, 말엽에 이르러서 지방 사원은 그 지방 土豪의 학정과 주구에 극심한 피해를 입게 되었다. 지방에서 농민들의 재물을 마음대로 약탈하다시피 하던 지방 관리들이 불교 사원이라하여 그냥 둘 리가 없었다. 오히

---

2) 上揭書, p850 以下,「上啓曰 先朝禁巫覡 僧尼無得出入城內仍爲府禁令近聞巫女比丘尼輩藏蹤出没略無顧忌 ……」

려 사원에 대한 주구의 정도는 더 심하였다. 이것을 어떤 일본 학자는 이렇게 말하고 있다.

"정조(1777년 즉위)이후, 천주교나 동학교에 대한 탄압때문에 불교에 대한 탄압은 얼마간 완화되었다고 하지만, 300여년을 쌓아온 적폐는 끝끝내 사원의 개선이나 승려의 향상을 도모하지는 못하였다. 여전히 천민층에 속하는 신분 소유자로 천대받았다. 사찰 중에는 법주사, 석왕사, 해인사, 용주사같이 관가에 납부하는 油役, 紙役같은 잡역에서 면제된 절도 있었으나, 소위 人情物이라 하여 비공식 뇌물이 거래되고 있었다. 관가나 관리들에게 뇌물로써 물건을 상납하는 당시의 풍습을 사찰은 혁파할 힘이 없었다. 양반들이 사찰에 유람올 때 승려들은 몇십 리 밖까지 나가 그들을 맞아 들여야 하였고, 힘센 승려들은 양반들의 가마를 메어야 하는 굴욕을 참아야 하였다."3)

양반들의 사찰에 대한 가렴주구의 정도와 양상을 읽을 수 있다. 기름, 종이뿐 아니라, 채소, 과일까지도 양반들의 사치를 위하여 상납하여야만 하였다. 더구나 書院 가까이 위치한 사찰은 유교 경학을 공부하는 양반 자제들을 위하여 그들의 일용품과 반찬거리까지 장만하여 상납하여야 했다. 그래서 서원이 여러 곳 있고 양반들이 많이 사는 경상도와 충청도 일부에서는 양반들의 학정에 견디다 못하여 승려들이 사찰을 떠나는 사태까지 일어났다.4)

승려가 떠난 사찰은 사람이 살지 않는 집처럼 텅빈 廢寺로 남을 수밖에 없었다. 오죽하면 사찰에서 수도하여야 할 승려들이 수도처를 버리고 떠났겠는가.

그래서 조정에서는 폐사가 속출함을 보다 못하여, 사태가 심상치 않음을 알고, 지방 토호의 사찰에 대한 격심한 주구를 방지할 안을 강구하였다. 불교 사찰의 부동산 관리에 관한 공문을 내리게 되었다. 이 공문이 내

---

3) 上揭書, p.52 以下.
4) 上揭書, p.855.

리기까지 뜻있는 고승들의 혁파 운동이 있었음은 물론이다. 불교 사찰에 대한 양반, 토호의 가렴 주구 상황을 그대로 조정에 알리기까지는 혁파에 앞장섰던 승려들의 護教를 위한 정성이 크게 작용하였다는 말이다.

哲宗 2년(1851), 충북 속리산 법주사에 내린 공문에서 당시 극심하였던 가렴 주구의 정도와 혁파의 내용을 알 수 있다.[5] 양반들이 사찰에 대하여 상납을 요구하던 물품을 낱낱이 지적하면서, 이 공문의 하달 이후에는 일체 상납을 금한다는 것을 명백히 언명하고 있다. 법주사가 그때까지 지방 관가나 양반, 서원들에 상납하던 물건은 버섯, 산채, 과일같은 부식부터 된장, 간장까지 바쳐야 하며, 심지어는 근방 양반은 다듬이 돌까지 사찰에 대하여 상납을 요구하는 일이 있었다. 그리고 양반배들이 수십명 몰려서 사찰에 유람오게되면 따라온 무리들의 침식까지 사찰에서 깎듯이 대접하여야 하므로 사원의 경제적 피해는 막심하였다.[6]

당시 불교 사원은 부당한 잡역의 혁파를 위하여 지방 군수나 조정에 작용하여 성공한 스님이 있으면 그 공로를 찬양하는 송덕비를 세우기에 바빴다. 잡역이 얼마나 고된 노역이었나를 알 수 있다.

관가의 가렴주구가 심하여 감에 따라 사원에 거주하는 승려들 사이에는 두 가지 파가 생겨나게 되었다. 관가와 양반의 간섭이 보기 싫어서 양반이나 서원 가까이 있는 절을 떠나 깊은 산 속에 숨어서 오로지 수도에만 정진하는 순수파 승려가 있고, 한편에는 양반의 가렴주구에 시달리면서도 속으로는 미우나 어쩔 수 없는 사원의 현실을 피할 수 없어 양반배의 비위를 맞추어 가며 사원을 지켜가는 현실주의적 승려가 있었다.

따라서 이상을 쫓는 선승이나 학승들은 더러운 현실을 외면하고, 오직 높은 '理致'만 찾아가기 때문에 이판이라고 부르게 되었고, 반대로 그래도 가람은 버릴 수 없기 때문에 수단과 방법을 다하여 관가의 주구를 완화시키고 토호의 횡포를 교묘하게 막아가면서 현실적으로 엄연한 '사실'에

---

5) 李能和, 佛教通史上 p.588.
6) 高橋享의 上揭書 p.556.
7) 上揭書, p.904.

부딪쳐 살아가므로 사판이라 부르게 되었다.[7]

만일, 이판승만 있었더라면 이조 말엽 양반의 가렴주구에 한국 불교 사원은 거의 폐사가 되었을 것이고, 또 반대로 사판승만 있었더라면 한국 불교는 종교로서 지향할 방향을 잃고 타락하고 말았을 것이다.

불교 교리적 입장은 '이판과 사판'이 卽一이 되어야 함은 물론이다. 그러나, 즉일의 이상에 이르기까지 이판과 사판은 세속에서 갈라져 있기 마련이다. 더구나 폭풍이 부는 시련기를 직면할 때, 이판과 사판은 심각하게 대립하는 일이 많다. 서로가 자기 입장의 정당성과 타당성만을 고집하기 때문이다.

양반과 관가의 박해가 심할 때, 한국 불교계는 이판과 사판이 심각하게 대립하였다. 일율적으로 어느 편이 절대적으로 옳다고 단언할 수는 없다. 다만, 이판의 길과 사판의 길이 훌륭하게 그리고 아주 자연스럽게 합일하도록 노력하여야 할 뿐이다.

3. 당시의 사회상

正祖가 돌아가고 순조가 겨우 나이 11세의 어린 몸으로 왕위에 올랐다(1801). 이 때부터 순조의 외가인 안동 김씨가 정치에 깊이 간섭하기 시작하였다. 나중에는 간섭하는 정도가 아니고 아주 이씨 왕조의 권력을 손아귀에 쥐고 조정을 뒤흔들었다. 朝鮮朝에 쇠망의 길을 재촉한 소위 外戚의 勢道政治가 막을 올린 것이다.

조정에서 외척에 의한 세도 정치가 한창일 때 지방 농민들의 생활 상황은 비참할대로 비참하였다. 상류 계급에 속해 있는 양반들이 세도가에게 아첨하여 뇌물을 가지고 벼슬을 얻을 때 피해 입는 것은 언제나 농민들이 아니면 서민들이기 마련이다. 막대한 뇌물을 바치고 벼슬자리를 얻어낸 관리들은 밑천들인 것을 농민에게서 긁어 장만하였다. 따라서, 농민들은 나라에 바치는 세금보다는 버슬아치들에게 뜯기는 잡부금때문에 가혹한 시달림을 겪어야만하였다. 그러므로 나라 살림을 위한 조세 제도는 벼슬아치들의 호주머니를 불리게 하는 口實을 하는데 큰 몫을 담당하였다.

당시 국가 재정의 수입원 중 중요한 것으로는 토지세와 병역대신 바치는 軍布등과 貸與穀의 상환 등 세 가지 법적 징세가 있었다. 이 조세 제도를 교묘히 이용하여 벼슬아치들은 백성을 괴롭혔다. 즉, 토지세를 빙자하여 징수관들은 여러가지 명목을 붙여 가혹하게 징수하므로써 자기들의 배를 채우는 것이다. 낟알 한 톨 안나는 황무지에도 세를 징수하고 심지어는 여러 해 동안 비어 있는 空地에는 白地徵稅라하여 세를 받아 냈다. 군포 징수는 더 심하였다. 아직 어린 남자아이를 병역에 편입시켜 징세하는 것은 그래도 좀 나은 편이다. 죽은 어른이나 아들에게서 까지 징세하였다. 그 중 가장 심한 관리의 징세 횡포는 貸與穀의 상환에서 나타났다. 원래는 춘궁기에 절량 농민들의 구제를 위하여 마련된 제도였다. 그런데 악질 벼슬아치들은 권력을 배경으로 이 제도를 가장 지능적으로 이용하였다. 가난한 농민들을 위한 대여 제도가 도리어 관리들의 배를 불리는 高利貸제도로 변하였다. 관리들은 필요 이상의 양을 강제로 대여하기도 하고, 또 창고에는 재고가 없으면서도 문서상에는 허위보고를 하고, 쌀에 겨를 섞어 한 섬을 두 섬으로 늘리기도 하는 여러 가지 수단 방법으로 가난하고 힘없는 농민들만을 괴롭혔다. 게다가 중앙이나 지방 관리의 앞잡이 노릇을 하는 말단 관리들의 행패도 상전에 못지 않았다. 일정한 봉급이 없었던 말단 관리들은 적당한 방법으로 자기들의 수입을 올리기 위하여 역시 농민들을 들볶을 수밖에 없었다. 농민들에게는 아주 높은 자리에 있는 벼슬아치들보다는 바로 눈 앞에서 직접 맞대고 위협하여 뜯어 가는 말단 관리가 더 무서웠다.[8]

위에서 말한 것처럼 불교 사찰이 양반이나 벼슬아치들의 학정과 주구에 극심한 피해를 입게된 것도 이와 같은 상황에서 였다. 농민들보다 오히려 천한 대우를 받았던 불교 승려들을 중앙 관리나 말단 관리들이 어

---

8) 李基白, 韓國史新論, p.279 以下 참조.

떻게 다루었을까 하는 것은 당시의 상황에서 넉넉히 짐작이 간다. 그래서 견디다 못한 승려들은 절을 등지며 땅을 버리고 정처없이 유랑의 길에 오른 것이다.

그런데 땅을 등지고 고향을 버린 사람들은 비단 사찰 승려들뿐만 아니었다. 벼슬아치들의 가렴주구에 견디다 못한 농민들도 삶의 터전인 땅을 버리고 정처없이 유랑의 길에 올랐다. 한 곳에 정착하면 관리의 징세 명부에 기록되므로 농민들의 유랑은 문자 그대로 정처가 없었다.

그렇다고 정처없이 유랑의 생활을 계속하는 농민들이 옛날같이 노비로 전락하지는 않았다. 이때 벌써 노비는 점점 자취를 감추어 가고 있었다. 노비 문서에 기록된 노비의 수는 상당히 있었으나 이들도 노비 문서상에 만 노비로 기재되어 있을 뿐, 실제로 노비의 신분규제는 거의 받고 있지 않는 형편이었다. 드디어 순조 원년(1801)에 이르러 노비 문서를 국가에서 스스로 불살라 버린 까닭도 여기 있었다.[9]

따라서 사회 구조의 밑바닥을 형성하고 있던 노비의 소멸과 국가 수입의 재원이던 농민층의 경제적 붕괴는 사회의 안정을 무너뜨릴 위험을 노출하였다. 그러므로 상층에 위치한 양반을 중심으로 짜여져 있던 신분 체제도 함께 무너질 위기에 직면하였다. 그리고 이와 같은 신분 체제의 동요는 여러 방면으로 조선 왕조 사회에 변질을 초래하였다. 우선 경제기반을 잃은 농민의 유랑은 지방 곳곳에서 민란을 일으킬 소지를 마련하였다.[10]

4. 외래 종교와 신흥 종교

이와 같은 사회적 불안을 틈타 새 종교가 이 땅에 유포되기 시작하였다. 외래 종교인 천주교에 대립하여 일어난 東學教였다. 천주교가 주로 南人의 양반층을 중심으로 그 傳道의 기반을 닦고 있었는데 반하여 동학

---

9) 上揭書, p.281.
10) 上揭書, p.283 以下.

교는 도탄에 빠진 농민층에서 교세를 펴나갔다. 그러나 반체제라는 죄명으로 모진 박해를 받기는 두 종교 다 마찬가지였다.

순조 원년(1801) 다분히 남인세력을 꺾으려는 정치 세력도 가담되어 한국 종교사에는 유례가 드문 종교 박해가 일어났다. 이 박해에서 李承薰, 權哲身, 李家煥, 丁若鍾 등은 사형됨으로써 순교자의 명부에 올랐고, 丁若銓, 丁若鏞 등 형제들은 먼 곳으로 유배되었다. 특히, 천주교 전도를 위하여 이 나라에 까지 건너온 중국인 신부 周文謨는 외국인으로 최초의 순교자가 되었다. 이때, 黃嗣永이란 열렬한 천주교 신자가 帛書를 중국 북경에 있는 서양인 주교에게 몰래 보내려다가 관원에게 발각되어 참수형을 받은 사건이 일어났다. 백서에는 외국의 해군 병력이 조선 정부를 위협하여 신앙의 자유를 얻을 수 있게 하여 달라는 극히 반국가적 내용이 적혀 있었다. 이 사건으로 말미암아 천주교는 반국가적 종교로 오인되어 더욱 혹심한 박해를 받게 되었다.[11]

정치 권력에서 소외된 불우한 양반층에 천주교가 모진 박해를 받으면서도 서서히 뿌리를 내리고 있을 때, 경제적 기반을 잃은 농민층의 불평과 불안에 동학이란 신흥 종교가 유포되고 있었다. 그런데 동학교의 창시자 崔濟愚는 유교, 불교, 선교 등 세가지 종교의 좋은 점만을 가려서 동학교를 제창한다고 하였다. 東學이라고 이름한 것은 천주교의 西學에 대항하기 위함이다. 다분히 巫覡的, 주술적 요소가 가미된 동학은 불안에 떠는 농민들에게 강렬히 호소하는 힘이 컸다. 당시 거의 '아노미' 상태에 놓여져서 불안한 나날을 보내고 있는 농민층에게 최제우의 주술적 신흥 종교는 막연하나마 새로운 메시지를 전하여 주었다.[12] 더구나 기이한 예배 의식을 행하는 천주교보다는 유교, 불교, 선교 등 일상생활과 밀착되어 있는 종교들이 이상하게 혼용되어 있다는 점이 서민층에게 강한 설득력을 가지고 나타났다.

---

11) 柳洪烈, 韓國天主教會史.
12) 金庠基, 東學과 東學亂.

그런데 짧은 시간에 급격히 교세가 팽창한 신흥 종교가 가장 쉽게 빗나가는 방향으로 동학교도 빗나가고 말았다. 즉 '아노미' 상태에서 허덕이던 농민들을 구제한다는 순수한 종교적 사명을 성급히 정치적 개혁에서 실현하려고 하였기 때문에 동학교는 빗나갔다는 말이다. 종교 운동은 어디까지나 순수한 종교적 차원에서 인간 구제의 길을 찾아야 한다. 종교운동이 종교적 차원을 벗어나 정치 세력으로 사회 문제와 대결하여 등장하게 되면, 일시적으로 종교적 흥분의 파도가 일어날런지 모르지만, 종교는 정치에 휘말리게 마련이다. 그리고 기존 정치세력 반발과 박해를 조급하게 초래하는 비극을 겪게 된다. 동학교의 창도자인 최제우는 1864년 40세의 한창 나이에 惑世誣民의 죄목으로 체포되었다가 다음 해에 사형을 받았다.13)

그러나 농민층의 불안이 해결되지 않는 한, 창시자 한 사람이 사형되었다고 하여 신흥종교 세력이 아주 없어졌다고 생각할 수는 없다. '아노미'상태가 계속되는 한, 또 다른 최제우가 출현하여 농민들의 지지를 얻을 소지는 얼마든지 있었다.

그런데 유교, 불교, 선교의 삼교에서 좋은 점만을 가려내었다는 동학교리에 불교적 요소가 어느 정도 가미되어 있는가는 새로운 문제를 제기한다. 다만 교조인 최제우가 젊은 시절 산중에서 불교적 수도를 쌓았다는 사실로 미루어 불교에 어느 정도 접근하였음은 짐작할 수 있다. 그러나 大覺의 경지에서 문득 공중의 소리를 들었다든지 밖으로 接靈의 기운과 안으로 降話의 가르침을 체험하였다는 기록에서 최제우는 불교보다 무격적 경향이 농후하였다고 볼 수밖에 없다.14)

그렇다면 농민층이나 서민층이 관리들의 가렴주구에 견디다 못하여 땅을 버리고 고향을 등지며 유량의 길에서 불안한 나날을 보내고 있는 상황을 직면하여 중생제도를 표방하는 불교는 무엇을 어느 만큼 하였는가.

---

13) 上揭書.
14) 白世明, 東學思想과 天道教.

이같은 상황에서 악정에 대한 한마디의 비판발언도 없었다면 역사 의식이 마비된 '현실 부재'의 종교란 누명은 벗을 길이 없다.

5. 禪에 관한 논쟁

이 무렵 불교계에는 敎宗의 講伯들 사이에 선에 대한 논쟁이 아주 활발하게 전개된 일이 있다. 죽은 듯이 고요히 잠들고 있던 불교계에 갑자기 禪에 관한 논쟁이 아주 활발하여 서로 상대방에게 날카로운 논리적 비판을 던졌다는 사실은 다음 세가지 점에서 주목을 끈다.

첫째, 禪에 대한 불꽃튀기는 논쟁이 선사 아닌 강사들 사이에서 활발하게 전개되었다는 점이다. 西山大師이후 승려들은 禪과 敎를 함께 닦아왔다. 따라서 선사가 교를 함께 공부하고 또 강사가 선을 함께 닦는 일은 별로 기이한 일이 아니었다. 그래서 강사들이 선의 문제를 논쟁의 주제로 삼을 수도 있음직하다. 그러나 순수한 선사들 사이에서라면 도저히 바랄 수 없는 분석적 논리가 전개되었다는 점을 역시 강사들의 사이에서 일어났기 때문이라고 생각한다. 선사는 육중한 침묵을 고수하지만, 강사는 비판과 반비판의 논쟁을 되풀이 한다. 그래서 언제나 선방은 고요하지만, 講院은 떠들석 하다.

둘째, 다소 앞뒤가 일관되지 못한 논리적 오류가 발견되기는 하지만, 불교 강원에서 꾸준히 형식 논리적 사유와 논쟁이 계속되어 왔다는 전통은 특히 주목을 끈다. 여기에는 물론 性理學 논쟁의 영향도 있었을 것이다. 불교학계에서 논리적 소양을 쌓아왔기 때문에 당시의 고승들은 阮堂 같은 대가들과 당당하게 문필로 거래할 수 있었다고 본다. 또, 논리적 훈련이 있었기 때문에 날카로운 분석과 반론에 의한 논쟁도 가능 하였다.

셋째, 그런데 이와 같은 전통이 한일 합방 이후 한국 불교 강원에서는 점점 그 자취를 감추기 시작하여 8·15해방 이후에는 거의 불교계 어디서도 찾을 수 없다는 기이한 현상이다. 논리적 논쟁을 전개하는 전통이 한국 불교 강원에서 최근까지 남아 있었다고 한다. 그러나 선을 위주로 하는 **曹溪宗風**은 점차 교의 길을 등한히 여기는 기풍을 조성하였다. 어찌 보면, 불꽃튀기는 논쟁보다는 고요한 참선의 길을 일방적으로 강요하는 조계종풍이 논리적 훈련을 쌓는 강원의 전통을 막았다고 할 수도 있겠다. ‘不立文字’ ‘捨教入禪’의 두 구절에 대한 교의학적이고 현대적인 새로운 해석이 나와 주기를 바라고 싶다.

　　여하튼 순조 이후 한국 불교계에는 파란을 일으킨 대논쟁이 있었다는 것만은 사실이다. 그런데 평지에 풍파를 몰고 온 장본인은 白坡대사였다. 백파는 英宗 44년 전라북도에서 태어났다. 雪坡화상을 스승으로 불교 경전에 통달하였고 평안북도 楚山 용문동에서 安居에 들어갔다. 안거 5년만에 지혜의 눈이 열려 禪旨를 크게 떨쳤다. 이때 저술한 ‘禪門手鏡’이 논쟁의 불씨를 불교계에 던졌다. 철종 3년(1808) 86세에 돌아가실때 까지 호남지방의 대선사, 대강백으로 그 이름이 널리 알려졌다.[15] 돌아가신 뒤, 당대의 일류 학자인 완당이 그의 비문을 짓고 또 손수 붓으로 쓰기까지 하였다는 사실에서 백파대사의 위대한 일면을 엿볼 수 있다.

　　백파대사의 선문수경에 대하여 반론을 편 스님으로 첫 손을 꼽을 수 있는 분이 바로 草衣대사이다. 정조 10년(1786)에 태어난 초의대사는 81세에 돌아갈 때까지 위에서 말한 백파대사에 못지 않게 고승다운 생애를 보냈다. 특히 海南 大興寺에 계실 때 이웃 康津에 귀양 온 茶山 丁若鏞과 詩文을 교환한 사실은 유명하다. 그때 다산은 천주교도로 강진에 귀양살이를 하고 있었다.

　　역대로 대강사를 배출한 대흥사의 초의대사는 四辯漫錄을 저술하여 백파 대사의 선문수경을 정면으로 반박하였다.[16]

　　또, 순천 송광사의 優曇대사도 『禪門證正錄』을 저술하여 역시 백파 대사의 학설을 통박하였다.[17] 그러나 백파 대사의 문중에서도 강사가 출현하여 백파의 학설을 옹호하는 학설을 피력하여 논리적으로 서로 비판하는

---

15) 李能和, 佛教通史上, p. 589, 下, 880.
16) 上揭書 上, p.593 下, 880.
17) 上揭書, p.600.

두 학파가 형성되었다. 그리고 이 선에 대한 논쟁은 1926년에 돌아간 속리산 法住寺스님이었던 徐震河 강사 때까지 이어 왔다. 서진하 강사는 『禪門再正錄』을 저술하여 백파대사의 학설 중 일부는 옹호하고 일부는 반박하며 나섰다.

그후 이 선에 관한 논쟁은 한국 불교계의 강원에서도 볼 수 없게 되었다. 이와 같은 논쟁이 그야말로 부질없는 '戱論'임을 미리 알고 깨끗이 단념하였는지 아니면 백파대사나 초의대사만큼 논리를 전개할 만한 논리적 훈련이 부족하였는지는 분명히 알 길이 없다. 여하튼 위에서 말한대로 불꽃튀기는 선에 관한 논쟁이 끊어진 것만은 분명하다. 이 끊어진 사실이 앞으로 한국 불교학의 발전을 위하여 유익할런지 아니면 유익하지 못할런지를 판가름 하는 일은 후학자들에게 맡겨질 수밖에 없다.

그렇더라도 18세기부터 19세기를 거쳐 20세기 초기까지 계속되어 왔던 '선에 관한 논쟁'의 교의사는 한국 불교 교리사의 장래를 위하여도 한 번쯤은 반드시 재검토되고 정리되어야 할 줄 안다. 선에 관한 마지막 논쟁의 쟁점과 논리 전개 방법의 연구가 이루어져야 불교사도 정리되고 정립될 것이다. 불교사의 정립을 위하여서도 백파, 초의, 우담 등 여러 대사의 연구는 반드시 필요하다.

II. 僧 李東仁과 鏡虛師

1. 대원군의 출현

12세의 어린 나이로 즉위하게 된 아들 高宗(1852~1911)을 보좌하는 지위에 오른 야심가 大院君은 단시일에 당시의 정치적 실권을 장악하는데 성공하였다. 그리고 오랫동안 세도가들의 그늘에서 구상하던 포부를 과감하게 펴 나가려고 하였다.

　그는 우선 안동 김씨의 戚族을 정권에서 몰아냈다. 막대한 農土를 소유하면서도 免稅와 免役의 특권을 누리고 있을 뿐 아니라 이따금 정치적 발언까지 하여 王政을 뒤흔든 儒林들의 근거지인 書院 철폐를 단행하였다. 빗발치는 유림의 항의가 터져 나왔음은 물론이다. 그러나 강력한 중앙 집권적 지배 체제를 확립하려면 유림의 근거지를 강타하지 않을 수 없었다. 대원군은 자신의 힘으로 기울어져가는 이씨 왕조를 도로 세워보려고 모진 안간힘을 썼다.

　그러나 王室 안팎에서 세도부리던 양반들은 대원군에 대항하여 완강한 저항을 하였다. 게다가 그는 외척의 정치 간섭을 미연에 막으려고 자신의 의향대로 간택한 며느리 민씨의 적대 행위와도 마주쳤다. 민씨 문중의 외척계열의 미약함을 보고 맞아들인 며느리가 가장 무서운 적으로 등장할 줄은 예상하지 못하였다.

　그는 또 강력한 쇄국 정책을 폈다. 당시 성난 파도처럼 밀어닥치는 외래 세력을 그는 쇄국 정책으로 막아내려 하였다. 그래서 이상하게 생긴 외국선은 공격하여 침몰시키든지 쫓아 보내라고 각 해안선에 명령을 내렸다. 이 명령 때문에 通商의 길을 상담하려고 한국 해안선에 접근하였던 외국선은 봉변을 당하였다.

　그런데 대원군이 서양 여러나라의 통상 협상을 거절한 이면에는 또 한가지 그럴만한 이유가 있었다. 서양에서 들어와 점차 상당한 세력으로 전파되고 있는 천주교에 대한 경계심이었다. 전교 이후 몇차례 邪敎로 규정되어 심한 박해를 받아왔으나 哲宗(1856~1863)대에 프랑스 신부 12명이 들어와 포교에 전력하므로, 고종 즉위 초기에는 신도수가 약 23,000명을 헤아리게 되었다.

　대원군도 섭정 초기에는 천주교에 대하여 관대하였다. 북쪽으로부터 南下의 기회를 노리고 있는 러시아 세력을 견제하기 위하여 프랑스 세력을 끌어들여 견제하기 위한 정치적 의도도 다분히 깔려 있었다. 그러나 천주교 신도 南宗三을 통한 프랑스와의 교섭이 부진한 데다가 이웃 청나라에서 천주교를 탄압한다는 소식을 전하여 듣자 대원군은 표변하여 천주교에 대한 탄압에 나섰다. 이 박해에서 9명의 프랑스 신부와 남종삼 등 8,000여명의 신도가 순교의 피를 흘렸다. 8,000명이나 되는 신도가 당시 사회에서 세도가인 양반 출신보다는 서민층이었다는 점은 주목할만하다. 천주학을 믿지 않는다고 천주를 부정하는 背教의 발언 한 마디만 하면 삶의 길을 얻을 수 있었는데, 이들은 끝까지 천주를 찬양하고, 천주에게 영광을 돌리기 위하여 비참한 죽음의 길을 택하였다. 혹독한 고문에 못이겨 천주를 모른다고 배교를 약속하고 풀려나온 후, 다시 참회하고 순교를 각오하였다가 또 배교, 그러다가 다시 순교를 각오하는 등, 배교와 순교의 사이를 시계추처럼 왕래하던 어느 양반의 너무나 허약한 지성인적 행위에 비하면 순진하기만 하던 서민들은 죽음 앞에서도 오히려 순수하고 단순한 신앙 자세를 잃지 않았다.

천주교의 박해 기록에 의하면 한국 민족성은 영원한 의를 위하여 목숨까지 아끼지 않는 순교 정신이 박약하다는 이론은 시정되어져야 한다고 본다. 따라서 이씨 조선 초기 다만 정치적 목적을 위하여 불교 사원의 수를 강제적으로 줄이는 불교 박해시에 과연 순교자가 전연 없었을 리 없다고 생각한다. 당시 그 모진 종교 박해가 벌어졌는데, 순교자의 기록이 전연 찾아지지 않는 것은 이씨 조선의 관제기록에 박해의 기록만 남아있고 순교의 기록은 누락되어 있었기 때문이 아닌가 한다.

2. 개화운동의 대두

세차게 밀려오는 개화의 물결을 古典的 성문을 닫아 놓음으로써 막을 수 있다는 생각은 우치에 속한다. 19세기 중엽에 접어들자, 눈을 밖으로 돌려, 세계 정세에 대한 새로운 지식을 흡수하여 소위 '개화'를 주장하는 선구자적 엘리뜨가 나타났다. 그리고 이들은 서양 문물의 도입을 위하여 문호를 과감하게 개방할 것을 주장하였다.

당시 서양에 관한 새로운 지식은 청나라를 통하여 들어오는 예가 많았다. 청나라와는 여러 가지로 내왕이 빈번하므로 소식 전달이 가능하였다. 그 중에서도 譯官 吳慶錫은 청나라로 가는 사신들을 따라 중국에 갈 기회가 자주 있었기 때문에, 그 나라 수도의 문물과 변화하는 모습을 구경할 수 있었고, 또 서양에 관한 책도 사서 읽음으로써 견문을 넓혔다.

돌아온 오경석은 곧 뜻있는 젊은이들을 한 자리에 불러들여 청나라 북경에서 서양에 관하여 보고, 느끼고, 읽은 바를 설명하면서 개화 운동의 동지를 규합하였다. 규합된 동지가운데 오경식의 영향을 받은 劉大致가 있었다. 유대치는 廣橋 근처에서 漢醫를 개업하는 中人 출신이었다.[18] 개화의 선구자들이 역관 오경석이나 의사 유대치같이 모두 양반출신이 아니고 中人 출신이었던 사실은 중요하다. 중인층은 계급서열에 있어서도 양반보다는 서민층에 가깝다.

한편, 서양에 관한 지식은 청국뿐 아니라 일본을 통하여서도 들어왔다. 일본은 明治維新(1868)의 개혁이후, 급속도로 서양문물을 받아 들이고 있었다. 그러면서 한편으로는 항상 한반도를 노리고 있었다. 명치 유신의 주역들 가운데에는 이씨 왕조의 斥倭정책에 반발하여 성급하게 征韓論을 주장하는 인물도 있었다.

그러다가 쇄국론자인 대원군이 민비의 정략에 의하여 실력자의 자리에서 물러난 틈을 타서 일본은 雲揚號사건을 일으켰다. 운양호 사건은 일본이 이씨 왕조에 통상 조약을 강요할 수 있는 기회를 주었다. 이때 체결된 조약이 丙子修好條約 또는 江華島條約(1876)이라고 한다.

이 강화도 조약을 계기로 일본은 조선에 대한 경제적 침략의 야욕을 서서히 노출시켰다. 반면, 이 조약은 또, 그동안 쇄국의 울타리에 갇혀있던 조선 왕조가 국제 무대에 등장하는 계기를 마련하여 주었다. 강화도 조약이 체결된 다음 해(1877) 일본인(花房義質)은 정식공사로 와서 서대문 밖에 假公使舘을 개설하였다.

일본 공사관이 개관된 후부터 일본인의 내왕은 자유롭게 되었다. 조선 왕조도 강화도 조약을 체결한 그해 金綺秀를 修信使로 일본에 파견하

---

18) 李光鱗, 開化黨研究(1973).

432

였고, 1880년에는 金弘集을 수신사로 또 보냈다. 김홍집은 짧은 시일내에 이룩한 일본의 발전상과 국제동향을 공부하고 조선의 개화도 반드시 필요하다는 생각을 가지게 되었다.

그런데 당시 일본 동경에서 정치계의 거물인 김홍집에게 개화 사상을 계발시킨 비범한 인물이 있었다. 그는 김홍집보다 일년 먼저 일본에 밀항하여 일본 불교 사원인 本願寺에 머물러 있던 조선 승려 李東仁이었다.[19] 물론, 양반 출신인 김홍집이 일본에 오기전 승 이동인을 알고 있었을 리 없다. 언제 어떤 경위로 일본에 와서 일본절 본원사에 머물면서 일본 정계 요인을 찾아 다니고 있었는지 알 수 없다. 그러나 유창한 일본말과 국제 정세에 대한 해박한 지식은 김홍집의 마음을 끌었다. 당시, 조선의 개화를 생각하던 김홍집은 승 이동인을 자기 일행에 넣어 함께 귀국하였다. 당시의 까다로운 사회 신분 제도를 생각할때 승려인 이동인을 수신사 일행에 넣어 데리고 온 김 홍집의 과단도 가상하다. 승 이동인도 비범하지만 그 승려의 비범을 알아준 김홍집의 과단도 가상하다. 이리하여 개화의 전환기에 이동인은 승려의 신분으로 개화의 선도자가 되어, 조선과 일본의 정치 외교 무대에서 활약 하였다. 그러나, 승려이기 때문에 겪어야 하는 여러 가지 고초를 이겨나가야 했다. 그는 김홍집과 만난 다음 해 정치무대에서 갑자기 사라졌다. 너무나 짧은 출현이었다. 혜성같이 나타났다가 혜성같이 사라진 인물이었다.

3. 승 이동인

이동인의 본사가 어느 절인지 분명히 알아내기는 어렵다. 양산 통도사라고도 하고 서울 봉원사라고도 한다. 또 李能和는 불교통사에서 그의 본산은 東萊 梵魚寺라고 하였다.[20] 최초의 개항 도시인 부산을 끼고 있다

---

19) 上揭書, p.93
20) 李能和, 朝鮮佛教通史 下, p.899

는 점에서 동래 범어사의 본산설이 유력하다.

그런데 이동인이 어떤 경위로 일본말을 배우게 되었는가 하는 것도 확실치 못하다. 다만 일찍부터 일본인과 사귀었음을 추측할 수 있다. 일본에서 간행된 고균기념편찬회 金玉均(號는 古筠)전에 의하면, '이 동인은 북한산의 암자를 지키던 스님'[21]이었다고 하고 '花房공사 일행의 통역관인 本願寺 스님으로 부터 일본말과 일본 불교를 배우고 장래 일본에 遊歷하고자 하며, 일본 서적도 얻어 읽었다.'[22]고 적혀 있다.

개화파의 거두 김옥균전에 승려인 이동인의 이름이 여러 번 나올 만큼 당시 이동인은 개화의 엘리트와는 밀접한 관계가 있었다. 위의 김옥균 전은 이동인의 소식을 다음과 같이 말하고 있다. "大致선생은 居士로서 불교를 매우 신봉하여 불교 공부에 힘썼다. 그리고 선생의 세간에 대한 耳目과 국제 소식은 오경석으로부터 얻고, 불교 공부와 신앙은 이동인에게서 배웠다. 그러니만큼, 선생이 가장 아껴온 김옥균을 이동인에게 소개한 것도 실로 대치 선생이었다."라고.

따라서 유대치와 김옥균과 이동인의 사이는 아주 가까운 친분 내지 동지 관계에 있음을 알 수 있다. 그러므로 김옥균은 불교에 대하여는 깊은 조예를 가지고 있음을 쉽게 짐작할 수 있다. 개화당의 거물 중의 한 사람인 朴泳孝의 회고담 중에 "김옥균과 내가 먼저 사귄 것은 불교 토론으로요. 김옥균은 불교를 좋아해서 불교이야기를 했는데, 나는 그것이 재미가 나서 친하게 되었고, 그때 김옥균은 27세, 나는 17세였다."라고 술회한 것이 있다. 이 회고록은 이광수가 쓴 1931년 3월호 東光잡지에 '박영효를 만난 이야기'란 제목으로 실려있다. 불교를 통하여 유대치와 김옥균과 이동인은 더욱 가까운 사이에 있었다.

여기서 유대치에 대하여 몇 마디 부연하여야 겠다. 위에서 중인 출신 오경석과 유대치가 젊은 양반층에 개화의 바람을 불어넣은 주동 인물이란 말이 한 적이 있다. 더구나 이동인이 개화당 인물들과 교류하게 된

---

21) 佛教百年史 資料集 卷一
22) 上揭書.

배후에는 유대치의 공이 컸다고 볼 때, 그의 존재는 거론 대상이 될 만하다.

유대치와 이동인이 서로 알게 되고 같이 사귀게 된 동기가 무엇인지 분명히 알 수 없으나 유대치도 불교에 깊은 조예가 있었다는 사실로 미루어 볼 때, 불교가 두 사람을 묶어주지 않았는가 한다. 유대치는 불교 사상에 깊은 이해를 가졌을 뿐 아니라 두터운 신앙심까지 함께 지니고 있던 것 같다. 그는 '佛心을 개화 사상으로 승화시키려고 하였던 인물이었다.'[23]

또, 이능화도 '유대치 居士는 서울 사람으로 개화당의 젊은 양반 출신들, 즉 김옥균, 徐光範, 朴泳孝 등과 禪에 대한 이야기를 하기 좋아 하였다. ……(中略) 그들은 불교로부터 지혜를 얻어 革新을 결심하게 되었고, 더욱이 불교의 理致를 세상에 응용하고자 甲申政變을 일으키게 되었다.' 라고 적었다.[24]

당시 개화 사상가 중에는 이동인이나 유대치 외에도 불교계의 인사들이 있었다. 그렇다고 개화 운동의 방향이 불교적 이념에 의하여 결정되었다고 단언하는 것은 지나친 속단이라고 생각한다. 당시 유교에 염증을 느낀 젊은 개화 사상가들은 그렇다고 하여 서학으로 학대받는 천주교를 가까이 할 수도 없고, 그래서 심리적 반발 작용으로 불교에 기울어 질 수도 있다. 유교보다는 어쩐지 새롭고 또 심오한 맛을 풍겨주는 것이 유교에 염증을 느낀 그들의 구미에 신선한 맛을 주었을런지도 모른다. 그러나, 당시의 불교계가 이들 개화 사상가들에게 불교 교리에 입각한 혁신 이념을 고취하여 줄만큼 敎導的 역할을 하기에는 너무 미흡하였다. 다만, 유대치, 이동인 그 밖에 몇 사람의 불교계 인사들이 개인 자격으로 개화 운동의 선봉에 나섰을 뿐이다.

여하튼 승려 이동인은 일본 밀항을 모험하게 되었다. 그 배후를 김옥균, 유대치의 개화 세력이 뒷받침하여 주었음은 넉넉히 짐작한다. 밀항

---

23) 李光鱗, 上揭書, p.95.
24) 李能和, 上揭書 下, p.898~899.

자로 승려 이동인을 택한 것은 그의 신분이 세인의 이목을 끌지 않고 있을 뿐더러 일본말을 잘하고 또, 일본인들을 통하여 밀항 루트를 알고 있기 때문이었을 것이다. 당시 포교차 이 나라에 와있던 일인 승려 오꾸무라(奧村圓心)는 다음과 같은 것을 기록하고 있다.

'부산 別院이 개설된 다음 해(1878) 12월 1일 이동인이란 한국인 승려가 찾아왔다. 오꾸무라 스님의 지도를 받으러 왔다는 것이다. 품격도 있고 문필도 능하여 오꾸무라는 그를 후대하여 보냈다. 그 뒤 이동인은 자주 별원으로 찾아와 어떤 때는 별원에서 며칠씩 묵으면서, 항상 時事를 논하고, 국제간의 정세를 말하면서도 불교에 관하여는 말하려고 하지 않았다. 1879년 초여름 홀연히 서울에 가더니, 한 동안 소식이 끊겼다가 8월 쯤 다시 찾아와서는 곁에 사람들을 멀리하라고 한 다음, 시기가 도래하였다고 말하면서 제발 그를 도와 달라고 간곡히 부탁하였다. 정세를 시찰하기 위하여 일본으로 가야 하겠다는 것이다. 그러면서 개화파 동지 김옥균, 박영효 두 사람으로부터 여비조로 받은 길이 두 치가 넘는 순금봉 4개를 보이면서 일본 여행 준비를 상의하였다.'25)

오꾸무라의 기록은 이동인이 어떤 경로로 어떻게 밀항할 수 있었는가하는 의문의 일부를 풀어준다. 위 글에서 이동인이 시사나 국제 문제를 논하는 데에만 열중할 뿐이지 불교에 관하여는 말하려고하지 않았다는 오꾸무라의 기록은 이동인의 爲人을 아는 데 있어 중요한 대목이다.

여하튼, 일본에 도착한 승 이동인은 일본 절 本願寺에 머무르면서 일본 생활을 익히고 명치 유신 이후 급속도로 변모하는 일본 정세를 상세히 살폈다. 또 본원사 일본 승려의 주선으로 경제의 요인들과도 만나서 이야기할 기회도 얻었다. 우선, 척불 정책때문에 승려의 지위가 형편없이 떨어진 조건과는 달리, 일본 승려는 일본 사회에서 상당한 지위를 차지하며, 자유롭게 활개를 치며 다니는 것이 마음에 들었다. 그래서 승 이동인은 조선 땅에서는 감히 엄두조차 낼 수 없는 정부 요인과의 면담도 아무

---

25) 朝鮮開教監督部偏, 朝鮮開教五十年誌.

436

거리낌없이 할 수 있었다. (당시 일본에서도 배불론이 대두되고 있었다) 그는 고국의 개화파 동지들이 자기의 보고를 고대하고 있음을 잘 알고 있기 때문에 한 시각도 쉬지 않고 동분서주 바쁘게 돌아다니며 일본과 국제 정세에 관한 견식을 넓혔다. 그러다가 김홍집을 만났으며, 이동인에게는 새로운 운명이 기다리게 되었다.

각설하고 日本修信使로 강화조약체결 이후 두번째로 일본의 동정을 살펴 본 김홍집은 1880년 9월 본국으로 돌아왔다. 돌아올 때, 국법을 어기고 밀항하였던 개화승 이동인을 함께 데리고 왔음은 위에서 말한 대로이다. 데리고 온 이동인을 김홍집은 당대의 세도가인 閔泳翊에게 소개하였다. 민영익은 閔妃의 조카로 젊은 나이에 당시의 정계를 주름잡던 실력파의 한 대관이면서 김옥균 일파의 개화사상가들과도 가깝게 지내고 있는 위인이었다.

민영익 역시 이동인의 비범함을 알고 그에게 각별한 후대를 베풀었다. 민영익은 그를 자기집 사랑방에 묵게하였다. 그리고 대궐 안으로 데리고 들어가 임금께도 알현케하여 일본 국정과 세계 각국의 정세에 대하여 상주토록하였다. 승려 출신인 이동인에게서 일본 국정 보고와 국제 정세 판단을 들은 임금은 그의 비범한 재주와 탁월한 안목에 놀랐을 것이다. 이후 이동인은 자주 궁궐을 드나들게 되었던 것 같다.

그러하여 排佛정책의 그늘에서 소외되었던 승려 계급 출신인 이동인은 개화 사상의 선구자인 유대치를 통하여, 개화파의 거두 김옥균을 거쳐, 김홍집과 민영익의 눈에 들어 가지고 대궐까지 드나들 수 있는 지위에 올랐다. 사회에서 소외된 계급에 속하므로 都城出入마저 금지되었던 승려의 신분에서 하루 아침에 임금까지 알현하여 정책을 상주할 수 있는 지위에 올랐으니 이동인은 심상치 않은 풍운을 탄 風雲兒였다.[26]

김홍집 일행은 1880년 여름부터 가을까지 일본에 머무르면서 훌륭한 안내역인 이동인을 얻음과 동시, 그의 주선으로 급변하는 과도기에 처한 일본을 비교적 상세히 엿볼 수 있었다. 특히 일본에 머무르는 동안, 당

─────────────────

26) 李光麟, 上揭書, p.96.

시 駐日 淸國公使舘을 찾아가서 何如璋, 張斯桂, 黃遵憲 참찬관 등과 회담하여 일본과의 국교 문제와 기타 세계 각국과의 국교 문제에 관하여 의견 교환을 가진 것은 그들에게 상당히 큰 자극을 준 듯하다. 일본 오기 전에는 다소 보수적 경향을 지녀오던 김홍집과 그 일행이 귀국후 적극적 문호 개방파로 전향한 이면에는 청국 공사관측의 입김도 강하였을 것으로 짐작된다.

김홍집이 귀국할 때 청국 공사관의 참찬관 황준헌은 저서 『朝鮮策略』을 그에게 기증하였다. 이 책을 김홍집은 귀국 후 고종 황제에게 드렸다. 그런데, 이 책에 실린 내용이 아직 문호 폐쇄를 주장하던 보수주의와 문호 개방을 주장하던 진보주의의 갈림길에서 서성대던 당시의 조정을 문호 개방의 방향으로 돌리는데 크게 작용하였다.

이 『朝鮮策略』에는 대개 다음 같은 내용이 실려있다. 이 책은 당시 조야에 상당히 큰 물의를 일으킨 일이 있으므로 간단히 소개하여 볼까 한다.

"당시의 국제 정세에서 帝政러시아는 항상 청국, 조선국, 일본국 세나라가 두려워 하여야 할 강적이다. 따라서 조선은 종주국인 청나라와 항상 親交를 유지하며, 이웃인 일본에 대하여는 사소한 미움은 버리고 크게 이익을 노리는 타산을 하여 옛날의 우호를 회복함이 좋을 듯하다. 이리하여 세 나라가 협력하여 자기의 영토를 보전할 수 있도록 도모할 것이다. 그리고, 아메리카 합중국은 건국 이후 다른 나라의 內政에 간섭한 적이 없는 예의바른 나라이고, 청나라도 합중국과 조약을 체결한 이후 아직까지 두 나라 사이에 불상사를 겪어본 일이 없다. 합중국은 그 나라가 부강하고 동서양 사이에 위치하여 있으면서 약한 나라를 도와주고 항상 公義를 존중히 하고 있다. 그러므로 조선국도 합중국과 조약을 체결하여 그 지지를 얻음이 좋을 것이다."[27]

1880년대의 중국 외교관의 국제 판단으로는 매우 흥미를 끄는 대목

---

27) 佛教百年史 資料集 卷一.

이 있다. 첫째, 청나라와 조선의 침략국으로 일본보다는 제정 러시아를 지목한 것이 눈에 띤다. 따라서 일본에 대하여는 도리어 우호적인 의견을 나타내고 있다. 그래서 일본과의 우호적 관계를 종용하고 있다. 둘째, 아메리카에 대한 지나친 칭찬이 주목을 끈다. 아마 일본에 주재하고 있던 청국 공사관은 아메리카의 중남미 정책에 대한 정보에는 너무 어두웠던 것 같다. 당시 청국과의 관계에서 볼 때, 아메리카는 '예의바른' 강대국으로 보였을런지 모른다.

과연 예상한 대로 '衛正斥邪'를 완강히 주장하는 보수적 儒林은 이 『朝鮮策略』의 내용에 대하여 정면으로 반론을 제기하고 또, 이 같은 불온 서적을 가져다가 국왕에게 바친 김 홍집과 그 일파에 대하여도 공격의 화살을 날카롭게 퍼부었다.

그러나 한 번 문호 개방의 방향으로 국론을 결정한 임금이나 정부의 개화파 인사들은 주저할 여유를 두지 않고, 곧 『朝鮮策略』의 의견대로 하루속히 미국과 조약맺기를 서두르게 되었다. 그리하여 우선 일본 동경에 있는 청국 공사 하여장에게 사람을 보내야만 하였다. 청국 공사에게 대미교섭을 부탁하여야하는 것이 당시의 조선국의 입장이었다. 그런데 대미교섭을 부탁하는 사명을 띠고 일본에 가게 될 인물로 승 이동인은 다시 국제적 외교무대의 주역으로 등장하게 되었다.[28]

승려 출신인 이동인에게 특명 사신의 어명이 내렸다는 사실은 아무래도 파격적 인사 조치였다. 아마, 당시 그만큼 외교 수완에 능란하고, 외국어에도 능숙할 뿐더러 국제 정세에 밝은 인물이 없었던 것 같다.

그래서 그는 다시 低迷하는 아시아의 풍운을 타고 일본으로 건너갔다. 그런데 당시 승려 출신으로 정계를 누비던 인물은 또 한 분 있었다. 卓挺植이란 스님인데, 호가 無佛이란 정도만 알고 있을 뿐, 어디가 본사인지, 누구의 門中인지 언제 어디서 어떻게 돌아갔는지 알 길이 없다. 이 무불 스님도 일본에 건너가서 청국 공사를 만난 일이 있을 만큼 중요한 인

---

28) 李光鱗, 上揭書, p.96~

물이었던 것만은 사실이다. 그가 김옥균의 수행원이었다는 기록도 있다.[29]
아마 甲申政變때 개화당의 실패로 김옥균은 망명하였으나 승려 탁정식은
승려 이동인처럼 행방불명이 되지 않았을까 한다. 후일 국내에서라도 이
스님에 대한 기록이 나타나 주면 불교 백년사에 있어 개화 사상을 전후한
불교계의 동향을 정리하는데 큰 도움이 될 줄 안다.

또, 車弘植이란 승려 출신의 개화파 인사도 있었다고 하나 후에 환
속하였다는 것만 알고 있을 뿐 역시 본사는 어디인지, 法師, 恩師는 누구
인지 또 언제 어떤 경로에 의하여 환속하였는지 하는 등의 물음에 정확히
대답할 기록은 전연 없다. 이후 다행히 이분에 관한 숨겨진 자료가 발견
된다면, 개화 사상의 선구자적 역할을 하였던 대사회적 참여 승려들의 전
모가 드러날런지 모른다.

세도가 민영익의 사랑방에서 한 달 남짓 극진한 대우를 받으며 머물
러 있었던 이동인은 일본에서 돌아온 그 해 10월 다시 일본으로 출발하였
다. 김홍집이 국왕의 명을 받들어 청국 공사에게 미국과의 수호 조약의
주선을 의뢰하는 서한을 보냈다는 소식을 듣고 떠났다. 보수파들의 감시
의 눈을 피하기 위하여 부산으로 가지않고, 원산을 거쳐가는 길을 택하였
다.

일본 동경에서 청국 공사를 만나 이동인은 자기가 조선왕의 밀사임
을 밝히고, 조선 실정을 설명하여 나가면서 아메리카 합중국과의 수호 조
약에 중개 역할을 하여 주기를 부탁하였다. 하여장 공사도 이동인의 말을
듣고서는 적극적으로 합중국과의 수호 조약을 알선하여 줄 것을 약속하였
다. 이동인과 회담을 마친 뒤 하여장 공사는 본국의 이홍장에게 그 경위를
전보편으로 보고하면서 이동인의 密書도 부쳤다. 이것으로 이동인의 두번
째 일본 방문의 외교 사명은 마친 셈이다.

그해(1880)말 부산으로 돌아온 이동인은 뜻밖의 봉변을 당하였다. 첫
째는 쇄국주의파의 거두인 대원군이 그의 행실을 듣고, 본국으로 돌아오

---

29) 李能和, 上揭書 下, p.899.

면 곧 잡아 처치한다는 소문이고, 둘째는 동래 부사가 그를 정체불명의 인물이라하여 옥에 가둔 억울한 일이었다. 그러나 부산으로 마중온 유대치의 교섭으로 이동인은 겨우 석방되었다. 그리고 대원군은 자기를 미워하나 국왕의 호의가 아직 그를 잊지 않고 있다는 말을 듣고 이 동인은 한 시름 놓았다.

다음해 1881년 정부는 전면적 機構改編을 단행하였다. 이 기구 개편이 다분히 개화 운동파에 의하여 추진되었음은 쉽게 추측할 수 있다. 이 기구 개편에서 종래의 외교 사무를 '統理機務衙問'에서 통괄 담당하게 되었다. 이 외교 기구에서 이 동인은 유명한 漢醫學者인 李濟馬와 함께 '參謀官'벼슬을 정식으로 얻었다. 참모관이면 7품 벼슬이었다. 승려 출신으로는 감히 상상조차 못할 하늘의 별따기만큼 어려운 벼슬이다.[30]

이때 벌써 이동인은 곧 다가올 미국과의 조약 체결을 위하여 그 조약의 초안까지 작성하였다. 이 초안은 정부의 승인까지 얻었던 것 같다. 그리고 1882년 金允植이 중국에 가서 이홍장과 조약문을 검토할 때 제출되었던 초안은 바로 이동인의 손에서 이루어진 것이다. 소위 개화 당시 그래도 한 나라의 외교문서인 국제 조약의 초안까지 척척 꾸밀 수 있었다는 사실에서 이 동인의 비범함을 다시 한번 평가할 수 있다. 이동인밖에 아무도 그와 같은 중대한 외교 문서를 초안할 실력자가 없었기 때문에 그의 출신이 승려인 줄을 알면서도 그에게 이 같은 중책이 맡겨졌을 줄로 안다.

새로 개편된 통리기무아문은 외교적 사업의 첫단계로 총 60명에 이르는 소위 '신사유람단'을 일본에 파견하여 그 나라의 제도와 시설과 문물을 시찰 공부하도록 하였다. 동시에 청나라에도 무기 제조 기술을 습득할 기술자를 파견하도록 하였다. 그런데 일본 유람단의 주선에 있어 이 동인의 발언은 약간 큰 비중을 차지하였던 것같다. 또 兪吉濬이나 尹致昊같은 유능한 인재들을 일본 유학의 길에 오르게 한 계획도 역시 이동인의 저의에서 이루어졌다.

---

30) 佛教百年史, 資料集, 卷Ⅰ.

　　개화파의 젊은 엘리트들은 해외 정세에 눈뜨자 먼저 문제되는 것이 국방임을 알아차렸다. 그래서 통리기무아문은 군비 강화를 위하여 신식 군대를 훈련하는 국방 계획을 마련하였다. 그리고 한편, 公債를 모집하여 신식 무기와 군함 등의 구입도 창안하였다. 우선 정예군 80명으로 소위 '別技軍'을 창설하여 일본 공사관에 근무하던 일본군 소위 호리모도(掘本)를 초빙하여 신식 훈련을 지휘하도록 하였다.

　　그리고 신식 무기와 무기 구입을 위하여 가장 가까운 이웃에 구입사절단을 보내기로 통리기무아문은 결정하였다. 그러나 일본에 가서 일본돈을 빌어가지고 일본식 신무기와 군함을 구입하는 일이 결코 쉬운 일이 아니었다. 여기에는 일본 정계와 재계 고위층에 상당한 지면도 있어야 하고, 언어는 물론, 외교 수완도 비범하여야 한다. 그래서, 승 이동인은 다시 이 사명을 띄고 현해탄을 건너가게 되었다. 이동인의 역량이 당시 조선 정계에서 어느 만큼 높이 평가되었는지 알 수 있다.

　　그 해 1881년 3월9일 이동인은 새로 통리아문의 參劃官으로 임명된 李元會와 함께 속히 떠나라는 명을 받고 준비에 바빴다. 그는 신사유람단의 嚮導 역할도 함께 하여야 하는 중대한 임무를 띠고 있기 때문에 떠나기 전, 당시의 일본 공사인 花房과 충분한 사전 협의가 필요하였다.

　　그러나 한참 도일 준비에 분망하던 어느날 그는 서울 장안에서 감쪽같이 蒸發되고 말았다. 이 땅 위에서 영원히 사라지고 말았다. 일본 외무대신에게 보낸 하나부사 공사의 4월 15일자 서한에 의하면 이동인은 한 달 전에 그 자취를 감췄다는 것이다. 그러니까 그가 이 땅위에서 증발된 것은 3월 15일 전후가 된다.

　　따라서 1880년 8월에 동경에서 김홍집 일행과 만남으로써 정치 외교사의 기록에 이름이 올랐다가 1881년 3월에 사라졌으니 꼭 8개월간 풍운이 급하던 조선과 일본의 정치 외교 무대에 풍운아처럼 나타났다가, 역시 풍운아처럼 없어진 인물이었다. 더구나 당시로서는 파격적 존재인 승려 출신의 풍운아 였다.

　　그러나 그의 출신 성분은 승려였지만, 거의 동시대인이었던 鏡虛같이 高僧列傳에는 끼지 못하는 權僧이었다. 승 경허가 종교적 내면의 세계를 추구하여 한 경지를 이루었고, 승 이동인은 지나치게 정치사회적 참여의 방향으로 달리다가 희생되고 말았다. 만나면 시사나 국제문제만 말할 뿐 승려이면서 불교에 관한 것은 말하려 들지 않더라는 일본 승려 奧村의 기록이 이동인의 이와 같은 일면을 말하여 주고있다.

그러나 승 경허의 길과 승 이동인의 길을 두고 어느 길이 정말 부처님의 길인가하는 것은 각자의 주관적 신앙 자세에 따라 그 斷定방향이 달라질 줄 안다. 이 두 종교적 인간상은 너무나 판이한 양상을 띠고 있기 때문이다. 다만, 한 가지 점에서만 공통점을 두었다. 이 두 스님은 이상하게도 인생의 말년을 이 사회에서 갑자기 행방을 감춤으로써 종말을 내렸다는 점이다. 뒤에 다시 상세히 서술하겠지만 경허 스님도 어느날 갑자기 모든 제자와 신도들 앞에서 자취를 감췄고, 동인 스님 역시 위에서 말한 대로 갑자기 이 사회에서 증발되었다. 인생의 출발에 차이가 있다면 경허 스님은 불교사에서 사라졌고, 동인 스님은 정치외교사에서 사라졌다는 것뿐이다. 지금까지 한국 정치 외교사에 경허라는 이름은 찾기 어렵고, 또 승려이면서, 한국 불교사에서 이동인의 이름은 찾기 어렵다.

여하튼 급변하는 과도기에 우뚝 솟았던 이 두 불교적 巨峯은 불교사뿐 아니라 한국 일반사를 위하여도 더욱 연구되어져야 한다고 본다. 즉, 1880년대 전후의 불교사를 위하여 이 두 인물의 '實存的 定立'은 반드시 필요하다는 말이다. 이 두 인물의 실존적 정립이 이루어질 때, 19세기가 20세기로 접어드는 과도기의 불교사의 문제가 어느 정도 정리될 수 있다고 생각하기 때문이다.

4. 鏡虛師

정치사나 사회사에 있어서 어떤 '위대한 인물'의 행적이 상당히 큰 영향을 미치고 있음을 안다. 그래서 정치사나 사회사는 특정 인물에 대하여 그의 족보까지 들추어가며 상세히 서술하는 수가 있다.

그러나 한 위대한 인물의 행적이 영향을 미치는 것은 종교사에 있어서는 더욱 두드러지게 나타난다. 종교사에 있어서 어느 특정 종교적 巨人이나 천재의 행적은 거의 절대적 영향을 미치고 있다. 그래서 종교사에 있어서는 高僧이나 성인들의 인물 전기가 아주 상세히 다루어진다.

비록 그 인물이 대사회적 활동은 전연 없었고 따라서 교단 밖에는 전연 알려지지 않았던 존재라 하더라도, 교단 안에 남긴 그의 종교적 감화가 컸다면 종교사는 그의 존재를 큰 제목으로 다룰 수밖에 없다. 한국 불교 백년사 초기에서 이와 같은 고승을 열거하면, 아마 불교계의 인사들은 서슴치 않고 경허 스님을 첫 손에 꼽을 것이다. 그 만큼 경허 스님의 위치는 두드러졌고 컸었다. 그를 현대 한국 禪宗史에 있어서는 中興祖라고 까지 극찬하는 사람도 있을 정도다. 또 사실, 최근 한국 禪界의 고승들은 대개 경허 스님의 선풍에 영향을 받은 분들이다. 오늘 한국 선계에서 지도적 위치에 있는 선객들도 대부분 경허스님을 주봉으로 하고, 그 주봉에서 뻗어나온 인맥들이다.

경허 스님의 파란 많은 생애에는 여러가지 사건들이 일어났다. 그의 기발한 행장 때문에 그의 주변에서는 언제나 심상치 않게 사건들이 일어났다. 그러나 이같은 사건들은 거의 불교 교단 내부에서 그쳐버리고 마는 사건들이었다. 당시에는 아직 이렇다 할 언론 기관이 없었기 때문에 불교 교단 안에서 일어난 사건이 교단 밖으로 쉽게 전달될 길도 없었다. 18세기 중엽에 태어나서 한일 합방 직후에 돌아가실 때까지 경허 스님이 살아있는 동안 교단밖에는 王朝의 쇠망을 재촉하는 정치적, 군사적 사건이 연속적으로 거센 파도처럼 밀어 닥쳐왔다. 그런데 이 같은 역사적 사건이 교단에 어느 만큼 큰 타격을 주었는지, 또는 경허 스님 자신에게는 어느 만큼 심한 자극을 미쳤는지는 이에 관한 자료가 전연 없기 때문에 알길이 없다. 나이로 보아 가장 多感하였던 14세 15세 16세때, 당시 신흥 종교로 특히 농민층에 많은 신도를 가지고 있던 天道教의 교도 崔濟愚가 세상과 민심을 어지럽혔다는 죄목으로 사형되었고, 또 外來종교로 교세를 넓히고 있던 천주교는 8천 여명의 신도가 처형되는 종교 박해를 받았다.

444

이 두 종교 박해가 경허 스님의 어린 심경에 어느 만큼 심각한 충격을 주었는지 역시 알 길이 없다. 경허 스님 역시 하나의 종교인으로 그의 일생을 마쳤고, 또 오늘까지도 교단에서는 가장 존경받은 고승이기 때문에 그와 同時代에 있었던 타종교의 박해에 대하여 어느 만큼 강한 심리적 반응을 보였는가 하는 것은 그의 인물을 연구하는데 있어 중요한 자료가 된다.

그뿐 아니다. 경허 스님은 한창 젊은 나이에 유명한 江華島條約, 그리고 壬午軍亂과 開花黨의 甲申政變, 다음으로 농민 반란이었던 東學亂과 淸日戰爭, 그리고 왕조사의 종말을 결정적으로 매듭졌던 露日戰爭과 韓日合邦등을 겪었다. 그의 종교적 내면 생활만큼이나 그를 둘러싼 정치적, 사회적 변동도 파란과 곡절을 되풀이하였다. 그런데 경허 스님이 걸었던 求法의 길과 布敎의 길은 어디까지나 불교 교단 안에 멈췄고, 변동하던 정치 정세와는 단절되어 있었다.

당시, 서민층에 있어서 불교는 기복 형식으로 깊고 널리 침투되어 있었다. 그리고 정계를 주름잡던 권력층과 불교 교단은 조선 왕조의 배불 정책때문에 서로가 격리된 상황에서 각기 다른 길을 걸었다. 그러므로 불교계에서 일생을 살아왔던 경허스님의 행동 반경은 끝까지 교단 안에서 그쳤고 대사회적, 대정치적 활동은 당시의 상황에서 거의 불가능하였다. 그런 점에서 승 이동인은 파격적 풍운아였고, 또 풍운아다운 일생을 마쳤다고 하는 것이다.

당시의 사회신분 체제에서 볼 때, 승 이동인은 반사회체제적 신분을 가지고 행세하였다. 위에서 그는 갑자기 증발하였다고 하였지만, 그는 감쪽같이 암살되었을 것이라는 추리가 가능하다. 개화당의 기수들 즉, 개화 바람을 조정에까지 불러일으킨 젊은 인물들을 보수의 아성을 쌓고있던 유림의 보수파들은 눈안에 가시처럼 미워하였다. 그 중에서도 이동인의 신분이 승려 출신이므로 그들의 비위를 한층 더 거스르게하였을 것이다. 또 개화당에서도 승 이동인의 거동을 달갑지 않게 여기는 사람도 있었다. 지나치리 만큼 외교 수완에 능란하고, 어학에 능통하여 정계에서 외교의 주역 배우로 날리던 그를 개화당의 인사나 개화당을 동조하던 인사가 모두 그를 좋아하였다고 볼 수는 없다. 또 그 자신 才勝薄德형이었는지, 자기의 재주만 믿고 일을 처리하였을 뿐, 어느 특정인이나 특정 정치 그룹에 끼어 정치 세력을 구축하여 자신의 정치적 기반을 견고히 하려는 정치인도 못되었던 것같다. 아마 스스로가 승려 출신이었으므로 정치적 출세의 한계를 미리 예측하고 있었을런지도 모르겠다.

여하튼, 당시의 조선 사회에서는 소외된 계층에 속하고 있던 승려가 또, 다소 완화는 되었어도 아직 도성 출입이 허용되지 않았던 승려가 도성 출입은 물론 궁정 출입까지 할 수 있었다는 사실은 당시 권력가들의 눈에는 거슬릴 만큼 비정상적 사건이었다. 당시 정상 사회에서는 소외된 승려의 대사회적 참여로서는 '놀랄만한 파격적 행위'로 볼 수 있겠지만 승 이동인 자신의 종교인으로서의 참여 의식이 어느 정도 확실하였지는 의문이다.

결론적으로, 당시 상황에서 이동인식 불교 승려의 대사회적 참여는 아무도 모르게 암살될 위험이 농후하였다. 암살되었어도 승려라는 신분 때문에 그다지 사회적 물의를 일으키지도 않고 조용히 그 사건은 묻혀버리는 것이다. 한 나라 외교가로 활약한 경력을 가졌던 이동인도 승려 출신이란 신분 때문에 하루 아침에 없어져도 사람들은 그다지 별로 크게 놀라는 기색도 보이지 않고, 그를 암살한 범인조차 수사하여 체포할 생각조차 않고, 따라서 사건은 조용히 끝나버리고 마는 것이다.

대사회적 승려의 참여가 암살로 끝날 위험이 있는 사회적 여건에서 경허 스님은 마지막까지 사회무대의 전면에 등장하는 일은 피하였다. 그의 모든 언행은 교단 안과 신도들 사이에서 끝났다. 따라서, 정치적 변동기에 경허 스님은 한 마디도 대사회적 발언을 한 적이 없었다. 어디까지나 불교에 관한 설법만을 하는데 그쳤다. 그러나 그의 탁월한 禪旨는 그때까지 잠자던 이 나라의 선계에 새 바람을 일으켰다. 조선 초기부터의 배불 정책과 조선 말기에 대 강사들 사이들 사이에서 벌어졌던 치열한 선에 관한 논쟁은 도리어 살아 있는 선을 죽여버리는 결과를 초래하였다.

446

선이란 머리와 입으로 이루어지는 것이 아니고 마음의 수행으로 이루어지는 것이다. 지나치게 입으로 논쟁만을 일삼을 때 정말 선은 잠들고 마는 법이다. 대강사들이 선에 관한 논쟁을 벌이고 있을 때, 이 나라 불교계의 선은 잠들고 있었다. 이 잠든 선을 다시 깨우쳐 준 인물이 경허 스님이다. 그래서 불교 백년사는 경허 스님의 위치를 크게 다루는 것이다.[31]

경허 스님은 1849년 전라북도 全州에 사는 宋씨 가문에서 가난하게 태어났다. 1849년 하면 조선 왕조가 終幕에 접어든 때다. 막만 내리면 모든 것은 끝난다. 왕조의 무력과 몰락은 庶政의 무질서를 초래하였다. 그리고 서정의 무질서에서 가장 심한 피해를 입는 것은 왕족이나 귀족 등 양반 계급이 아니고 권력을 공포의 대상으로 느끼고 떨며 사는 서민층이다. 정치의 무질서와 경제의 무계획은 서민층의 생활에 심각한 위협을 주었다. 서민들의 생활은 죽지 못하여 사는 산 송장의 연속이었다. 이 같은 고난과 혼란의 시기를 타고 경허 스님은 이 고통의 땅에 태어났다. 종교적 천재는 언제나 평화스런 때보다는 고난의 시련기에 태어나는 법이다. 가난한 가정에 태어난 데다가, 스님은 어릴 때 일찍이 아버지를 잃었다. 아홉살 난 경허스님은 경기도 과천 청계사에 갔다.

그는 청계사에서 桂虛스님을 은사로 머리를 깎고 입산하였다. 이 계허 스님에 관하여도 그 후 그가 환속하였다는 정도만 알고 있을 뿐 어떤 스님인지 또는 어떻게 그가 경허 스님을 가르쳤는지 역시 알 길이 없다. 다만 어린 경허스님은 남달리 거대한 체구로 나무하고 물길으며 은사 스님을 정성껏 봉양하였으리라는 것쯤은 쉽게 추측할 수 있다.

14세 때 일이다. 어떤 선비가 청계사에 와서 한 여름을 지내게 되었다. 그 선비가 여가에 책을 읽는데 어린 경허 스님은 글읽는 소리만 듣고도 그 뜻을 척척 풀어 나가서 선비를 놀라게 하였다. 그때까지 경허 스님은 아직 옳게 글도 제대로 배우지 못하고 있었다. 따라서 선비와 함께 계허 스님도 경허 스님이 비범한 인재임을 알았다.

---

31) 鏡虛集 參照, 韓龍雲編.

이 때, 환속을 결심한 계허 스님은 자기가 더 가르치지 못함을 섭섭해 하면서 경허 스님을 충청남도 東鶴寺에 게시던 萬化강사에 추천하였다. 이 만화 강사 밑에서 경허 스님은 처음으로 제대로 경을 배우기 시작하였다.

23세 때, 경허 스님은 동학사 강원의 젊은 강사로서 후학을 가르치는 지위에 올랐다. 그의 명성을 듣고 동학사에는 전국 방방곡곡으로부터 학인들이 모여 들었다. 그의 종교적 천재는 이때 한 모서리를 보이기 시작하였다.

그런데 경허 스님이 유능한 강사로 동학사에서 명성을 떨치고 있을 때는 조선 왕조에서 대원군의 유례 드문 쇄국 정책이 절정에 이르렀을 무렵이었다. 개항과 통상을 끈덕지게 요구하는 외래선에 대항하여 조선 정부는 완고한 쇄국으로 맞섰다. 우리나라 근해에 접근하는 외래선에 대하여는 무조건 공격을 명하였다. 그래서 프랑스 군함과 미국 군함 몇 척을 격퇴하는데 성공한 대원군은 의기양양하였다. 따라서 그의 쇄국 정책은 더욱 굳어졌다. 대원군은 외래선을 격퇴하는 결의를 전국에 과시하기 위하여 종로와 지방 각처에 소위 '斥和碑'를 세우기까지 하였다. 더구나 프랑스는 천주교 탄압 때 프랑스 신부 9명을 처형한 조선 왕조의 종교 정책에 항의하기 위하여 군함을 보냈다. 그러므로 대원군의 쇄국정책에는 천주교 박해라는 종교 정책도 함께 가세되어 있었다. 외래선뿐 아니라 '밖으로부터' 들어오는 일체를 배척한다는 뜻이 쇄국 정책의 근저에는 줄기차게 흐르고 있었다.

그런데 젊은 대강사로서, 또 장차 한국 불교계의 지도적 고승이 될 인물로서, 당시의 바깥 정세를 어느 만큼 민감하게 맞아 들였을까. 대원군의 쇄국 정책을 긍정적으로 받아 들였는가 아니면 부정적, 비판적인 태도를 가졌을까 또, 외래 종교인 천주교인에 대하여는 어느 정도 알고 있었을까 등, 그의 사상의 주장을 알기 위하여 가장 주요한 사항들, 즉 여기에 대한 자료가 거의 없다. 천주교와 함께 농민층을 배경으로 일어선 천도교에 대하여도 그의 견해가 어떠하였는가 하는 것 역시 미지로 남겨 둘 수

밖에 없다. 출중한 지혜와 예리한 비판의 소유자였던 경허 스님에게 쇄국 정책이나, 천주교 탄압, 천도교에 대하여 독특한 일가견이 전연 없었다고 볼 수는 없다.

이후, 이 방면에 자료 발굴과 연구가 병행되면 경허 스님의 젊은 인간상이 더욱 두드러지게 부각되리라고 생각한다.

동학사에서 유능한 젊은 강사로 후학을 가르치는 생활도 그럭저럭 7·8년 계속되었다. 그의 명성을 듣고 사방에서 모여온 학인들의 수는 해마다 늘어만 갔다. 그러나 해마다 꼭 같은 과목을 되풀이 하여 가르쳐야하는 강사직으로 만족할 경허 스님의 비범한 종교적 기질은 아니었다. 어쩐지 무서운 공허가 생활의 한 가운데를 뚫고 들어옴을 느끼기 시작하였다. 그 공허의 뒤를 이어 육중한 권태가 엄습하여 왔다. 어딘지 잘못되어 있는 생활질서에서 살아가고 있는 자신을 경허 스님은 반성하기 시작하였다.

그러던 어느 날, 문득 당시 환속한 옛 은사의 모습이 보고 싶어졌다. 夏安居도 마친 때이므로 스님은 쉽게 여장을 차리고 떠날 수 있었다. 도보 여행을 하던 어느 저녁 나절 갑자기 심한 폭풍을 만났다. 황급히 가까운 마을로 뛰어 들어가 비를 피하려고 하였다. 그런데 이상하게도 그 마을은 집집마다 빈집처럼 안으로 대문을 꼭 잠그고 열어주지 않았다. 여러 집 대문을 두드려 봤으나 안에 사람은 있는 듯한데 열어주지 않았다. 그렇다고 경허 스님도 밖에서 비를 맞으며 밤을 새울 수는 없었다. 죽은듯이 고요한 마을을 돌아다니며 다시 큰 대문만 골라 두드려 보았으나 반응은 마찬가지였다.

그때 마침 송장같이 축 늘어진 사람을 업고 대문을 기어나오는 노인을 만났다. 까닭을 물었더니 그 대답이 무시무시하였다. 당시 그 마을에는 아주 악성 전염병이 유행하여 거의 전마을의 인명을 다 앗아간다는 것이었다. 일단 걸렸다 하면 몇 시간 못가서 죽고 만다는 대답을 듣는 순간 경허스님은 등골에 찬 바람이 불어대는 오한을 느꼈다. 번쩍하는 번갯불에 스님은 죽음의 검은 그림자를 보았다. 하는 수 없이 마을을 얼른 물러난 경허 스님은 마을 어구의 빈 집에서 폭풍우를 피하여 하루 밤을 보내게 되었다. 젊은 경허 스님은 비로소 헤아릴 수 없는 불안이 주는 중압에 짓눌려 있는 자신의 비참한 실존을 알았다. 시시각각으로 죽음이 다가오는 불길한 예감과 그는 싸워야하였다. 틀림없이 자기자신도 그 전염병에 옮아 폭풍우 휘몰아치는 밤에 죽어갈 것이라는 불길한 생각은 그를 깊은 심연으로 몰아갔다. 이 같은 생각은 갑자기 오한을 일으키고 고열을 낳았다. 이제 곧 죽음의 그림자가 그를 엄습하여 온다는 것이 실감으로 느껴졌다. 열은 더욱 오르고 오한은 더욱 심하여 갔다. 죽음을 바로 눈 앞에 두고 경허 스님은 그가 오랫동안 외워왔던 경전 구절을 소리 높이 되풀이 하며 외워 보았으나 죽음의 불안은 가시기는 커녕 도리어 더 강박하여 왔다. 죽음과 삶이 如一하다는 유명한 구절을 머리로는 분명히 이해한 듯하였고, 그러므로 학인들에게도 자신있게 가르쳐 주었건만, 죽음을 눈앞에 둔 순간, 그 구절이 아무런 힘도 없음을 알았다.

명석한 두뇌를 가졌던 경허 스님은 그동안 많은 경전을 읽었고, 또 남이 해석하기 어려운 뜻을 척척 해석하여 냄으로 명강사의 칭호를 받아왔다. 따라서 후학들도 그의 해박한 지식에 감탄하였다. 경허 스님은 가장 심오하고 어렵다고 하는 禪旨의 奧義까지를 그 나름대로 이해하였고, 또 학인들에게 가르쳐 주었다. 선지를 가장 잘 드러낸 絶句까지도 그는 아무런 걸림이 없이 척척 풀어 나갔다. 그와 같은 절구를 풀이할 때, 경허 스님 스스로도 자신이 있었다. 그런데, 죽음의 그림자가 다가온 순간, 선지와 해탈을 머리로만 안다는 '앎'이 그렇게도 무력할 줄은 정말 몰랐다. 그 앎이 죽음의 불안을 조금도 없애주지 못하는 虛構임을 깨닫기 시작하였다.

밤을 새워 비바람 속에서 죽음의 불안과 싸워 지쳐버린 그는 날이 새면서 비바람이 멎을 때, 그 자신 아직 죽지않고 살아 있음을 알았다. 그의 몸과 마음은 비맞은 누더기처럼 축 늘어졌다. 아직 살아있는 자신의 육체를 손톱으로 꼬집으면서 그는 깊은 회의의 숲속을 헤매었다.

도대체 그가 불교 경전을 통하여 알았다는 지식이란 무엇인가. 해탈의 이치를 유창하게 강의할 수 있는 지식이란 무엇인가. 처음부터 잘못된 질서, 즉 전도된 질서에서 그때까지 헛 살아왔다는 자책을 느끼기 시작하였다. 동시에 깊은 자기반성을 하지 않을 수 없었다.

그때까지 그의 불교 지식은 머리로만 이해하는 지식임을 알았다. 머리로 알았다는 禪旨의 묘의는 머리에 머물러 있는 한 관념의 허구에 지나지 않음을 알았다. 관념의 허구는 아무리 높이 쌓여도 현실의 벽에 부딪치면 무너질 수밖에 없는 허구적 존재이다. 따라서, 죽음의 현실적 벽 앞에서 관념의 허구로 쌓아올린 선지가 무너짐은 너무나 당연하다.

참선의 이치는 본시 현실에 사는 '행'으로 체득할 때, 즉 현실적 행을 통한 체험에 의하여 증득될 때 현실에 약동하며 살아있는 活句로 나타난다. 관념의 허구로 쌓여져 있는 선지는 무덤처럼 굳어진 死句에 지나지 않는다. 관념의 허구로 남아있는 사구는 아무리 높이 쌓여 있어도 현실적 극한 상황에 부딪치면 여지 없이 무너지고 만다. 이것은 사구의 운명이다.

젊은 강사이던 경허 스님도 바로 이같은 사구의 무덤위에서 30년을 살아왔다. 그러나 관념의 허구인 사구가 죽음의 벽에 부딪쳐서 여지없이 무너질 때, 지금까지 살아온 생활 질서가 동시에 무너지는 허무를 느꼈다. 동학사에 돌아온 경허 선사는 그를 기다리고 있던 학인들을 모두 해산시키고, 책장에 가득쌓인 그 많은 서적들을 묶어서 헛간에 치워버린 다음, 스스로 방문을 안으로 잠그고 철저한 活句와의 대결에 매진하였다. 몰려오는 잠을 막기 위하여 턱밑에 송곳끝을 세우고 피나는 정진을 시작하였다. 경허 스님같은 비범한 인물이 모험하는 인생의 도박이었다. 여기서 이기면 활구의 길을 열어 만인에게 부처님의 참도리를 가르쳐 주는 만인의 도인이 될 것이고, 이 도박에 지면 자기 하나도 구하지 못하고 마는 범인으로 끝나는 것이다.[32]

한국 조계종 현대사의 중흥조는 이같은 어려운 길을 밟고 탄생되었

---

32) 上揭書 參照.

다. 비범한 인물이 비범한 인물로 등장하려면 반드시 비범한 역경을 뚫고 넘어서야 하는 계기를 겪어야 하는 법이다. 그믐밤이 어둡기 때문에 새벽의 밝음은 더욱 빛나는 것이다.

이때, 경허 스님의 나이 31세라는 사실에 주목하고 싶다. 30세를 전후하는 때는 한 인생의 걸어갈 방향을 결정하는 가장 중요한 고개가 된다고 생각한다. 한 인생이 영원을 지향하는 열반의 길을 택하느냐, 아니면 범범한 세속의 길을 택하느냐 하는 결단의 시기도 바로 30세 전후라고 생각한다.

옛날, 위대한 천재들이 위대한 출가를 단행한 시기도 바로 30세 전후였다. 부처님이 호화스런 세속적 영화를 버리고 출가하여 사문의 길에 오른것도 29세 때였고, 위대한 정진 끝에 大悟에 이른 때는 35세였다. 기독교의 교조인 예수님이 황야에서 새로운 계시를 받고 위대한 전도에 나선 것도 30세 때였다.

공자님은 30세에 '立'이라고 교훈하였다. 이 나이에 이르면, 스스로 자기의 길을 결정하고 나갈 길을 정립한다는 뜻이라고 생각한다. 따라서 여러 聖人들의 종교적 전환기가 30세 전후하여 일어났다는 것은 결코 우연한 일치가 아니다. 경허 스님에게도 이와 같은 전환기는 30세 때 왔다.

경허 스님이 생사를 걸고 참선에 정진한 시기는 또한 1880년 전후였다. 1880년이면 쇄국 정책을 펴던 대원군이 권좌에서 물러나고 왕조의 마지막 정치 무대를 주름잡던 민비와 그 일가가 세도정치를 펴고 있을 때다. 이해 3월, 병자 수호 조약에 따라 수신사로 金弘集일행이 일본으로 건너 갔었다. 일본 동경에서 개화승 이동인을 만난 것도 바로 이 해였다.

또 1877년, 奧村圓心에 의하여 부산 별원의 건립에 성공한 일본 日蓮宗은 이 해(1880년)에는 원산 별원을 또 새로 건립하였다. 1881년에는 渡邊이 부산에 회당을 처음으로 건립하였다. 旭日은 원산에 妙覺寺를 건립하였다. 이와 같이 일본 승려가 이 땅에 와서 활개를 치며 버젓이 일본절까지 세울 수 있었다는 것은 이 땅에 벌써 적지않은 일본 상인들이 내왕하고 있었다는 사실을 증명하여 주고 있다.[33] 병자수호 조약에 의하여 개항이 일본인들에게 허용되었기 때문이다. 이후, 일본 상인들이 왕래가 증가됨에 따라 일본 승려의 왕래도 빈번하여졌고, 거기 따라서 일본 불교의 여러 종파가 이 땅에 별원과 회당을 짓고 포교에 나섰다.

1895년 승도 입성 금지를 완화한 것과 1896년 승니 입성 금지를 해제한 이면에는 일본 불교 세력을 배경으로 이 땅에 들어온 일본 승려들의 활약이 컸다.

여하튼 이 밖에도 경허 스님의 나이 30세 전후 한국 승단의 바깥 사회에는 여러 가지 급변하는 사건들이 많이 일어났다. 1882년 壬午軍亂이 일어났고, 1884년에는 개화당파에 의한 甲申政變이 일어났다. 두 가지 사건이 모두 성공하지 못하였기 때문에 난동으로 끝났으나, 임오군란은 군대 내부에서 터져나온 불평 세력이 민비의 살해를 노렸다는 점에서, 또 갑신정변은 고위 귀족층에 속하던 급진 개화파 세력이 일본 세력을 등에 업고 정권 교체를 기도하였다는 점에서 왕조의 기틀을 근본적으로 흔들어 놓았다.

이와 같이 전통을 겪고 있는 동안에도 외세에 의한 개화의 물결은 쉴새 없이 밀려들어 왔다. 일본 상인과 일본 승려가 들어오고, 따라서 일본 상품이 한국 사람들의 가정으로 흘러들어오게 되었으며, 중국 상인은 또 중국 상인대로 무역업을 경영하고 일본 상인들과 경쟁하고 있었다. 미국 선교사 언더우드가 한국 땅을 처음 밟은 것도 이 무렵이다. 그는 갑신정변이 있은 다음해에 한국 땅에 왔고, 또 그해 정부는 미국인 의사 알렌을 초빙하여 처음으로 현대식 병원인 廣惠院을 건립하였다.

개화의 물결을 타고 소위 신식교육을 하던 培材學堂이 서울에 첫선을 보인 것은 1885년 말이고, 꼭 1년후 여성들을 위한 梨花學堂이 섰다. 그러므로 1885년과 1886년 2년 사이에 미국에서 온 선교사들에 의하여 현대식 병원과 현대식 의술도 도입되었고, 또 현대식 교육 기관도 설립되었다. 따라서 의술과 교육과 전도의 세가지를 병행한다는 기독교 선교사들

---

33) 朝鮮 開敎五十年誌, p.26以下.

의 제1차적 선교 사업은 성공하였다고 할 수 있다.

그렇다면 이 땅의 서민층에서 그들과 함께 오랜 세월을 살아온 불교는 어떻게 이 격동기를 겪어 왔으며, 밀려 오는 개화의 물결과 대응하였는가. 한 마디로 소외상태에서 정치 무대와는 너무나 멀리 이탈된 無風地帶에서 살아온 것 같다. 어떻게 보면, 어찌할 수 없이 타율적으로 폐쇄된 특수 사회를 고수할 수밖에 없었다고 생각한다.

이제 경허 스님으로 다시 돌아와 보자. 31세 때 선지를 開悟한 경허 스님은 그후, 종적을 감출 때까지 25년 동안 한국 각지에 위치한 대찰을 돌아다니며 젊은 구도자들을 지도하고, 또 신도들을 위하여 법문하였다는 기록은 남아 있고 또 구전으로도 전하여져 온다. 그러나, 남아 있는 기록이나, 전하여 오는 구전 역시 佛道의 교시 뿐이다. 대 사회적 발언은 한 마디도 없다. 경허 스님 자신이 정치나 사회 변동에 전연 무관심하였는지, 아니면 기록이나 구전이 이 방면의 발언들은 고의로 누락하였는지, 이것도 분명치 않다. 당시로서는 상당히 혁신적이라 할 수 있는 한글과 한문 병용 문체의 그의 參禪曲의 첫 부분을 옮겨 놓으면 아래와 같다.

"忽然히 생각하니, 都是 夢中이로다.
千古英雄豪傑 北邙山 무덤이오.
富貴文章 쓸 데 없다. 黃泉客을 免할소냐, 嗚呼라 이몸이 풀 끝에 이슬이요, 바람속의 燈불이라.
三界大師 부처님이 叮嚀히 이르사대,
마음껏 깨쳐 成佛하여 生死輪廻 永斷하고, 不生不滅 佛國土에 常樂我淨無爲道를 사람마다 다 할줄로 八萬藏經遺傳하여 사람돼야 못 닦으면……"[34]

물론, 한글을 쓴 것 보면 무식한 아녀자들을 위한 글인 줄 짐작이 간다. 그렇더라도 현실 부정적 염세 사상만을 고취하고 彼岸의 의미만을 강조하는 색채가 너무 짙다. 당시의 사회상이 너무 불안스러워서 이와 같

---

34) 上揭, 鏡虛集.

은 현실 부정적 염세 사상이 서민들의 취향에 맞았었다고 상상할 수도 있다. 그러나 현실 긍정적인 구절 하나쯤은 있을 법 한데, 이 참선곡에는 다 훑어 보아도 찾을 수 없다.

다음의 '法門曲'은 순 한글인데 내용은 참선곡과 大同小異하다. 역시 피안과 내세를 위하여 현실부정의 길을 택하라는 것이다. 내세를 위한 福田사상을 강하게 고취하고 있다.

> "부처님이 말씀하시기를, 부모에게 효성하고, 스님네 공경하고, 대중에 화합하고, 빌어 먹는 사람 도와주고, 부처님을 위할때 가난한 사람 꽃 한가지라도 꺾어다 놓고 절하든지 돈 한푼 놓고 절 하여도 그 복은 한없이 받는다."[35]

그러나 복짓는 공덕 회양에 너무 祈福的인 요소가 농후하다. 내세에 받을 복을 위하여 부처님을 공경하라는 사상은 자칫하면 부처님의 가르침을 기복적인 방향으로만 오도할 위험이 있다. 경허 스님같은 위대한 선사의 가르침이 기복적 방향으로만 치우쳤다고 생각할 수는 없다. 더구나 선지에 통달한 선사가 기복의 길 만을 인도하였을 리 없다. 아마, 무지한 아녀자들의 낮은 根器를 위하여 가르친 법문이 우연히도 기록으로 남았던 것 같다.

아녀자들의 근기를 위한 기록과 구전도 필요하겠지만 경허 스님이나 한국 불교 현대사를 위하여 이 방면의 발굴 작업이 보다 활발하여 경허 선사의 모습이 정립되길 바란다.

---

35) 上揭書.

Ⅲ. 일제침략과 불교교단

1. 僧徒 入城 禁止를 완화

여기서 승도는 물론 僧侶 즉, 스님들을 가리킨다. 그러므로 스님들이 서울이나 기타 지방 도성 출입의 금지가 완화되었다는 것이다. 朝鮮佛教通史에 의하면[36] 1885년 4월 승려의 도성 출입 금지령이 완화되었다고 적혀 있다. 이것도 '완화'에 지나지 않을 뿐 금지령을 철폐한 것은 아니다. 스님들이 도성 출입의 자유를 얻은 것이 아니라, 철저하게 도성 출입이 금지되었던 금지령이 다소 완화되었다는데 지나지 않는다. 僧尼 入城 금지가 완전히 해제된 것은 다음 해인 1896년에 이르러서야 실현되었다.

그러니까, 1896년에 이르기까지 승려들은 도성 출입을 자유롭게 할 수 없었음을 알 수 있다. 아직 인권의 평등 사상이 이해되지 않고 있었던 시대에 어떤 특정 계층에 대하여 도성 출입을 금한 기록은 한국사에 있어서 뿐만 아니라 중국이나 인도를 포함한 동양사나 서양사에서도 찾을 수 있다. 그런데 그 특정 계층은 대개 사회에서 소외된 천민 계층이거나 지배 계층에 의하여 여러가지 목적으로 탄압받는 계층이다. 조선 왕조에서 불교 교단은 유교를 숭상하던 士大夫계층에 의하여 가혹한 탄압을 받아왔다. 사대부층의 일부 강경론자는 불교 말살론까지 주장할 정도였다. 그러나 신라, 고려를 거쳐 천여년 동안 뿌리박은 불교가 몇 사대부 말살 강경론에 의하여 쉽게 말살되지는 않았다. 그래서 차라리 말살론보다는 불교교단을 적절히 이용하려는 완화론자에 의하여 승려들은 견디기 어려운 고역을 치러야 하였다. 북한산성같은 산성을 쌓는 노력에 동원되거나, 완성된 후에는 산성을 밤낮 지키는 수비의 임무까지 승단이 책임졌다. 그렇다고 국방의 임무를 진다고 하여 정상적 대우를 받는 것은 아니고, 아무런

---

36) 李能和, 佛教通史 p.609,

보상도 기대할 수 없는 일방적 노력 동원(부역)에 지나지 않았다. 이 같은 부역의 종류는 산성 수비뿐 아니라 종이를 만들어 바치는 紙役, 신을 삼는 부역, 또 계절마다 양반들에게 공납하는 여러 가지 山菜에 이르기까지 잡다하였다는 것을 위에서 이미 언급한 일이 있다. 그러고도 승려들은 도성의 출입 자유가 금지되어 있었다. 이것만 보더라도, 조선 왕조에 불교 교단과 승려의 지위가 얼마나 처참하였는가를 짐작할 수 있다.

僧尼의 도성 출입이 금지된 기록도 상당히 거슬러 올라간다. 지배 계층에 속하던 유림은 기회있을 때마다 임금에게 승니의 도성출입금지를 간청하였다. 그러나 普雨, 西山같은 인물의 출현으로 이 금지령은 간신히 저지되어 오곤 하였다. 그러다가 仁祖에 이르러 승니의 도성출입을 금지하려는 조정의 태도가 굳어졌다. 그러나, 승니의 도성출입이 금지된 결정적 사실은 영종(1725~1776)때에 내려와서야 실현된 것 같다. 司憲府의 청에 의하여 승니의 도성출입이 왕명으로 금지되었다는 기록이 영조 2년(1749)에 보인다. 그후, 1815년 김재찬의 상게문에 의하여 금지령은 더욱 굳어갔다.[37]

그러다가 1894년 甲午의 개혁이 단행되어 양반 상민의 신분 제도가 철폐되고 소위 近代化의 물결이 타율적으로나마 서서히 밀려 오기 시작한 다음 해 즉, 1895년 4월 당시의 내각 총리대신(金弘集)은 임금에게 上書하여 '승니의 도성 출입을 완화'하기에 이르렀다. 공사 노비(奴婢) 법전(法典)을 혁파하고, 인신 매매같은 악습을 타파한 갑오 개혁의 여파도 적지않게 작용하겠지만, 승니의 도성 출입 완화가 실현된 이면에는 일본 승려의 활약이 컸다. 물론 갑오의 개혁 자체가 자주적 개혁이 아니라 청일 전쟁 중 일본군 점령하에서 이루어진 것이다. 따라서, 승니의 도성 출입을 완화한 정책이 일본 승려의 강압에 못이겨 이루어졌다 해도 당시의 사정으로 미루어 볼 때, 별로 이상한 일이 아닐런지 모른다. 그러나, 갑오의 개혁을 통하여 일본 식민 정책이 한반도에 상륙하여 1910년의 한일합병을 낳게

---

37) Ⅱ章 參照.

한 것같이 일본승려의 압력에 의하여 이루어진 '승니의 도성 출입 완화'
는 한국 불교를 일본 불교에 예속시키려는 소위 '圓宗宗務院'의 탄생을
초래하였다. 일본식민정책이 한반도 침략과 평행하여, 일본불교와 승려들
에 의한 한국불교정책도 이루어졌다. 외국침략에 있어서는 정치와 군사와
종교가 기묘하게 서로 협동하여 진행되어 간다.

식민 정치의 대선배인 대영 제국도 정치와 군사와 종교를 교묘하게
섞어가며 그들의 목적을 충분히 달성하는데 성공하였다. 군사는 공포분위
기를 조성하고, 정치는 제도적으로 옭아매고, 종교는 심리적인 위안과 유
혹을 주는 등, 세 가지가 함께 식민 정책에 활용될 수 있다. 요즘, 영국
식민 정책으로부터 독립된 신생 국가들이 기독교에 대하여 그다지 호감을
가지지 못하는 까닭도 기독교가 언제나 식민 정책을 위한 정치 군사와
함께 들어왔던 나쁜 인상 때문일 것이다. 각설하고, 1895년 4월 '승니의
도성 출입을 완화'하는데 중대한 역할을 한 일본 승려의 정체를 살펴보기
로 하자.[38]

이름은 佐野前勵, 역시 開港후 가장 포교가 왕성하였던 日蓮宗 승려
였다. 사노는 1864년, 여섯살 때 삭발, 1875년 大教院에서 교학을 공부하였
다. 그후 일련종 종무총감에까지 오를 만큼 그의 인물은 출중하였다. 그런
데 '승니의 도성 출입 완화'와 '도성출입 금지령 해제'같은 불교사의 큰
사건에 대한 기록이 한국측 사료에는 거의 한 두 줄로 끝나고, '日蓮宗史
宗'같은 일본측 사료에는 상세히 기록되어 있다. 즉, 李太王日省錄에도
1895년 '승려 입성 해금'에 대한 기록은 겨우 한 두 줄에 끝나고, 따라서
이 일성록에 근거한 大東紀年이나 불교통사에서도 역시 한 두 줄로 처리
되었다.

조선 불교사에 있어서 중요한 사건이 이같이 가볍게 다루어진 사실
은 조선 사회에 있어서 불교 교단이나 승려가 얼마나 가볍게 다루어졌는
가를 증명하여 준다.

---

38)高橋亨, 李朝佛教, p.889 以下.

이제, 사노와 함께 활약하였던 일련종 조선 개교 司監이었던 澁谷文英의 저서 『일련종과 조선』과 일련종대학 강사인 磯野本精의 저서 『일련종사요』에 의하여 '승니 도성 출입 완화'와 '출입 해금'에 관하여 쓴 자료를 대략 더듬어 보고자 한다.

1894년 청일 전쟁이 일어나자 일본군은 도처에서 승리를 거두었다. 이와 함께 일본 국민들의 민족적 자각도 심상치 않았다. 이 무렵 37세의 佐野는 일련종을 해외에 크게 펴려는 야심을 품고 있었다. 그는 일련종 간부를 찾아가 그의 뜻을 알리고, 澁谷, 掘 두 일본 승려와 함께 이 땅으로 건너왔다. 이때, 그는 한국 황제에게 헌상할 목적으로 법화경 1부, 安國論 1권, 宗祖略傳 1권, 香爐 1좌를 가지고 왔다. 서울에 도착한 사노는 일본영사관의 주선으로 우선 일련종 해외 포교의 거점을 확보하려고 하였다.

곧 宮內府에 출도하여 가지고 온 헌상품을 증정한 다음 궁내부 대신(李載冕)과 면담하여 일본에 있어서 불교와 정부의 관계를 설명하였다. 사노는 서울에 머물러 있는 동안 조선 불교의 비참한 실태를 간파하였다. 생기를 잃은지 이미 오래고 이제 와서는 宗旨와 信條조차 제대로 찾지 못하고 있는 이 나라 불교의 참상을 여실히 목도하였다. 그래서 그는 훌륭한 방법만 쓴다면 일련종으로서 조선 불교계를 통일하고 또, 조선 불교도들을 일련종으로 개종시킬 수 있다는 엉뚱한 생각까지 하게 되었다. 그래서 그는 無上의 은혜를 베풂으로써 우선 조선 불교를 그의 편으로 유인할 계책을 꾸몄다. 이때 고안한 무상의 은혜를 그는 승니의 입성 완화와 해제라고 생각하였다. 그가 승니의 입성 완화와 해제에 적극적으로 나선 까닭도 여기에 있었다. 이 같은 계책을 사노 혼자서 꾸민 것인지, 그의 측근 참모가 꾸며준 것인지 분명히 알 길은 없다.

여하튼, 조선 불교를 통채로 삼키려는 계략을 품은 사노는 곧 승니의 입성 완화와 해제운동을 조선 정부의 고관들을 역방하며 맹렬히 전개하였다. 먼저 총리 대신부터 설복하기 시작하였다. 일본의 압력에 의하여 친일파로 조각된 내각의 총리 대신이므로 그의 설복은 얼른 효과를 나타냈다. 그가 의도하는 대로 일이 잘 진전되었을 때, 그는 총리대신 앞으로 승니 입성 완화와 해제에 대한 建白書를 제출하였다. 정식으로 황제의 윤허를 얻으려는 심산이었다. 건백서의 내용을 요약하여 보면,[39]

　일본 일련종 관장 대리 사노는 조선국 국무총리에게 삼가 건백서를 올립니다.
　小僧이 이 땅에 온지 얼마되지 않아 귀국의 실정을 잘 모르지만, 승려들의 도성출입을 금지한다는 말을 듣고는 그 놀라움과 슬픔을 금할 수 없었습니다. 어진 임금이 위에 계시고 현명한 신하들이 中興의 대업을 훌륭하게 수행하고 있는데, 이 금지령만이 해제를 못본 것은 심히 유감입니다. 불교 자체가 본질적으로 악한 것은 아닙니다. 그 불교를 포교하는 승려들이 인간적 약점때문에 민심을 어지럽힌 죄가 현저하다면 이 금지령은 승려 자신들이 스스로 초래한 것이라고 생각합니다. 그러나, 소승이 보건대 조선승려들도 자숙하여 왔기 때문에 폐단은 적어졌다고 생각합니다. 더구나 지금 문명된 나라에서는 종교적 신앙의 자유를 부르짖고 있는 형편입니다. 어느 특정 종파만 아니고, 모든 종교에 고루 신앙의 자유도 인정해야 한다고 봅니다. 임금님의 은혜는 초목에까지 미치는데 어찌 승려라 하여 다를 것이 있겠읍니까.
　하물며 외국 승려는 도성을 자유롭게 출입하고 있는데, 귀국의 승려라 하여 도성출입이 금지될 이유가 있겠습니까.
　바라건대 총리대신과 여러 대신들은 소승의 뜻을 널리 이해하시고 승려입성금지령을 해제하여 주기 바랍니다.

1895년 4월 22일
일련종 관장대리 사노 올림.
조선국 총리대신에게

이 건백서는 사전양해가 이미 이루어져 있었기 때문에 다음날 곧 각의를 통과하여 4월 24일 官報에 발표되었다. 그러나 이 같은 중대 사항이

---

39)高橋亨, 上揭書 p.889 以下.

불과 이틀 만에 각의를 통과하고 임금의 윤허까지 나오게 된 것을 보면 당시 일본 세력이 어떠하였는가를 짐작할 수 있다. 일년 전에도 이 사항은 한번 각의에 오른 일이 있었으나 대원군의 간섭으로 보류된 바 있다.

사노가 대원군을 찾아 갔을 때 이야기다. 호탕한 성격의 소유자인 대원군은 사노를 보고 반 농담 반 진담으로 '나는 유발승'이라고 손에 들었던 염주를 보였다는 것이다. 이것은 대원군이 사노의 운동에 반대 의사가 없음을 암시하고 있다. 한때 그토록 강경하게 斥倭를 부르짖었던 대원군도 나날이 변동하는 국제 정세에는 따라가지 않을 수 없었던 것 같다. 청일 전쟁에서 승리한 일본의 신진 세력과 정면으로 부딪쳐 싸우는 어리석음을 대원군 자신도 잘 알고 있었을 줄 안다.

또 조선 내각 안에도 불교에 대한 이해가 깊은 대선들이 있었다는 것이 사노에게 큰 힘을 보태주었다. 불교를 이해하지 못 하더라도 주위의 모든 정세에 민감한 대신들 중에는 승니의 입성을 금지하는 처사가 올바르지 못함을 알고 있는 분이 있었다. 갑오의 개혁에 의하여 舊式 신분 제도가 무너진 사회 체제에서 승려의 신분이라 하여 차별 대우를 더 받을 수는 없는 법이다.

여하튼, 오랫동안 끌어오던 승니의 도성 출입은 완화되었다. 따라서 사회의 응달에서만 살아오던 불교 교단은 다시 양지를 만나게 되었다. 당시 불교계의 감격은 굉장하였다. 더구나 사노에게 대한 찬사와 감사는 그칠 줄 몰랐다.

2. 승도 입성 금지완화와 불교교단의 반응

3백년 묵은 설움과 쌓이고 쌓인 원한이 '입성 금지 완화'로 풀리게 되었다는 사실은 당시 한국 승려들에게 흥분에 가까운 환희를 안겨 주었다. 都城출입이 금지되었던 계층이 전근대적 신분 체제에서 '소외'된 계층이었다는 것이 더욱 그들의 처지를 슬프게 만들었다. 옛날 고려조에서는 '準貴族'적 대우를 받았던 승려가 천민층으로 추락되었다는 사실이 그들을 서럽게 하였다는 말이다.

그런데 승려 계급을 준귀족의 지위에서 천민에 가까운 소외된 하층으로 추락시킨 것은 고려 왕조와 조선 왕조 사이의 체제적 변혁에서 유래된 면은 있겠지만 또, 불교 자체의 未自覺적 主體意識의 결여에서 원인되는 면을 전연 간과할 수는 없다. 왕조의 권력이 거의 만능이므로 排佛의 칼을 휘두를 때 불교 승단의 저항이 거의 불가능하였다는 점을 모르는 바는 아니다. 그러나 왕족이나 귀족의 보호가 없으면, 쇠퇴하는 종교 집단이라면 '왕조와 불교 승단'의 관계부터 예리하게 비판되어야 겠다. 물론 '국가와 종교', '정치와 종교'의 문제는 정치가 생기고 종교가 생긴 이후 오늘까지도 풀기 힘든 난제로 남아 있다. 아마 풀려질 수 없는 수수께끼로 미래의 역사에서도 남게 될런지 모르겠다.

권력의 자리에 앉은 제왕은 모든 것이 자기 앞에서는 굴복하여 주기 바라는 법이다. 지상적, 세속적 이해를 초월한 승단이라도 자기 권력이 미치는 범위에 있으면 다른 것과 마찬가지로 순순히 굴복할 것을 바라는 것이다. 그러나 이미 지상적, 세속적 이해를 초월한 종교 집단은 아주 순수한 입장에서 전면적 굴복을 거부하는 수가 많다. 여기에서 권력자와 승단 사이에는 달갑지 않는 알력과 마찰이 생기게 된다. 종교가 왕권에 승복 안하는 까닭은 왕권이 아무리 전능에 가깝다고 하더라도 어디까지나 세속에 존재하는 '有限性'을 벗어날 수 없다는 근본적 이유에 있다. 이 근본적 유한성을 무시하고 정치 권력이 종교 집단에 간섭할 때, 여러가지 폐단이 일어난다. 더구나 종교 집단이 스스로 정치 권력의 개입을 용납할 때, 종교는 가속도로 부패의 방향으로 달리는 예가 종종 있다. 따라서 정치 권력이 필요 이상으로 종교에 간섭하고 규제법을 임의로 제정하여 일방적으로 탄압하여 종교 활동을 위축시키는 일도 삼가야 하겠지만, 종교인이 스스로 정치 권력의 주변을 맴돌며 권력의 개입을 초래하는 어리석음도 저지르지 않도록 명심하여야 할 줄 안다.

한국 불교사를 훑어 볼 때, 왕조의 권력이 법을 제정하여 불교 승단을 규제한 적도 있었지만, 승단 스스로가 未自覺적 주체 의식의 결여에서

462

왕족이나 귀족 계급의 시녀적 지위를 자초한 흔적이 보이는 것은 심히 슬프 일이다. 그러므로 이씨 왕조에서 불교가 흥한 것은 왕권의 탄압보다는 왕권의 비호가 없었기 때문이라고 지적한 딸레(Dallet)의 말이 수긍이 가기도한다.[40]

自覺의 종교인 불교가 그 자각의 길을 잃고 헤맬 때, 자기의 설 자리까지 잃고 마는 법이다. 자기가 스스로 설 자리를 잃었을 때 사람은 의지할 상대를 찾게 된다. 권력이 불교 승단을 지배하기 가장 좋은 시기는 승단이 완전히 자각 의식을 상실하고 있는 상태에 놓여 있을 때다.

이러한 상태에 놓여 있을 때, 승단을 도와주는 아주 작은 도움에 대하여도 승단은 피부적 반응을 일으키는 것이다. 즉 도와준 상대에 대하여 정도를 넘어서 아첨하게 된다는 말이다. 더구나 승단 전체가 오랫동안 겪어 온 설움을 씻어 준 상대라면 그가 한국인이건, 외국인이건 가리지 않고 無自覺 무비판 상태에서 아첨을 일삼게 된다.

그래서 승도의 입성 금지를 완화시키는 일에 적극적으로 앞장 섰던 일본 승려 사노에게 대한 한국 승려들의 謝意는 정도가 지나쳐 아첨에까지 이르렀다. 특히 당시 수원 용주사 스님이라 자칭한 尙順 스님은 사노를 찾아와서 이 같은 글을 적어 놓고 돌아갔다고한다.[41]

조선국 경기도 수원 용주사 승 상순은 감히 일본 尊師각하에게 인사드립니다. 이 나라에서 부처님의 가르침은 아주 비천한 대우를 받고 있었습니다. 심지어 부처님의 가르침을 전하는 스님들의 도성 출입이 금지된지 5백년이 넘었습니다. 그래서 항상 울적하여 있었습니다. 그런데 존사각하께서 여기 만리 타국에까지 와서 널리 자비와 은혜를 베풀어 이 나라 승도들의 5백년 묵은 원한을 씻어 주었습니다. 지금부터 우리들도 서울 구경을 할 수 있게 되었습니다. 이 일은 실로 우리 나라 僧徒전체가 감사하며 축하하는 바입니다. 오늘 도성에 들어와 감히 작은 성의를 보이며 존사 각하에게 인사드리는 것입니다.

---

40) 딸레, 朝鮮宗教史.
41) 高橋亨, 上揭書 p.889 以下.

　　일본 日蓮宗 승 佐野의 검은 배포를 알 턱이 없는 한국승으로서는 자유롭게 서울 구경을 할 수 있다는 사실때문에 흥분하고 감격하였던 것 같다. 그만큼 순진하고 단순하였다. 전투적이고 침략적인 일련종파의 사노가 장차 한국 승단을 일련종으로 개종하려는 음모를 꾸미고 있었음을 간파할 만큼 용주사의 상순 스님은 세계 정세에 밝지 못하였다. 아마 상순 스님같이 국제 정세에 어두웠던 스님들은 당시 상당히 많았던 것 같다.

　　조선 정부에 압력을 가하여 이 나라 승려의 도성 출입 완화에 성공한 사노는 서울에 설치한 일련종 教務所를 중심으로 더욱 적극적으로 일련종 포교에 나섰다. 그는 北漢山城에 위치한 重興寺를 찾아 總攝과 기타 스님들에게 승도의 도성 출입이 완화 되었다는 기쁜 소식을 전한후, 일련종 포교를 하였다. 심지어 중흥사에 '日蓮宗教會本部'라는 標札까지 붙이고 매월 한번씩 찾아가 일련종 포교를 할 만큼 열광적이었다. 꼭 같은 포교 방법으로 남한산성의 총섭까지 만났다. 아마 이나라 불교사정에 어두웠던 사노는 산성의 총섭들을 불교계의 가장 유력자로 보았던 것 같다.[42]

　　그런데 이와 같은 사노의 일련종 포교 활동에 대하여 한국측 승단의 반응은 어떠하였던가. 지금까지 여기 서술한 사노의 자료는 위에서 말한 대로 일본 일련종사에서 나온 것이다. 그러나 사노의 포교 활동에 대한 한국 승단의 반응을 알 수 있는 사료도 역시 없다. 당시 이나라 정세는 친일파와 반일파의 세력이 서로 맞서고 있었다. 일본 세력을 배경으로 정변을 일으킨 갑신 개화당 사건이 좌절된 이후 친일파는 한때 자취를 감추고 있는 듯 하더니, 청일 전쟁에서 득세한 일본 세력을 등에 업고 다시 고개를 들었다.

　　일련종 사노는 그의 정치적 수완을 더욱 발휘하여 서울 중심지에서 조선왕을 위한 '萬壽無疆大祈禱祭'를 시도하였다. 승도입성완화가 허용된 것은 오로지 한량없는 聖恩이라는 명목이다. 그래서 그 성은에 보답하고자 만수 무강 기도제를 개최 한다는 것이었다.

---

42) 上揭書, p.900.

사노는 곧 군부대신과 교섭하여 北一營의 사용 허가를 얻는데 성공하였다. 군사 기지의 일부를 사용할 수 있었다는 점에서 당시 일본세력과 그 세력을 등에 업은 사노의 입김이 어느 만큼 강하였는가를 짐작할 수 있다. 사노는 곧 각부대신과 協辨안으로 초대장을 발송하였다.

"……위로 성상과 각부 대신들의 크신 은혜를 입은바 큽니다. 이제야, 각 도 수만 승려들은 죽은 몸에서 다시 살아나고 썩은 뼈에 살이 붙는 감격을 맛보게 되었습니다. 그리하여 성은의 막중함에 어찌할 바를 모르고 있습니다. 그래서 음력 4월 11일을 택하여 북일영에서 각 도 수백 승려들이 한데 모여 군주폐하의 만수 무강을 기원함으로 성은의 일부에 보답하고자 합니다. 이는 또 불교가 國恩에 보답하는 본분이 아닌가 합니다. 바라건대, 각하께서는 바쁘시더라도 이 모임에 참석하여 주기를 바라는 바입니다."

마침 그날은 화창한 봄 날씨였다. 경향각지에서 수많은 승려들이 운집하여 왔다. 북한산성과 남한산성의 승려들은 물론, 멀리 금강산에서까지 승려들은 기도회에 참석하려고 왔다. 그밖에 고관 대작들로는 외무대신, 학무대신, 농상공대신을 비롯하여 김총리대리, 이경무사 등 20명이 기도회에 참석하여 자리를 빛내 주었다. 거기다가 당시 이 땅에 거주하던 일본인 명사까지 합하여 1만 사천여명이 모였다고 하니, 당시의 규모로는 실로 거창한 모임이었다. 따라서, 일본승 사노의 실력도 만만치 않았음을 알 수 있다. 이것도 역시 일본측 기록이다.[43] 그 신빙도는 의문이 된다. 또 이 기록에 의하면, 사노는 일련종 포교 사업의 일환으로 한국 사람들을 위한 일한 학교의 설립까지 계획하였다. 더 나가서는 상류층 자제들 중 희망자를 선발하여 일본에 있는 일련종 학교에 유학시켜 장차 일련종 한국 포교의 核勢力을 구축하려 하였다고 한다. 한말의 풍운을 타고 야심만만하던 승려 사노의 종교적 침략 의도를 넉넉히 추리할 수 있다.

여하튼, 한국승려와 일본승려가 합동으로 대규모의 불교 법회를 서

---

43) 上揭書, p.901.

울 한복판에서 거행하기는 처음이다. 임금의 만수무강을 기도하는 호국적 색채가 농후하지만, 한국 승려와 일본 승려가 공동으로 주최하였다는 것과 불교 법회를 서울 도성내 한복판에서 거행하였다는 것, 두 가지 점에서 이 기도 법회의 의의는 자못 크다고 하겠다.

그런데 유감스러운 것은 그 자리에 참석한 한국측, 고승, 대덕들의 명단을 알 수 없는 일이다. 또, 이 기도법회에 대하여 한국 승단은 어떤 반응을 나타냈는가 하는 일이다. 일반적 경향이 긍정적이었는지 아니면 부정적이었는지, 또는 극단적으로 무관심, 무표정이었는지, 이 기도회를 전후하여 위에서 말한 용주사 스님같이 지각없이 단순한 생각으로 친일적 경향으로 달린 분도 있을 것이고, 반면에는 일본 침략의 검은 손길을 간파하고 이 기도 법회에 대하여 심한 반일 감정을 품은 분도 있었을 줄 안다.

1895년의 한일 승단 합동 기도 법회 때부터 한국 승단 내부에 친일적 경향과 반일적 경향이 아직은 노출되지 않은 채, 승단 구조의 저변을 흘러가고 있었다. 그러다가 한국승단과 일본승단의 합방을 획책한 李晦光 같은 인물이 1910년 한일합방 직후에 노출되었고, 반면에 이회광의 친일 운동에 정면으로 대항한 항일 젊은 승려들도 韓龍雲을 중심으로 뭉쳤다. 이 두 경향은 그후, 1945년 8월, 소위 2차대전이 끝나 일본 침략 세력이 이 땅위에서 끝날 때까지 계속되었다. 이회광의 흐름을 이어받은 친일파들은 여러 가지 방법으로 일본 총독에게 아첨하여 한국 승단이 일본 승단에 예속되기를 도모하였고, 이 같은 행위를 賣宗 賣族이라 규탄한 반일 승려들은 때로는 상당히 강렬한 저항을 한 적도 있었다. 여하튼 일본 일련종 승려 사노가 일으킨 파동은 한국 승단 전체에 미쳤다. 한 사람의 일련종 포교사가 자기 종파의 포교 목적을 위한 적극적 행동이 한국 승단을 뒤흔들 수 있었다는 것은, 거꾸로 한국 승단이 당시 아직도 자각 이전의 혼미 상태에 있었음을 증명하여 준다.

그런데 한국포교를 더욱 유효하게 전개하기 위하여 일본 국내의 호응을 얻으려고 귀국한 사노는 그후, 웬일인지 소식이 끊겼다. 일본 국내 사정이 사노의 복안과는 전연 다른 방향으로 움직였던 것 같다.

편집후기

　　서경수 선생님이 우리 곁을 떠난지도 네 해가 지났다.〈향기는 멀어도 그윽함을 더해간다〉는 옛 말처럼, 그 분의 色身은 사라졌지만, 그 삶의 여운은 아직도 우리곁에 있다. 나는 그 분을 가까이 할 수 있었다는 것을 언제나 큰 기쁨으로 여기고 있다. 가슴까지 늘어진 하얀 수염, 번쩍이는 眼光 만으로도 그는 늘 도인의 풍모가 완연하였다. 그러나 내면을 흐르는 고독한 그림자를 느끼는 이는 많지 않았다. 동서양을 꿰뚫는 해박한 지식, 날카로운 논리와 번득이는 재치, 그러면서도 늘 따사로운 인정이 넘치는 인격을 지닌 분이다.

　　나의 불행은 그 분을 떠나 보내면서부터 시작되었다. 준엄한 스승이었을 뿐 아니라, 다정한 도반이었기에 그를 보내야 하는 현실을 현실로 받아 들이기가 정녕 벅찼다. 여기 모은 글들은 그가 남긴 영혼의 殘影이다. 그는 多作이 아니다. 그런 만큼 언제나 긴장과 압축이 두드러지는 특징을 가지고 있다. 그는 논문이 가지는 통속적인 범주를 벗어나는 글을 써왔다. 生前에 출간한 〈길에서 길로〉라는 수필집과 함께 논문집으로는 이 책이 처음이다. 어쩌다 중복되는 부분이 한두군데 있지만, 다시는 그 아름다운 글과 말을 가까이 할 수 없기에 원문 그대로 싣는다.

　　서 선생님의 학문적 업적을 요약하기는 어렵지만, 첫째 印度佛敎의 중요성 提高 둘째 용수의 印·中 논리 확립, 셋째 근대불교연구의 개척 등을 꼽을 수 있으리라고 본다. 홀연히 왔다가, 연기처럼 스러진 그의 빈자리는 너무도 큰공백으로 아직까지 남아 있다.

　　책의 출판을 기꺼이 응락해 주신 光德스님께 머리숙여 고마운 뜻을

드린다. 서선생님의 한 점 혈육 銀珠가 이 책의 의미를 이해하기까지를
지켜 보고 싶다. 나는 그 業緣의 윤회에서라도 다시 그를 만나고 싶은 것
이다.

1990년 晩秋
東岳에서 鄭柄朝합장

불교철학의 한국적 전개

1990년 12월 30일 초판 발행
1995년 7월 5일 초판 3 쇄

지은이/서경수
펴낸이/고병완
펴낸곳/불광출판부

138·190 서울 송파구 석촌동 160−1
대표전화 420·3200
팩시밀리 420·3400

등록번호 제 1−183호(1979. 10. 10)

◉ 잘못된 책은 바꾸어 드립니다.
값 12,000원